国家社科基金
GUOJIA SHEKE JIJIN HOUQI ZIZHU XIANGMU
后期资助项目

道德与存在：
心学传统的存在论阐释

Morality and Being:
An Ontological Interpretation of
the School of Mind

盛珂 著

社会科学文献出版社
SOCIAL SCIENCES ACADEMIC PRESS (CHINA)

国家社科基金后期资助项目
出版说明

　　后期资助项目是国家社科基金设立的一类重要项目，旨在鼓励广大社科研究者潜心治学，支持基础研究多出优秀成果。它是经过严格评审，从接近完成的科研成果中遴选立项的。为扩大后期资助项目的影响，更好地推动学术发展，促进成果转化，全国哲学社会科学工作办公室按照"统一设计、统一标识、统一版式、形成系列"的总体要求，组织出版国家社科基金后期资助项目成果。

全国哲学社会科学工作办公室

唯天下至诚，为能尽其性；能尽其性，则能尽人之性；能尽人之性，则能尽物之性；能尽物之性，则可以赞天地之化育；可以赞天地之化育，则可以与天地参矣。

——《中庸》

乾道变化，各正性命

——《易经》

La vrai philosophie est de rapprendre à voir le monde
——Maurice Merleau – Ponty：*Phénoménologie de la perception*，p. xvi.

目　录

导　论

本书试图接续当代新儒家的历史使命，继承当代新儒家的理论立场，遵循当代新儒家的研究方法，同时希望能够立足于西方 20 世纪哲学的发展，对于儒家的形而上学，特别是新儒家所接续的自阳明开端的心学传统做出新的阐释。

本书希望做出的新的阐释的实质，是试图建立一种视角的转换，建立一种新的态度。这里所谓新的态度，与胡塞尔在《纯粹现象学通论——纯粹现象学和现象哲学的观念》第 1 卷（俗称《观念 I》）中提到的对于新的态度的渴望是一致的。

> 的确，使人们感到如此难以获得现象学的本质，理解现象学问题的特殊意义及其与一切其他科学（特别是心理学）的关系，首先就由于需要一种新的、相对于经验中的自然态度和思想中的自然态度来说是完全改变了的态度方式。此外，自由地运用这种态度而不致重返旧的态度，学会察看、辨析和描述视野之内的东西，要求人们进行专门的艰苦研究。①

如同胡塞尔所期待的一样，如果我们希望能够真的理解儒学的本质，儒学问题的特殊意义，就需要一种新的态度，一种与我们现在日常经验中所具有态度完全不同的、崭新的态度。它是如此重要，以至于本书的写作就是为了建立这一态度，以至于如果这一态度真的出现了，本书的使命也就完成了。因为，一旦这种态度出现，儒家思想中描述的那些令今日的我们感到有些难以理解的问题，就会迎刃而解。用最简单的语言来说，我想建立的态度就是超越或者摒弃我们在近代西方思想进入中国以来，建立起

---

① 〔德〕胡塞尔：《纯粹现象学通论：纯粹现象学和现象学哲学的观念》第 1 卷，李幼蒸译，中国人民大学出版社，2014，第 44 页。

来的主体与客体分离对待的态度。这是根本的问题所在。在这种态度之下，我们与世界接触的方式首先变成了一种认知的方式，世界不再是我们生活于其中的世界，而成了与我们相对待的对象，认知变成了首出的态度，而非其他。而这种态度，与儒家传统看待世界的态度截然不同。

当然，问题不仅在于我们需要建立超越主体与客体分离的态度，这在大量的对于中国哲学的研究中已经被研究者意识到了；而且在于我们必须意识到这种超越主体与客体分离的态度，相对于两者对立的态度来说是更为基础、更为首出、更为本源的，是我们与周围世界打交道的最原本的方式，而主体与客体的分离恰恰是在这一方式基础之上经由分离产生出来的。这也就是为什么本书会如此借重海德格尔的原因。正是在海德格尔那里，我们才意识到我们与世界打交道的方式，首先并非认知性的，而是如海德格尔所说的，我们原本就"在－世界－之中－存在"（being－in－the－world）。这才是理解儒家思想最为有意义的地方，其中心学传统则将儒家思想的这一特质推到极致。

在我看来，几乎所有对儒家思想的误解、批评，大概都可以归结为中国人自近代以来建立的这种主体和客体分离对待的态度。这一问题的出现，也许不得不归咎于我们轻易地接受了西方哲学的进入，接受了西方近代的形而上学。中国的思想本来不应该是海德格尔所批评的那种学问，但是，我们通过对西方的学习，把自己变成了那样的学问，在根本上背离了儒家思想的传统，或者更进一步，背离了中国思想的传统。这可能才是最值得反省之处。时至今日，我们不得不回过头来，借用西方的途径，重新观察和回到我们原本的立场。这一段历程也许有些无奈，但是，今天看来，这也许是中国思想在"辨而示之"的要求之下必经的一段历程。所谓回归中国传统，大概只有在这个意义上，即在形而上学的意义上，在这种作为思想发生之基本态度的层面，才是真的回到了"中国的传统"。

本书希望在这种转换之下，在这种新的态度之下，对心学传统和当代新儒家形而上学的种种深刻的误解和粗疏的批评都能得到相应的、合理的解读。

除此之外，本书还有一个更为大胆的设想。因为儒家的哲学如此独特，与西方思想在根本的存在论意义上如此不同，所以经历了新的阐释的儒家思想，完全有可能对西方的思想做出某种程度上有意义的补充。当然，设想中的这种补充是否足够有意义，完全取决于我们的工作是否足够深刻，阐释是否足够有效。

另一个问题是本书试图成为一本"哲学书"，采取哲学的进入方式，以问题的展开作为本书最基本的逻辑。因此，除了哲学思想自身的逻辑发展，或者哲学家思想发展的历史进程之外，本书不想引入历史的视角。这里所谓不引入历史的视角是指，本书的逻辑结构、主题安排，尽可能地依照思想的逻辑展开，而抛开思想史中那些细节的纠葛。基于这种考虑，本书以牟宗三的哲学作为讨论的核心部分，我在接下来的说明中，会尽可能说明这么做的理由。

一　当代新儒家的历史使命

当代新儒学（Contemporary New Confucianism）是 20 世纪中国最重要的思想潮流之一，有狭义、广义之分。广义的当代新儒学指的是 20 世纪以来，举凡认同中国传统文化、认同儒家思想、持保守主义立场的学人及其思想。狭义的当代新儒学则专指由黄冈熊十力先生（1885～1968）肇其端，由唐君毅（1909～1978）、牟宗三（1909～1995）、徐复观（1903～1982）三位先生续其余绪，于鼎革之后，在海外孤岛之上，加以坚持、延续、发展，且经由一部部坚实的著作建立起来的哲学学派。至今则有所谓第三代当代新儒家，基本上由唐、牟、徐三位先生的学生构成，他们传播弘扬传统儒家思想，居功至伟。本书的目的是从哲学的角度讨论儒家思想的进展，因此，不取思想史的做法，不花费太多笔墨讨论当代新儒家在近现代思想史中的诸多纠葛与牵连，而是直接以哲学思想的发展、哲学问题的逻辑进展为核心。因此本书采取的是当代新儒家的狭义的定义，且以牟宗三先生为核心。因为在我看来，在精神渊源与研究方法上，在哲学问题的继承和进一步开展上，真的直承熊十力思想的是牟宗三。牟宗三在整体上继承了熊十力对于儒家思想的理解，特别是能够慧通儒家心学传统之命脉，在方法上也继承了熊十力开创的对于儒家思想的阐释方法，又因其学养之新与进展，将这一方法发挥到极致，建构起自己对于儒家思想诠释的哲学体系。在第二代新儒家中间，如果单从儒家形而上学的建构角度来说，舍牟宗三其谁哉？也许本书以下的讨论能够为此论断提供合理的依据。

如果我们回顾一下熊十力先生和唐、牟、徐三位先生所处的时代，就可以理解他们所面对的世界是一个什么样的世界，就可以理解他们如何看待自己的历史使命。

简单说来，他们所面对的是中国近代以来的一次大危机，一次意识危机。按照张灏教授的说法，这一危机在 19 世纪末期已经开启了。

> 当中国进入 19 世纪的最后四分之一历程时，一种新的思想情绪开始产生。同治中兴使中国的再生希望迅速幻灭，19 世纪 60 年代和 70 年代燃起的短暂的乐观主义迅速让位于日益增长的自我怀疑和自我重估。因而人们开始对传统统治秩序产生怀疑。当然，对传统统治秩序诸多方面产生怀疑在此之前已经发生，但不同的是，新怀疑主义已经从统治秩序的表层逐步渗入其内核。这种怀疑主义不仅怀疑统治秩序的功能有效性，而且怀疑其道德合理性。这种自我怀疑和自我重估最初表现为孤立的例子，但是到了 19 世纪末，在中国知识精英中已经普遍可见了。①

对于中国独特的传统来说，这种怀疑不仅是对传统王权统治秩序的怀疑，而且是对传统意义世界的怀疑：

> 像其他高等传统一样，中国传统构成了生活于其间的人们的意义世界。东方象征主义的作用就是保持这个意义世界中的内聚力和秩序。这种作用体现为让中国人得以形成某种思想框架和观念，而用这种思想框架和观念可以把自我、社会和宇宙视为一个富有意义的整体秩序。尤其是中国人依靠这些符号来锻造作为一种宇宙认知图式的世界观。用这样一种认知图式，他们不仅能按时空来构思世界并找到身在其间的位置，而且使人生具有一种来龙去脉的意识。而且，这些符号充当了人类社会世界的意义基础。因为正是在这些符号的结构内，社会关系被定型化了，社会价值和规范赋予了更为任意和人为的意义。用这些各种方法，东方符号为中国人在思想上建立起"普遍存在秩序"。②

这里所谓构建传统中国人意义世界的思想资源，在传统中国就是儒家思想。作为这一意义世界的形而上学基础的就是儒家自先秦经由宋明儒者建构起来的"天道性命通而为一"的形而上学结构。这一理解世界的方

---

① 张灏：《危机中的中国知识分子——寻求秩序与意义》，中央编译出版社，2016，第 6 页。
② 张灏：《危机中的中国知识分子——寻求秩序与意义》，中央编译出版社，2016，第 8~9 页。

式，在近代以来遭到了前所未有的打击。

如果我们回顾整个中国思想史，就可以看出，当代新儒家面对的是又一次价值体系的崩溃。这种崩溃其实与孔子面对的礼坏乐崩，与宋明儒者面对的佛学思想的传入如出一辙。原本的思想世界的版图被打破，需要在原有的基础上重新建立。而这种建立，究其实是一种不断诉诸理性的重新解释和建构的过程，或者更准确地说，是一种经由重新解释来进行的建构。

孔子建立仁的系统，其实是在不言自明的思想版图被破坏之后，为这一思想得以重新建立给出了一个新的理由。他所面对的最大问题是周礼的失效，而彼时的周礼，就是原本建构那时人们的生活世界、给予生命意义的思想资源。当这个思想资源有意义的时候，被意义所充盈的时候，它可以时时刻刻发挥强大的力量，产生强大的约束作用。在这种充盈中生活的人们，也许身处不合理的社会结构之中，也许生活颇为困苦，然而生活世界的困顿和意义世界的危机很多时候并不是一致的。在生活的困顿艰难之中，意义世界会给人的心灵以安顿。人们知道如何"措其手足"。这种对日常生活的理解和平静，就是来自周礼所建构的那个世界。

然而，春秋时期，随着周室东迁，王权没落，诸侯僭越，周礼的世界被打破，依靠认同而非强力才有其力量的周礼与其原本的意义逐渐分离，周礼变成了无意义的形式。这个时候，意义世界的危机与消失，就是孔子所面临的问题。孔子提出仁的概念来充实周礼，用新的仁的概念，用建立在人的本真情感上的意义内容来充实原本依赖周王室的权威建立的周礼。在我们今天看来，其本质就是以一个更加理性化的、更加能够说服人的概念给原本的文化传统重新注入力量。传统的周礼，正是因为孔子对于其意义来源的新的解释，才重新获得活力，从而能够在接下来的中国传统社会中，继续成为活的传统。而孔子做出的新的解释，也就成为思想实质性的新发展。

经过魏晋时期道家思想与儒家思想的融合，以及佛学思想的传入，特别是经过有唐一代佛学的兴盛，至唐末宋初，整个士大夫思想世界的状况，正像钱穆所说的那样，不入于释即入于道。儒家失去了对希望探究人生意义的士大夫思想世界的影响。儒家需要在形而上学的领域中，用中国传统的语言表述，即儒家需要在人的心性与天道的领域中有所言说，与佛老争一席之地。那时的危机与孔子面临的危机实质上如出一辙。因此，宋明以来一代代大儒起而拯之，力图重新建构儒家的形而上学体系。这当然是儒家面对佛老的冲击，特别是面对佛老对"六和之外"超越维度的言说而采取的应对之策。但是，换一个角度，这种对儒家形而上学的建构，同时也是在天下大势汹汹而来的情形之下，对儒家思想做出的又一次基于理性的重新解释。

由此可以看出，每一次的解释其实都是一个基于理性的重新解释的行为，都是对原本的传统给出新的基于理性的解释。所谓基于理性，其实就是讲道理的过程。无论是孔子还是宋明诸儒，其实都对原有思想给出了一个新的解释。这个解释是对不相信这个传统的人讲出的道理。只不过，随着文明的发展、文化的发展，解释的过程变得越来越复杂，解释需要给出的理由变得越来越繁复。因此，先秦时期孔子用来阐释礼教传统的仁的理论，历经千年之后，就变成了宋明儒者建构的一整套儒家形而上学体系。

因此，所谓宋明儒学背离了先秦儒学，违背了"六合之外，夫子存而不论"的传统，在某种程度上并不太适合。因为面对思想的发展，在面对新的形而上学冲击的时候，儒家需要建构自身的形而上学来应对。非如此不足以重新唤醒儒学，重新赋予儒学以生机。

当代新儒家的诸位先生，不但经历19世纪末以来中国人思想意识的巨大危机，而且经历了"五四"新文化运动的洗礼。他们面对的冲击是多重的：首先是国家民族的生死存亡；其次是中华民族精神文化的衰弱；最后是汹汹而至的现代化浪潮。现代化是伴随种种具体的历史情境进入中国人的生活世界之中的。20世纪前半叶的中国知识分子，在面对以上问题的时候，选择了不同的道路。其中有一部分知识分子，采取了保守主义的立场。所谓保守主义即认为一个民族的文化不能被彻底抛弃，无论是救亡图存还是应对现代化的处境，都需要从原有的民族文化之中汲取力量，才能够真正地将国家拯救出来。从自身民族文化中发展出来的现代化力量才是能够在这片土地上真正生根的力量。

依照艾恺（Guy Salvatore Alitto）的说法，面对现代化危机，全世界几乎都兴起了一股宣扬自身传统文化以对抗现代化的思潮。① 然而，我们回顾当代新儒家思想的时候发现，他们不是简单地在情感上认同或者鼓吹中国传统文化，而是经过几十年辛勤艰苦地工作，以他们独特的方法，上

---

① 〔美〕艾恺：《世界范围内的反现代化思潮》，贵州人民出版社，1991。

接宋明儒学之真谛，并且吸纳西方哲学，建构起一整套新的儒家形而上学体系。他们在儒家传统思想不言自明的意义世界已经崩溃的前提下，让儒家思想能够重新面对人类理性的检验，能够采用新时代的说理的方式，让日渐现代化、日渐远离中国传统的中国人接受儒家思想，甚至让世界接受它。在这个意义上，当代新儒学才是真的能够延续宋明儒学对儒家思想的贡献，延续其历史使命的一股思潮。

具体地看，1930 年，熊十力先生开始在北大讲授"唯识论"，1932年，浙江省立图书馆出版《新唯识论》（文言文本），标志着我们前面提到的狭义的当代新儒学的开端。《新唯识论》名曰"唯识论"，其核心思想则是"归宗大易"，即对阳明以来心学传统的延续。① 其整体的结构体系是所谓"摄所归能"，也就是将外在世界的存在建立在人的"本心"的存在基础之上，以人之"心体"为世界存在的本源。而这一心体恒常健动不息，就是心学传统的核心。然而，这一形而上学的结论在近代遇到了最严重的冲击。近代西方思想进入以来，特别是随着科学思想在中国的传播与发展，外在世界的存在能否建立在人的"内在"心体之上，就成了需要重新加以解释说明的问题。这就是熊十力的《新唯识论》要解决的问题，唯有解决了这一问题，传统儒学的形而上学才能够继续被人接受，才能够重新确立自身存在的意义，以此为基础建立起来的整个儒学的庞大系统，才能够继续延续下去。

熊十力清晰地意识到了这个问题，才有《新唯识论》的撰写。《新唯识论》由佛学的唯识宗借鉴了"摄所归能"的方法，将外在世界的存在，用佛学的理论归结为人的"认识"所"幻现"的存在，而非能够脱离人的认识真实存在的对象。这一步是熊十力做出的最大贡献，也是自阳明后学以来，对心体之为世界存在的本体之最为充分的证明。唯识宗名相繁杂，理论严密，通过种种对人的认识的分析以及缘法的辨别，使人的理性能够接受外在世界的存在建立在人的认识之上的说法。这是一个大转折，也是最为困难的地方。完成了这一步之后，熊十力再将唯识宗所谓"识"归结为儒家心学传统所谓心体，就是顺理成章的事情了。由此可以看出，熊十力先生之所以被看作新儒家的开创性人物，实在是因为他开创了近代

---

① 参见冯友兰《中国现代哲学史》，香港中华书局，1992，第十章第四节"熊十力的心学思想"。冯先生说："熊十力对于心学、理学的分歧，有调和的倾向，但还是归心学。"

以来重新诠释儒家传统的新道路。首先，这条道路不是完全局限于儒家传统内部进行新的诠释，而是寻求儒家传统之外的资源。其实，这也不是当代新儒家的首创。宋明儒者已经开始借鉴释、老两家的思想资源来补充、完善、建构儒家的传统思想了。宋明理学建构的儒家形而上学是用外来思想资源对儒家传统进行创造性诠释的结晶。其次，熊十力将儒家在近代的问题突出地彰显为如何建构儒家传统形而上学的问题，并将核心问题集中于解释外在世界的存在建立在人的内在心体之上。如我们前面所说，这是一个大关节。打通了这一关节，其他的问题都可以得到较为妥帖的处理。然而，熊十力也有其局限。这就是牟宗三晚年所说的，熊先生自有其罕见的强力，然而被学力所限。[①] 他所受的教育使他仅了解佛学的思想，仅能用唯识学的理论来诠释儒家思想。

　　牟宗三对于西方哲学则有了较乃师深入许多的了解。牟宗三学习西方从怀特海、罗素入手，起初是研究西方独特的逻辑学，这为他深入了解西方奠定了良好的基础。后来他精研康德哲学，穷一己之力，翻译康德三大批判。他对康德哲学的研究，是大哲学家与大哲学家之间的对话，是从精神深层了解康德，而不是如普通的康德研究专家一样，纠结于某些细节。因此，牟宗三在康德哲学中找到"智的直觉"（intellectual intuition）一词来表示中国哲学所谓本心。这其实是对儒家传统所谓本心的一次新的形而上学的诠释。站在中国哲学的立场，我们可以称之为诠释，因为，我们回头去看的时候，他其实仍然没有背离甚至没有超越王阳明的整个思想体系，只不过是运用康德哲学对王阳明语焉不详，或者是在新的时代、新的人的生活世界中对失去其意义的思想进行了新的解释。这一解释采用了康德的语言，如同熊十力采用了唯识宗的语言一样。但是牟宗三的研究的最根本意义还是在于如何在理性的基础之上，重新建立儒家的形而上学。在这个意义上，牟宗三提出了"两层的存有论"，分为"有执的存有论"与

---

① "本来依熊先生的计划，《新唯识论》应有两部：上部'境论'，讲形上学；下部'量论'，讲知识论。但'量论'一直写不出来，其实就是因为学力不够。因为熊先生的所得就只有一点，只那一点，一两句话也就够了。一提到儒家大《易》乾元性海、体用不二，熊先生就有无穷的赞叹，好像天下学问一切都在这里。当然这里有大美存焉，有无尽藏，但无尽藏要十字展开，才能造系统，所以后来写好多书，大体是同语重复。"牟宗三：《客观的了解与中国文化之再造》（本文系第一届"当代新儒学国际研讨会"主题演讲，于1990年12月29日讲于台北中央图书馆，王财贵整理），《牟宗三先生全集》第27卷，第428～429页。

"无执的存有论"。所谓"无执"，即儒家心学传统的、摄所归能的、合内外之道。外在世界并不是与人的本心无关的独立存在，而是需要在人的内在本心中找到其存在的根源。所谓"有执"，则是在无执的基础之上，分离出主体与客体的相互对待，在这种相互对待中，安顿现实的科学世界。而其核心是有执一定建立在无执的基础之上，无执才是我们与这个世界相处的原初的方式，也才是最真实的方式。儒家对于这个世界的了解，就是在无执的存有论中的了解，由此才有所谓"吾心即是宇宙，宇宙即是吾心"，才有所谓"民胞物与"。牟如何具体实现这个建构，是本书讨论的核心部分之一，我们将在下面的具体论述中加以展现。现在我想说的是，牟留给我们的问题。

　　牟借用康德的语言，建构了一个概念，即所谓"智的直觉"。[①] 正如诸多康德研究者所批评的，所谓"智的直觉"在康德那里是一个自身矛盾的概念，根本无法成立。然而，在康德哲学中无法成立，并不能说明在中国哲学中就一定不能有这个概念。我们可以看出，牟并不是在康德立场上讨论这个概念，而是在中国哲学的立场上讨论。换句话说，牟宗三其实是用"智的直觉"这个概念来描述中国哲学中原本就有的一种直觉形态，也就是说，如果我们一定要给中国哲学的形而上学得以建立的那种独特的直觉形态找一个合理的解释的话，那么我们可以借康德对直觉和智性两个概念的言说，把它理解为一种独特的"智的直觉"。"智的直觉"面对的是"物自身"（thing in itself）。这里出现了牟最具创造性的思想。他依照中国哲学的传统，赋予了"物自身"新的意义。在这里，"物自身"不再是康德意义上，我们的感性绝对无法触及的对象性存在，而是中国哲学意义上的"物之本然"。中国哲学所谓"物之本然"，不仅是一个事实性的判断，而且是一个价值意义的判断，因为中国哲学的论述方式并不是以存在之物的现实状态作为它的本然状态，而是以其依照天理应该具有的状态作为它的本然状态。在这个意义上，所谓"物之本然"其实指的就是在天理呈现和关照之下，存在物应该是的那个样子。因此，所谓"物之本然"就是物之自性的完美实现，这既是物成为它自己，也是物应该去成为的自己。因此，牟宗三非常敏锐地指出，相对于中国哲学中的"智的直觉"概念，中

---

①　即康德的"Intellektuelle Anschauung/Intellectual Intuition"概念，这个概念在中文中一直没有一致的译名，在康德著作中被译作"智性直观"或"知性直观"，而牟宗三将之译为"智的直觉"。

国哲学在谈到"物自身"的时候，其实指的是一个价值意义上的概念，而不是某种现实意义上的存在物。只不过，这种价值意味的概念中的价值，并不像很多学者理解的那样，是后天由人在物已经存在之后附加上去的，而是有着本来的规定性。关于这个问题，我们将会在具体的分析中说明。

当然，儒家在论述这个问题的时候，首先是由人的论述开始的。这就关系到我们如何理解宋明理学，如何理解儒家的心学传统。我们将在下一个部分讨论这个问题。在此我想说的是，不可否认，牟宗三并没有在他的系统内部给出人可以具有"智的直觉"的充分证明。这也就难怪这个概念成为其理论中最容易被人诟病甚至被人看作独断之处。在我看来，牟之所以无法完成这一使命，有很多原因。其一是康德思想给定的局限，当我们面对海德格尔的时候，康德哲学所面临的局限就变得非常清楚；其二是牟对海德格尔思想的不满，或者某种程度上的误解。牟一直跟随西方哲学的发展，早在 20 世纪 50 年代，他就接触了胡塞尔、海德格尔、萨特、祁克果（又译克尔凯郭尔等）的思想，并且表现出极为深刻的洞察。然而，他对早期海德格尔充满了不满。不满的根本原因在于，牟宗三认为海德格尔对人生决断的强调是没有方向的，虽然海德格尔总是强调人要不断地站立出来，不断地决定自己的人生，然而这种决断并不能导人进入向上一机。这使牟宗三没能充分理解海德格尔对他的思想的意义。当然，我并不是说牟对于海德格尔的批评是错误的。相反，我个人觉得，牟在某种程度上恰恰抓住了海德格尔的一个问题，而这种锐见是建立在他对于儒家思想最为深刻的体会和了解基础之上的。

无论如何，牟对于"智的直觉"讨论的缺陷，给我们留下了进一步展开的空间，同时使我们能够接续新儒家的历史使命，在新的时代，面对新的哲学的发展，在他们的皇皇巨著之上，重新起航，重新焕发儒家的生机。

二　当代新儒家的理论立场

在我看来，由熊十力开启，牟宗三接续建立的当代新儒家的形而上学是宋明理学在当代的新发展。因此我认为他们几乎完全认同宋明理学对儒家思想的发展与创造。这个判断也许可以更进一步，他们基本上采取的是宋明理学中心学传统的立场。

宋明理学家坚持儒家的"内圣外王之道"。这里所谓内圣外王之道，不是简单地说儒家同时兼顾了人的内在成圣和外在事功两个方面，而是有着内在的结构。在宋明理学家看来，内圣外王之道有两个层面的基本含义。首先，儒家的外王事业一定要建立在内圣的基础之上，脱离了内圣的外王事业本身是没有价值的。在这个意义上，儒家从来不是现实皇权的辩护者，而是始终扮演着批判者的角色。真正的儒家从来不会在价值上完全认同现实中的皇权。对他们来说，美好的时代，圣王合一的时代是遥远的上古三代，从那以后，每一代帝王都无法完全实现儒家的价值理想。其次，儒家思想的核心是内圣，由内圣通达外王。成功的内圣一定可以实现成功的外王事业。这就决定了宋代开始的儒者们不把关注的焦点全部放在治理国家，安顿社会人生上面，而基本上是由内圣出发，教人成圣成贤，因为在他们看来，在成圣成贤之中，就包含了调理好世间秩序，实现成己成物的双重完善。

如我们前面所说的，宋代儒学的复兴是在佛学的刺激之下出现的。佛学的出现使得儒者们面临了前所未有的危机。魏晋时期的玄学虽然也曾经对儒家思想的正统性地位造成一定程度的威胁，但是如同研究者所说的那样，一是当时传统的传经之学依然存在，儒家并没有受到根本性的冲击，二是在魏晋南北朝时期，玄学在整体发展中，逐步走向了儒道融合的局面，"非汤武而薄周孔"仅仅出现于一个很短暂的时期，更多的则是在理论上追求二者的融合。[①] 因此，儒家思想的正统性地位并未产生根本性的动摇。然而，经历了有唐一代佛学的迅速发展，特别是佛学形上学相较于在此之前的儒家对形上学建构的忽视，儒家思想受到了极大的冲击。用最通俗的话来说，生活在这片土地上的人，第一次在儒家的思想世界、儒家的人生形态之外，看到了另外一种完全不同的可能。而且，这种新的人生模式有着深厚的理论上的说明，充满了雄辩的力量。所以，佛学对于儒家的冲击，就不仅是让人抛弃现世、出离家庭、遁入空门这么简单，而且是在形上学的基础上，从根本上否定儒家整体的意义。因此，宋明理学开启的新儒学的意义就在于，重新建构了一套儒家的形上学来应对佛学的形上学。这正是宋明理学相对于先秦儒学最为特殊的地方。如同钱新祖教授所说：

---

① 参见汤用彤《魏晋玄学论稿》，上海人民出版社，2015；余敦康《魏晋玄学史》，北京大学出版社，2015。

　　在儒家的排佛言论里，牵涉佛学形上学方面的驳斥，在时间上出现得相当晚，在宋代新儒家兴起之前，儒家从来没有跟佛家在形上学的阵线上有过任何严肃的交涉，韩愈的《原道》是宋以前儒家排佛论的一个典型范例。可是，儒家对佛家在形上方面的驳斥虽然出现的较晚，就正统新儒家的哲学而言，这种驳斥却有必要被当作是最基本的。①

　　这种被看作最基本的内涵与新意的地方，正是宋明新儒学相对于先秦儒学创造性的地方，而这种"新"在某种程度上又是先秦儒学所没有彻底展现出来的。常常自造新词，又每每能够切中肯綮的牟宗三先生称之为"调适上遂"的"新"。

　　正是在这种背景之下，宋明理学将自己的视域收缩，并且加以转换，提出了新的问题。这个问题不再是如先秦儒学一样，问儒家如何稳定这个社会，而是在与佛学的思想触碰中，问人如何才能成圣成贤。如同我们在言说一个东西是什么的时候，背后隐藏了对于这个东西的存在的言说一样，在人如何成圣成贤的背后，其实还隐藏了一个问题，那就是人为何一定要成圣成贤。某种程度上，这才是宋明理学家更加需要面对的问题，也是今天儒家在面对各种质疑的时候，最需要面对的问题。为何我们一定要成圣成贤，为何一定要成为君子，为何在一个新的时代的社会里面，儒家的成圣成贤的思想仍然有其不可替代的意义。

　　笔者写作的此刻，窗外传来保安训练的声音，他们规范化的训练，是为了适应保安这个角色，并且以这个角色，让他们在生活世界里面，长期的也好，暂时的也好，找到自己的一个位置。这是为了在社会中的身份，建立某种训练，以更好地成就这个身份。这是我们周遭世界中每天都在发生的事情，我们学习、训练去成为并且适应各种身份。我们周遭的这个世界，是一个在我们每个个体存在之前已然存在了很久的世界，早已形成了自己的种种规则，这其实就是我们所谓"文化"。在我们存在之前，这个世界已经有了深远的文化传统。我们要进入这个世界，就要了解并且学会适应这些规则。也许不用参照福柯，我们也可以说，人生是一个不断规训、不断更新、不断为了某个目标练习、适应的过程。更广泛一点说，人

生不断地在面对这些问题，我们如何去成为一个人，成为一个人的基本要求是什么，如何才算是更好地成为一个人，一个能够更好地发挥人这个存在物之本身的内涵的选择。这就意味着我们要选择一种生活方式。

各种不同的思想立场，提出的其实是各种不同的生活方式，这些生活方式需要有理论作为其合理性的支撑，而这些生活方式决定了不同的价值观念，决定了你对生活中的事情有自己的价值判断。无论现代性还是后现代，无论喜欢还是不喜欢，这个时代越来越变成了一个自由且多元的时代。思想如果希望得到更多的人的认同，就要更讲道理，就要更有说服力。在我看来，宋明理学在一个有思想的人都青睐佛学的时候，非常完美地完成了自己的任务，重新证明了为什么儒家思想规定的那种生活是一种更值得选择的生活方式。

关于宋明理学家如何建立这样的生活方式的论证，牟宗三在他的巨著《心体与性体》中，已经讨论得非常清楚了。对这本书的解析，也是本书的核心部分之一。我在此只想跳出宋明理学的语境，用最直接的语言，看看宋明理学究竟要做什么。宋明理学真正想做的这些事情，其实就是当代新儒家哲学采取的理论立场。也许，我可以通过下面的分析，说明牟宗三采取的立场究竟是什么。

正像我们前面所说的，宋明理学家希望建立的不仅是对儒家基本道德原则的理论论证，而且是为某种生活方式提供一整套整全的理论模式。相较于具体人应该做什么，他们更关切的问题可能是人生的根本意义何在，以及为了确定这种意义提供某种形而上学的基础。因为，只有我们确定了人生意义的抉择之后，才能够以此为基础，决定我们应该做什么。这就意味着，我们不能只是在伦理道德原则的意义上来看待宋明理学，而是要把它理解成包括了形而上学、本体论、伦理学等在内的一整套理论，并且，这些理论的各部分之间是紧密地整合在一起的，其中更重要的可能是宋明理学建构的形而上学的部分。正是这个部分，为我们接受儒家思想提供了坚实的基础。如果把这个想法用问题的方式表达出来，那就是生而为人，生命的根本意义是什么；我们为什么要成为一个有道德的君子，进而成圣成贤；我们为什么不可抑制地要成为一个道德人。

为了解决这些问题，宋明理学家自周濂溪起，在传统儒家经典中，引入了《易》《庸》的传统，由《易》《庸》结合《论》《孟》来理解儒家思想，建构起一套"天道性命通而为一"的理论结构。

　　由周濂溪的《太极图说》和《通书》肇端的宋明理学，从一开始就确立了"天道性命通而为一"的理论结构。之所以称其为一个理论结构，是因为它在"天道"和"性命"之间建立起一种本质性的"联系"。所谓"天道"，在宋明理学的意义上指的是存在本体，是作为万物存在之本源的本体。这里所谓本体，并不是近代以来西方哲学"本体论"（ontology）意义上的本体，即永恒的、不变的、超越时间的本体，而是更接近海德格尔所谓大写的"存在"（Sein）。万物，包括人，因其存在而得到自身存在之根据。所谓"性命"则是指这一存在本体具体化在每一个具体的存在物之内在的"本性"，在宋明理学的话语中，性命常常特指人的存在的本质，但又不仅仅指人的存在的本质。任何我们周围的世界中存在的"东西"都有其特有的本质，用中国哲学的话语来说，即存在物的"天命"。如同我们对于天道的理解一样，这里所说的本质，也并非近代西方意义的本质，即不是那个不变的、超越时间的本质。中国哲学所谓的本质，恰恰是处于时间之中的，会随着人的道德实践行为所带来的人之气质的变化而改变。

　　天道与性命通而为一，意味着作为存在本体的天道，恰恰是万物存在，特别是人之存在的本体，我们理解人之存在，就应该从天道的角度出发去理解。二者是同一的，这里所谓同一，某种程度上可以理解为天道在具体的个体中的具体化。因此，天道的性质就决定了人的性质。在儒家传统中，天道的本质并没有任何具体的规定性，因此，它不是一个固定僵化的对象，甚至不能构成一个对象性的存在，它就是存在本身，它的唯一的具体的规定性，就是"生生不息"，就是不断地"乾道变化"。而这种生生不息的天道，具体到人的存在之中，就成为具体的人的不断地做道德实践行为，不断地变化气质，"各正性命"。

　　天道的存在，确定了人之存在的超越性维度。人不仅是现实性的，在现世安稳的存在，他自身还包含超越的维度。这就意味着，人不仅仅是一个"实然"（to be）的存在，不仅仅是一个事实，他的存在本身还包含一个"应然"（ought to be），如果我们一定要这么划分的话。这种应然决定了人生的价值维度。因此，宋明理学不仅要论证社会层面道德的存在及其意义，即宋明理学不仅在说明人类社会的存在是要道德的，而且在讨论一种人生的意义，讨论在终极意义上，人的生命的意义从何而来。这就决定了，宋明理学不仅仅是一种伦理学，而且是一种根本意义上的形而上学。

人生的终极意义在宋明理学的话语中，就来自天命的赋予，来自存在于其本质之内的终极的存在本身。绝对的天理贯注在人的内在本性之中，因此，人的内在的本性就是人应该成为的样子。但是，因为人的现实性的存在不仅是天理的自然呈现，还沾染了"气"——宋明理学形而上学建构中另一个重要的概念，为了说明现实的"恶"的来源——沾染了或者具有了具体的塑形作用的气之后，气与天理的结合，才构成了现实存在的人生。因此，具体的人，是既有超越的、纯然至善的一面，又有现实的、构成恶的一面。人的本性是天理，纯然至善的一面是人的本质，但这一本质在人的具体存在中被遮蔽了，因此，人生的意义就在于如何去除对自身本性的遮蔽，使其超越的本性能够完整无缺地呈现出来。这种呈现因其本身不是向外去寻求成为其本身之外的另一个范本或者模范，而是原本就内在于其自身之内，所以就决定了，这种看上去在时间的流逝之中，"向外"去成为的过程，恰恰是一个不断"回归"的过程，一个不断回归其本性的过程。因此，儒家思想中理解的人是在不断的时间流逝过程中，不断地塑造自己，与此同时不断地回归自己的过程。这就是儒家所谓"克己复礼"之"复"的意义。它是回复、回返，在回返中实现自己，成为自己。

人的生命的终极意义正是在这种天道与性命的结构中得到"贞定"。在此，事实与价值不再是分离的两部分，我们无须在人的自身之外去寻求生命的价值和意义，它正因为天道本身对内在于人的性命的"天命"而成为人之自己内在的一部分。因此，我们不需要再另外寻找根源，诉诸"功利主义""理性主义"等外在的手段，为人的生活建构起意义，"吾欲仁，斯仁至矣"。与此同时，它又不意味着，人生的意义已经在实现之中，因为现实人生中天理并不是那么自然地就能够得到呈现的。我们的一生永远在追求实现天理的过程之中，任重道远，死而后已。生命终极意义的追寻是一件在有限的人生之中永远无法完成的事情，正因为它的"无法完成"，这种永恒的"未完成性"，才能够成为生命永远的引领，使我们不会堕入虚无的深渊。

生命的有限性大概是所有关于生命意义的追求最难回答的问题，任何对于未来的期盼，都因为生命的有限和无常而变得难以确立。将生命的终极意义建立在超越性的，同时又是内在性的天道之上的宋明理学，一方面，将有限的现世人生与超越性的天道结合在一起，使有限的人生具有无限的意义；另一方面，这种超越性的天道不是向外寻求的，而是回归人的自身的。因此，在这个意义上，儒家是真能充分尊重人类、尊重自我、实现人之主体性的学问。

儒家的人不是"孤单"地生活在这个世界上的。对于儒家来说，人是"实际"地生活在一个具体的"周围世界"之中。这里的周围世界意味着对于儒家来说，人首先不是作为单独的个体出现的，而是作为人与人之间充满伦理关系的存在出现的。作为"主体"①的我，首先，不是一个单独的个体，不是遗世独立，不是首先作为"我"而存在的，而是生活在关系中，是父之子、子之父、夫之妇、妇之夫，等等。在这个意义上，"关系"或者"关联""先于""个体"出现。先出现的是关系，然后才是个体。其次，这种关系不仅是人与人之间的人伦关系，还包括人与物、人与周围的（人之外的）世界的关系。人是在这种关系中实现着作为人的存在的。

天道性命通而为一的另一层理论意义在这个层面彰显出来。天道是遍及万物的，这其中既包括人，也包括物；既包括"自我"，也包括"他者"。在人与物的层面，正因为人与周围世界的物都具有天道，所以人与物的存在的意义是同样的。这个思路，宋明理学家一经提出，立刻遭到了批评。批评者认为这种想法过于吸收道家和佛学的思路，泯灭了人与物之间的根本性差异。在明道那里，这个问题得到了最为完美的回答。在明道看来，人与物之间的差别，不在于一个有性一个无性，而在于是否能"推"。明道曰："人则能推，物则不能推。"明道所谓"推"，有两层含义。一是意识，即人与物的差别在于人能够提问，能够认知、了解、领会、把握。人能够积极地、自觉地了解他的存在的意义。人能够在自己的生存过程中，在不断地做道德实践的行为中，去领会自身存在的意义，而这一自身存在的意义，其根本就是天道，就是天道之意义，因此，人能够通过对自身存在意义的领会而领会天道。二是实现，即人能够在不断的道德修养工夫过程中，存天理，去人欲，将内在于自身的天理毫无遮蔽的实现出来。在这个意义上，物对于人来说，虽然自身也有天理，也有天命，也有自身存在的意义，但是这个意义需要在人的生活的世界里面才能够得到实现。需要人的参与，需要进入到人的人文化成的世界之中，物才能更好地成为其自身。在这个意义上，正因为天道性命通而为一，人在领会自

---

① 这里的"主体"一词，仅从能够思考、反思问题的角度，认为是"主"，而不是西方近代意义上的主体。

身意义的时候，就是在领会天道存在的意义，而天道存在的意义就是万物存在的意义。因此，人在尽可能地领会自身的过程中，就领会了周围世界的存在物之存在的意义。与此同时，人在做道德实践行为的过程中，不断地理解并且实现自己的内在"本质"，因此，天道能够在人的行为所及的世界中得到实现，"物"之存在的意义能够得以实现，被"气"所遮蔽的天道重新彰显在世间。这就是儒家所谓"成己成物"。正是在这个意义上，儒家所讨论的"世界"，并不是一个没有人参与的，独立于人的存在的世界，而是一个有人在的、有人"居住"于其间的世界，是一个"人文化成"的世界。

但是，对于儒家来说，人与周围世界的关系并不是首出的、根本的。如我们前面所说，儒家是在人与人的"关系"中理解人的基本生存境况的。首先是一个"人伦"的世界，人处于"人伦"关系之中。这不仅是儒家重视家庭，重视"关系"的结果，也是儒家理解人的"存在""本质"的形而上学基础；然后才是人与周围万物的关系。因此，人与人的相处是人与物的相处的基础。我们可以说，儒家是用理解人与人相处的模式，来理解人与物的相处的模式。

在这个意义上，"道德"的意义就出现了。我们还是先回到"天道性命通而为一"的模式来理解人与人的相处。在儒家看来，每个人都具有天道贯注下来的本性，这个本性在每个人的内在是一致的，具有普遍性。这一普遍性，就是来自统一的天道。然而，每个人只能意识到自我，只能领会自我的存在，但是，其领会的自我的存在并不仅仅是自我的存在，人与周围的他人在存在的根本的意义上是同一的，因此，领会了自我的存在意义，就领会了他人的存在的意义。领会了自我的存在如何实现，就意味着领会了他人的存在如何实现。在这个意义上，在儒家看来，人与他人之间并不存在根本性的隔阂，而是可以通过反观自我从根本意义上了解他人。在这里，儒家为我们给出了一幅远较现代的存在主义所描绘的画面，更加温情和有希望的世界图景。

那么是什么阻碍了我们在实际的生活中实现这一美好的充满希望的图景，在儒家看来，正是我们人生来而有的"欲望"阻碍了原本存在于我们内在之中的天道的完整实现。"人生而静，以上不容说，才说性时，便已不是性。"人一旦现实地存在于世间，就不仅携带着天道所赋予的"本性"，而且有构成现实存在的"气"的部分，"气"使"性"得到承载，与此同时也对"性"构成了限制。"气"使我们成为"自我"，这种自我一方面使我们能够成为具体的"个体"的存在；另一方面遮蔽了我们原本的本性，使其不能彻底地彰显。"气"构成的个体的存在也构成了我们与"他人"之间的区隔。因此，"欲望"使我们成为自我，同时将他人"隔绝""在外"。①一旦有了欲望的驱使，我们在面对他人的时候，就不再是依照天道的运转来"成己成物"，而是将他人首先当作自我欲望实现的手段，在这个意义上，我们就把他人当成了工具，而不是当成人本身。在某种程度上，儒家所认为的恶就在这里出现了。

因此，经过宋明理学家对于儒家思想的发展，所谓"道德"就不再仅是生活意义上的"有道德"的行为，而且具有了形而上的、存在论的意义。对于天道来说，这层道德的意义是"生生"，是《易传》中的"健动不已"。天地万物的存在正是因为天道的生生之德才能够生生不息，"乾道变化，各正性命"，呈现我们周围如此繁复的世界。天道贯注在人的内在本性上，同样也是生生之德。只不过，在人的具体化的行为中，这种生生之德变成了"成己成物"，成为能让自己更好地存在，也能让他人和世界更好地存在的内在本性。

好像所有的道德哲学，对于应该让这个世界更好地存在，让他人更好地存在并没有异议。人类出现分歧的地方在于，我们依照什么标准才能真的让他人和世界更好地存在，如何才是这里所谓"更好"。其实质就是，我们究竟依照什么原则来建构我们的道德原则，道德的基础到底在哪里。只要这个道德原则是人来建构的，那么这个基础就不是绝对普遍的，总是会有各种争论，如同以赛亚·柏林所说的那样："人类的很多灾难，其实不是善恶争斗带来的，恰恰是对于善的不同理解造成的。"②

儒家因为有了天道的存在，所以把道德的基础建立在生生不息的天道之上。因此，这种形而上学建构起来的道德哲学，是一个有着超越基础的道德哲学。也是在这个意义上，儒家，包括宋明理学，不可能没有天道的超越的维度，宋明理学的理论结构要求它们不可能仅仅将道德的建构停留在人的内在情感之上，而必须讨论形而上的、本体

---

① 参见后文对于相关问题的论述。
② 〔美〕以赛亚·柏林：《自由论》，胡传胜译，译林出版社，2005。

论的问题。本体论的存在为宋明理学的整体理论结构提供了毋庸置疑的基础。

对于宋明理学家来说，天道的生生不息之德，有两个问题需要处理。第一，我们虽然可以言说天理，但是，并不能真实地直接把握天理。如果仅仅由天理出发，那由此建构起来的一套形而上学还是建立在我们自己的信念基础之上，只会导致像很多儒家的批评者所说的那样，儒家自己的形而上学是一种独断论的形上学。第二，仅仅有天理确定的人的"应该"是不够的，不足以成为我们必须要成就一个"道德"的人的动力。我们尽可以有一个"应该"在，有一个天理摆在我们面前，但是，如果认为人就应该遵循天理去行事，而这种遵循天理去行事的"应该"找不到一个坚实的基础的话，那么宋明理学还是无法逃脱独断的批评。所以，其实道德问题有两个部分，一个是我们所认同的道德原则，另一个是我们为何要去做道德行为的动力。在很多理论中，道德原则就是依据道德动力建构起来的。比如功利主义原则，它设想了人趋利避害、追求利益最大化的原初动机。因此，在这个意义上，人自然就会遵循道德原则，因为所有的道德原则原本就建立在人的根本需要的基础之上。但是，如果道德原则在某些时候甚至要违背自己的利益，那么人就需要寻找另外的动机。这个时候我们需要寻求诸如神的命令、人的尊严、人的价值、人生的意义等另外的理由来说服自己。所有这些建立道德原则的理由，大概除了神圣命令理论，都是由人的理性建构起来的，人给予自身的意义。在这个意义上，我们其实没办法找到一个不得不如此的"真实"的理由。

从这个角度来看，宋明儒学内部继承了孟子传统的"心学"一系，建构起一套更为圆融、更加能够自洽的理论，并且把心学传统的理论基础建立在人的直接的生存经验基础之上。由朱熹和陆九渊的"鹅湖之辩"，我们可以看出，他们之间的分歧更多的并不是在于如何理解儒家的天道，而是在于寻求内在的道德动力。当陆象山说"先立乎其大"的时候，其实就是要在人的内心中为人为何要成为一个君子找到一个无法抗拒的力量。这也是为什么明初的陈白沙在学习朱子学的过程中，对朱子的天理说有所不满，因为如果没有内在的、不可遏制的道德动力，我们其实完全可以置外在的天理于不顾。所以，心学传统将人的内在本性建立在"本心"之上的时候，同时解决了这两个问题：我们如何"体验"到天道，以及为何我们无法无视天道的要求。

依照牟宗三的说法，宋明理学的"天道性命通而为一"的理论体系其实有两条不同的进路：一条是由《易》《庸》而融摄《论》《孟》，即从"天命之谓性"讲起，由天道讲到人道，由天命讲到人的内在的心性；另一条是由《论》《孟》而融摄《易》《庸》，从人的心性讲起，拓展到对天道的领会。在牟宗三看来，前一条进路在某种程度上是"虚悬"的，因为我们无法直接把握天道。我们能够直接把握的只是我们自己内在的心性而已，所以才出现孟子由人的当下的心性来开启道德的论述，依照徐复观的说法："孟子是由人的'心善'来说明'性善'。"① 当我们"乍见孺子将入于井"的时候，呈现的是我们没有任何思虑的意识，而在儒家看来，这种暂时与各种思虑活动隔绝开的状态，就是我们内在本性的直接呈现。所以，在这个意义上，无论在那种极端的状态下的呈现我们称之为什么，在儒家看来，那就是人所以能够为人的"本质"所在。而这种本质的意义被理解为，我们对与我们共处一个情境之下的、共同存在的他人的本质性关怀。所以，儒家的这种理论形态，并不是建立在某种单一基础命题之上，也不是依赖宗教信仰，而是建立在我们人的具体生存经验的基础之上。理论来自真实的经验，来自体验，来自"现实"。这就解决了第一个问题，正因如此，我们首先了解的是人的"本质"，这种本质的根本性质就是"道德的"。另外，人的"道德的"本质决定了我们必须走"做道德行为"这条路，这既是在本体论意义上去实现人之为人的"本质"，又是我们内心中无法泯灭的一种动力。正因为人的内在本性必须是道德的，特别是我们现实存在的"心"必须有本体性的一面，我们才会在做"不道德"的行为的时候，感到某种不适。在中国传统中，"心"是行为的动力来源，必须"道德的"能够内在于我们的心，我们才有动力去做道德的行为。所以，心学传统的出现是宋明理学发展的内在逻辑造成的，也是先秦孟子传统的重辉。

那么，如果坚持心学传统，是否就能够仅仅讨论人的内在的本质，而不必再叠床架屋地讨论宇宙和本体论的问题。首先，如我们前面所说的，宋明理学的理论结构决定了我们不能脱离本体论去纯粹地谈论人的内心。纯粹地谈论人的内心，我们也许可以获得道德意义。但是，儒学或者宋明

---

① 参见徐复观《中国人性论史·先秦篇》，《徐复观全集》第 4 册，九州出版社，2014，第 144～178 页。

理学不仅是或者根本上不是在谈论道德，而是在谈论人，在谈论人的生命的根本意义在哪里，在讨论人的安身立命之处。正因为儒家讨论了这些问题，整个中国文化才能够在没有一个坚实的宗教传统的传递之下，绵延了这么久。因为儒家解决了人的终极关怀的问题，在一定意义上承担了宗教的使命。因此单纯地把儒家思想看作谈论伦理道德的问题，实不足以穷尽儒家思想之本质。

其次，儒家讨论的不仅仅是一个单纯的人的世界。这里面包括了两个方面的内容。第一，人如何面对他人。建立在孟子学基础之上的心学传统，固然可以说人面对他人的时候需要是道德的，而这种道德在孟子的"乍见孺子将入于井"的整体良知呈现中就可以找到足够坚实的基础，并且加以实现。然而，这仅仅说明我们为何是"道德的"，却无法确定我们应该"如何"道德。也就是说，这种道德基础仅仅可以确定人的本性是向善的，但是若要具体到人每天的行为，我们其实还需要寻找另外的根源来确定我们的行为究竟该如何选择。儒家通过天道与性命通而为一解决了这个问题。

天道本身是生生之德，并且天道在"自我"和"他人"中同样存在，是人之存在的"本质"。因此，在这个意义上，我们在面对他人的时候，一方面，通过"理解""自我"而"理解""他人"。我们理解了自己存在的意义，就理解了他人存在的意义。我们越是深刻地理解了自己的存在，就越能深刻地理解他人的存在。这种存在的意义正是天道的生生之德。因此，儒家在面对他人时建构的道德原则，就不是像西方那样，建立在人的权利、自由等基础之上，而是建立在"理解"或者"领会"的基础之上。所以，才有孔子所谓"己欲立而立人，己欲达而达人"。儒家的出发点，并不是要保证他人的权利，而是要尊重他人的"存在"。而具体如何尊重，则是要去除作为行动"主体"的"自我"，使人能够在面对他人的时候，彻底的"忘掉"自我，去除自我的执着，令他人"优先"。在这个意义上，他人永远不是我的欲望驱使的"工具"，而是一个独立的"存在"。另一方面，在这个意义上处理的人际关系，从来不是简单地"尊重"他人的"权利"，而是如何更好地"成就"他人，成就一个在儒家的意义上更好的人。① 这种对他人的意义的理解，如果没有作为"自

---

① 参见本书第五章第五节"亲亲相隐""窃负而逃"与伦理关系中的相互成就。

我"与"他人"存在的共同基础的天道，是无法实现的。① 也就是说，天道性命通而为一，是儒家具体的现实伦理之所以可能的形而上学基础。也正因为如此，儒家的伦理规范从来不是由具体的条文构成，而是"当机而发"，随着境遇的不同而呈现不同的面相。这是因为良知在不同的具体情境中，呈现不同的抉择。因此，离开了儒家对形而上学的讨论，离开了宋明理学建构的形而上学基础，这些都无从谈起，在某种程度上也背离了儒家核心精神。

第二，人生活在一个与"物"共处的世界之中。物的世界同样需要人对自身存在的领悟才能够如其所是地得到呈现，成为其本身。

因此，在这个意义上，我想说心学传统更能彰显儒家的本质，延续孟子以来的心学传统，比较能够为儒家的道德建立起坚实的"生存经验"的基础。在这里，随着理论形态的发展，儒家需要解决的具体问题也发生了某些转变。如果我们回顾王阳明在《传习录》中与弟子的讨论，就可以发现，问题其实集中在三个方面：一是良知如何呈现；二是良知对于我们的道德判断是否足够；三是良知何以是天地万物存在的本体。这三个问题如果解决了，庶几可以构成一个完备的心学传统。

第一个问题，良知如何呈现。

一旦我们接受了良知是人的内在本性的观点，那么接下来的问题就是良知如何呈现。这一本性在人的日常行为中，最普遍的状态恰恰是隐而不显的，不然就无法解释为什么在这个世界上不全是道德的行为，而是充满了恶。那么，我们就必须有标准来判定人何时的抉择是由良知而来的，何时不是。在这里，所有的心学传统都不得不回溯到孟子，诉诸孟子的"恻隐之心"。关于这一问题，学者们讨论得已经足够充分，需要指出的是，这种恻隐之心，并不是建立在人的理性基础之上，而是完全来自最切身的

---

① 行文至此，需要指出一个问题。这种对于他人的成就，在儒家原本的理论体系中是没有弊病的。因为我们可以通过不断的检索自我在成就他人的意图中具有的"私欲"的成分，来规避对他人的钳制。然而，对于一个政治理论来说，虽然崇高的理想是不可或缺的，但是，更重要的可能是如何有效地克制可能带来的"危害"。儒家对人的这种理解，具体到现世人生的实现，则有可能成为对人的某种"威权"，这也是为何近代以来儒家遭到如此批判的最根本原因。在美好的理想中，没有设计一个规避"威权"的维度。因此，这也许是儒家思想需要重视而不是彻底抛弃近代以来的民主自由的原因。如果个人主义的兴起是现代化进程中的一个核心部分的话，那么儒家思想就是前现代的。如何更好地处理个人主义的关系，则是现在的儒者不得不思索的一个问题，而不是仅仅坚持儒家的原则，彻底地拒斥现代的个人主义。

生存体验，所以，心学传统赖以建立的道德根源，不是来自理性，而是来自"自然"，来自最真实的"情感"。当然，这不是说儒家是非理性的，而是说儒家的理性不同于近代以来西方所说的推理性的理性。

　　那么这种恻隐之心的意义究竟是什么呢？我们还是需要回到孔子，正是孔子将"仁"建立在人的真实自然的情感基础之上。如果我们回到《论语》的语境中，可以看出，孔子是侧重从人的"孝悌"来阐发"仁"。所谓孝悌，其实就是对于日常最为亲近的周围的人的一种天然情感。这种情感在儒家的传统语境中来自"血缘"，孝和悌都是有血缘基础的人伦关系。然而，如果进一步到孟子，可以发现，孟子在某种程度上其实弱化或者剥离了"血缘"在"仁"之呈现中的重要意义。无论是《孟子》所谓"见牛未见羊也"，还是"乍见孺子将入于井"，强调的都不是来自血缘的亲缘关系，而是某种特定情境之下的"相遇"或者"面对"。在这里，有没有血缘变得不再重要，而是活生生的生命的相遇、生命与生命的面对，能够活生生地唤起我们内在的不忍人之心。在孟子看来，这时的唤起，先于任何理性的、理智的考量，因此，不是理智引导之后的结果。他把这看作人的本性。

　　如上所说，虽然后世的儒家不断地强调"孝亲"的重要性，并且成为儒家建构政治哲学的一个基本原则，但是如果我们回到孟子，回到儒家形而上学的建构中，就会发现建立在血缘基础之上的人伦关系，虽然在儒家形上学的建构中发挥至关重要的作用，却不是最根本的。造成这种关系的根本原因是"生活"中真实的贴近，是生活中最切近的周围关系。这里有空间上的亲近，更重要的是时间上的维度，是在人的生活的过程中，逐渐积累的情感关系。人伦关系的另外一个方面是共同的生活，是在以每一个人为个体的周围世界中的"切近"。经过时间的流逝，共同的生活使周围的人慢慢建立起相对于陌生人来说更为特殊的关联。正是这种关联，使我们在彼此面对的时候，最容易抛开所有理智的计算和考量，单纯地呈现我们内在的本性。我生活在我最熟悉的一群人中间，这群人相对于陌生人来说对我当然有更为重要的意义，我对他们也有超出一切的感情，这种感情常常超出人的利害考量。我希望我周围的人能生活得更好，他们能够更加幸福。按照徐复观先生的讲法，人生的幸福以家庭为基本考量单位。人在家庭中生活，首先计较的不是个体的幸福，而是家庭整体的幸福，因为某个家庭成员的不幸就构成了全家的不幸。因此，虽然恻隐之心和良知的呈现并不依赖血缘，但是因为我们在现实生活中，常常是依照血缘关系生活在一起的，所以在血缘构成的伦理关系中，良知最容易直接呈现。其原因就在于，我们在这个时候，是不及考虑个体的私利的，人的个体欲望不凸显，则良知更能凸显。

因此，对于阳明来说，"亲亲、仁民、爱物"构成了儒家推扩自己内心良知的一个序列。亲亲是良知最容易呈现的瞬间，而接下来的事情，就是清醒地意识到良知，并且保有良知，将其向外推扩，推扩到陌生人，推扩到天地万物，以至于"民胞物与"的境界。这就需要解决第二个问题。

第二个问题，良知对于我们的道德判断是否足够。

阳明集中回应的另外一个重要问题是良知在做道德判断的时候是否足够，这也牵涉阳明后学对于良知的讨论，良知是"先天具足"还是需要培养之功。阳明在讨论的时候，最常使用的方式是"见父自然知孝"。这种讨论的依据其实涉及两个方面的问题：一是行为的道德价值是内在赋予的，因此，在道德价值的赋予意义上，知识不能起任何作用，所以儒家更看重的是动机意义上的道德价值；二是反观自省自己的需要，如果能够同时把处在伦理关系中的对方理解为同样的人的话，那就同样理解了对方的需要。这种论述在简单的伦理关系中，大致是可以成立的。所以，从这两个层面看，儒家并不是彻底的排斥知识，而是认为在道德判断中，知识并不具有最重要的地位，良知才是决定道德价值的核心。但是，对此持批评意见的学者认为，一旦进入较为复杂的伦理情境，我们在良知之外，就需要知识作为良知的补充，才能够做出更加合理的判断。而知识在阳明后学，特别是王龙溪看来，可能成为阻碍良知呈现的一个主要因素。所以问题现在集中在良知是否需要知识的补充。

首先，知识是否构成良知的障碍。在良知呈现的阶段，这个是毫无疑问的，知识需要运用人的理性思维，而在心学传统看来，人后天的思辨和理性阻碍了先天的良知的呈现，因此，知识适成良知之障。心学传统大致是从这个角度来言说知识对于良知的遮蔽作用的。良知呈现之后，如果在具体的道德判断行为中，良知能够主导知识，知识成为辅助的一翼，则良知能够更好地实现出来。

其次，在做道德判断的时候，究竟是什么在起作用。如果是知识，那么我们需要的不是道德，而是知识，即如果我们有足够的知识，再加上足够的勇气，就能够做出良好的道德判断。在这个意义上，其实不是"自我"在做道德判断，而是知识在做判断。人在生活中大部分时候是可以实现知识的判断作用的。但是，在这个意义上，"人"这个判断的主体、这个做出道德行为的"自我"隐没不见了。人生中需要"人"做出判断的时候更多的是需要做出道德抉择的时候。所谓抉择就是无可依赖、寻找不到任何判断抉择的根据的时候，才会真的出现"判断""抉择"。对良知来说，虽然我们不太能确定良知要求我们做什么，但是我们可以做一件事，那就是不断地反思，不断地反思我们将要做出的这个判断，究竟是出于良知还是出于欲望。我们可以知道我们做出的选择是否为了自己的一己之私。只有不断地排除一己之私，真正的抉择才得以发生。在这个时候，我们其实并没有对良知本身增添什么，良知依然是那个确定不移的良知。这就是阳明后学特别是王龙溪讲"见在良知"的意义，因为，我们无法在良知之外再寻找一个如此坚实的基础，来为良知增添什么。

这里凸显了心学传统的工夫论。以朱子为代表的理学的工夫比较容易理解，我们只要遵循"格物致知"的原则，"静时涵养，动时省察"就可以不断地做道德实践工夫。然而，心学因为太强调良知的完满具足，现成良知，所以给人工夫论不明确，或者直接省却了工夫一截的印象。对良知来说，工夫的过程就是如何发现良知以及如何推扩良知。既然我们知道良知被私欲断隔，则私欲断绝处，即良知流行处。因此，致良知的过程，就是在面对事事物物之时，不留一毫私欲，一任良知之流行。这里就要用到我们前面所说的反省工夫，反省每一个念虑之微是出于良知还是出于私欲，由此，就可以实现以良知指引的生活。

第三个问题，良知何以是天地万物存在的本体

心学传统需要面对的另外一个问题就是，假设良知内在，那么内在于人的内在本心的良知，如何能够成为"生天生地"的天地万物的本体，我们如何做到"吾心即是宇宙，宇宙即是吾心"。这个问题近代以来成为儒家思想讨论的核心问题之一。如我们前面所说，当代新儒家自熊十力起，都在这个问题上花费了巨大的心血，至牟宗三提出了"智的直觉"来描绘儒家的良知。当代的研究者其实都触及了这个问题，在他们看来，在道德行为所涉及的意义上，可以说良知就是世界的本体，但是，一旦拓展到现实存在的领域，这个说法还是不能成立。这个问题也是本书最为核心的问题，将在后面的具体行文中解释。在此只想指出一点，这里的关键在于态度的转换，如果我们能够在形而上学中意识到，我们对于这个世界的认知

的方式并非我们与世界打交道的最为本源的方式，那么这个问题就可以得到较为圆满的解释了。

以上描述的是我个人理解的当代新儒家所采取的宋明理学的立场。坚守着这一立场，当代新儒家的诸位先生做出了自己的贡献。

近代以来，因为西方形而上学的进入，儒家不得不面对如何解释世界存在的问题，而良知如何能够成为万物存在的本源就是最为凸显的问题了。当代新儒家的诸位先生正是在这个问题上加以突破，确立了新的阐释儒家思想的范式。熊十力"化所归能"的工作我们前面已经有所涉及，此处更多的讨论牟宗三先生提出的"智的直觉"这个概念。

智的直觉是对康德的智性和直觉概念的合用。有研究康德的学者认为这是无稽之谈，显示了牟宗三对于康德的误读。此处恰恰不是牟宗三的误读，而是牟宗三基于中国哲学传统对康德哲学的有意义的借鉴。我们与其希望在康德哲学中充分理解"智的直觉"的内涵，毋宁说这里牟宗三运用康德式思想对儒家本体做出的在那个时代最为恰当的描述。

智性描述这一本体的超越性，它不是来自经验，因而不能被任何经验限制；直觉凸显其先天性，并非后天的理性建构。智性在康德那里面对的是物自身。在笔者看来，牟宗三利用康德的思想，在三个核心概念上做了内涵上的变化，这三个概念分别是真我、物自身和智的直觉。物自身在康德那里几乎完全是一个认知意义上的概念，所谓"物之在其本身"也是认知意义上的，而不具有道德或者价值的含义。这是近代以来，实然与应然区分的一个结果。但在牟宗三那里，"物之在其本身"意味着物成为其自己，成为自己就是实现其最高的价值，就是儒家思想所说的实现其天命。因此，在其本身，就不是认知意义上的本身，而是具有价值意义的本身。而面对物的价值意义，在儒家思想的语境中，恰恰只有人的良知的呈现，才能使物充分实现其自身的价值意义。

按照儒家的价值序列，其实应该首先讨论他人的问题，然后再讨论物的问题，即所谓"亲亲、仁民、爱物"的序列。但是，依照近代以来的西方哲学的逻辑，首先讨论的是人与周围世界的问题、人与物的问题，然后才讨论人与他人的问题。所以，对于身处这个特殊语境之中的牟宗三来说，为了能更加直接地在西方哲学的对照下阐发儒家思想的内涵，首先讨论的是人的良知与物的存在的物自身的问题。牟宗三首先通过智的直觉与物的关系，确定了智的直觉能够使物成为其自身，然后确定了智的直觉的意义，进而揭示在智的直觉的观照之下，人能够更好地成为其自身。

在这里，因为时代的关系，我们可以看到当代新儒家相对于宋明理学家来说，对问题进行的某种转换。以人与人的关系为首出的问题，变成了处理人与物的关系。这里面既有康德哲学的进路对牟宗三的影响，也有面对西方哲学的形而上学传统，牟宗三等人做出的调整。但是，细观其理论建构，他所寻求的根基，仍然是在纯粹的心学传统之上对儒家思想做出的新的阐释。这些问题，希望能够在接下来的部分进行具体的讨论。

本书所采取的立场就是立足于心学传统，希望能够在牟宗三对心学传统接续的基础上，延续牟宗三的问题，将讨论进一步推进。

三　当代新儒家的研究方法

当代新儒学继承了宋明理学对于传统儒学的发展，进一步朝着心性论、形上学的方向进行理论的研究与开拓。他们处在一个特殊的历史时代，扮演了多重的角色。一方面，他们是近代中国的保守主义者，在西化和现代化的潮流中，努力维持传统文化的延续；另一方面，传统又不是一个一成不变的东西，新儒家尤其是作为第二代新儒家代表的唐君毅、牟宗三、徐复观等人都是在五四新文化运动的反传统主义的"浸润点"下成长起来的。他们接受现代化作为正面的价值，其表现就是接受现代科学以及民主制度，因此，他们面对传统文化的时候，具体说来就是面对儒家传统的时候，自然有所取舍。最重要的一点是，他们认为儒家传统必须进行彻底地改造以适应现代化的需要。

与此同时，保守主义的立场以及两次世界大战的经历又使他们一定是现代化的批评者。他们的批评涉及科学主义与现代民主制度，并由此发展到对整个西方文化思维方式的反省。以此为基础，他们的探索其实包含了多重的意义，其中展现出的问题，很多时至今日仍然悬而未决，如果不是令人越发迷惘的话。

这些问题包括：如何认知儒家传统，或者说，我们所谓儒家传统究竟指的是什么；儒家传统在当下的情境中，是否需要以新的形式、新的语言表达出来，又如何表达；中国是否有西方所谓的哲学，我们今天如何研究中国哲学，中国哲学又要向何处去。对这些问题，新儒家的诸位先生都以他们的具体工作，给我们以启发。

在当代新儒家看来，中国传统儒学虽然在不同的时代表现出不同的理论侧重点与发展形态，但其中还是存在历经千年一脉相承的理论内核，这一理论的核心在宋明理学中得到最完整的展现。因此，对于他们来说，宋明理学是在先秦儒学之后，儒家思想本质的最真实的呈现与完成。

他们希望保持儒家思想为一活的重新焕发生机的传统，而不仅是博物馆中的陈列对象。儒家思想必须能回应20世纪中国所面对的种种问题，或者说，儒家思想必须现代化。而这种现代化不是在新的时代抱残守缺，而是需要儒家思想经历"创造性转化"。在这种创造性转化中，延续中国文化的薪火相传。这其实是近代中国众多"保守主义"者的共同立场，无论他们是否属于新儒家的阵营。

因此，当代新儒家的特质更多地体现在他们对创造性转化传统儒学所采取的道路与方法之上。他们一方面继承了宋明理学的心性论发展，着重在内圣方面理解传统儒学；另一方面，他们又多熟悉西方哲学的资源，在与西方哲学的对话中，借用西方哲学的理论来诠释传统儒学。① 其中唐君毅先生主要借鉴了黑格尔哲学，牟宗三先生则是以康德哲学作为阐释中国哲学之理论。重要的是他们都选择了欧洲大陆观念论来与中国哲学对话，进行互相阐释。在这种阐释中，他们发展出一种前所未有的研究中国哲学的方法。一方面，在与西方哲学的对比中，他们着意彰显中国哲学之特质；另一方面，他们又努力以西方哲学的思想分析来阐发中国哲学为传统的言说方式所限制的理论开展，新意迭出。从这个角度，我们确实可以说，中国哲学在新儒家这里别开生面，具有了"现代性"的面貌。

所以，新儒家思想既是理论的发展，更重要的是又可看作一种方法的启迪。当传统的言说方式已经几乎把话说尽的时候，当中国哲学再也不能无视西方的存在、封闭起来自说自话的时候，新儒家的道路几乎是20世纪中叶唯一的一个取得了实质性进展的探索。我们将新儒家对传统儒学的研究与同时代其他借鉴西方思想阐发传统儒学的理论相比较就可以看出，新儒家的研究更能保持与呈现中国哲学的特质与精微，他们是以中国哲学为本，而不是将中国哲学之精神割裂在西方的概念架构之中。

当然，这并不代表新儒家的探索都是成功的，例如劳思光先生就指出过"新儒家在视域上的狭隘（未能在世界哲学的视域中看中国哲学）以

---

① 这一论断可能不包括徐复观先生，徐复观先生对于传统儒学的诠释主要采取了思想史的进路，通过具体的思想史脉络的梳理来阐发儒学之内涵，并且在某种程度上没有对儒学做形上学的讨论。但是，对于西方哲学的吸收与借鉴，基本上是新儒家共同接受的立场。

及关键的理论盲点（对现代性缺乏适足的了解与掌握）"①。然而，换一个角度来看，新儒家理论中的缺陷与盲点也许是更值得研究的地方。所以，尽管对新儒家的研究已经有很多成果，但是，仍然有很多可以开发、阐释的空间跟议题。

然而，问题也就在这里凸显出来。前面提出，影响当代新儒家最多的是欧洲观念论。如果我们比较一下学者指出的20世纪90年代以来在北美形成的以分析和比较的方法研究中国哲学的潮流，就更能凸显新儒家的研究方法的意义。李晨阳教授指出："这种分析的和比较的研究中国哲学的方法，与传统汉学的研究方式以及哲学建构的方式已经形成鼎足而立的局面，并且取得了丰硕的成果。"② 在这种研究方法的区分之下，我们可以将当代新儒学在20世纪中叶的研究归为哲学建构的研究方式。然而，在20世纪末期，在分析和比较的方法取得大量成果的情况之下，哲学建构的研究中国哲学的方式却没有多少实质性的进展。当代新儒家几位先生的研究好像成了历史的绝响，在此之后，作为方法存在的当代新儒学几乎已经风流云散了。

当新儒学的时代意义逐渐淡漠的时候，当新儒学面对的民主与科学，不等理论的完整建构就一步步按照自己的步调慢慢成长起来的时候，也许新儒学作为纯粹的学术研究的意义、作为哲学的以及哲学方法的意义能够更为单纯地被意识到。本书试图以欧洲大陆哲学的发展作为借鉴，在这一哲学建构的道路上，尝试着向前探索。这一探究的方法，以及更为重要的，进行这样一种探究的勇力，完全来自当代新儒家诸位先生建立起来的研究方法的感召和鼓舞。其中，最重要的当然是牟宗三先生的研究。

近年来，当代新儒学在研究取径和基本立场两个方面，遭到大陆的新一代儒学研究者的种种批评。大陆的新一代儒学研究者为了建构自己的新的儒学史叙述，纷纷宣布当代新儒家的落后与片面。这种批评的背后，当然包括了时代的变迁带来的基本视野和问题意识的变化，以及在时代大潮的变化中，学者对于儒家使命的新的期待。新的问题意识以及新的期待，使得他们更愿意彰显儒家思想在近100年的研究中被遮蔽或者忽略的面

① 劳思光：《关于"中国哲学研究"的几点意见》，载刘笑敢主编《中国哲学与文化》第1辑，广西师范大学出版社，2007，第1~9页。
② 李晨阳：《对中国哲学的分析的和比较的研究——论北美一个兴起的潮流》，载刘笑敢主编《中国哲学与文化》第1辑，广西师范大学出版社，2007，第257~270页。

相。这当然无可厚非，如果纯从学理上看，其实也是很有意义的工作。现代学科式的或现代哲学式的研究，分裂并且遮蔽了传统儒学的圆融无碍的整体世界。儒学原本不是"哲学"。

那么，当代新儒家诸位先生的工作是否真的已经成了历史的陈迹，应该被超越或者摆脱吗？

我们前面已经分析过，也希望在后面的具体文本分析中能进一步证实，牟宗三先生所建立的"道德的形而上学"是真的能够延续宋明理学中心学一系的思想实质，并且在新的历史时期，对其做出创造性诠释的一条道路。这条道路揭示的方法主要有以下几个方面。

（一）哲学的方法

这是牟先生一直强调的哲学地研究中国哲学的方法，区别于以冯友兰先生的中国哲学史研究为代表的"哲学史"地研究中国哲学的方法，以及近年来中国大陆兴起的、力图取代当代新儒家的方法的"经学式"地研究中国传统的方法。

"哲学史"与"哲学"的研究方法的最大差异，在于哲学史的研究方法的最终目的在于"历史的还原与澄清"，即尽可能澄清哲学史上思想家思想的本来面目。当然，是否真的能够还其本来面目，这是一个更为复杂的问题，即便是冯先生也无法避免以现代哲学的逻辑结构来"解释"传统中国的思想。这中间究竟有多少是还原，有多少是创造，其实已经很难分辨清楚了。然而，无论如何，在终极的追求上，我们仍然可以领会其间的差别。哲学史的研究，因其是历史性的，在很大程度上将中国哲学中"发生"的思想看作固定不变的对象，力图在分析与描绘中，回到那个情景，全面地展现"同情之理解"。

与此相对，哲学的方法首先将思想看作一种"在场"的存在，一种活的存在。所谓"在场"是认为思想能够在我们当下的思想世界的建构中起到其应有的作用。具体到中国传统文化领域中，在中国近代保守主义者看来，传统文化不仅应该在当下的文化和精神世界的建构中"现身在场"，起到作用，而且应该是我们重新建构精神世界的主体和基础，我们也只能以此为基础。传统是不容抛弃的，也不可能被彻底抛开。然而，这并不意味着中国近代以来的保守主义对传统文化的眷恋仅仅出自情感上的不舍。恰恰相反，我们可以在众多的保守主义者那里看到理性精神的闪烁，无论是梁启超、梁漱溟，还是熊十力甚至牟宗三，他们在选择中国传统文化作为个体和民族的精神建设的根基时，都是出自理性的考量。在这个意义上的哲学的研究方法，意味着传统的思想并没有随着时代的过去而成为历史的陈迹，它仍然能够在新的时代发挥其独特的作用。这个作用是为人类贡献中国人或者儒家独特的形而上学地、独特地看待世界和人生的方式，或许可以用来解决现代人的困境和艰难。

这种哲学的方法需要进行两个阶段的工作。第一个阶段的工作是哲学的解释。如我们前面所说的，当代新儒家的工作很大一部分就是使传统的儒家文化能够在传统的自明的世界已然不在的情形之下，重新通过讲道理的方式，建构儒家精神世界的意义。这个工作就是哲学的解释的工作。当下的世界是一个追求思想上的自由主义的、理性的、逻辑的世界。传统儒家赖以产生并且构成中国人的全部意义和知识来源的世界已经不复存在，在这种境况之下，让人重新理解儒家、重新感受儒家思想的"好"或者"真"，对一个负责任的儒家学者来说，除了讲道理的方式，还能做什么？讲道理，其实就是要用哲学的方式，把儒家的精义重新表达出来。第二个阶段的工作是在此基础之上，运用儒家的思想去面对当下的种种问题。一种活的思想资源，只有在能够继续发挥其作用的时候，才是真的活着。

如果观察一下大陆近年来兴起的"经学"的研究思潮，就可以看出，它在研究方法和问题意识上，都有别于当代新儒家的研究进路。经学的研究方式更多的是历史性和典范性的。所谓历史性，更多的是追寻历史的脉络，寻求历史不同时期的沿革变迁，回归经典诠释的历史过程。这种研究力图展现历代经学家注经的思想和意图，其中，大部分与历史政治的变迁相关联。所谓典范性，是指经学研究首先要承认"经"的存在。"经"就意味着其自身有"绝对性"的真理，这是由圣人创造的，是为"万世立法"。"经"本身的绝对性是毋庸置疑的，所以，皮锡瑞在《经学历史》中说："故必以经为孔子作，始可以言经学；必知孔子作经以教万世之旨，始可以言经学。"[1] 当然，时至今日，经学研究者为了因应社会的需要，有意无意地模糊这个方面的要求，但是，一旦自认为经学，在某种程度上，就不能彻底摆脱经学自身包含的这层意思。"经"一旦经过阐释，就

---

[1] 皮锡瑞：《经学历史》，中华书局，1959，第27页。

好像有了某种典范性的意义。

我们可以承认，经学的研究在某种程度上回归了儒家思想的本来面目，重新回到了儒家思想的完整性，但是其间可能带来的流弊也许更值得警惕。我们常常在经学研究者那里看到很多明显违背现代世界常识的说法，这也许就是我们需要警惕的地方。经学传统往往预示着，我们若要接受中国传统文化，就要整全地接受，就要以之为典范地接受；不如此，就不是接受中国传统文化。中国传统不是因其有道理而被接受的，而是因其是传统的。

与此对照，我们可以看到，当代新儒家的诸位先生在采取哲学的进路的时候，其实怀抱着一个更大的梦想。他们希望用理性的方式来证明儒家思想的合理性及其独特的意义。对他们来说，儒家思想是儒家贡献给人类的思想资源，是可以为全体人的存在贡献其独特性的。这种独特性能通过哲学的解释清晰地展现出来，并且能够被所有运用理性的人接受。这大概就是哲学的方法与经学的方法之间最大的差异所在。

换一个角度，其实从消极的意义上，也许我们更需要哲学的方法。所谓消极意义是指当下的儒学研究者本身根本无法逃脱现代化的进程。无论其如何希望彻底地回归经典世界，回归传统的氛围之中，他们都是生活在 21 世纪的、用着现代的智能手机、用苹果电脑打字、被现代的道德和法律所保护或者限制的、在现代社会分工体系中生存的个体。全球范围内的现代性思潮提供的很多看待世界的方式，早已经成为我们习焉不察的思考问题的前提。这里举一个例子，20 世纪 90 年代以来，中国哲学研究中出现了一个讨论儒家"亲亲相隐"问题的热潮①。如果我们细读参与讨论的文章，就会发现，无论是儒家的支持者还是反对者，双方在认定个体作为道德选择的主体这一点上是相同的。而传统儒家是在这样一种伦理语境中讨论问题的吗？至少，儒家是在相互的伦理关系中来理解道德判断或道德选择的意义。在当代解释者的诸多解释背后，我们其实不难看出，现代性最为标志性的个体主义原则在发挥作用，已经成为各位解释者视为当然的理论前提。所以，现代的研究者希望提倡的"回到中国来研究中国"是否真的可能，就成为一

---

① 参见郭齐勇主编《儒家伦理争鸣集〈以亲亲互隐为中心〉》，湖北教育出版社，2004。作者关于这个问题的具体讨论，参见本书第五章第五节"亲亲相隐""窃负而逃"与伦理关系中的相互成就。

个值得怀疑的说法了。这些不自觉地被采纳的前提，如果不用彻底的哲学方式，是很难对其进行有效的反思的。而不反思这些隐含的前提，我们根本不可能真正地回到中国思想的语境中。因此，也许我们需要哲学的研究中国思想的方式，来帮助我们重新回到中国思想的原本语境和模式之中，至少，在这个层面上足够深刻的反思能帮我们拆解那些已经在我们思想中牢固建立起来的现代性观念。

（二）在阐释中坚持儒家思想的主体地位

如我们前面所说的，当代新儒学之"新"在于借用中国以外的思想资源来阐释传统的儒家思想。这里所谓思想资源，在熊十力那是唯识学的名相与理论，在牟宗三那就是康德哲学。以至于儒家思想与康德哲学之间的同与异，成为很多学者始终无法释怀的问题。然而，如果我们换一个角度来看待牟宗三及其哲学，那么其实很多学者纠结的问题并没有太大的意义。

这里面牵涉到牟宗三哲学的核心或者本质究竟是什么的问题。如果牟宗三哲学的本质是康德哲学，那么，牟宗三所理解的康德是否符合康德哲学的本意就是一个值得讨论的问题。如果牟宗三思想的本质是中国哲学，或者是儒家哲学，那么牟宗三思想对于康德哲学的借用，是否符合康德哲学的本意，其实就不那么重要。在此更重要的问题是，牟宗三在什么意义上借用了康德概念，他所使用的意义与康德的本意的差别在哪里，造成这种差别的原因是什么。正是在这种差异中，才凸显出中国哲学的特质。所以，"误读"并不一定就是错的，至少并不因此就是毫无价值的。充满诚意的"误读"恰恰是最有趣、最值得关注的地方。

在我看来，牟宗三思想的核心还是来自儒家的"天道性命通而为一"，康德对于牟宗三来说，只不过是一种更加现代的，能够把"天道性命通而为一"的结构说清楚的理论。这一点我们前面已经提到了。我想说的是，这体现了当代新儒家研究方法的两个方面。

第一，借鉴其他的思想资源

借鉴的目的是更好地阐释。这种阐释，不同于以比附为目的的简单比较。阐释是为了能够借用更为清晰的语言和结构，把混沦之处加以澄清。这种澄清一定有其得以实现的基础。因此，并非其他所有的思想资源都能够拿来阐释儒家思想，其间有着适合与不适合的分判。对于思想资源的选择，不仅体现哲学家对于自己所了解的西方哲学的深入程度，体现不同的哲学家性情之所近，而且体现哲学家对于中国传统的了解。虽然百家争鸣、各有千秋，但是其间的高下，还是可以分别出来的。熊十力、牟宗三之所以能够产生如此深远的影响，与他们对于中国哲学的深刻的体认，以及由此深刻的体认所带来的，对于外来思想资源抉择上的特殊洞见，是分不开的。也许哲学家的深刻与伟大就在此处显现。

更具体地说，这种做法是在不同的哲学传统中寻找共同的基点作为哲学建构的基础，这一理论上的共同的基础，是阐释得以进行的前提。正是因为有了共同性的存在，才保证我们可以以一种哲学理论来阐释另外一种。并且，对于这一共同基础的选择与判断，这一共同的基础能否真正切中两个不同传统的理论核心，决定了这一阐释是否有意义。如同我们前面所说的，熊十力先生之所以借鉴唯识学的理论来阐释儒家思想，是因为唯识学的"万法唯识""摄所归能"能够为他提供一种全新的，并且更为理论化、清晰化的解释心学传统的方法。而对于牟宗三先生来说，康德哲学的意义在于，康德在近代哲学中，把人的理性划分为纯粹理性和实践理性两个部分，在科学的、遵循自然因果律的认知世界之外，为人的独特的道德意义世界的存在留出了空间。在这个意义上，康德哲学中的人，就成为在纯粹理性的世界和实践理性的世界之间，在有限和无限之间拉扯生存的人。这种对于人的理解，在整个西方思想世界中颇为独特，恰恰能够为儒家对于人的理解所接受。牟宗三先生以其对于康德的深刻理解，把握住了这一点，并且出色地以几个核心概念的阐释，架起沟通两大思想的桥梁。康德哲学的自由意志是早期牟宗三先生用来阐释宋明理学的心性之学的核心观念。因为在这个时期，牟先生更关注康德的道德理论，更关注康德对于实践理性的论述，并以康德的实践理性来理解宋明理学的心性之学。在后期，牟先生开始更多地关注如何立足于中国哲学之传统来开辟对应于西方哲学的中国哲学的形上学或存在论。此时，牟先生则是集中在对康德的"智的直觉"以及"物自身"这两个核心概念的阐释。①

与哲学的方法一样，借鉴其他思想传统的阐释，也是一柄双刃剑。它

① 这里对于牟宗三先生的哲学提出的前后期的讨论，指的是笔者所认为的牟宗三先生在《心体与性体》（综论部）以及《智的直觉与中国哲学》和《现象与物自身》之间所体现出来的转变，这一转变将在后面有所论述。

在进一步澄清的同时，可能会因为这种过分的"澄清"造成新的"遮蔽"，使我们模糊传统儒家自身的某些特质，而这些特质在很多情况下，并不是无关紧要的。阐释与比较之间的差异可能就在这里，阐释是通过两种思想资源之间的对立和紧张，在哲学的分析中，将差异"逼显"出来。因此，我们就必须考虑当代新儒家，特别是牟宗三先生工作中的另外一个方面，即始终坚持儒家文化本位。

第二，在阐释中，始终以儒家文化为本位

以儒家文化为本位不仅意味着在价值上肯定儒家思想，而且意味着将儒家思想作为一个整体和主体来加以分析。这种方法尽可能地保证儒家思想的整体性，在整体的意义上理解儒家思想，而非将儒家思想的各个部分看作平行排列的思想资源，可以被任意地比附与利用。在牟宗三的方案中，中国哲学是作为一个整体被理解和阐释的，康德哲学是被拿来拆分和利用的角色。这种儒家本位的态度，尽可能地保持了儒家思想的融贯和完整，而对于康德哲学则未必有这么友好。这就造成了，在康德哲学那里行不通的方案，在牟宗三先生的哲学系统中未必就不能成立。我们实在没有必要通过竭力论证康德哲学中之"必有"，来说明牟宗三对于康德解读的合理性。例如我们前面提到的，牟宗三提出的"智的直觉"概念，在这种意义下，就可以理解为，在儒家传统中，存在一种这样地看待世界的方式，或者，儒家恰恰就是用这样的方式来处理人和世界的关系。这属于儒家独特的形而上学。如果我们要用一种新的、现代的哲学语言来描述它，那么它大概相当于康德意义上的"智的直觉"。在这里，竭尽心力去论证康德体系也可以容纳"智的直觉"这一概念，其实对于论证牟宗三哲学的合理性并没有太大的意义。真正的问题反而可能在于，如果康德那里的概念，不足以支撑起对于"智的直觉"的合理性的论证，我们是否还可能找到更为恰当的概念，来论证儒家思想中存在这种"智的直觉"。这里关键的问题就在于，我们在理解牟宗三的时候，究竟是以儒家思想为本位，还是以康德哲学为本位。

（三）坚持儒家传统的道德理想主义

我们前面讨论过，当代新儒学的理论立场是儒家的心学传统。这在很多研究者那里已经成为共识。心学传统在牟宗三先生那里，被哲学地理解为"道德的形而上学"，即建立在"道德"基础之上的形而上学体系，这一整套的形而上学的根基是"道德"。这里所谓"道德"，并非我们今天所谓"道德"，也不完全是伦理学意义上的道德，而是指宋明理学传统中的天理、太极、良知等一系列"本体"概念。随着宋明理学家逐步将天理或良知阐释为天地万物存在之本体，天理或良知自身所具有的伦理学意义上的道德含义其实在一步步削弱，天理或良知更多地变成了"生生不息"之本体，宋明儒基本上是由"生生不息"的创生实体来理解天理或良知的。然而，削弱不意味着彻底的消失。宋明儒是要在生生不息的本体意义之上，建立儒家的伦理意义上的道德体系。只不过，这一道德体系的根源是生生不息，而非单纯的伦理意义上的道德意识。这种道德意义就变成了在天理或良知"观照"之下的"物之本然"，也就是牟宗三先生强调的"物之在其自身"，也就是他所谓"物自身"的价值意味，正是在这个意义上，体现出儒家哲学的前现代特征。

物之本然与物之应然是合一的，正是物之本然决定了物之应然。背后的原因，就是物之本然（这中间当然包括人之为人）有着天理的贞定作用。天理决定了人之为人与物之为，这不仅是一个不断地创生的过程，而且这一创生过程是有其"定向"，并非漫无边际的。因此，当代新儒家哲学虽然在某程度上具备了现代哲学的形态，但是，仍然有前现代的"心灵"和"理想"。这种理想主义的本质，也许是儒家无法割舍的本质性的存在。近些年来，我脑中常常浮现牟先生所说的"道德的理想主义"。儒家正是一种道德理想主义，在我们这个彻底失去了理想主义的时代，对人性充满了期待和尊重。

在这个意义上，儒家不同于现代性的地方在于，它可以帮助我们在彻底的个体主义的现代性道德世界中，寻找道德的新的来源。天道与性命通而为一的模式是以确立形而上学的、本体论的方式确立道德来源。一方面，这种方式看上去是越来越去道德化的；另一方面，它始终是以道德化为目标的。在这个意义上，也许儒家就是建构了一个我们认知世界的方式。这种建构为人类提供了保护，让我们可以温暖地、不那么空虚地面对这个世界，不再孤单或胆怯。

总之，我们可以将牟宗三的哲学归结为，以哲学的进路，以康德哲学为阐释借鉴的理论和概念框架，坚持儒家哲学的主体地位，高扬儒家道德理想主义的一套哲学。

四　关于本书

我们已经讨论了当代新儒家哲学所面临的历史使命、理论立场和研究方法，现在可以具体地谈谈本书的构想和意义。

本书的诞生，一方面是因为作者对当代新儒家诸位先生在民族文化危亡之际做出的杰出工作充满敬意，另一方面是因为作者觉得他们仍然有未竟的事业，因此，才不惮浅陋，希望能在他们的立场之上，继承他们的志愿，向前推进一小步。

继承的方面，最重要的是继承我们前面提到的牟宗三先生"做"中国哲学的方法：哲学的进路、借鉴新的思想资源、坚持儒家主体、坚持儒家的道德理想主义。这些都是使我有勇气继续工作下去的最根本的动力。另外，牟宗三先生的工作在我看来还有一些不够完善的地方。康德哲学的理论体系，为牟宗三先生进一步澄清理论的问题提供了概念和理论框架，由此对儒家哲学中很多问题都做出了新的阐释。然而，康德哲学也有其自身的特质，在我看来，在某种程度上，康德哲学是与儒家思想不相符的。所以，在借用康德哲学阐释儒家思想的时候，就不免有时候会让人觉得语焉不详，有时候可能会带来更大的遮蔽。也许我可以称之为"成也康德，败也康德"。牟宗三先生的哲学解释中，最为人诟病的是"智的直觉"。论者批评牟宗三独断地认为中国哲学能够具有"智的直觉"，其实这一批评的根本原因就在于康德哲学与儒家思想在存在论层面的差异。

康德以欧洲近代认识论的方式进入哲学讨论中，因此，虽然他的体系为人类的道德世界留出了空间，但仍然是以认识论为进入方式的。在这种方式之下，人与周围世界的关系，首先是认知的关系。在这个基础之上，康德才提出了另外一种理性的存在，即用来处理人与人之间的道德问题的实践理性。而儒家恰恰在基本的存在论上，并不是以认识论的方式为首出。在儒家那里，人与世界的关系，首先是一种共同存在的关系，人首先是生活在与人共同存在、与物共同存在的世界之中。儒家以人与人的存在关系为最基本的存在关系，以理解人与人的关系的模式来理解人与物、人与世界的关系。这就是儒家特别是心学传统强调的"亲亲、仁民、爱物"的推扩序列。我们不能仅仅把这种方式理解为儒家建立自己道德体系的方式，这还是儒家的形而上学、儒家解释人的存在方式的一种路径。

儒家这种理解人的在世存在方式的特点，决定了本书试图延续牟宗三先生的方法，借用西方在康德之后的现象学，特别是前期海德格尔提出的"基础存在论"来进一步阐释儒家哲学，希望能够建立起本书在导论的一开始就提出的那种基本视角的转换。如同我们前面所说的，本书整个的工作，就是希望能够说明并且实现这种转换，这也是我们提到的哲学地研究中国哲学的方法的第一步，即用新的哲学的方式，把牟宗三先生未能充分阐明的问题进一步在新的哲学的基础上加以分析和说明。

牟宗三先生所诠释的中国哲学与前期海德格尔哲学在基本的存在论视域上存在契合点，两者都首先以人之基本的生存方式作为讨论的起点。这种基本视域的契合成为本书的阐释得以展开的理论基础。

本书以牟宗三先生对康德哲学的阐释作为连接牟宗三先生与海德格尔的中介。在牟宗三先生对康德哲学的诠释中，我们可以看到，在基本的哲学视域上，牟宗三先生对于康德哲学做出了倾向于海德格尔哲学的转变，即牟宗三先生与海德格尔在康德哲学的阐释路径上有某些共同之处，这表现在对康德之主体（自我）以及智的直觉等几个重要概念的探究之上。前期海德格尔也对康德倾注了大量的精力，在《存在与时间》（*Being and Time*，1927）发表前后，海德格尔曾经用两个学期的课程主要讨论了康德哲学的问题，这就是《现象学之基本问题》（*The Basic Problem of Phenomenology*）以及《康德与形上学问题》（*Kant and The Problem of Metaphysics*）[1] 两份讲稿。本书的讨论也集中在这三种文献之上，并以此为基础，希望能够展现在基础存在论视域之下，牟宗三先生对康德哲学中自我、物自身以及智的直觉等概念的诠释可以取得什么新的理解，这种新的理解对于中国哲学又意味着什么。

我自己知道，这么做面临很大的风险，特别是在当下中国哲学研究的氛围中，继续用这种方式研究中国哲学会面临很大的困难。我读了日本学者冈田武彦对中国哲学研究方法的反省之后，确实对现在的研究方法做了更多的反思。冈田武彦说：

> 最终我痛感到，如果忽略体认自得的实践而空谈理论，那就不可能把握宋明哲学的真谛。然而，就实践而言，如果只是用西洋式的研

---

① 该书已有中译本，参见〔德〕马丁·海德格尔《康德与形而上学疑难》，王庆节译，上海译文出版社，2011。本书从牟宗三先生译法，统一为《康德与形上学问题》。

究方法来阐明，那也无非是提倡尼采、柏格森的纯粹经验论和直觉主义，始终只是记述而已。因为这种方法忘记了这一点：对于一种缜密深刻的学说，如果不用真切的工夫去体认，终究是不能得其精髓的，即便是今天亦依然如此。

　　当今中国哲学的研究者中，仍不乏醉心于依据西欧思潮和西洋学风解释中国哲学的人，他们还自以为这种研究方法是"创造性的"、"崭新的"方法。然而，这和真正的"创新"相差十万八千里。对此，我在三十多岁时已有所觉悟，从而促使自己从外表浮面的研究转向内在深层的探索。虽然这样做可能会被误认为是崇尚注解和诠释而非真正的内在研究，但我还是心甘情愿地去进行探索。①

从这个角度对于研究方法的反省，其实在写作的过程中，我一直都未能彻底释怀。在研究的过程中，我越来越理解儒学要求践履的特质。然而，一方面，我仍然无法摆脱说清道理的诱惑，正如前面所说的，我仍然认为，在这个时代说清道理，是儒学需要直面的一个任务。既然我们要说清道理，类似的哲学式的工作就是不能避免的。另一方面，在进行这项工作的过程中，我也尽可能用切实的工夫去体会宋明儒学深入实践的一面，尽力使这种说清道理，不仅仅停留在语言文字的表面。

　　因此，本书试图做成一种哲学的工作。本书并未采取按时间顺序的写作方式，虽然那样可以展现问题本身的历史发展，但那样结构在某种程度上会类似哲学史风格的写作，于本书的初衷则不显。几经考虑，决定采取现在的方式，以我面对和思考问题的历程为序。本书的起点源自牟宗三哲学，问题来自于此，方法来自于此，试图突破的尝试也来自于此。因此，本书仍以对牟宗三哲学的具体分析为开端，并且以此作为对儒家心学传统的文本分析，继而上溯至王阳明，重新回到心学语境的文本之中，探究心学自身之可能，即某种也许被牟宗三哲学的发展遮蔽的可能，最终在牟宗三先生基础之上重现儒家心学传统的形上学及其意义。这是中国哲学对于世界之意义。

---

① 〔日〕冈田武彦：《王阳明与明末儒学》，吴光、钱明、屠承先译，重庆出版社，2016，第1页。

　　对于牟宗三哲学的分析与新的阐释，是希望能在分析与阐释中，证明这种阐释自身的合理性，以及建立整体的视角转换的合理性；回溯心学传统，则是既希望能够以新确立的阐释去重新看待心学传统的问题，又能够回到心学的文本，回到传统自身，发掘新的资源。这大概是本书整体结构的一个初步构想。

　　这也是本书叫作《道德与存在：心学传统的存在论阐释》的原因。在我看来，心学传统在当下的语境中，最为重要的问题就是处理道德与存在的问题。其间的含义其实我们已经在前文多处提到了，儒家希望建立一个道德的形而上学，关键在于如何把所谓道德，即儒家的生生之德建构为存在的本体，因此，最核心的问题就是道德与存在的问题。至于为什么不叫"牟宗三哲学研究"，是因为本书虽然有很大一部分处理的是牟宗三哲学的问题，但是，我并不将其看作牟宗三哲学，而是以之为心学传统的当代形态来处理的，因此，本书处理的还是心学传统的问题。这些，希望能在具体的论述中展现出来。

　　本书作为一个初步的尝试，希望能在牟宗三的基础上，再向前推进一步，这必然会在一条道路上更加偏颇。然而，哲学大概不太惧怕偏见，也许更怕四平八稳的周全。也许我更应该担心的不是立场上的偏激，而是思想中的脆弱。在我看来，脆弱可能是一本哲学著作最不能被容忍的缺陷。

　　如果我们仔细地分析儒家思想中所呈现的哲学体系，其实就可以发现，儒家在某种程度上试图整全地或者"中庸"地处理人类的大部分终极问题。这里所谓整全或者"中庸"是指，儒家思想关注人类大部分终极问题或者终极价值的各个方面，而不是只关注其中一面，并且试图在两极的拉扯中，建立起人类的精神世界或者生命的意义世界。比如，与康德对于人类道德生活的无限推崇相比，儒家同样坚持人的道德的崇高，但是不满足将这种道德的崇高建立在某些信念基础之上，它试图在具体的生存经验中，找到建立道德原则的真实的基础。相对于海德格尔，儒家认为人应该每一个时刻都绽放出来，依照良知做出决断，但是，这种决断不能是漫无边际、没有方向的。相对于现代性的纯粹个体主义，儒家显然不是纯粹个体主义的，但是，儒家也不是极权主义的，在它的理论体系中，没有具体规定每个人的具体的行为规范，它具备一定的开放性。在我看来，儒家的思想恰恰是希望能够在人的共同体生活和个体生活之间，建立起某种平衡，同时满足个体的发展与人类共同生活的双重需要。再比如，一方面，儒家没有将人类抛入一个彻底的未知的未来之中，它以成圣之道为人的终极价值，规划好了人应该走的道路；另一个方面，它又给每个人的良知的决断留出了空间，儒家所谓"圣之时者也"，不同的圣人，不同的时刻，良知的呈现是完全不同的，需要个体的充满勇气的创造。因此，它试图在生命的意义和自由之间找到一种平衡。在我看来，儒家思想在很多时候，都是在两极之间寻找平衡。这也许体现了儒家最为高明的智慧，这种智慧是建立在儒家独特的形而上学的基础之上的。在这个意义上，儒家思想也许能在前现代、现代、后现代之间，开辟一条独特的道路，为人类的生存需要，指出一些新的方向。这是本书最终希望实现的目标，也是我在未来继续工作的动力。这样的工作，才刚刚开始。

第一章　牟宗三思想中阐释的天道性命
相贯通的义理内涵

第一节　天道性命通而为一

牟宗三先生继承宋明儒学对于先秦儒学的阐释，以"天道性命相贯通"的义理结构来理解儒家的内圣之学。

在牟先生看来，相较于西方哲学，中国哲学的特质在于"特重'主体性'（subjectivity）与'内在道德性'（inner‐morality）"①。中国思想传统中的儒、释、道三家，都是以此为中心，由道德实践出发，以人的真实生命本身为对象，而非如西方哲学那样，关注生命之外的自然世界。而这里所谓人的"生命"，指的并不是人的自然的生命，而是从道德实践的角度来看的、道德实践视野中的生命形态（这一点将在后面的讨论中进一步澄清）。正是东、西方哲学在这一视角上的差异，决定了中国哲学的整个讨论都围绕人的主体性与内在道德性展开。儒家思想作为中国思想传统中的主流，更是聚焦在践仁成圣的道德实践之上，自先秦儒家开始逐渐开创出宋明儒所谓"心性之学"或"内圣之学"的传统。

在这种视角下，宋明儒学在中国思想史上，是真能重现先秦儒家之真精神、真生命者。整个宋明儒学的课题即阐发践履此一"心性之学"或"内圣之学"。"盖宋、明儒讲学之中点与重点唯是落在道德的本心与道德创造之性能（道德实践所以可能之先天根据）上。"② 牟先生利用康德的超越推述的方式，将心性之学表述为探求并且彰显"道德实践所以可能之先天根据"的学问，这是他借用康德哲学对儒家哲学做出的新的表述。在

---

① 牟宗三：《中国哲学的特质》，上海古籍出版社，2007，第4页。
② 牟宗三：《心体与性体》第1册，正中书局，2002，第4页。

这种表述之下，"内圣之学"所指的"内在于个人自己，则自觉地做圣贤工夫（做道德实践）以发展完成其德性人格"① 就变成了在有限的生命存在之中寻找无限的存在之意义。这也许是自觉地做道德实践之更为根本的意义。这一内圣之学的哲学基础就是牟先生所谓"天道性命相贯通"。

对于"天道性命相贯通"的含义，牟先生曾经有这样一段话：

> 所谓心态相应、生命相应者，实即道德意识之豁醒。道德意识中函有道德主体之挺立，德行动源之开发，德性人格（德性之体现者）之极致，而周子之默契此义，则自《中庸》（后半部）与《易传》入。《中庸》《易传》者是先秦儒家继承《论语》《孟子》而来之后期之充其极之发展。所谓"充其极"，是通过孔子践仁以知天，孟子尽心知性以知天，而由仁与性以通澈"於穆不已"之天命，是则天道天命与仁、性打成一片，贯通而为一，此则吾亦名曰天道性命相贯通，故道德主体顿时即须普而为绝对之大主，非只主宰吾人之生命，实亦主宰宇宙之生命，故必涵盖乾坤，妙万物而为言，遂亦必有对于天道天命之澈悟，此若以今语言之，即由道德的主体而透至其形而上的与宇宙论的意义。②

所谓"天道性命相贯通"，简单说来，就是在作为绝对的存在本体的外在于人的形而上的"天道"，与作为人之生命本体的内在于人的"性"之间建立本体论或者存在论的联系。一方面，天道是人的内在心性的超越的形而上的依据；另一方面，人的内在的心性是天道的具体化，二者之间用牟先生的话来说，有"内容上的同一性"。这样一来，儒家的道德实践，就不仅具有内在的道德意义，而且可以上通作为存在本体的天，具有了本体论与存在论的意义。人的内在道德主体也在这个意义上"主宰宇宙之生命"，成为存在的本体。在儒家哲学的思想系统之中，先秦儒学涉及的天、天道、仁、心、性、诚以及宋明儒学惯用的天理、理、心性、情，都可以在"天道性命相贯通"这一哲学架构之中得到妥当的安排与理解。在这个方向上，当代新儒家在继承宋明儒的阐释基础之上，借用西方哲学对儒学做了形而上的、宇宙论的理论发展。

---

①　牟宗三：《心体与性体》第1册，正中书局，2002，第4页。
②　牟宗三：《心体与性体》第1册，正中书局，2002，第322页。

　　在牟先生看来，"天道性命相贯通"是儒家思想的最本质的核心，贯穿了孔子、孟子至《中庸》《易传》的整个先秦儒家传统，宋明儒也正是在重新揭示了这一结构的基础上，才被认为接续了儒家传统的慧命，再现了先秦儒学的真实生命。"天道性命相贯通"的结构是牟先生阐释儒家思想的核心，其本身包含了丰富的内涵，在不同的话语情境之中展现为不同的形态，其内涵则为一。如当代新儒家喜欢用来表述中国哲学的"既超越又内在"的说法，就可以在某种程度上看作这一阐释结构的变体或者在这一基础之上的理论拓展。

　　自绍熙元年（1190），朱子刊行《论语》《孟子》《大学》《中庸》为四书开始，四书系统就正式取代"五经"系统成为儒家的基本经典。这不单单是对于儒家经典的重新确定，更为重要的是表现了宋代儒家相对于汉代的五经传统，对儒家思想的一种全新的阐释与发展。

　　孔子曾曰："我欲载之空言，不如见之于行事深切著明也。"在王锦民看来，这表现了古人思想的自我节制的界限："'见之于行事'，即是古人思想的一个自我节制的界限，可以'见之于行事'者，则思想之，不可'见之于行事'者，则存而不论。"① 而先秦两汉的儒家对于六经的解释也是本着这一思想上的节制，以六经为本，并不尝试追索六经中未曾探讨过的意义或真理。两汉经学所做的工作就是为六经找到一种更为恰当的表达方式。这一经学传统至魏晋而有变化，开始寻求脱离六经之外的真理。六经在王弼那里只是达到真理的工具。"在王弼看来，真理的表达形式与真理本身是不同的，二者只是一种兆示或象征的关系，脱离了表达形式，真理本身依然可以存在；甚至说，只有在脱离了表达形式的情况下，才能够最终得到真理本身。"② 这一解经传统，至宋儒又一变。朱子解经反对如魏晋一般脱离经典而寻求真理。但是，宋明儒的解经仍然不同于两汉儒学。朱子在《诗集传序》中给出了一个宋儒解经的完整的程序："章句以纲之，训诂以纪之，讽咏以昌之，涵濡以体之，察之情性隐微之间，审之言行机枢之始。"在汉儒重视经典之外，朱子更增加了一个直觉领会的过程。而且，注疏变成了为此直觉的领悟所做的基础性的工作，而最为根本的是通过此一直觉领会先秦儒家思想之实质。这正是牟先生所喜言的"心

---

① 王锦民：《古学经子——十一朝学术史述林》，华夏出版社，2008，第10页。
② 王锦民：《古学经子——十一朝学术史述林》，华夏出版社，2008，第11页。

态相应""生命相应"，即宋明儒对于先秦儒学之生存上的感应。

正是因为这一解经方向上的转变，宋明儒才可以一方面根据自己对先秦儒学之直觉的体悟，另一方面根据个体的生存经验、道德实践经验重新确立自己的儒家经典系统，着意向形而上的、超越的、本体论的方向发展儒家思想。当代新儒家正是在这个意义上继承宋明儒之发展，进一步阐发先秦儒家形而上的、本体论的思想。

对于牟宗三来说，这里首先有一个如何确定经典文本的问题。

《大学》《中庸》在宋代才从《礼记》中拈出而被重视，并且被北宋儒者看作儒家基本思想义理的一部分。这一做法使宋明理学对儒家思想的诠释，能够朝着形而上的、宇宙论的方向开拓新的空间，建构儒家自己的形而上学系统。

到了当代新儒家的时代，学者们已经可以重新审视宋明理学经典系统的建构。其中最核心的问题，就是《中庸》和《易传》是否能够作为先秦儒学的经典著作。这关系到我们如何看待先秦儒学，如何确定儒学思想的基本内涵。

牟先生虽然并不如当代新儒家的另一重镇徐复观先生一样，坚持《中庸》为早出，是产生在《论语》和《孟子》中间的文本；但是，这并不影响他在理论上与徐复观先生一样坚持以"天道性命相贯通"的结构来理解先秦儒学。① 正是因为牟先生的这一理解，他虽然认同《中庸》《易传》在《论语》《孟子》之后，为晚出的文本，但仍然认为二者是先秦儒家的基本文本，代表了《论语》《孟子》思想的进一步发展。因此，他说："《中庸》《易传》者是先秦儒家继承《论语》《孟子》而来之后期之充其极之发展。所谓'充其极'，是通过孔子践仁以知天，孟子尽心知性以知天，而由仁与性以通澈'於穆不已'之天命，是则天道天命与仁、性打成一片，贯通而为一。"② 而"先秦儒家如此相承相呼应，而至此最后之圆满，宋明儒即就此圆满亦存在地呼应之，而直下通而一之也：仁与天为

---

① 当代新儒家内部的分歧与张力，其实也可以在此问题上彰显出来。徐复观先生反对对于儒学的形而上学阐释，而更多的向着内在的心性面向阐发。但是，假如我们细细考究徐先生思想的基本理路，可以看出，他仍然认同牟先生所提出的"天道性命相贯通"的理论架构，只不过在朝向何方阐发这一架构的问题上，与牟先生之间存在着差异。详见徐复观《中国人性论史·先秦篇》。

② 牟宗三：《心体与性体》第1册，正中书局，2002，第322页。

一，心性与天为一，性体与道体为一，最终由道体说性体，道体性体仍是一。若必将《中庸》《易传》抹而去之，视为歧途，则宋明儒必将去一大半，只剩下一陆王，而先秦儒家亦必只剩下一《论》《孟》，后来之呼应发展皆非是，而孔孟之'天'亦必抹而去之，只成一气命矣。孔孟之生命智慧之方向不如此枯萎孤寒也。"①

牟先生所建构的"天道性命相贯通"的理论结构，是直承宋明儒如周濂溪、张横渠、程明道、王阳明等而来的。而整个宋明理学自周濂溪起，就已经是用《中庸》《易传》的思想来理解《论语》《孟子》，作为儒家思想的根本理论结构。

因此，无论文本的根据成立与否，宋明儒至当代新儒家对儒学的这一阐释具有丰富的内涵和理论价值。牟宗三坚持认定我们要从"四书"系统整体理解儒家思想，这一方面为我们展示了牟先生"天道性命相贯通"的理论结构的文本根据；另一方面也使我们能够保持一种清醒，即"天道性命相贯通"这一理论结构，与其说是儒学之本质，毋宁说是一种自宋明理学以来，对先秦儒学所做的理论上的发展。

"天道性命相贯通"的理论结构在牟先生的整个思想体系中有着根本性的意义，它不单是牟先生用来阐释中国哲学的基本理论架构，还是牟先生自身整个哲学体系的基础。牟先生对于这一结构虽然论述颇多，但是这些论述都散见在他对宋明理学的诠释之中。阐释宋明理学的三大卷巨著《心体与性体》以及《从陆象山到刘蕺山》②是牟先生整个义理结构最为真切细致的展现，也是他的理论的核心。所以，他在晚年的诸多讲演中都曾经提出，义理还是要以《心体与性体》为准。所以，本章以《心体与性体》为主要文本，通观整体，在牟先生自身的哲学话语方式中，提炼、分析"天道性命相贯通"之义理内涵。

"天道性命相贯通"的义理内涵极为丰富，其外在的表现随语境之不同而展现出不同的理论模式。举凡宋明儒所谓"天地之性"与"气质之性"、"德性之知"与"见闻之知"等，以及当代新儒家的诸多富有创造性的讲法，如"超越内在"、"道德的形上学"、"实然"与"应然"之统

---

① 牟宗三：《心体与性体》第 1 册，正中书局，2002，第 32 页。

② 本文以下所提到之《心体与性体》实包含《从陆象山到刘蕺山》在内。见牟宗三《从陆象山到刘蕺山》序曰："此书定名曰《从陆象山到刘蕺山》，实即《心体与性体》之第四册也。"牟宗三：《从陆象山到刘蕺山》，学生书局，2000，序第 1 页。

一、"智的直觉"之可能，其实都是天道性命相贯通之不同的表述方式，其核心则为一。

之所以称"天道性命相贯通"为一理论结构，是因为其本身确实展现了"天道"与"性命"①之间的关联，是在天道与性命之间实现的一种结构上的同一。这一结构之一端为超越的天道，是宇宙存在之本体论意义上的本体，此本体"既存有又活动"；另一端是内在于人之心性，此心性是能起道德创造之无限作用的心性。所以，牟先生的体系可以"天道与性体"名之，其关注的核心也是这二者。关键点则在连接这二者的"与"，这里的"与"的关联，在牟先生看来，这就是"同一"，天道性命相贯通就是天道与性体为一。然而，这一结构的含义又不止于此，牟先生名其书曰《心体与性体》，"心体"作为道德本心的"心"在天道性命相贯通的结构之中有根本性的地位。天道与性体为一，也与心体为一。道体、性体、心体通而为一庶几可以涵盖天道性命相贯通的整个含义。在这里我同意杨泽波先生的看法："虽然《心体与性体》这一书名中并没有出现道体的字样，但该书实际讨论的是道体、性体、心体三者的关系，而不仅仅是性体与心体的对扬。在牟宗三三系论中，道体居于十分重要的位置。从这个意义上看，我甚至认为，我们可以权且将该书改称为《心体、性体与道体》，至少可以作这方面的理解。"②杨泽波因《心体与性体》题目中没有出现"道体"，而彰显道体的重要。而本书在这里因"天道性命通而为一"的结构中，没有彰显"心体"之义，而特别指出心体之重要。但是，在牟先生所建构的"天道性命通而为一"的结构中，侧重"心体""性体""道体"三者通而为一的理解，是相同的。与此同时，牟宗三把这部著作命名为《心体与性体》其实在某种程度上也向我们透露他的心学传统的立场。

第二节　天道之为体

我们先由天道性命相贯通的结构中作为超越本体的天道谈起。天道之为体，在宋明理学以至牟先生的言说中，有很多不同的名称，其实质则为一。

---

① 此处"性命"一词实顺应"天道性命相贯通"而言，其实更为准确的表示则是"性体"。所以，以下行文中以"性体"义表之。

② 杨泽波：《牟宗三三系论论衡》，复旦大学出版社，2006，第15~16页。

　　所谓"一本"者，无论从主观面说，或从客观面说，总只是这"本体宇宙论的实体"之道德创造或宇宙生化之立体地直贯。此本体宇宙论的实体有种种名：天、帝、天命、天道、太极、太虚、诚体、神体、仁体、中体、性体、心体、寂感真几、於穆不已之体等皆是。此实体亦得总名曰天理或理（categorical reason）。此理是既超越而又内在的动态的生化之理，存在之理、或实现之理。自其为创造之根源说是一（monistic），自其散著于万事万物而贞定之说则是多（pluralistic）。自其为一言，是动态的理（活理 active reason）；自其为多言，是静态的理。自其为动态的理言，它既是本体论的存有（ontological being），又是宇宙论的活动（cosmological activity）。总之，是"即存有即活动"的这"本体宇宙论的实体"（onto - cosmological reality）。①

　　这一本体宇宙论的实体，在不同的语境下，在不同的侧重点之下有种种不同的称谓。天、帝、天命、天道侧重其超越义，指这一实体超越现实存在物之上，是作为存在论意义上的本体而存在的；太极、太虚侧重其"寂然不动"义，指此一超越实体作为本体宇宙论的实体，其本身是无方所、无形象、不可把捉的，用康德的话来说，是无法通过经验知识而认识的；诚体、神体则侧重创生义、生生不息义、神用义，指此一超越实体不仅是存在论意义上的本体，还是活动义，是实现万物存在之理。宋明儒多以"理""天理"来名这一存在本体，生化之理同样指此一超越的本体。用牟先生的说法："实则'理'之一词是就道体性体之实而带上去的，理字并无独立之实。"② 因此本章的讨论，也将随情境之不同而采用不同的表述方式，然而其实质则为一。

一　存在之理

　　在牟先生看来，真正能体悟这一本体的是周濂溪、张横渠、程明道、胡五峰、陆象山、王阳明以及刘蕺山，牟先生将此一大系统作为宋明儒学之正宗，而伊川与朱子则是"别子为宗"。然而，两个系统在共同体认"天道性命相贯通"这一点上是相同的，其差别只在二者所体认之道体不同。"夫伊川、朱子之言道体、性体，简之为性理，原本亦源自《中庸》、

---

① 牟宗三：《心体与性体》第 2 册，正中书局，2013，第 18 页。
② 牟宗三：《心体与性体》第 1 册，正中书局，2002，第 61 页。

《易传》与孟子。只因对于'於穆不已'之体不能有相应之体悟，对于孟子所言之性体不能有相应之体悟，故只简化汰滤而为'只存有而不活动'之'存在之理'。"① 伊川、朱子对于道体之体会有所亏欠，抹杀了道体之"於穆不已"的创生义，所以，在伊川、朱子处，不能言"诚体""神体"义，理成为单纯的静态存在之理。然而，在基本之存在之理的理解上，伊川、朱子之理仍然可以帮助我们理解何谓静态的存在之理，即理之存在本体义。

伊川、朱子所讲的理并非一个类的概念。牟先生将作为类概念的理称为"型构之理"，在牟先生看来，这是顺"生之谓性"的传统而下来的，由自然存在的角度，对"所以然之理"的理解："此一传统中所说之'所以然'即'自然'义，并无超越的意义。此种自然义、描述义、形下义的'所以然之理'，吾人名之曰'形构原则'（principle of formation），即作为型构原则的理，简之亦即曰'形构之理'也。言依此理可以形成或构成一自然生命之特征也。亦可以说依此原则可以抒表出一自然生命之自然征象，此即其所以然之理，亦即当作自然生命看的个体之性也。"② 在此意义上的型构之理，指的是作为存在者的概念意义上的内在规定性，是规定一存在者之所以为这一存在者的概念意义上的本质。每一类存在者作为这一类存在者都有其特殊的规定性，所以，这一型构之理是一个类的概念，是表达一类事物之共性的概念。不同的存在者具有不同的型构之理，即不同类的存在者有不同的类概念。所以，这一型构之理是杂多的，是多而不是一，存在众多的不同的型构之理。在宋明儒看来，这样的类概念是形而下的，对存在者来说，并没有超越的意义。"形构之理只负责描述与说明，不负责创造与实现。"③ 型构之理并不是存在者之存在的根据，而是对存在者的不同形态进行描述与说明，因此并没有超越性。

获取这种型构之理要采用经验归纳的方法，通过对不同存在者的特质进行抽象、归纳而得到的结果。所以，型构之理是一个知识论的概念，是经验知识的结论。

而伊川与朱子所说的理并不是这一型构之理，而是存在者的超越的存在之理。它不是描绘不同的存在者的特质，而是指的存在者之存在，是超

---

① 牟宗三：《心体与性体》第 1 册，正中书局，2002，第 86 页。
② 牟宗三：《心体与性体》第 1 册，正中书局，2002，第 89 页。
③ 牟宗三：《心体与性体》第 1 册，正中书局，2002，第 93 页。

越于形构之理的。所以，这一存在之理是一，不是多，并不存在各种不同的存在之理。

　　但伊川朱子所说的"所以然之理"则是形而上的、超越的、本体论的推证的、异质异层的"所以然之理"。此理不抒表一存在物或事之内容的曲曲折折之征象，而单是抒表一"存在之然"之存在，单是超越地、静态地、形式地说明其存在，不是内在地、实际地说明其征象，故此"所以然之理"即曰"存在之理"（principle of existence），亦曰"实现之理"（principle of actualization）。①

这样的存在之理即朱子所谓"太极"。"依朱子，此理只是一理、一太极，一个绝对普遍的、存有论的、纯一的极至之理。所谓百理、万理实只是一极至之理对应个别的存在之然而显见（界划出）为多相，实并无定多之理也。存在之然是多，而超越的所以然则是一。"② 此一表示存在之理的理或太极，只是唯一的超越存在，并不存在众多的理。此理表现在不同的存在者那里为不同的形态，则是这一太极随着不同的个别存在而显现的不同的"相"，并不是这一理本身。天理或者太极的这种唯一性，决定了我们不能把它们理解成如前面所说的形构之理。因此，一旦其为所谓形构之理，那就一定是随着这个世界上存在的万事万物的不同而存在各种不同的理，就不能在超越的层面，用唯一的理来表达。因此，这一存在之理，决定的并不是具体的一物之为一物的规定性，而是决定物之为物的存在，是决定其存在，而非如何具体的构成一个单一的存在者的规定性。

　　在后面的讨论中，我们可以看出，存在之理对儒家思想来说，还有更为深远的意义。这里的存在之理在理论上来自《中庸》的"天命之谓性"，是由天理下贯到每一个具体存在者之中的存在的根本或者存在的意义。每一个具体存在者正是因为"分有"③ 天命，才能成为一个"真实无妄"的存在。因此，这里的天理或者太极，其实就是《中庸》里"不诚无物"之"诚体"。在这个意义上，正是因为万物中每一个具体的存在者在其存在之始终，都有天理或太极或诚体的贯通，才能够成为真实的存

---

① 牟宗三：《心体与性体》第1册，正中书局，2002，第89页。
② 牟宗三：《心体与性体》第1册，正中书局，2002，第90页。
③ 其实所谓的"分有"在这里并不是很恰当的用法，因其并没有"分"，而是直承天命。太极作为整体，直接完全地成为每一个具体存在者的存在。

在，其存在的意义才能够具备。

另外，万物之成为存在时，如果"直承"其存在，这种具备在万物中的太极或天理或诚体就决定了万物之自身存在的意义。当然，这一意义是在有人的参与的世界中存在的意义。这一点，我们在后面将会更为具体地谈及。这种决定的意义，就是物之为物本身，就是物本身存在的意义。如同太极本体、天道本体不决定物之具体的规定性，天道本体也不决定每一个具体的物的具体的意义，而是规定了它成为其自身的方向，就是在有人参与的世界中，在天道的完全实现之下，物才能够成为其自身。所以，作为具体存在者的物，是因其自身所具备的天道的完美实现才能够成为其自身的。所以，物之所以为物的特质，在天道贯通的时候，已经被决定了。物之本然或者实然，正是因其具备了作为绝对价值根源的天道，决定了它就是物应当去成为的应然的存在。所以，"天命之谓性"，既是一个形而上学的描述，描述了天道作为物之存在的根据，又是一个价值意义上的表述，天命之性决定了物之应该成为的样子。儒家思想就是在这样的由天道规定的实然来呈现其应然的过程中，建构起整个的理论体系的。

伊川与朱子对于这一存在之理采取了"即物穷理"的态度，但是，朱子的"即物穷理"并不是指的经验知识，而是一种超越的认知。其针对的是存在者的存在，而非存在者的特质。在这种意义上的即物穷理，在不同的存在者那里得到的并不是不同的类概念，而都是同一的存在之理。所以，在牟先生看来，朱子的"即物穷理"所针对的不是形成客观的知识，其目的仍然是成就道德实践，是希望通过即物穷理而明了存在者的存在之理，并且遵循这一存在之理成就道德实践行为。正因为如此，朱子才能说"一旦豁然贯通焉"，正因为即物穷理所求索的不是知识，才能够豁然贯通。如果是知识的话，则是一个不断积累的过程，永远不会有豁然贯通的时刻。这种豁然贯通的时刻的存在，其实也说明了"天道性命通而为一"的结构的存在。正因为天道既是外在于人的存在者的存在本体，又是内在于人的人之为人的存在本体，所以我们才有可能在追索外在存在者的存在意义的时候，通过不断地积累、不断地靠近对存在本体的意义的理解，而有彻底明了存在意义的瞬间。这种明了和理解，不是纯粹外在性的，其实包含了儒家的"合内外之道"，有其对人的自身理解的基础。

牟先生以亚里士多德之"本质"（essence）概念来解释"形构之理"："在西方，亚里士多德有本质（essence）之说。本质是由之以界定物类者，亦是一物之所以为此物之理。此所以然之理由定义而表示，亦当是'形构之理'，因而亦是'类概念'，是多而非一。"① 他将朱子之存在之理、实现之理（太极）同于西方传统中柏拉图之"造物主"。

> "实现之理"之必然要引出即是西方柏拉图传统中宇宙论所以成立之关键。故实现之理是一个宇宙论的原理，它代表一个超越而绝对的真实体，使一物如是如是存在者。在西方，"实现之理"由神来充当。来布尼兹的"充足理由原则"也是实现之理，他也是意指上帝而言的。柏拉图所说的"造物主"也是实现之理，它把理型安置在物质上。②

由此可见，"实现之理"是"超越而绝对的真实体"，是让一物能够作为一物存在的那个存在根据或者存在意义。牟先生在后面特别指出，这种实现之理是柏拉图所说的造物主，而不是他所说的"理型"。正是柏拉图的造物主把理型安置在物质上。

二　"於穆不已"之创生实体

牟先生以伊川、朱子为"别子为宗"，认为他们将"天道""天理"仅仅理解为存在之理偏离了先秦儒家之真正的生命精神，而在他看来，真正接续这一生命精神则要将道体理解为"既存有又活动"之超越本体，其关键的核心即在于道体之活动义。

在牟先生看来，自周濂溪起，宋明儒学真正接续了先秦儒家《论语》《孟子》《中庸》《易传》之传统，直接从"维天之命，於穆不已"这一儒家之"最根源的智慧而来"，③ 而体悟道体为"既存有又活动"之超越本体。

周濂溪直接以"诚"来言说天道。《通书·诚上第一》曰：

> 诚者圣人之本。"大哉乾元，万物资始"，诚之源也。"乾道变化，各正性命"，诚斯立焉。纯粹至善者也。

在牟先生看来，周濂溪在这里直接"以《中庸》之诚合释《易传》

---

① 牟宗三：《心体与性体》第 1 册，正中书局，2002，第 91 页。
② 牟宗三：《心体与性体》第 1 册，正中书局，2002，第 92 页。
③ 牟宗三：《心体与性体》第 1 册，正中书局，2002，第 329 页。

之〈乾彖〉。就《中庸》言，'天地之道可一言而尽也。其为物不二，则其生物不测。''不二'即专精纯一之意。此即诚也。'诚'本真实无妄意，为形容名词，其所指目之实体即天道。天道以'生物不测'为内容，即以创生为内容……又曰：'诚则形，形则著，著则明，明则动，动则变，变则化；惟天下之至诚为能化'。此皆明示诚为道德创造之真几。形著、明动、变化即诚于中形于外而起创生、改变、转化之作用也"①。可见，周濂溪以"诚"来理解天道之内容，则天道之为天道，其根本的意义即在于此创造性。在牟宗三那里，天道是对于超越实体的形式上的说法，而诚体所表示的创造不已，不已的起作用义才是对于超越实体的内容上的讲法，即於穆不已之诚体是超越实体的内容。正是因为天道的这一创造性，宇宙万物才得以存在。

> 《中庸》言"诚者物之终始，不诚无物。"一切事物皆由诚成始而成终。由诚成始而成终，即是诚体贯澈于其中而成全之。在此成始成终之过程中，物得以成其为物，成其为一具体而真实之存在。设将此诚体撤销，则物即不成其为物，不成其为存在，而归于虚无。此即所谓"不诚无物"。无物即无终始也。自实体言，为诚体流行；自轨迹言，为终始过程；自成果言，为事事物物。②

万物之存在皆是因为这一诚体之流行，而万物之存在就是这一诚体自身流行之"成果"。一方面，此一诚体为万物之存在本体，实现之理；另一方面，这一诚体又是流行不已，必然要成就万物。

周濂溪进一步以"寂然不动，感而遂通"来言诚体。

> "寂然不动，感而遂通"是先秦儒家原有而亦最深之玄思（形上智慧）。濂溪即通过此两句而了解诚体。"寂然不动者诚也"，此就诚体之体说。"感而遂通者神也"，此就诚体之用说。总之，诚体只是一个"寂感真几"。③

寂然不动指诚体之"动而无动，静而无静"。神体是健动不已，然而

---

① 牟宗三：《心体与性体》第 1 册，正中书局，2002，第 324 页。
② 牟宗三：《心体与性体》第 1 册，正中书局，2002，第 325 页。
③ 牟宗三：《心体与性体》第 1 册，正中书局，2002，第 333 页。

这一健动不已并不是如一般存在物的动一样，是运动义，而是"动无动相"，这种动，用牟先生的话来说，是"纯然是虚灵之动"①。这种动并不是我们日常的在空间中的运动。空间中的运动是"动相"，是属于现象层面的运动；而诚体的健动不息，是属于本体层面的。这种本体层面的动超越了动与静的对立，而是绝对的、永恒的、不变的创造。超越的本体本身是虚灵之体，是"无"，然而这里的"无"并不是彻底的虚无，而是没有具体规定性的生生不息之体，超越本体作为体之唯一的内容就是"动无动相"之动，即创生。这一创生是永远无限的，因其就是超越实体本身。

在牟先生看来，周濂溪虽然能够把握"天道性命相贯通"的儒家义理核心，然而究竟有所亏欠，侧重于自客观面言天道，而对于孔子之仁、孟子之心性的了解则稍嫌不足。为什么牟先生会这么批评濂溪呢？因为所谓儒家的本体的健动不息，其实本质上是从人的内在本性的角度来理解的。本体的生生不息，在宋明儒那里，逐渐演变为儒家道德意义的来源。而这种来源的核心意义就在于，如果所谓道德本体是如同牟先生所批评的朱子学所理解的天理那样，仅仅存在而不活动，那么本体只能决定我们可以判定何者为善，何者为不善，即给我们提供善恶之原则，却无法从根本上为我们提供人不可遏制的为善之动力。这种动力的来源，唯有在本体的健动不息、於穆不已、生生不息、不能自已的角度，才能够产生。而这种於穆不已之感，仅仅由天道本身来说明，是远远不够的。因为我们对天道生生不息之德，也只能停留在一种描述的层面，我们其实无法在哲学的意义上真正说明这一点。所以当牟先生描述天道於穆不已的时候，他只能不断地引用周濂溪的话，在论述的力量上，明显有些薄弱。我们真正能够更加有力地说明本体之生生不息的，是在人的内在的心体一面，这也是牟先生在理论的论述中，虽然对明道、五峰一系上下贯通的理论脉络推崇备至，但他自身所采取的理论路径，更多的仍然是心学一系的原因。

在牟先生看来，对天道性命通而为一之义，了解更为精切的是张横渠。

　　《正蒙·诚明篇》云："天所性者通极于道，气之昏明不足以蔽

---

① 牟宗三：《心体与性体》第1册，正中书局，2002，第347页。

之。天所命者通极于性，遇之吉凶不足以戕之。"此四句即是天道性命相贯通之最精切而谛当之表示者。①

牟先生盛赞张横渠对于天道性命之彰显。张横渠以"太和"规定"道"，进而以"太虚"规定"太和"。

> "太和"是总宇宙全体而言之至和，是一极至之创生原理，并不是自然生命之纲缊之和。"不如野马纲缊，不足谓之太和"，此乃是譬解语，亦是指点之描述语，乃就天地之广生大生，充沛丰盛，而言其所以然之至和也。非真执着于游气本身之纲缊而认为此即是道也。若如此，则真成为唯气论矣。"中函浮沉、升降、动静、相感之性，是生纲缊、相荡、胜负、屈伸之始。其来也，几微易简；其究也，广大坚固。"此数语即综言太和之创生义。太和而能创生宇宙之秩序即曰道。②

作为超越实体之太虚，其本质之特征在于创生万物。以太虚贞定太和，则可见张横渠所谓太和并非存在者层面上的运动义，因为"太虚无形，气之本体"，太虚是"清通而不可像为神"，可以由"寂感真几"来说，"太虚固可以'清通之神'定，实亦可以'寂感真几'定"③。由此，太虚不是具体之存在，而是寂然不动之本体，因其寂然不动，故有本体义，所以太虚是超越、形而上意义上的本体，而不是形而下的由"气"规定的存在者，这样，以太虚贞定之太和也是本体义，而不能理解为气之意义上的存在者。太和之"如野马纲缊"之运动不息，在这里就不能理解为存在者意义上的运动，而是超越本体意义上的运动，即不断地创生。

由此可见，牟先生所理解之超越本体，既是存在之理、存在本体，也是创生本体。本体的生生不息的创生意义正是儒家心性之学不断地进行道德实践的超越的形而上之本体论的根据。在"天道性命相贯通"的结构之中，道体是性体之客观化的根据，道体之不息的创生，在本体论上决定了性体为不断的道德创生。在牟宗三的系统之中，道德的可能性之最根本的内涵其实包括两个方面。其一是道德之超越的根据。在道体、性体、心体通而为一的理论结构中，作为这一至善之根源的只能是道体之至善，而正

---

① 牟宗三：《心体与性体》第 1 册，正中书局，2002，第 417 页。
② 牟宗三：《心体与性体》第 1 册，正中书局，2002，第 440 页。
③ 牟宗三：《心体与性体》第 1 册，正中书局，2002，第 444 页。

是道体之永无间断的创生义决定了道体之至善。道体之善指的就是道体不断地创生。其二则是道德行为不能已的活动义。这依然必须来源于道体本身之活动义，道体不能已的不断地创生。由此可见，对于牟宗三先生的系统来说，道体之创生义实是一理论内容上的根本性环节。而牟先生也正是在这一层面上，对于朱子将道体只体会为"只存有而不活动"有所不满。他认为这样一来，就失掉了道德实践行为之必然性，用牟先生的话来说，即"性体之道德意义与道德力量遂减杀"①。所以，牟先生才以能否体认儒家道体"既存有又活动"之超越实体来确定宋明儒之正宗。

然而，通过上面的分析，可以看出，道体之活动义与其说来理论上的论证，不如说来自宋明儒对先秦儒家之精神上的领会。这也是牟先生喜用的说法。在先秦儒家那里，道体本身之生生不息仍然不是一个经由理论证成的问题，而是一种直接的把握与言说。但是，这样一来，单从道体本身来说，道体之"於穆不已"的活动义其实无法得到更为明确的证成，几近于独断论。当然，牟先生不如此"独断"，他之所以如此说，一方面有其苦心孤诣之所在，另一方面其实也有理论上的说明。这种理论上的进一步说明则必须关联着性体来说，我们将在下面对性体的讨论中，回到这个问题。

三　"感而遂通"之"神用"

道体一方面"寂然不动"，另一方面"感而遂通"，是即寂即感、神用无穷之超越本体。

对于宋明儒来说，道体之寂然不动是由道体之体上说，感而遂通则是由道体之用上说。"'天以阳生万物，以阴成万物'，阳生阴成是落在迹上说。阴阳气也，故有迹。而所以妙用之而使之成其为生，成其为成者，则是天道诚体之神用。'神也者妙万物而为言'（《易·说卦传》）。天道诚体实有能生能化之神用，然其生无生相，其化无化相，故只是一神用，而神无方所、无形迹，故亦曰寂感真几也。而一落在气上，则有迹矣。"② 天道实体作为超越之本体，就是於穆不已的创造，而这一创造即能创生万物，这种创生万物就是诚体之用。诚体由寂然不动之体，而有创生万物之

---

① 牟宗三：《心体与性体》第 1 册，正中书局，2002，第 84 页。
② 牟宗三：《心体与性体》第 1 册，正中书局，2002，第 345 页。

用。所以，天道实体不仅是存在之理，而且是实现之理，天道实体之存在即包含实现万物之存在。宇宙万物之存在则都是此一天道实体之神用。因为天道实体的"用"是没有形迹的，不能通过经验知识来把握，只能由超越的形而上学来把握，所以称之为"神用"。"感而遂通"之感，并不是指感觉经验，而是指超越意义上的"神感神应"，是超越实体显现为不同的现实存在物。

由此言"万一各正，小大有定"（《通书》）。"是则'万一各正'者即由于分于一而成之万万个体皆分别各自得正其性命也。"① 现实存在者因为天道实体的神用，而都具有此一天道实体，也正因为具有此一天道实体，存在者才得以存在。天道实体依不同之存在而显现不同的相，这是天道实体之用；但是天道实体又不被具体显现的相所局限，而是寂感真几，其本身是没有动相的。这就是张横渠所谓"兼体而无累"。从这个意义上说，此时是"一切即一"，虽然有不同的存在的相，显现为不同的存在，但这一存在的根据都源自同一的天道实体。与此同时，天道实体又随不同存在而显现为不同的相，此时是"一即一切"，天道实体为一，但是能显现为不同的现实存在者之本体。这种意义上的天道实体，是本体论意义上的存在与显现，而不是客观的现实的宇宙生成论意义上的衍生。

张横渠更在此意义上言"体用不二之圆融"。"体用圆融，圆者圆满无遗，融者通一不隔。体用是一般之词语，看其所应用而有不同之内容，如本体现象等。依横渠之思理，体用圆融即是神体气化之不即不离。"② 张横渠的"虚空即气"，在牟先生看来，即指的体用不二。张横渠的意思正是在气化之不停滞的地方，见出神体之创生万物之妙用。体正在用上显现出来，对于体之领会必须通过气化所变出的宇宙万物之存在。体必须显现为气化之过程，而气化之过程也正因为有神体之妙用才得以存在，正是在这个意义上见出牟先生所谓的体用不二义。

至此所说的是超越实体的"用"，超越实体的存在必显现为用，而超越实体也唯有在用上，用牟先生的话来说则是"带着气化"，才能显现。这个问题的出现，同样必须在性体的意义上才能理解，这也是牟先生受到康德的《实践理性批判》的启发，借用实践理性进行进一步阐发的一个重

---

① 牟宗三：《心体与性体》第 1 册，正中书局，2002，第 354 页。
② 牟宗三：《心体与性体》第 1 册，正中书局，2002，第 458 页。

点，其根本含义还是在阐发道德行为的创造性。我后面讨论性体的时候，将回到这个问题。

四　至动而不乱之秩序

牟先生在讲到张横渠"太和之谓道"的时候，曾经指出，这是横渠对于道体之现象学的描述之辞，其中包含三层意思。"（一）能创生义；（二）带气化之行程义；（三）至动而不乱之秩序义（理则义）。由此三义皆可说道，有时偏于一面说。三义具备，方是'道'一词之完整义。"①对于牟先生来说，道体之动而不乱的秩序意义也是一个重要的方面。道体不仅仅是创生实体，其自身还具有特定的秩序，有具体而确定的理论内涵。

然而，在牟先生的体系中，对于此一至动不乱的秩序的含义却言之甚少，他更强调的是超越实体之创生，正因为其创生，这一超越实体不能有所限定。其作为实体之内容的意义仍然只是以此创生为核心。或者换一个角度，超越实体的於穆不已的创生就是这至动而不乱的秩序。更具体地说，这一至动不乱的秩序的意义指的就是《诗经》中的"天生烝民，有物有则。民之秉彝，好是懿德"。这就是明道所说的："犹只是有那些秉彝，卒珍灭不得。"指的是儒家思想脉络中，超越实体的道德含义。"此真正是儒家澈底的道德挺立之所洞悟，而真足以判开苦业意识之空理而不容相混者，这点秉彝是真正的实有，终极的实有，是'先天而天弗违'者，无论自觉或不自觉，无论绕出去说出诸般教义，皆不能离此定常之体以自足。此如空气，在你身外，也在你身内。当下便是，反身自见。若问立处，此即是终极的立处。若问定盘针，此即是终极的定盘针。"②在这里，道德意识成为天道实体的根本特质，也就是天道实体的动而不乱的秩序，即天道实体之内容。

前面曾经提到，在牟先生看来，周濂溪以创生之"诚"为天道实体之内容，可以看出，这里天道实体之唯一的秉彝，就是创生。所以，於穆不已之创生义，不仅是天道实体的活动义，是天道实体创生宇宙万物的本质内涵，而且是秩序义，是决定宇宙万物的根本性的方向。

---

① 牟宗三：《心体与性体》第1册，正中书局，2002，第439页。
② 牟宗三：《心体与性体》第2册，正中书局，2002，第73～74页。

天道实体所具有的秩序义对于牟先生来说非常重要。天道实体唯有具有此一秩序义才能作为人的道德实践的超越的根据，确定人生意义的方向。不如此，仅只强调超越实体之创生义，则此创生将为无方向之创生，将失去其对于人生之指引，则任何人生形态的变化，任何人之行为的创造都将被囊括在超越意义上的创生之中。在某种程度上，这恰恰是牟先生刻意彰显天道实体的创生义所不得不面对的问题。

於穆不已的创生与作为秩序的天道之间，其实在理论上存在一定程度的矛盾。生生不息的创造、变现，自身即反对对此做一限制。然而，这显然并非牟先生之本义。一方面，他所建立的"道德的形上学"要以"道德"为出发点，构建一套由道德本体发展至宇宙本体的形而上学，作为存在本体的天道实体必须具有秩序的含义，必须能够在道德的意义上指引一方向。牟先生正是在此意义上批评海德格尔的"基础存在论""执着存在的决断而忘其体"。① 被海德格尔遗忘的"体"是超越性的、秩序性的、能为人之存在指引方向的天道本体。另一方面，牟先生无法对天道实体加以创生之外的积极意义的限制，这一方向只能由创生来规定。这一问题的解决方式，其实仍然是通过对性体的贞定来建立的。

第三节　天道性命通而为一的枢纽：性体

性作为一概念，在牟先生的哲学体系中实处于核心枢纽位置。依理，宇宙万物皆有其作为存在者的独特的性，性正是决定存在者之所以为这一存在者的根据，是存在者的"本质"。然而"性体"观念，无论是对宋明儒来说，还是在牟先生的体系之中，都是特指人而言的。唯人有能起道德创造作用的"性体"。所以，性体在牟先生的体系之中，不单单具有人的本质的含义，同时更是能起道德创造的"创造实体"（creative reality），换句话说，此生生不息的道德创造、道德实践正是人之所以为人的本质。

> 此性体亦可说是人之本质的一点，是人之所以为人，乃至所以为道德的存在之本质；但即以此"本质"一词译此"性体"，则非是。此亦如吾人亦说此性体即是吾人道德实践（道德行为之纯亦不已）之

---

① 牟宗三：《心体与性体》第 1 册，正中书局，2002，第 187 页。

"先天根据"或"超越的根据"，但同样不能即以先天根据或超越根据译此"性体"一词。此皆是诠表方法上之词语，可以广泛使用，俱非足以代表此"性体"一观念也。儒者所说之"性"即是能起道德创造之"性能"；如视为体，即是一能起道德创造之"创造实体"（creative reality）。此不是一"类概念"，它有绝对的普遍性（性体无外，心体无外），惟在人而特显耳，故即以此体为人之"性"。①

由此可见，牟先生此处所说的"本质"，并非本质主义意义上的本质，不是将人看作一个固定不变的东西，指称其固定性的本质，而是指出人之所以为人的核心，从这个意义上说本质。人之所以为人，恰恰是因为其没有一个固有的本质，其本身是在不断做道德实践行为的过程中，不断"向前"发展，在不断变化中实现的。在儒家的语境中，这种不断"去成为""去实现"的、朝向未来的可能性的，才是人的本质。所以，不能因为牟先生或宋明理学用确定的"性体"来言说人，就把他们的理论看作僵化的、固定化的本质主义的模式。

牟先生认为，宋明儒对于性的规定其实可以分为两种方式。"综观中国正宗儒家对于性的规定，大体可分为两路：（一）《中庸》《易传》所代表的一路，中心在'天命之谓性'一语。（二）孟子所代表的一路，中心思想为"仁义内在"，即心说性。"② 这两种不同的言说性的方式，正是牟先生用以判分宋明儒之不同理路的"三系说"的根据之一。这两种言说方式又是相互包含，互为其本的，其最终的归结点就是性。其中更为重要的是孟子所代表的由心言性，进而由性上通于於穆不已的天道实体。前述关于天道的种种疑难，正是在这种对于性的言说中，得到进一步的说明与阐发。这也是牟先生将中国哲学与康德的实践理性相互阐发的接榫点。

一　天命之谓性

对于性之规定，先从天命之谓性上说。天道实体向下贯注于个体存在之中，即个体存在之性，《中庸》之"天命之谓性"中的"命"指的是命令之命，是天道实体向下而命于人，即赋予人。"自天道之命于（赋予）

---

① 牟宗三：《心体与性体》第 1 册，正中书局，2002，第 40 页。
② 牟宗三：《中国哲学的特质》，上海古籍出版社，2007，第 50 页。

吾人言，曰命，自人之所受言，曰性。"①《易·乾象》所言："乾道变化，各正性命。"其具于个体，加以贞定的性，也是由乾道即超越实体说下来。人即由天道那里秉受了这一天道实体作为自己的本性。对于天命来说，强调的是天道实体对于人之存在的规定性。人的性之超越的、形而上的根据即来自天道实体。而据儒家之天道性命通而为一说，此天道实体与性体具有同一性。前面曾经提过，在牟先生看来，天道与性体之间的差异是外在形式上的，即一曰天道，一曰性；内容上二者是同一的，即都以"诚"为其内容。诚者，指於穆不已的创生义，即天道实体与性体都是於穆不已的创生，对于性体来说，这一创生义更为显著与确定，就是於穆不已的道德行为之创生，道德实践之不能已。

从这个角度，牟先生指出了性之两重含义："是以性者，言道言虚之结穴，首先其义有二：一者性能义，二者性分义。性能者，言此性能起道德创造之大用也。性分者，言道德创造中每一道德行为皆是吾人性体中之本分也，责无旁贷而不容已之本务也，所谓必然的义务也，无条件地非如此不可也。此即是吾人之大分。"② 天道实体的於穆不已既决定了人实践道德行为的可能性，又决定了人必须进行道德实践，决定了人之道德行为的必然性。

可见，牟先生这里所说的"性"，不是从"生之谓性"的自然层面说下来，而是指的超越意义的义理之性。

　　　大抵性之层面有三：一、生物本能、生理欲望、心理情绪这些属于自然生命之自然特征所构成的性，此为最低层，以上各条所说之性及后来告子、荀子所说之性即属于此层者；二、气质之清浊、厚薄、刚柔、偏正、纯驳、智愚、贤不肖等所构成之性，此即后来所谓气性才性或气质之性之类是，此为较高级者，然亦由自然生命而蒸发；三、超越的义理当然之性，此为最高级者，此不属于自然生命，乃纯属于道德生命精神生命者，此性是绝对的普遍，不是类名之普遍，是同同一如的，此即后来孟子、《中庸》、《易传》所讲之性，宋儒所谓天地之性、义理之性者是。③

---

① 牟宗三：《心体与性体》第 1 册，正中书局，2002，第 329 页。
② 牟宗三：《心体与性体》第 1 册，正中书局，2002，第 492 页。
③ 牟宗三：《心体与性体》第 1 册，正中书局，2002，第 198～199 页。

作为超越实体的天道，是宇宙万物存在之本体，其自身是一而非多，性体与天道通而为一，则天道的普遍性就保证了性体的普遍性。人人皆具有性体与天道为一，则人人皆具有做道德实践的根据，这一根据来自天道实体，则道德行为都以超越性的天道实体为根据，普通人与圣人之间，因为都禀赋了天道所赋予的同一的性体，性体与天道实体的同一又保证了道德实践根据的普遍性。由此，圣人是可以学而至的，即通过现实的道德实践行为，成就秉受天道实体而来的性体。宋明儒即在此处区分"天地之性"与"气质之性"。气质之性的讲法由张横渠开启端倪。《正蒙·诚明篇》曰："形而后有气质之性。善反之，则天地之性存焉。故气质之性，君子有弗性者焉。"性虽然秉受天道实体而来，具有普遍性，但是具体的个体存在又各不相同。此处的差异在于，一方面，宋明儒所说的性体义，是超越意义上的性，是能起道德创造的性。作为个体的人的存在，在超越意义上的性之外，还有其个体上的限制，这就是张横渠所说的"气质之性"，即不同个体之间的差异，而这差异并不妨碍道德实体的普遍性。因为不同的气质之性并不能作为人之存在的本质，不能以此来决定人之存在。另一方面，气质之性的存在限制了超越意义的天地之性的真实呈现，必须"善反之"，做一番道德实践的工夫，才能令与天道实体同一的天地之性如其本身那样呈现出来，才能成就道德行为。在这个意义上，有宋明儒的工夫论。

二 仁义内在、即心说性

天道性命相贯通的理论结构，其目的是为道德行为之可能寻找超越的根据。虽然，宋明儒讲天道性命相贯通，周濂溪开始以《中庸》《易传》为主，从天道实体讲起，天道实体具体的存在于个体之中为个体之性。但是，在牟先生看来，这并不能真实地挺立出人之道德实践的超越根据。因为单纯地讲天道实体，人作为一有限的存在，其实无法直接确知天道实体之真实意义，并且，即便以"於穆不已"之创生义为天道实体之本质，却无法确定此"於穆不已"之创生即为道德之创生。道德的意义之产生，其实是无法由天道实体处说起的。

总之，道德，不是具体的个体物，而是人（广之一切理性的存有）所独特表现的精神价值领域中之实事实理，这不是可以由上帝之

创造而言的，亦不是可以由天道创生而言的。反之，我们可以笼统天
地万物而肯定一超越的实体（上帝或天道）以创造之或创生之，这乃
完全由人之道德的心灵，人之道德的创造性之真性，而决定成的。此
即是说：天之所以有如此之意义，即创生万物之意义，完全由吾人之
道德的创造性之真性而证实。①

　　虽然天道实体是性体之超越的、形而上之根据，但天道实体之证实、
天道实体之呈现，是需要作为人之道德创造的主体的性体来呈现的。天道
实体之具有道德的意义，也是由性体之道德创造而呈现的。

　　直接由内在的道德创造的主体而言性体，是《论语》《孟子》一系，
尤其是孟子之"仁义内在"，由道德创造之本体的内在于人而直接体认吾
人之本体的道德性。

　　孟子直接由仁义内在而言性善。仁义作为道德法则，并不是在人性之
外存在的道德法则，通过外在的赋予而成为人所遵守以进行道德行为的法
则，必然来自人的"内心"，而这种道德本体的存在通过人的"不忍人之
心"呈现出来。《孟子·公孙丑上》曰："所以谓人皆有不忍人之心者，
今人乍见孺子将入于井，皆有怵惕恻隐之心——非所以内交于孺子之父母
也，非所以要誉于乡党朋友也，非恶其声而然也。"李明辉认为，这体现
了孟子所讲的人之道德意识的绝对性。"'乍见'二字表示这是在一切现
实的考虑尚来不及发生作用时本心之直接呈现。此种'怵惕恻隐之心'底
发用以及由此而产生的救援行动，均不预设任何进一步的目的。"② 在此，
道德行为的发生，道德法则的根源断绝了一切来自心灵之外的目的性的考
虑。道德行为的发生，既非为了追求幸福的最大化，也非为了实现任何现
实的目的。决定道德行为的道德法则因此无法在人的主体之外找到任何的
来源，唯一的可能来自人的内在的本心，是由人的内在的主体所发出的道
德意识与道德要求。孟子就是在这个意义上言"仁义内在"，言人的"四
端之心"，并进而由"心善"以言"性善"。

　　道德行为之所以可能的根据，在于人之道德本心的存在，统而言之，
即人的"不忍人之心"。通过人的内在的道德意识显示人的本性的善，道
德的善必须由内在的道德意识所发出。所谓人之内在的道德意识，用牟先

---

① 牟宗三：《圆善论》，学生书局，1996，第 133 页。
② 李明辉：《儒家与康德》，联经出版事业有限公司，1990，第 51 页。

生的话来说，就是"人皆有不安于下堕而致沦落的本性，不安于下堕于罪的本性"①。人之不安，就是道德意识的呈现。这种呈现是真实的呈现，是真实的存在。正视此一呈现，正视人的内在的道德创造的主体，就是宋明儒所谓"逆觉体证"。

> 是以当一个人迫切地期望有真道德行为出现，真能感到滚下去之不安，则此不安之感即是道德本心之呈露。在此有一觉醒，当下抓住此不安之感，不要顺着物欲再滚下去。此时是要停一停。停一停即是逆回来，此时正是要安静，而不要急迫。停一停逆回来，此不安之感即自持其自己而凸现，不顺着物欲流混杂在里面滚下去而成为流逝而不见。自持其自己而凸现，吾人即顺其凸现而体证肯认之，认为此即吾人之纯净之本心使真正道德行为为可能者。此种体证即曰"逆觉的体证"，亦曰"内在的逆觉体证"，即不必离开那滚流，而即在滚流中当不安之感呈现时，当下即握住之体证之，此即曰"内在的逆觉体证"。但是既曰"逆觉"，不安之感停住其自己而凸现，此即是一种隔离，即不顺滚流滚下去，而舍离那滚流，自持其自己，便是隔离。此曰本心之提出。此隔离之作用即是发见本心自体之作用。②

道德意识的存在，是在一切经验知识之外，完全由内在的道德主体所显发的。这种道德意识为人本身所具有，但是，人之所以不能呈现为一个纯粹的道德行为的主体，道德意识之所以不能总是呈现出来，是因为人在与外在事物交接的时候，被种种欲望阻碍了道德意识的呈现，蒙蔽了人的内在的道德主体。所以，道德意识不能通过向外的知识的顺取的态度而获得，而必须通过切断向外的经验知识，回归人的内心，才能使人的内在的道德意识呈现。这就是所谓"逆觉"。这种呈现并不是经验知识，用牟先生的话来说，是"体证"。我们将在下面结合牟先生对于康德哲学的讨论，进一步说明这个问题。

在此，我们可以看出，由孟子开始至宋明儒所说的"性"，一反"生之谓性"的自然意义上的性的传统，而直接从人的道德实践行为，由人之

---

① 牟宗三：《中国哲学的特质》，上海古籍出版社，2007，第60页。
② 牟宗三：《心体与性体》第3册，正中书局，2002，第338页。

作为人的独特的价值意义的存在来说性。此价值意义的性，是道德实践所以可能的根据。这根据义有两个方面：一方面，性体是道德法则的来源，这是牟先生所谓"性理"义，性即理，因为道德意识唯有由性产生，任何外在的规范都无法成为道德之来源，道德法则也唯有由性体而确立；另一方面，性体是能做道德实践行为的能力来源，性体能不断地创生道德行为。道德之所以可能唯有在实践中真实地实现之。而这一实现的动力，同样来自性体之不断创造。

三　由实践理性进一步阐发性体

牟先生的独特的贡献在于引入康德哲学进一步阐释儒家思想。儒家思想有自身的思想脉络，但是，一方面，这思想脉络是用中国传统的语言、传统的表述方式传达出来，在现时代较难得到好的理解；另一方面，传统思想中也有一些独特的思维方式，是与西方哲学不同的思维方式，这些都需要有新的阐发。牟先生所做的工作，用一个形象的说法，其实在某种程度上，是让中国哲学学会说现代的语言。当然，这样做究竟有没有意义，牟先生的工作最终是否成功，都是值得商榷的问题，也是一直争论不休的问题。但是，牟先生借用康德哲学来阐释中国哲学，仍然是一个精彩的工作。

牟先生对于康德哲学的借用，基本上有两个不同的侧重点。一侧重康德的意志自由，以此来阐发中国哲学的作为道德主体的性体；二侧重现象与物自身的区分，阐发中国哲学的知体明觉。前者以《心体与性体》前面的总论部为主，后者以《智的直觉与中国哲学》以及《现象与物自身》为主。当然，这二者无论是在康德那里还是在牟先生那里都不是隔绝的，而是有着内在的本质上的联系。本节希望通过牟先生借用康德哲学的阐发，进一步明确性体之内涵。

对于康德来说，道德实践的本质在于道德法则决定意志的结果。道德的现实存在决定了这一道德法则的存在，并且，唯有普遍性的法则才能够成为道德法则。这是因为人的意志被各种各样的条件、喜好所决定，而这些具体的存在条件、个别的喜好，在不同的人之间，必然会构成矛盾。所以，这些偶然的条件以及喜好等对意志的决定，都不可能具有普遍性与绝对性，都不能成为道德法则的一部分。康德进一步将这规定为："凡是把欲求能力的客体（质料）作为意志决定根据的先决条件的原则，一概都是经验的，并且不能给出任何实践法则。"① 因为任何在人的理性之外的客体，按照康德的划分，都来自经验，都没有绝对性与普遍性，因此无法构成道德法则。对于道德来说，道德的意义不在于它能够实现某些道德以外的目的，而是因为其本身是善的。

> 换言之，它（作者注：道德）具有内在价值，而不只是工具价值……因此，一个行为之所以有道德价值，并非由于它所达成的目的，而是由于它所根据的格律（Maxime）；换言之，并非因为它有助于实现某一对象，而是因为决定它的存心（Gesinnung）本身就是善的。是故，一个道德行为并非只是合乎义务（Pflichtmäßig），而必须是出自义务（aus Pflicht）；否则它只有合法性（Legalität），而无道德性（Moralität）。②

所以，道德法则的唯一来源，只能是人类的理性自身。

> 实践法则具有完全客观的而非单纯主观的必然性，并且必定是由理性先天地认识到，而非通过经验认识到的（不论这种经验在经验中是如何普遍的）。③

在这个基础之上，康德提出，假如存在这样一种完全来自理性之先天的道德法则，那么由这一法则所决定的那一意志，本身必定是自由意志。道德法则的存在，只能通过单纯的意志表象出来，而不能成为感性的对象，这种道德法则在康德《纯粹理性批判》的划分中，必不属于现象界，不能成为康德所说的现象。

> 那么，作为意志决定根据的这种形式的表象，就区别于在自然中依照因果性法则的事件的所有决定根据，因为在这些事件方面，这些起决定作用的根据自身就必定是现象。但是如果除了那个普遍的立法形式之外，并没有其他的意志决定根据能够用作这个意志的法则，那么这样一个意志必须被思想为在相互关系上完全独立于现象的自然法则，亦即因果性法则。但是这样一种独立性在最严格的意义上，亦即

---

① 〔德〕康德：《实践理性批判》，韩水法译，商务印书馆，2007，第19页。
② 李明辉：《儒家与康德》，联经出版事业有限公司，1990，第16页。
③ 〔德〕康德：《实践理性批判》，韩水法译，商务印书馆，2007，第26页。

在先验的意义上称为自由。因此，一个只有准则的单纯立法形式能够用作其法则的意志，是自由意志。①

道德法则的存在，不能通过知性的认知作用成为人的知识，即我们无法得到关于道德法则的知识，而只能在人的道德行为之中，通过人的意志的运用显示出来。同样，意志的形而上的意义，同样无法在关于意志的理论中得到充分的表达，在康德的体系中，道德法则与自由意志都属于智性的对象，属于"物自身"（thing in itself）的领域。意志因此完全不必遵循现象界的因果律原则，是彻底的自由的。

另外，因为能够决定自由意志的道德法则无法在现象的世界中得到，必须来自理性的先天形式，所以康德称这一理性为实践理性。

> 但是在这里这条规则说：人们应当绝对地以某种方式行事。因此这条实践规则是无条件的，从而是作为实践的定言命题被先天地表象出来的，借此意志绝对地和直接地（通过在这里也是法则的实践规则自身）、并且客观地被决定。因为纯粹而自在地实践的理性在这里是直接地立法的。意志被思想为独立于经验条件，从而作为纯粹意志，由单纯的法则形式决定的，这个决定根据也被看作是一切准则的最高条件。②

作为单纯形式的道德法则，只能来自理性自身，来自内在的道德主体性，而对于康德来说，内在的道德主体性即自由意志。正是在这个意义上，康德提出了意志自律原则。"意志自律是一切道德法则以及合乎这些法则的职责的独一无二的原则；与此相反，意愿的一切他律非但没有建立任何职责，反而与职责的原则，与意志的德性，正相反对。"③康德在这里提出了自由意志在积极意义上与消极意义上的两种不同的自由的含义。在消极意义上，意志排除了一切源自经验的欲求的客体，完全由理性的先天法则所决定；在积极意义上，实践理性为自身立法，确立道德的自律原则。

牟先生正是在道德自律的意义上，将儒家的性体、本心等同于康德所

---

①　〔德〕康德：《实践理性批判》，韩水法译，商务印书馆，2007，第28~29页。
②　〔德〕康德：《实践理性批判》，韩水法译，商务印书馆，2007，第31~32页。
③　〔德〕康德：《实践理性批判》，韩水法译，商务印书馆，2007，第34页。

说的为自身立法的自由意志。"康德说的那自由自主自律而绝对善的意志，若照正宗儒家看，那正是他们说的本心即性。"① 当然，在康德那里，并没有儒家思想中的性体一层的含义，但是，从为自己立法的道德主体性的角度来看，牟先生所认为的正宗儒家在自律道德的角度与康德的思想之间，确实存在某种程度上的互相阐释性。②

如果我们接受牟先生将作为儒家道德主体的性体观念理解为康德的自由意志，则性体的创造义将会得到更好的说明。

康德在《纯粹理性批判》中，将对象区分为现象与物自身，在此基础上，把世界区分为感性世界即现象界与知性世界或智思世界。现象属于感性世界，是纯粹理性的对象，在这里，纯粹理性的客体是经由直观所给予的，而一切直观都是感性的，"出于单纯概念而无直观的综合原理是不可能的"，③ 任何超出人的感性经验之外的知识都是不可能的。所以，理性在感性世界是遵循自然界的因果律的，它只能通过感性直观接受客体，并不能创造客体。因此，在现象界，理性没有创造的能力。但是，相对的，道德法则指向了一个超感性的世界，这一超感性的世界不依赖于任何感觉经验，而是"属于纯粹理性的自律的法则的实存"。④ 理性在超感性的自然世界，即知性世界或智思世界之中，可以直接创造其对象，决定其对象的实存。"我们却通过理性意识到我们的一切准则都服从的一条法则，仿佛通过我们的意志一个自然秩序必定同时产生出来一样。于是，这条法则必定是一个非由经验给予而因自由可能的、因而乃超感性的自然的理念，我们至少在实践的范围内给予这个自然以客观实在性，因为我们把它看成作为纯粹的理性存在着的我们意志的客体。"⑤ 在这里，不同于感性世界的因果性，意志有自身的因果性，康德称之为意志的因果性。这种意志的

---

① 牟宗三：《心体与性体》第 1 册，正中书局，2002，第 123 页。
② 能否以"自律道德"来阐释儒家思想，自从牟先生这样进行阐释以来，一直是一个争论不休的问题。由 1980 年代，李明辉《儒家与自律道德》《再论孟子的自律伦理学》所展开的争论开始，一直到晚近的几本研究牟先生思想的著作，如杨泽波 2006 年出版的《牟宗三三系论论衡》中，仍然用很大的篇幅讨论、质疑牟宗三的这一阐释方向。本章希望顺牟宗三的思想内在的系统，梳理道体、性体、心体的问题，所以在此不加以讨论，留待下一章讨论天道性命相贯通对于牟先生康德哲学阐释的意义时候，再进行更为细致的讨论。
③ 〔德〕康德：《实践理性批判》，韩水法译，商务印书馆，2007，第 45 页。
④ 〔德〕康德：《实践理性批判》，韩水法译，商务印书馆，2007，第 45 页。
⑤ 〔德〕康德：《实践理性批判》，韩水法译，商务印书馆，2007，第 47 页。

因果性，既然是超感性的，就不奠基在人类的感官经验之上：一方面，无法形成知识；另一方面，是在人的道德实践中呈现的。

基于此，按照里夏德·克朗纳（Richard Kroner）的解释，人的存在在康德这里就具有了独特的意义。"人类乃是自然领域与道德领域这两个迥异的世界得以接触的枢纽点。人类乃是自野兽发展而来的生物有机体，然而人类之地位却又远迈于生物。人类这一于时间上和空间上都是无关重要的自然中的被创造物乃是超感性世界的一员公民；透过其道德理性的力量，人类可以为他自己和为他的行为建立一种价值，而这种价值是超越了一切时间与一切空间的，而且能使他接触到一永恒存有。"①

牟先生即在此意义上言性体的创造实现作用。性体与天道一样，是於穆不已的、起道德创造作用。性体不仅在道德实践的过程中呈现，而且性体自身即在这道德实践行为中起作用，这作用是真实的创造作用，即康德的自由意志在超感性的世界中的创造作用。"依儒家，只有这道德的性体心体之创造才是真实而真正的创造之意义，亦代表着吾人真实而真正的创造的生命，所以'於穆不已'者是。这是吾人理解'创造性原则'最重要的法眼，切不可忘记。这也是创造性原则之最基本、最原初而亦最恰当的意义。"② 在此，性体的创造性原则，通过康德的自由意志得到了更为有力的阐发，其真实意义也得到了规定。

所谓创造性原则之最基本、最原初的意义，其实在某种程度上，是针对天道而来的。性体的创造性原则，性体的於穆不已的起作用，是真实的能在道德实践中呈现天道之生生不息的。我们唯有通过具体的道德实践行为，并且逆觉体证，使性体的创造性原则呈现，才能真实地确定天道之为创造性。这一点，我们在下面还会谈到。

牟先生与康德在意志自律问题上的差异，在道德情感的问题上凸显出来。对于康德来说，任何情感都必然来自经验，都是内在经验的一部分，因此任何情感都不可能具有形而上的超越的意义，不可能具有普遍性。而对于牟先生来说，自孟子开始，儒家就是由道德情感的真实呈现来讲本心性体的於穆不已，正是道德情感的真实存在，呈现人作为道德创造的真实性。所以牟先生说，道德情感是可以"上下其讲"的，道德的情感可以上

---

① 〔德〕里夏德·克朗纳：《论康德与黑格尔》，关子尹译，同济大学出版社，2004，第 71 页。
② 牟宗三：《心体与性体》第 1 册，正中书局，2002，第 178~179 页。

通于形而上的实体，而具有超越的意义。唯有如此，人之内在的性体，才是一个真实的呈现，而并非如康德由道德的存在而超越的推论出来的"设准"。这一差异的内涵及其透显的意义将在第二章中讨论。

第四节　本心之为体

对于牟先生来说，相应于作为道德创造主体的性体义，而有道德意义的"心"，他所说的心，是由孟子的本心说下来，指的不是物理意义上的或者经验心理学意义上的心，也不是认知意义上的心，而是能起道德创造作用的心，"是内在而固有的、超越的、自发、自律、自定方向的道德本心"[①]。这种意义上的心，在"天道性命通而为一"的结构中，同样有着根本性的地位，在某种程度上，与性体是不即不离、不一不二的。牟先生曾经这样叙述心与性体之间的关系：

> 是故心即是"道德的本心"，此本心即是吾人之性。如以性为首出，则此本心即是彰著性之所以为性者。故"尽其心者即知其性"。及其由"万物皆备于我"以及"尽心知性知天"而渗透至"天道性命通而为一"一面，而与自"於穆不已"之天命实体处所言之性合一，则此本心是道德的，同时亦即是形上的。此心有其绝对的普遍性，为一超然之大主，本无局限也。心体充其极，性体亦充其极。心即是体，故曰心体。自其为"形而上的心"（metaphysical mind）言，与"於穆不已"之体合一而为一，则心也而性矣。自其为"道德的心"而言，则性因此始有真实的道德创造（道德行为之纯亦不已）之可言，是则性也而心矣。是故客观地言之曰性，主观地言之曰心。自"在其自己"而言，曰性；自其通过"对其自己"之自觉而有真实而具体的彰显呈现而言则曰心。心而性，则尧、舜性之也。性而心，则汤、武反之也。心性为一而不二。[②]

由此可见，心与性对扬，如果自道德的本心而言心，则心与性只不过是侧重于道德创造主体的不同面向而已。心注重其活动义、其主观义，是

---

① 牟宗三：《心体与性体》第 1 册，正中书局，2002，第 41 页。
② 牟宗三：《心体与性体》第 1 册，正中书局，2002，第 41～42 页。

从主观面，从个体的人之具体存在的面向而言的；性体则是从客观面，从保证道德创造的客观性而言的。性体在更多的层面上，与作为宇宙创造实体的道体为一，所以更重客观性、秩序义。而这客观性的秩序要有主观性原则充实之、实现之，这一主观性原则就是心体义。其根本上，是心体与性体为一。

一 心之官则思

心作为人之具体存在的表现，自孟子起首言"心之官则思"，首先以活动的意义来了解心，将心理解为意识。只不过，这一意识不是普通的意识，而是由道德意识角度而言的。周濂溪继承孟子，以"思"来彰显心之作用。在牟先生看来，濂溪以思言心之用，主要有两个方面的含义。

其一，孟子的"心之官则思"是相对于"耳目之官不思而蔽于物"而言的。人的感觉器官，因为没有心的思的作用，而完全被动性地接受经验的赋予，所以，完全局限在感性直观之中，局限在经验层面。沉溺于感性经验，则人的行为完全受外在的经验的控制，没有理性或意识的参与，道德的意义在这里无法建立。而心在这里的作用，是能反思的意识，能够摆脱感性经验的束缚，超越感性经验的层面，进入超越层面。在牟先生看来，这是心之思的第一层含义，即他所说的："是则思者是表示心之解放，从感性之拘囿中而开扩其自己，是心之超越乎感性以上而明朗其自己。思乃心之明通，此为心之第一步的道德意义，即不为感性所蔽而主宰乎感性。"① 因为孟子所说的心是不局限于感觉经验的心，所以，这心不是认知意义上的心，因为，依照康德的说法，认知意义上的理性必须在感觉经验的基础之上才能形成知识，离开了感觉经验，心就不是认识的心。这心是单纯的纯粹意识，是超越性的，唯有在这个超越性的心的基础之上，才有道德存在之可能，也才能谈论道德。所以，在牟先生看来，这是心之能够有道德意义的第一步。

其二，孟子的"心之官则思"还必须有对象。孟子曰"思诚"，则思的对象是"诚体"，是完全的道德创造的主体。心自身没有积极的规定性，没有任何积极意义上的内容，它的意义由它的对象来决定。孟子所谓心之思的对象并不是普通的感觉经验，而是作为宇宙存在生化本

---

① 牟宗三：《心体与性体》第 1 册，正中书局，2002，第 339 页。

体、道德创造本体的诚体。一方面，心之思不是成就经验知识的认识能力；另一方面，此心在这个意义上就是道德意识。心之思的作用，在这里就变成了诚体自身的朗现，即通过心之思，令作为道德创造本体的诚体能够显现出来，能够在每一个个体存在的人的现实具体的生活中显现出来，不然，诚体只是诚体，只是虚悬在那里，无从实现。根据我们前面所说的诚体自身之於穆不已的创生作用，则这一显现的含义，已经包含在诚体之中，所以，换一个角度，心之显现诚体，其实是诚体自身之显现。在这个意义上，心与诚体其实是同一的。所以，牟先生说，所谓"诚体"是从客观的角度说道德创造的实体，而"心体"是从主观的角度来说道德创造之实体。

进而，心之思只是思诚还不够，因为，思诚还蕴含着诚体与心体为二，诚体只是作为心之对象而存在，必须更进一步言"无思之思"。思必至于"无"，而这一无不是不存在，而是"无不通"之无。心体自身无所限制，完全与诚体合一。在此时，由诚体方面讲，主观角度来说的心体就是客观角度的诚体，心体在与诚体合一中而"无"其存在；由心体方面讲，此时的心体全部是诚体，全部是诚体之於穆不已，心体完全成为诚体的现实具体的表现，同样也可以说心体无其存在。这就是牟先生所说"诚体即在'无思而无不通'中重新建立，亦即于此而全体朗现。此为诚体之具体化与真实化"①。

至张横渠，则有所谓"合性与知觉有心之名"，其实也是强调心的思的作用，只不过在这里是以"知觉"来表达这一作用。在牟先生看来，张横渠的这一句话并不恰当，因为心之知觉并非指经验性的知觉，所以心并不能在性之外别有一种知觉。性既然是"寂然不动，感而遂通"之寂感真几，则心亦不能外于此。所以，心之知觉就是性之"寂然不动，感而遂通"，在性体之中必然已经包含了心的知觉义，只不过单独拈出心而言其知觉是为了凸显心的能动性与主动性。张横渠言"合性与知觉"则容易让人误会性与知觉剖分为二，将知觉理解为"感触的知觉"（sensible perception）。

至王阳明，更是直接以"良知明觉"来言心，王阳明《答罗整庵少宰书》曰："理一而已。以其理之凝聚而言，则谓之性；以其凝聚之主宰

---

① 牟宗三：《心体与性体》第 1 册，正中书局，2002，第 340 页。

而言，则谓之心；以其主宰之发动而言，则谓之意，以其发动之明觉而言，则谓之知；以其明觉之感应而言，则谓之物。"① 心侧重言其主宰的含义，而发动之明觉则是心之功用。所以，心其实包含主宰与明觉两层含义。王阳明常言"良知只是天理明觉的一个发见处"，则作为心之用的良知，只是作为道德实体的天道的一个展现与现实的存在，天理的自然呈现就是在心的良知明觉之中呈现，是良知自身发现其自己，自身给定人一个决定意志的方向，这方向的形而上的根据则在于天理。所以，良知不是外在的感觉经验意义上的知，而是反思性的自我呈现，是在道德意识中的天理的呈现。在这个意义上，牟先生说："良知是天理之自然而明觉处，则天理虽客观而亦主观；天理是良知之必然而不可移处，则良知虽主观而亦客观。"②

牟先生所言的心的含义源于"心即理"之义，所以，他必须强调心在知体明觉之外，其本身是道德之自律的心，是天理之具体的呈现。这与朱子所说的心确实是相对照而出的。在牟先生那里，心指本心，从道德的超越的意义上来说，本心是属于形而上的，不是属于气的。而朱子所说的心是形而下的，朱子只强调心之知觉义，心能具众理，并不讲"心即理"。按照钱穆先生的解释，朱子在心之明觉之外，更强调心之为"气秉所拘"的一面。"朱子释心，曰知觉，曰虚灵，曰神明。知觉虚灵神明皆属气一边事，非即理一边事。故人心虽同具此明德，同有此灵觉，而亦不能无明昧。"③ 在此可以看出，牟先生与朱子理学的差异，或者说，陆王心学与朱子的差异，在于是否承认心具有超越的含义，心是否本身即能够成为形而上的存在本体。心在牟先生那里，除有知体明觉与主宰的意义，更有超越的意义。而心所具有的超越的意义，对于牟先生来说，其实是有深远的考虑的。我们将在下面讨论天道性命通而为一的整体意义的时候，再回来讨论这一问题。

二　心之形著义

心体既然相对于性体而言，则考察心体与性体之间究竟为何种关系，是彰显心体之内涵的一条道路。

在牟先生看来，心体与性体之间是"形著"的关系。首先，孟子以心

---

① 王阳明：《王阳明全集》卷二，上海古籍出版社，2011，第86～87页。
② 牟宗三：《从陆象山到刘蕺山》，学生书局，2000，第220页。
③ 钱穆：《朱子新学案》第2册，联经出版事业公司，1993，第4页。

善证性善，由不忍人之心的四端之心的存在而证作为人之存在本质的性为道德存在。牟先生所说的逆觉体证，也是在心之逆觉之中，反身而诚，反观其自身，道德意识即在此处呈现。所以，离开了心，其实性善无处彰显。

其次，性体是客观面的普遍性的存在。自天道性命通而为一讲下来，由於穆不已的天道实体决定性体之於穆不已，然而，如果只有这一面，则性体本身无法彰显，性体只是一个超越性的存在，并无法变成真实的、具体的存在。因为性体只是普遍性，而无法具体在个体存在的人之上，成为具体之存在、具体之显现，这一显现唯有靠心体为之，所以心体是性体之具体化，心体是具体性的原则，是具于每个存在的个体之中的，是直接决定意志之方向的。这就是牟先生所说的形著义，即客观的超越性的性，在这里具有了现实存在的具体性，在心体之中，具体性与普遍性合一，普遍性得以呈现。这样呈现的普遍性，才能说是真实存在。形著的另一方面的含义在于，呈现之必然有所限制，心体之具体存在的一面必然会对性体之呈现有所限定。儒家的工夫论正是在此处彰显，工夫只能在心上做，必使此心澄明，不被种种认识、物欲所蔽，能够彻底地回到其自身，才能够彻底地彰显性体。在这个时候，心体与性体是同一的，心体即性体。心体完全被性体所充实，心体则是完全道德性的存在。

这样，对于道德意识来说，性体保证了道德意识之客观性，为心体制定了方向，而心体保证了性体之实在性，是性体之真实存在的呈现。所以，牟先生说：

> 融心于性，性即是心，则性不虚悬，有心以实之，性为具体而真实之性，是则客观而主观矣。融性于心，心即是性，则心不偏枯，有性以立之，（挺立之立），心为实体性的立体之心，是则主观而客观矣。分别言之，心事形著之主，性是纲纪之主。①

牟先生的形著义，其实包含两个方面的含义。一方面，唯有心体能呈现性体。牟先生讲於穆不已之天道，讲於穆不已之性体，其实唯有在心体上才能见。唯有在道德实践活动中，才能真实地进行道德行为，天道、性体的道德含义才能得到完成。天道、性体都是超越的、形而上的存在，无从把捉，对于这样的存在，我们不能以知识的态度去言说，因为这些是超经验的存

① 牟宗三：《心体与性体》第 2 册，正中书局，2002，第 487 页。

在，我们无法在这里形成知识。所以，唯有在实践行为中，它们才能呈现，具体的实践行为唯有在心体的作用中呈现。所以，只有心体，才能真实地呈现道体、性体之超越性。孟子曰"尽心知性知天"，儒家的成圣之学，即在现实的人生存在中，令天道、性体得到完整的实现，这实现义也必须靠心体而完成，这样才能使每一个真实存在的个体的人，完全成为道德的人。

另一方面，性体的客观性才能保证心体的客观性。在杨泽波看来，牟先生之所以强调性体与心体之间的"形著义"，强调性体为客观性原则，就是为了针对王学之流弊。[1] 如果单纯地强调心体作为本体的超越意义，则心体缺少客观性的根据。一方面，心体难以彰显，即没有客观性的性体的存在，主观性的心体无法得到贞定，我们无法判断心体究竟为何；另一方面，心体也失去了方向，无法判断究竟向什么方向"尽心"。所以，牟先生认为心体与性体必须合一，才能够避免这种流弊。

牟先生将宋明儒分为三系，其中五峰、蕺山上接濂溪、横渠、明道为一系，牟先生称之为"以心著性"。在他看来，这是此一系处理心与性之关系的方式。五峰正式提出"以心著性"，五峰继承明道之圆教模型，先心性分设，而后明心性所以为一，在此，客观面的天道义得以凸显。在此之外，以象山、阳明为代表之一系则直接提出"一心之朗现、一心之申展、一心之遍润"[2]，直接言"心即理""心即性"。此一系不言"以心著性"，因其对于客观面的超越的天道义并无多少兴趣。此处象山、阳明直接承孟子而来，纯从主观面而推其极，直接呈现心体与性体之同一。在牟先生看来，一方面，这与五峰之"以心著性"同为能够体现儒家之内圣之学之真精神之系统。唯象山、阳明一系在客观之天道面的建立上稍有亏欠。另一方面，其实这二者是"一圆圈的两来往"。明道、五峰之"以心著性"是由客观面之天道而至主观面之心体，而后由主观面之心形著而真实化客观面之天道；象山、阳明一系则是由主观面之心体而至客观面之天

---

① "牟宗三提出形著论有着深刻的理论意义。心学经过漫长的发展，明代之后已经成熟，在社会上的影响也越来越大，但与此同时，其内在的问题也逐渐暴露出来。在牟宗三看来，这个问题的一个重要表现就是，作为心学基础的良心本心如果缺少客观性的保证，很容易陷入种种流弊之中。"见杨泽波《牟宗三三系论衡》，复旦大学出版社，2006，第84页。"从这个视角出发，我认为，与其将形著论看作是对历史学脉的重新梳理，不如视为牟宗三自己为解决心学不足提出的方案。"见杨泽波《牟宗三三系论衡》，复旦大学出版社，2006，第87页。

② 牟宗三:《心体与性体》第1册，正中书局，2002，第47页。

道，直接是心体之一体朗现，并没有预设心体与性体之两分。因此，在牟先生那里，这两系统相对于朱子之系统而言，同为宋明儒之大宗，朱子则被判为别子为宗。

这里不免出现一个问题：既然牟先生认为一方面心体是具体化原则、主观性原则，另一方面又必须由性体来保障心体之客观性，那么此处之心与朱子所说的形而下之心有何差异？或者换一个角度，牟先生为什么不能接受朱子将心做形而下的解释？

朱子认为心是形而下的，其实是侧重人之现实存在的有限性，正因为每一个具体存在的心都是有所限、有所蒙蔽的，所以虽然朱子认为"心具众理"，但是，在人心蒙蔽的时候，理就不能得到完全的体现，人的意识活动也就不能全部都是道德意识。所以，朱子很注意强调心与理之间的区别，更反对以心为性。①

牟先生更认同陆王一系的讲法，即心即理、心即性。在牟先生看来，朱子的系统之中，理或者性就成了仅仅表示存在的理，是只存有而不活动的。这样一来，理或者性就成了单纯的道德法则，而能起主动作用的人的心是形而下的、经验层面的心。因此，道德行为的原动力就成为经验层面上的，就不可能具有普遍的意义。道德行为因此就只具有可能性而没有必然性。这就是牟先生所说的"性体之道德意义与道德力量遂减杀"。② 所以，牟先生必须坚持性体既存有又活动，必须找到超越性的活动意义，而为一能真实呈现的活动义其实来自作为个体存在的人的心，心之活动义必须同时具有形而上的超越的意义，道德意识才能是自发自律的自律道德，道德行为才有必然性。

然而，牟先生又力图避免王学末流的流弊，所以，以心为体之外，又强调性体之重要。这样才能保障主观性与客观性的同一。这在某种程度上，正是牟先生苦心孤诣之所在。

第五节　天道性命相贯通之理论意义

如果每个希望建构系统的哲学家都有自己理论的出发点的话，如果我们

---

① 参见陈来《朱子哲学研究》，华东师范大学出版社，2000，第221~225页。
② 牟宗三：《心体与性体》第1册，正中书局，2002，第84页。

不仅把牟先生看作一个中国哲学的阐释者，而且看作一位哲学家的话，那么
"天道性命通而为一"的结构，可以看作牟宗三先生理论的核心内容。天道
性命相贯通这一理论结构，作为一个结构性的理论系统而言，在区别与连接
之间，包藏了丰富的内涵，牟先生几乎所有的理论发展都建立在这一结构之
上，并且时时随语境的不同变化为不同的面貌，展现更为复杂的意义。

一　天道性命相贯通之纵贯系统

　　牟先生分宋明儒为三系，其根本是以天道性命相贯通的两种不同的路径
而划分。其一为五峰、蕺山系，由濂溪、横渠而至明道。这一系由《中庸》
《易传》为主，下通于《论语》《孟子》。因《中庸》《易传》由天道开始讲
起，自超越的本体而至作为具体存在的个体之人的本体即性体，由超越的本体
规定性体。此一系是由普遍、客观，而归于具体、主观面。讲主观面的时候，
仍然是以《论语》《孟子》为主。其二为象山、阳明系，这一系以《论语》
《孟子》统摄《中庸》《易传》。由本心之朗现、申展而上通于超越的实体。这
两系都是以"逆觉体证"为工夫，展现本心性体。其三为伊川、朱子系，将
道体性体看作"只存有而不活动"的存在之理。

　　可见，天道性命相贯通虽然在义理上都是天道与性命通而为一，但是
在宋明理学的具体叙述脉络中有两套讲法。一条途径是由作为宇宙万有之
存在本体的天道讲下来，天道具于个体之中而成为个体的存在之理，而此
个体的存在之理因为天道的超越性与客观性而具有了超越的根据，个体的
道德实践行为也就具有了超越之根据，道德所以可能。然而，因为天道是
超越的，作为具体存在之个体的人，对于天道其实无法有真实而确切的认
知，因此人无法通过感性经验而形成对于天道之把握。所以，道体与性体
在这种叙述方式中，只能如在康德系统中一样，是由现实的道德存在超越
推述出的设准。而这正是牟先生所不能接受的。他自述自己承熊十力先生
的当头棒喝，明了道德意识乃是直接的呈现，而非设准。而这呈现只能在
感性知识之外，另寻一条展示的途径。这就是牟先生之所以借鉴康德的地
方。康德对于他来说，重要的在于在纯粹理性之外另辟一片空间留给实践
理性，在知识之外辟出了空间留给道德。道德意识、道德主体的呈现也唯
有在实践中呈现，是由逆觉体证，在人的具体的存在的境遇中，在具体的
道德实践行为中，通过意识的反思，呈现主体的道德性。所以，天道、性
体唯有在心体的具体存在之中才能得到真实的体验，而这种体验，在牟先

生那里，或者在儒家那里，是在孟子的"乍见孺子将入于井"中呈现出来的。"乍见"的当下，是意识自身的呈现，而这时的意识，在牟先生看来，是隔绝了感性经验之后的意识，因此是超越性的、先天的意识，这是道德意识之所以可能的内在根据。

> 此当下之呈露之端倪何以知其即是本心之端倪？焉知不是私欲之端倪？曰：即由孟子所说"非要誉于乡党，非纳交于孺子之父母，非恶其声而然"，而知其为本心之端倪，而知此时即为本心之发见，即，由其"不为任何别的目的而单只是心之不容已，义理之当然"之纯净性而知其为本心之端倪，为本心之发见。若无法肯认此本心，则真正之道德行为即不可能。①

这种由内在的心性而开始讲起的天道性命通而为一才是真实的、唯一可能的展现路径。所以，牟先生说：

> 道是一虚名。"圣人指明其体曰性，指明其用曰心。"体即体性之体，本质之意。用即自觉之用，乃形著之意。邵尧夫云："性者道之形体，心者性之郭廓。"此是象征地言之，实即道之步步形著也。而最后之形著、形著之最后的关键则在心。"性者道之形体"即是道因性而更具体化，因而好似有形体矣。说道则笼统，说性则落实。此是其客观之实。"心者性之郭廓"，即是性以心而著。性之自觉、形著即是心。此是其主观之实。②

这样一条由心体以至性体进而呈现道体的道路，就是牟先生所说的"逆觉体证"。虽然，真实存在的只是心体，但是对于牟先生来说，心体必然向上发展，心体本质上是由道体来决定并且保证的。所以，天道性命通而为一在牟先生那里，是要整体地来看的。

牟先生在《中国哲学十九讲》中，曾经有一段话，针对只把儒家哲学讲成内在心性论的观点而发。在他看来，这种观点是受了康德的影响。因为康德所说的"道德底形上学"只是讲道德的先验的纯粹的部分，并不涉及存在。但是，牟先生认为康德并非不讲存在，康德在讲道德的形上学的

---

① 牟宗三：《从陆象山到刘蕺山》，学生书局，2000，第126～127页。
② 牟宗三：《心体与性体》第2册，正中书局，2002，第485～486页。

时候，涉及自由、灵魂不灭以及上帝存在，已经牵涉存在的问题，形上学不能不对存在有所交代，康德之所以不能由道德的形上学讲上去，是因为自由意志、灵魂不灭以及上帝存在属于物自身的领域，不能形成知识，所以在这里不能形成形上学，只能有神学。所以，牟先生说，康德只有道德的神学而没有道德的形上学。但是，这并不意味着在康德那里没有形上学的问题。儒家也有形上学的问题，同样涉及存在。

> 儒家有个天来负责存在，孔子的仁和孟子的性是一定和天相通的，一定通而为一，这个仁和性是封不住的，因此儒家的 metaphysics of morals 一定涵着一个 moral metaphysics。①

正因为作为个体存在的人的内在的心性，在天道性命通而为一的结构中，必然是与天道相通的，心体与性体就是道体的完整呈现，就是道体的具体化，所以每个个体存在的人，内在的本体与作为存在本体的道体是同一的，这样，虽然每个个体的人之存在是有限的，却可以通于无限，个体能使性体得到完整的呈现，就是道体的呈现，性体因此就具有无限的意义。牟先生一方面讲天道具于每一个个体成为个体之道德主体之超越的根据，另一方面讲个体因其与天道本体的同一而具有无限的意义。所以，儒家的成圣之学、心性之学不单单是为了寻求道德的根据，更重要的是为人生安顿意义，在天道性命相贯通的结构中找到人生存的意义。这种意义只有在"天道性命通而为一"的纵贯结构中，才能够呈现出来。

二　超越内在与其他

当代新儒家对于中国哲学一个很有名的论断，即相对于西方哲学的超越与内在相隔离，中国哲学是"既超越又内在的"。这一说法得到了很多学者的认同，也遭到了一些学者的质疑。在这里，我们暂时先不讨论这一说法能否成立，姑且只顺牟先生天道性命通而为一的理论结构对这一讲法做一梳理，具体的讨论则留待以后的章节。

牟先生天道性命通而为一的结构，恰恰是连接超越与内在的一个理论结构。其中，天道指超越性的、形而上的本体，是宇宙万有存在之本体，又是令宇宙万有真实存在的"实现之理"。所以，它不是一个经由

① 牟宗三：《中国哲学十九讲》，学生书局，1989，第76页。

抽象而得出的观念，也不是一个单纯表达普遍性的观念，在这个意义上它与柏拉图的"理型"（Idea）不同。并且，在牟先生的论述系统中，超越的天道是一而不是多，所以它不是决定一物之所以为一物的具体性的概念。法国汉学家弗朗索瓦·朱利安（Fransois Jullien）认为，中国的思想不以存在作为思想的中心，没有建立起主体客体的对立，也没有设想实体与表象的对立，所以，中国思想中没有产生出柏拉图的"理型"那样的观念。

> 中国只设想过变化（devenir）。但中国设想的，已经不完全是"变化"了，因为中国的变化不是以"存在"为前提（"存在"的准确定义正是"不变化"）——我们的概念太狭窄了——，而是以"道"为前提，正因为有了道，世界才不断地更新，现实才不断地处在发展的过程中。①

道的超越性在这里不是在现象与本质对立中的超越性。

内在的性体作为人的道德创造的主体，其内在性其实指的就是具体化、现实化，是超越实体的具体化与内在化，超越实体在宇宙万物具体存在中的呈现就是性体。按照我们前面的理解，超越的实体之作为宇宙万有的存在之理与实现之理，其本身是内在于宇宙万物的，宇宙万物因为具有了此一超越实体才得以存在，才得以实现，所以，在这里，我们可以接受宇宙万物都具有性体的观念。这里就会出现一个问题，儒家所讨论的性体概念，显然是针对人这一独特的存在来说的，假如宇宙万物都具有超越的实体，则人之独特性就不存在了，就会出现所谓"枯槁有性"的问题。牟先生用明道"能推不能推"的方式来解决这个问题，即人与其他存在者的差别，并不在于是否具有作为宇宙万物之超越实体而为性体，在这一点上，人的存在与万物的存在是同一的，都是超越实体的具体化的呈现，其差别在于，是否能够意识到这一存在，或者用海德格尔的话来说，是否能够"领悟"（understanding）这一存在。

> 本体论地圆顿言之，亦带点艺术性的圆照言之，人与物皆从此实

---

① 〔法〕弗朗索瓦·朱利安：《圣人无意——或哲学的他者》，闫素伟译，商务印书馆，2004，第96页。

体来，亦皆完具此实体以为性。但分解地言之，能推不能推却有大异。能推不能推固是气之限制上的问题，然人禀得气清而能推，而其所以能推之正面积极的根据则在心。心是道德的本心，本心即性，此亦是即活动即存有者，故能起道德之创造（道德行为纯亦不已），而可实践地、彰显地表现出"万物皆备于我"之义。此是那普遍地言之的天理实体之实义，亦是那天理实体为性之实义。故人既能超越地以那天理实体为体（皆从那里来），复能内在地以此天理实体为性而起道德之创造。但在物处，虽本体论地圆顿言之，艺术性的圆照言之，亦皆完具此理，亦皆可以是"万物皆备于我"，然彼因气昏，推不得，实不能起道德之创造。故分解地、实践地言之，彼实不能彰显地"完具此理"，亦实不能彰显地"万物皆备于我"。自此而言，谓其只能超越地以天理实体为其外在之体，而不能内在地以此天理实体为其内在之性，亦无不可。①

牟先生在这里使用了中国哲学传统的语言，看上去好像没有把这个问题解释清楚，但是向我们传达了一个重要的信息，即在宇宙万物之中，人的存在具有独特的地位，人有其存在的优先性，而这种优先性是人相较于其他存在者与超越的本体之间的独特的关系而来的。唯有人的存在，能在道德实践的行为中，使超越本体"呈现"出来。我们将在后面更为具体地讨论这个问题。这里只是想指出人与其他存在者之间的差别。

经过以上的讨论，新儒家所说的"既超越又内在"就可以在天道性命通而为一的理论基础之上得到较为清晰的展示。因为超越实体是使宇宙万物存在的本体，是"道"，而性体是这一超越实体在具体的个体存在中的呈现，所以，从个体角度来说，每个人所呈现的性体，是内在的，而因其本质上是超越的实体，所以，在这个意义上，它又是超越的，在此，可以谈"既超越又内在"。

与之相关联的还有一个问题，即儒家的本体既是道德本体又是存在本体，在儒家这里"应然"（ought to be）与"实然"（to be）是同一的。这看上去是一个更为矛盾的论断，但在天道性命通而为一的理论基础上，也可以得到较为清晰的展示。

---

① 牟宗三：《心体与性体》第 2 册，正中书局，2002，第 63 ~ 64 页。

内在于个体存在的性体，由人的道德实践行为彰显出道德本体的意涵，其本质上是能起道德创造的本体，而这一性体又是与作为宇宙万物存在的本体的超越实体同一的。在这个意义上，此道德本体就是存在的本体。只是，此处可理解的万物的"存在"的意义发生了转换："而'自然'，亦复不是那知识系统所展开的自然，而是全部融化于道德意义中的'自然'，为道德性体心体所通澈了的'自然'。"① 因此，在这个意义上，关键的问题在于，儒家讲法所说，所谓的"存在"的意义发生了变化，不再指我们现在所理解的，指向万物当下的、现实的具体存在意义，而是如孟子对人性善的论断一样，这里的存在指向的是物之"本来"层面的意义，也就是物之作为物本身应该是的那个样子。这里"应该"的样子来自决定物之存在的内在的天理。因此，在这个层面，我们可以说，万物存在之本体，就是其应然的本体。至于这样讲的实际的含义究竟是什么，以及如何能够真正说明这件事情，则是需要本书的阐释工作完成之后，才能够真正解决的问题。我们也将在后面的部分，重新回到这些问题。

至此，我们在儒家传统和牟宗三对于传统儒学的阐释内部，明确了他所说的"天道性命相贯通"的理论内涵。这是我们进入牟宗三哲学体系的门径，也是本书后面的讨论得以展开的理论基础。

---

① 牟宗三：《心体与性体》第 2 册，正中书局，2002，第 117 页。

第二章　牟宗三与康德

牟宗三先生一生的哲学研究工作，如果以内容来划分，可以分为三个部分：一是对于中国哲学史的梳理与诠释，这是对所谓"内圣之学"的研究；二是在此基础之上所提出的政治哲学，即"内圣开出新外王"；三是对于康德哲学的研究，以及借用康德哲学来进一步"哲学"地"发展"中国哲学。这三者是相互紧密地联系在一起的。新儒家的政治哲学力图在传统内圣之学的基础之上，开出现代民主政治，其实质是希望在现代民主政治与传统的内圣之学之间建立起接榫的桥梁，证明两者可以相互包容。而牟先生对于康德哲学的研究，其目的在于借用康德哲学的架构充分地阐明中国哲学，将传统中国哲学中很多在中国传统的言说方式之下言而未尽或语焉未详的思想用现代的哲学架构与语言重新表述出来。从另一个角度来说，我们将看到牟先生对于康德哲学的理解完全建立在他对于中国哲学的理解之上，具体地说，即以天道性命相贯通的理论结构来阐发或者批评康德哲学。

这三个部分的划分，其实意味着，我们将牟先生当作一个哲学研究者来看待。假如换一个角度，我们其实也可以将牟先生看作一个具有原创性的哲学家，一个沉浸在中国的思想传统之中，又深深地被康德哲学所吸引，并且在对两者共同的批判性的思考之上，试图建立起自己的哲学系统的哲学家。哲学的创造就包含在对两者的相互诠释之中。这样一来，上面对于牟先生之工作的三个领域的划分，其实都可以看作一个哲学家围绕他最为关心的问题展开地论述。而其中最为重要的则是中国哲学传统与康德哲学在牟先生身上碰撞所可能绽放的新的理论空间。在这样的视角下，康德就成为牟先生与西方、与现代哲学沟通的桥梁。

牟宗三与康德，一直是一个引人注意的题目，相关的研究也所在多见。但是，正如我们在导论中指出的那样，对于这二者之间关系的研究，大多还是着眼于具体问题的分析，着眼于西方哲学在中国哲学中的移植过程，一方面，比较少见将牟宗三与康德各自看作一个整体的研究；另一方面，也较少注意牟宗三与康德之间的分歧与差异，会将我们带向何方，对于牟宗三所说的"哲学的发展中国哲学"又有着什么意义——如果我们可以接受中国哲学需要哲学地发展的话。本章希望通过具体的文本分析，展现牟先生如何在康德哲学的基本架构之上，讲出一套不同于康德的"道德的形上学"，牟先生的理论根源何在，牟先生与康德的差异何在，牟先生的道德的形上学又将给出什么新的开端。当然，这样的展现，还是需要具体由牟先生如何借用康德哲学来诠释中国哲学开始。

既然是对于哲学的诠释，既然牟先生的立足点是他所认定的中国哲学的"天道性命相贯通"的结构，那么诠释中存在某种程度的"误读"或"转化"，难免会引起讨论。其中最重要的误读大致表现在"自律道德""智的直觉""物自身"三个重要的概念之上，学者大多围绕这三个概念提出对于牟先生的批评，当然新儒家内部也对这些批评做出了相应的回应。无论如何，在某种程度上，牟先生这一诠释过程的思想脉络仍是一个有待澄清的区域，其中有着复杂的理论讨论和思想发展的过程。唯有通过具体的分析展现牟先生如此诠释康德以及中国哲学的理论过程以及"天道性命通而为一"的理论结构对于这一诠释的根本性意义，在这一结构的基础之上，我们才能更好地理解牟先生对于"自律道德""智的直觉""物自身"的诠释。

牟先生对于康德的理解与接受大致可以分为三个不同的时期。

一　1930 年代～1940 年代

这一时期的牟先生，学术的兴趣在于罗素与怀特海，所以，他是以逻辑的、数学的进路来了解康德，这一时期的作品是 20 世纪 40 年代中期开始撰写、于 1949 年完稿的《认识心之批判》，这一时期也是牟先生自认为经由康德才真正进入"哲学之堂奥"的阶段[①]。牟先生后来自述此书之大意："我的前作《认识心之批判》一方面是重在数学的讨论，想依近代逻辑与数学底成就予以先验主义的解释，把它提出于康德所谓'超越的感性

---

① 参见牟宗三《五十自述》，鹅湖出版社，2000，第 71 页。

论'（〈超越的摄物学〉）之外，一方面就知性底自发性说，单以其所自具的纯逻辑概念为知性底涉指格，并看这些涉指格所有的一切函摄为如何，以代替康德的范畴论。"① 这一时期，牟宗三对于康德的兴趣还是在于逻辑分析以及对于知性的研究上。

二　1960 年代初

牟先生于 1961 年开始撰写《心体与性体》第一册，其中"综论部"着重讨论康德的道德哲学，以"自由意志""道德自律"为核心，汇通儒家与康德哲学，以康德的"自由意志"来对应儒家的"於穆不已"的创生性的"性体"，侧重用康德的"实践理性"来了解儒家思想。这个时期，牟先生依据儒家思想的"天道性命相贯通"的结构，已经提出了"道德的形上学"一说，惟此时的道德的形上学其实并没有得到展开，因为牟先生此时还没有将自由意志扩充开来，进行具体的论述。

三　1960 年代末

牟先生于 1968 年读到了海德格尔的《康德与形上学问题》（*Kant and The Problem of Metaphysics*）以及《形上学引论》（*Introduction to Metaphysics*）两书，对康德的理解有了新的变化。这一时期，他在自由意志的基础之上，侧重强调儒家心体的"知体明觉"义，提出中国的思想必承认人能够具有"智的直觉"（intellectual intuition，现一般译作"智性直观"②），由此可以通达"物自身"，以此为基础，牟先生建构起"两层存有论"的存有论系统。这是牟先生对于康德哲学诠释最多的时期，也是改变最大的时期。他相信，人能否具有智的直觉是构成东西文化差别的一个重要的观念。这个时期他的代表作品就是完成于 1969 年秋冬之际的《智的直觉与

---

① 牟宗三：《智的直觉与中国哲学》，台湾商务印书馆，2000，序第 1 页。

② 参见倪梁康《"智性直观"概念的基本含义及其在东西方思想中的不同命运》，《意识的向度——以胡塞尔为轴心的现象学问题研究》，北京大学出版社，2007，注 1。"（智性直观 *intellektuelle Anschauung*）这个概念在中文翻译中从未得到过一致的译名：在康德那里被译作'智性直观'或'知性直观'，在费希特、谢林和黑格尔那里被译作'理智直观'，在西田几多郎那里被译做'知的直观'，在牟宗三那里则被称作'智的直觉'。（吴汝钧先生还译做'睿智直觉'。）笔者在这里随蓝公武先生将此概念译做'智性直观'。因为'*Intellectus*'一词，在德国古典哲学中既不同于'*Verstand*'（康德的'知性'、黑格尔的'理智'），也有别于'*Vernunft*'（理性），所以这里一概译作'智性'，以区别于前两者。"本文为了引述方便起见，采用牟先生的翻译，即"智的直觉"。

中国哲学》以及完成于 1973 年的《现象与物自身》①。牟先生的《智的直觉与中国哲学》是向《现象与物自身》过渡的作品，两者有一种思想上的递进关系。前者在某种程度上更贴近于康德，这时可以看出，牟先生细致地讨论康德，由康德一步步逼显他的中国哲学的立场，并且，在这本书中，牟先生的很多思想架构已经基本成型。所以，这本书对于我们了解牟先生思想的发展有着特别的意义。《现象与物自身》则是在这一基础上的、更加自如的作品，其思路不再是按照康德的思想轨迹，而是将康德融于中国哲学的架构之中，距离康德更远了一些，然而表述更为清晰。

其中，第二个时期和第三个时期是牟先生对于康德诠释的重要时期，也是最富有创造性的时期。这两个时期其实是结合在一起的，关于“道德自律”的学说，被包含在第三个时期里面，并且成为论证智的直觉的起点。只不过，在这里侧重于智的直觉义，而不是道德的自律的含义。我们将从这里开始我们的讨论。

我将证明，智的直觉之所以能在这里发生，是来自牟先生所坚持的“天道性命通而为一”的理论结构。

第一节　牟宗三的“真我”概念

一　康德的“自我意识”

康德的《纯粹理性批判》将人类理性的能力限制在“现象”的范围之内，而人类唯有对现象才有“知识”。知识必然建立在“直观”的基础之上，时间与空间是人的直观的先天形式，对象只有在感性直观的先天形式之下才能够给予我们。所以，我们所能得到的只是作为现象的对象，对于现象背后的自在之物本身我们永远无法形成知识。必须经由感性的先天形式才能给予我们的直观是“感性直观”，感性直观对应于现象；而不必经由感性先天形式又能给予我们的直观即康德所说的“智性直观”，智性直观对应于“自在之物”。“我们的本性导致了，直观永远只能是感性的，也就是只包含我们为对象所刺激的那种方式。相反，对感性直观对象进行‘思维’（think）的能力就是知性。这两种属性中任何一种都不能优先于另一种。无感性则不会有对象给予我们，无知性则没有对象被思维。思维

---

① 参见蔡仁厚《牟宗三先生学思年谱》，学生书局，1996，第 34、37 页。

无内容是空的，直观无概念是盲的。"① 知性是借助于概念的认识方式，"是把各种不同的表象在一个共同表象之下加以整理的行动的同一性"②。在这个意义上说，概念是思维的自发性。在"纯粹知性概念的先验演绎"中，康德将知性规定为对于杂多的综合，无论是感性直观给予我们的杂多，还是单纯的非经验性的杂多，这种连接它们以形成对象的能力，康德称为综合。在这种统觉的本源的综合统一中，出现了"自我"的问题。

　　每一个直观里面都包含一种杂多，但如果内心没有在诸印象的一个接一个的次序中对时间加以区分的话，这种杂多却并不会被表象为杂多：因为每个表象作为包含在一瞬间中的东西，永远不能是别的东西，只能是绝对的统一性。现在，为了从这种杂多中形成直观的统一性（如在空间的表象中那样），就有必要首先将这杂多性贯通起来，然后对之加以总括，我把这种行动称之为领会的综合，因为它是直接针对直观的，直观虽然提供了一种杂多，但却没有一个伴随出现的综合，它就永远不能将这种杂多作为一个这样的、并且是包含在一个表象中的杂多产生出来。

　　现在，这种领会的综合也必须先天地、亦即在那些并非经验性的表象方面加以实行。因为没有它我们将既不可能先天地拥有空间表象，也不可能先天拥有时间表象：因为这些表象只有通过对感性在其本源的接受性中提供出来的杂多进行综合才能被产生出来。所以我们拥有领会的一种纯粹综合。③

在康德那里，一切表象都是在时间中被给予的，并且，时间是由瞬间的连续给予所构成。而时间，在康德这里，时间是一种直接性意识，而且是一种被动的感性直接意识。所谓直接性意识，就是说它是一种非反思性的意识。它与他物的存在直接处于同一性当中："它的存在同时也是他物

---

① Imamanuel Kant, *Critique of Pure Reason*, trans. Werner S. Pluhar. (Indiana: Hackett Publishing Company, 1996), B76. 中译本参见《纯粹理性批判》，邓晓芒译，人民出版社，2004。

② Imamanuel Kant, *Critique of Pure Reason*, trans. Werner S. Pluhar. (Indiana: Hackett Publishing Company, 1996), A69.

③ Imamanuel Kant, *Critique of Pure Reason*, trans. Werner S. Pluhar. (Indiana: Hackett Publishing Company, 1996), A99 – 100.

的显现，或者也可以说它的显现同时也就是他物的存在（出现）。简单说，直接性意识只意识着存在，而并不意识这存在是‘我’的存在，还是他者的存在。在直接性意识中，我（意识）与他物相互归属、相互维持着共在于一体。"① 这样作为直接性意识的时间，本身是与表象的出现而共在的，所以，时间本身表现为不同的瞬间的相续，时间自身并不具有自身同一性，所以并不能联结、统一直觉中所给予的表象的杂多。而离开了对于直观表象的杂多的统一，就根本无法构成自身同一物，就根本无法构成经验的对象。而表象唯有构成一个自身同一物，才能够被我们所经验，成为经验的对象，这种自身同一物的构成，在康德那里被表述为统一性。而在康德那里，唯有意识，才能够给予这种统一性。而根据黄裕生的研究，康德是在自我意识（*Das Selbstbewusstsein*）的意义上使用意识这个概念的，而自我意识就是"我思"。②

> 我思必定能够贯穿或伴随有我的一切表象；因为如若不然，在我这里被表象的东西就是全然不能被思想的，这也就意味着或者这一表象是不可能的，或者对我而言它什么也不是。那些先于一切思想而被给予的表象叫直观。所以，直观的一切杂多与处在同一个主体中的我思有必然的关系。但是，（我思）这一表象是主（自）动性的行动，也即说，它不能被视为是感性的。我把（我思）这种表象称为纯粹的统觉（以区别于经验的统觉），或者称为本源的统觉，因为它是这样一种自我意识：当它产生'我思'这一表象——这一表象必须能够伴随有（贯穿于）其他一切表象，并且在所有意识中保持为同一者——时，它不能再从其他表象中产生出来。本源觉的这种统一性，我也称之为自我意识的超验统一性，以便根据它来说明先验知识的可能性。③

"我思"贯穿在每一个表象行为之中，所有的表象如果要构成表象，首先必须被确定为一个"我的"表象，因为只有成为我的表象，"我思"

---

① 黄裕生：《真理与自由——康德哲学的存在论阐释》，江苏人民出版社，2002，第167页。
② 黄裕生：《真理与自由——康德哲学的存在论阐释》，江苏人民出版社，2002，第175页。
③ Imamanuel Kant, *Critique of Pure Reason*, trans. Werner S. Pluhar.（Indiana：Hackett Publishing Company, 1996），B132. 这段译文参见黄裕生《真理与自由——康德哲学的存在论阐释》，江苏人民出版社，2002，第176页。

才能进一步把它意识为某一物，或综合入某一物。因此，自身同一物的构成必须先包含一个"我"的自身同一性。在康德那里，这种能够贯穿一切表象而又保持自身同一性的"我思"被称为纯粹的统觉或者本源的统觉。一方面，这种"我思"是经验的自我意识，因为它必然伴随所有的经验而显现；另一方面，自我意识又可以不为任何其他表象所伴随，因为"我思"首先是意识着自己的存在而存在的，在这个意义上，自我意识可以被理解为纯粹的自我意识。这就是康德所谓纯粹的统觉，因为其本身是先于所有经验而成立的，并且正是纯粹的统觉使所有的经验性的我思成为可能，所以它又是本源的。①

然而在康德那里，这种对"我思"之存在的自我意识，必须与对自我的认识区别开。因为

> 思维一个对象和认识一个对象是不同的。因为认识包含两个方面：一是使一个对象一般的被思维的概念（范畴），二是使这对象被给予的直观；因为，假如一个相应的直观根本不能被给予概念，那么概念按照形式也许会是一个思想，但却没有任何对象，且它将不会使有关某个事物的任何知识成为可能。②

因为对于我思的意识，本质上是伴随表象的出现而出现的，所以是一种伴随意识，所有的知识的构成都必须包含直观给予的表象，而在我思的自我意识中，并不包含直观，所以，自我意识自身并没有作为一个直观的表象被给予我们，也就不能成为意识的客体。"换言之，通过自身意识③，我虽然知道我进行着思维，但我对被思维的我一无所知。"④ 对于康德来说，感觉分为内感觉与外感觉，对自我的直觉必须诉诸内感觉的直观，形成对自我的现象，这个时候自我才可能成为被认识的自我。

二 牟宗三的"真我"概念

牟宗三先生正是在这个地方，展开他对于康德的"我"的讨论，也在

---

① 参见倪梁康《自识与反思——近现代西方哲学的基本问题》，商务印书馆，2002，第166～167页。
② *Critique of Pure Reason*. B147.
③ 倪梁康把 Das Selbstbewusstsein 译作"自身意识"，以凸显这一意识的伴随性，即它不是一种对象化的对于一个客体的对象自我的意识，黄裕生则译作"自我意识"。
④ 倪梁康：《自识与反思——近现代西方哲学的基本问题》，商务印书馆，2002，第170页。

这里讲智的直觉。牟先生在《智的直觉与中国哲学》第十六节"智的直觉之意义与作用"中，详细分析了康德对于自我的讨论，他在某种程度上接受了康德对于自我意识的阐释。在他看来，康德所说的自我意识有一个重要的地方，即这一自我意识本身是意识自身活动的主体，而对于内感觉来说，能够呈现给内感觉以形成直观的表象的是这一意识自身的活动，换句话说，是意识自身以其自身的活动为对象以形成诉诸内感觉的感性直观。这个时候，内感觉相对应的对象其实是作为内感觉的意识的主体。因为内感觉仍然是感性直观，所以，在这里，仍然有现象与物自身的区分，呈现给内感觉的感性直观的只能是作为意识主体的自身的现象而并非意识主体自身。在这里，牟先生区分了能够表现在内感觉的感性直观的作为本体的心的现象以及不呈现为现象的主体自身。

> 我们所要直觉的心意许为"灵魂"，而在直觉之之关系中，灵魂又意许为有两义：一是它现于能直觉的心而为心象，此即灵魂作心象观；一是它不现于能直觉的心而收归于它自己，此即灵魂之在其自己，灵魂之自体，此即灵魂作单纯不灭的本体观。只有在前者，始能说灵魂影响于直觉之心而为心象，而直觉之之心之直觉亦是感触的。如果是后者，则灵魂既收归于其自己，即不能说影响于直觉之之心。既不能说来感而影响于直觉之之心，而吾人又要如其为一自体而直觉之，此直觉即非感触的，而当是另一种直觉。依康德，吾人只有感触的直觉，至于非感触的直觉虽非逻辑上不可能，然而总非吾人所能有。是以灵魂之作为自体观是不能被直觉的，因而亦是不能被知的。①

牟先生在这里以"灵魂"来指称作为统觉的先天同一性的我思之我。一方面，灵魂既可以在内感官中显现，构成内感官的感性直观，在这个意义上构成的心是灵魂的心的现象；另一方面，灵魂可以自持其自身，在灵魂的现象背后还有作为物自身存在的灵魂本身。

牟先生正是在这里提出了智的直觉的问题。在牟先生看来，康德所强调的在于，我们对于作为统觉的先天统一的"我思"，如果要有所知，要形成知识，只能通过内感官的感性直观，这样我们所得到的只能是对于这个先天的我的现象，而非这一我本身。至于作为我思的我，我们只能意识

---

① 牟宗三：《智的直觉与中国哲学》，台湾商务印书馆，2000，第136页。

到其存在，但对于其存在的意识并不能给予我们任何内容，只是一个空虚的存在意识，因为这种意识只是知性的统觉作用，没有直观参与进来。牟先生认为，如果要对此由统觉呈现的主体有所认识，那么对这主体的直觉必须是理性的，而不是感性的。所以，在这里必须由"智的直觉"而直觉之。这样就形成了一种相对的关系，作为内感官的对象的是作为现象的我，而真实的主体、作为物自身存在的主体对应的则是智的直觉。我们由内感官的感性直观知作为现象的我，由智的直觉知真实的主体的我。

牟先生对于康德的两种"自我"的划分并不满意，在这里，牟先生所继承的中国哲学的立场显现了作用。一方面，统觉所意识到的"我思"之我在某种程度上还是经验意识的我思，因为，所有我思的我都是伴随表象的杂多而出现的，唯有我在"思"，才有"我"，即在思维的我是存在的；另一方面，统觉的综合统一所构成的我思的我，在康德那里，只有知性的综合作用，即其本质上只是意识自身运用概念、范畴对于直观杂多进行的主动性的综合作用，没有超越的形而上的道德含义。这两个方面都是牟先生不能接受的。他对于康德纠缠于辨析自我如何在内感觉中被感性直观感到不满，在他看来，这是偏离了问题的重点。

> 依中国哲学底传统说，知心象的假我，并不困难。问题是单在如何能知真我。而康德却把知我之困难落在感知上说，以内感之被表象于时间中来解消此困难，以为如此便可以说明我之知我自己。如果知我自己只是这种感知，即可以说这种自知即是没有困难的，用不着如此张皇。这是把一个真困难的问题滑转成一个假困难的问题，而为真问题者却被置诸"六合之外"而在"存而不论"之列（永不可知）。①

在牟先生看来，对于中国哲学来说，"道心""人心"之间的分别源远流长，人所能具体把握的"人心"原本就不是超越性的作为创造实体的道心，中国哲学传统对于这一问题已经有了充分的讨论，所以，现象意义存在的心对于中国哲学来说，不是一个重要的问题。在这里，牟先生基本上把康德所说的现象意义的自身意识的呈现等同于中国哲学中的形而下的、气意义上的心。对于中国哲学来说，这当然不是最重要的问题，根本的问题在于如何通过这一形而下的心，令作为道德创造本体的心体呈现，

---

① 牟宗三：《智的直觉与中国哲学》，台湾商务印书馆，2000，第 156 页。

如何"尽心知性知天"。所以，所谓"真问题"是如何呈现作为人之真实主体的道德自我，这一自我是超越性的，同时又是本源性的、创造性的。在康德那里，因为这一超越性的自我是无法经由感性直观得到的，所以存而不论。但是，对于牟先生来说，这一自我是理论的核心问题，他正是在这个超越性的自我的意义上讲智的直觉。"所以最后的问题乃在：我如何能知真我？我如何能以智的直觉来直觉那作为'在其自身'的真我？智的直觉如何可能？而不是：我如何能内部地为我自己所影响而感触地知心象之假我，这问题。"① 基于这样的考虑，牟先生在这里，对康德的自我意识做了一个最为重要的改变，这个改变的重要性在我看来，并不亚于他提出的人能够具有智的直觉。

在牟先生看来，由统觉的自身意识构成的我仍然不是最终的作为本体的我。在《智的直觉与中国哲学》第 17 节"自我之厘定"中，牟先生提出了他对于康德所谓"自我"的新的划分。他认为在康德那里，由"我思"或者统觉的先天统一性所意识到的自我本身是没有进一步划分的，统觉的我思就是意识的主体。而牟先生认为，在这一统觉的同一性的自我意识之上，还必须有一个作为真正主体的"我"存在。统觉的自身意识的我是介于作为现象的自我与作为真正主体的自我之间的存在，以感性直觉来直觉它，就是作为现象的自我；而以智的直觉来直觉它，就是作为真正主体的自我。因为统觉的自身意识的我在牟先生看来，是单纯的形式性的。"在思或统觉处，我们自亦意识到一个'我'，但这个我，我们意许其有一种特殊的规定（姿态），意即形式的我，逻辑的我，架构的我，我们不意许其是真我，真我是它后面的一个底子，一个支持者，真我与它之间尚有一段距离，尚有一种本质的而又可辩证地通而为一的差异：它们两者不一不异，不即不离，但却不是同层的同一物。"② 牟先生在统觉的自身意识之上又赋予了一个真正的作为本体的自我。在前面的 16 节里面，这一区分还没有出现，牟先生还是将康德的统觉自身意识的我看作为思维的主体的，如他说：

> "思的我"（the I that thinks）意即能思或在思的那个我，此亦即
> 等于"我思"的另一种说法，此即是作为"思想主体"（thinking

---

① 牟宗三：《智的直觉与中国哲学》，台湾商务印书馆，2000，第 157 页。
② 牟宗三：《智的直觉与中国哲学》，台湾商务印书馆，2000，第 163 页。

subject）的我。思想主体不是思想底主体（subject of thought），乃是思想即主体，思所表示的我即主体。①

　　在这里，一方面，思想的主体即我思中的我。然而，在牟先生看来，康德所表述的这一我思中的我，本身是根本无法直观的，即它既不是感性直观的对象，又不是智的直觉的对象。所以，它并不是作为物自身的我，即它并不是作为现象的心相对应的物自身的自我。因此，对应于现象的心的自我，还应有一个作为真正主体的物自身存在的自我，这才是智的直觉所直觉的对象。另一方面，作为自身存在的"我在"是不能经由"我思"中的意识主体推导出来的。因为自身存在的主体的我并没有被给予，而是在"我思"中被意识到。所以，"我思"中的"我"用牟先生的话来说，是一个"不决定的存在"。"我们不能由这不决定的，笼统的存在，即可推断说我是一个本体，是一单纯的本体。"② 由此，在作为我思的意识主体的我之外，还必须存在一个作为自身存在的单纯的本体。思维主体的我与作为物自身意义上的我，在牟先生看来属于不同的层面，而在康德那里，这两者是没有区分开来的，而这种不加区分，在牟先生看来是"一种滑转，若视为推理，则是一种谬误推理（paralogism）"③。因为统觉的自身意识的主体的我是一个分析命题，是经由对表象的分析而得来的，因为唯有存在一个这样的作为最后之综合统一的统觉的综合统一，唯有所有的表象都表现为"我的"表象，表象才能够构成自身同一物，成为知识的对象。而这并不意味着，有一个"为我自己而有的一个'自存的实有或本体'（self – subsistent being or substance）"④。康德之所以这么认为，是因为这一自存的本体不能经由分析而得到，必须是一个综合的结果。这种综合是没有直观可给予的，所以，并不能被建立起来。在牟先生看来，这才是问题所在，牟先生一方面由此证明自存的本体之存在，另一方面证明智的直觉之存在。

　　这样一来，康德关于自我的理论在牟先生那里就变成了三层的自我："依此，在这不灭性上，'我'之问题仍可分别建立为三个我：第一，'我

---

① 牟宗三：《智的直觉与中国哲学》，台湾商务印书馆，2000，第153页。
② 牟宗三：《智的直觉与中国哲学》，台湾商务印书馆，2000，第178页。
③ 牟宗三：《智的直觉与中国哲学》，台湾商务印书馆，2000，第164页。
④ 牟宗三：《智的直觉与中国哲学》，台湾商务印书馆，2000，第166页。

思'之我（认知主体）；第二，感触直觉所觉范畴所决定的现象的假我；第三，智的直觉所相应的超绝的真我。"① 而对于牟先生来说，重要的是超绝的真我与认知主体的我之间的关系，现象的假我在这里就变得没那么重要了。对于前两者的关系，牟先生认为认知主体的我只是一个形式的、逻辑的、架构的我，只是使用纯粹概念的一个主体，其本身并不是永恒不变的形而上的实体，所以没有真实的主体的含义。超绝的真我意义上的主体与认知意义上的主体之间是超越的关系，在牟先生看来，认知主体并不是真实的超越性，只是认知上的超越性，而超绝的主体才是真正的超越的。② 牟先生认为，超绝的真我的主体是认知主体的本体，认知主体只是超绝的真我主体的曲折：

　　由此思维主体（认知主体）意识到一个形而上的单纯本体式的我乃是意识到此思维主体背后有一真我以为其底据或支持者，不是内在于此"思维主体"本身意识其为一形而上的实体性的我……如果这（认知主体）也是超越的我，则只是认知地超越的，而不是形而上地（存有论地）超越的；前者是横列的，非创造的，正是人的成就经验知识的知性之所以为有限者，后者则是纵贯的，意许其有创造性与无限性，正是人之所以有无限性者。"认知地超越的"必预设主客之对立，且由其主动地施设范畴网以及对象化之活动而见，此认知主体之所以为架构的。我们如果通着真我来说，此正是真我之一曲折（自我

──────────

① 牟宗三：《智的直觉与中国哲学》，台湾商务印书馆，2000，第170页。
② 这里牵扯到牟宗三对于康德的"transcendent"与"transcendental"的翻译问题。在后面的《现象与物自身》一书中，牟宗三专有一节讨论这一不同的翻译。牟先生认为，transcendent 的含义是"超绝的亦曰超离的，即超离乎经验而隔绝乎经验之意"。"超绝亦可说为超离，但此超离是实的，它真可以越过而离开那些界限而形成一新领域。"而 transcendental 则是"超越的"，"而超越亦有超离义，但此超离是虚的，不应离而离，故是一种错误"。由此可见，transcendent 对于牟先生来说，是完全脱离开经验的，而 transcendental 是仍然与经验有关的，并不能彻底脱离经验。邓晓芒教授批评牟宗三对这两个概念的理解。而他自己的注解："众所周知，康德对'先验的'（transzendental）和'超验的'（transzendent）这两个中世纪哲学的同义词作了他自己特有的严格区分，谓'先验的'是先于经验、但又只能运用于经验之上，'超验的'则是超越于经验而不能运用于经验之上。前者建构起现象的知识，使'经验性的东西'具有了'客观实在性'；后者不能建构知识，但却指向自在之物的（实践的）领域。"见邓晓芒《康德哲学诸问题》，生活·读书·新知三联书店，2006，第279~280页。可是，如果我们以此注解去看牟先生对于这两个概念的区分，可以看出，牟先生所理解的两者之间的差别与邓氏其实是同样的。

坎陷），由此曲折而拧成这么一个架构的我（认知主体）。……可是，另一方面，若通着真我之纵贯（形而上地超越的纵贯）说，则此架构的我亦可以说是那真我之示现，示现为一虚结，因而亦可以说是那真我之一现相，是真我之通异呈现或发展中之一现相，不过此现相不是感触直觉所觉的现象，而其本身亦不可感。此架构的我在认知关系上必然被肯定，但在超越那种认知关系上，又可以被化除，被消解。在真我之通贯的呈现过程中，它时时被肯定，亦时时被消解。在被肯定时，时间空间范畴一齐俱现；在被消解时，时间空间范畴一齐俱泯。①

在这里，一方面，认知主体的我成为超绝的真我的"现相"，成为超绝真我所呈现的"用"，其本身没有本体性，唯有超绝的真我才是真正的本体。而这一本体，在牟先生看来，就是中国哲学中的心体或性体，在这里牟先生将康德与中国哲学联系起来。另一方面，认知主体的自我变成了可以被消解的主体，当超绝的真我主体呈现的时候，认知主体的自我就被消解。在这里，牟先生开启了后来出现在《现象与物自身》中的"两层存有论"的端倪，并且，认知主体也被看作了"良知"的"自我坎陷"。整个《现象与物自身》的理论架构的基础，其实在这个时候已经建立起来了，只不过还没有找到如"执的存有论"与"无执的存有论"这样恰当的表述方式。

对于自我的三层划分在《现象与物自身》中得到了延续，并且因为有了《智的直觉与中国哲学》中对康德的"自我"的详尽的讨论与分析，在《现象与物自身》中，这一对于自我的态度表述的更为清晰（当然是对于牟宗三思想来说的），更为轻易（事情可能并没有这么简单）。《现象与物自身》的叙述方式与《智的直觉与中国哲学》正好相反，后者是由对康德的自我的辨析，一步步逼显所谓超绝的真我的存在，前者则是直接由这一真我出发，由这一真我而推述出知性的存在。这样，认知主体意义的自我，即知性的综合统一就更加明显地成了真我主体的现相。

牟先生将如此步步逼显出来的超绝的真我直接等同于中国哲学中的心体与性体，而在"天道性命相贯通"的理论结构中这一心体与性体又是"既存有又活动"的道德创造的本体，所以是"知体明觉"义的本体，在

---

① 牟宗三：《智的直觉与中国哲学》，台湾商务印书馆，2000，第180~181页。

这里才可以讲智的直觉。

第二节　智的直觉（智性直观）

牟先生将自我分为三个层面，分别是作为认知主体的自我、超绝的真我以及现象意义上的自我，其中，现象意义上的自我对应着感性直观，超绝的真我则要靠智的直觉来呈现。对于康德来说，因为人没有智的直觉，所以人对于现象意义之外的自我，只能意识到其存在，并不能对其有知识，康德在这里是联系着《实践理性批判》来说的，对于现象意义之外的自我，我们只能有理性的思维，假如在这里有直观的话，必须是智性直观，而不是感性直观。

一　康德的智性直观（智的直觉）

智性直观在康德的哲学体系中，是一个很特别的概念，根据倪梁康的研究，智性直观在康德那里可以归结为三个基本内容。

第一，智性指的就是知性（verstand），"即在经验范围内对已有直观进行连结的官能"①。这个意义上的智性是与直观无缘的。因为知性永远不能超越感性直观之外自身提供直观的对象。这样一来，智性直观本身就是一个矛盾的表述，是毫无意义的。

第二，智性直观"被康德等同于'对自身行动（Selbsttaetigkeit）的直观'"②。这个意义上的智性直观涉及思维的自发性，主要针对的是对主体自身的直观。"如果第一个意义上的'智性直观'意味着'以知性方式进行的直观'，那么第二个意义上的'智性直观'还应当是指并且主要是指：'智识对自己的直观'。"③

第三，智性直观是"本原直观"。

所谓"本原直观"（intuitus originarius），是指"本身就能够给我

---

① 倪梁康：《"智性直观"概念的基本含义及其在东西方思想中的不同命运》，载《意识的向度》，北京大学出版社，2007，第92页。
② 倪梁康：《"智性直观"概念的基本含义及其在东西方思想中的不同命运》，载《意识的向度》，北京大学出版社，2007，第94页。
③ 倪梁康：《"智性直观"概念的基本含义及其在东西方思想中的不同命运》，载《意识的向度》，北京大学出版社，2007，第94页。

们以其对象的存在的直观"……"本原"在这里是"本原地构造着的"意思。我们也可以把这种直观称之为"创造性直观",因为它一方面并不是一种被动接受的直观,而是在直观的同时也通过直观而确定了被给予对象的存在;另一方面,它也不是主动自发的思维,因为它不像对本体的思维那样仅仅是单纯的预设,并且不告诉我们任何经验以外的东西,而是在创造着它的相关项。①

当然在康德那里,这种直观的可能性被给予了上帝。

牟先生基本上是在后两层含义上积极地讲"智的直觉",在第一层含义上消极地讲"智的直觉"。但是,在此基础之上,他对康德的智的直觉又基于中国哲学的传统有所改变,并且对康德的"物自身"概念也有所变化。

智的直觉与物自身一直被认为是康德理论中一个薄弱的环节。在"先验感性论"中,对象只能通过人的感性直观给予,而感性直观的先天形式——空间和时间是对象必需呈现的先天思维形式,这样呈现给感性直观的就只能是相对于人的存在来说的现象,正如康德所说:"感性及其领域、即现象领域本身是受到知性限制的,以至于它并不针对自在之物本身,而只是针对诸物如何借助于我们的主观性状而向我们显现出来的那种方式。"② 在这一现象背后,康德又设定了一个作为物的存在之本体的存在,康德称之为"物自身"。

> 必然会有某种本身不是现象的东西与现象相应,因为现象单独就本身来说,和在我们的表象方式之外,不能是任何东西,因而,如果不想不停的绕圈子的话,现象这个词已经指明了与某种东西的关系,这个东西的直接表象虽然是感性的,但它哪怕没有我们感性的这种性状(我们的直观形式就建立在这种性状上),却自在地本身必须是某物,即某种独立于感性的对象。③

---

① 倪梁康:《"智性直观"概念的基本含义及其在东西方思想中的不同命运》,载《意识的向度》,北京大学出版社,2007,第96页。

② Imamanuel Kant, *Critique of Pure Reason*, trans. Werner S. Pluhar (Indiana: Hackett Publishing Company, 1996), A252.

③ Imamanuel Kant, *Critique of Pure Reason*, trans. Werner S. Pluhar (Indiana: Hackett Publishing Company, 1996), A252.

物自身因其永远不能呈现在人的感性直观之中，所以，人永远无法认知它，人无法对物自身形成知识。用牟先生的话来说，现象与物自身之间的区分是超越的区分。这样一来，康德就把存在的世界分为了感性世界与知性世界，而这两个世界的区分是相对于人的认知能力来说的，并非真实地存在这两个世界。这两重世界的区分与康德对于道德的理解相关。

康德对于物的两个不同思想方式的主张在他的自由意志的语境中得到凸显，在那里，主体的因果律得以从两个不同的角度来看待。……正像康德在一封信（To Garve 7 August 1783）里面所说的：“所有被给予我们的对象都可以通过两种方式被理解：一方面作为现象，另一方面作为物自身，这样一来，一旦我们注意到对象对于我们的这两个不同的意涵，自由意志所涵有的矛盾立刻就消失不见了。”①

康德在现象的层面言感性直观，在物自身的层面，也就是本体的层面，康德提出了感性直观之外的另一种直观：智性直观。

如果我们把本体理解为一个这样的物，由于我们抽掉了我们直观它的方式，它不是我们感性直观的客体；那么，这就是一个消极地理解的本体。但如果我们把它理解为一个非感性的直观的客体，那么我们就假定了一种特殊的直观方式，即智性的直观方式，但它不是我们所具有的，我们甚至不能看出它的可能性，而这将会是积极的含义上的本体。②

人不能具有智性直观，则物自身作为存在的意义，只是一个限制意味的概念。

我们有某种把自己悬拟地扩展到比现象领域更远的地方的知性，但没有能超出感性领域之外给我们提供对象并使知性超出这一领域而做实然的运用的那种直观，哪怕有关这种直观的概念都没有。所以，某种本体的概念只不过是一个限度概念，为的是限制感性的僭越，因

① Sebastian Gardner, *Kant and the Critique of Pure Reason* (New York：Routledge, 1999), p. 291.
② Imamanuel Kant, *Critique of Pure Reason*, trans. Werner S. Pluhar (Indiana：Hackett Publishing Company, 1996), B307.

而只有消极的运用。①

正因为人作为有限的存在，不具备这一智性直观，所以才在消极的意义上维持了现象与物自身的区分。所谓消极的，指的正是因为人的存在的有限性，我们才能够设想物自身的存在。然而，对于康德来说，物自身的存在并不能被直接地给予我们，而是理性推出的结果。由此，康德一方面限制了理性的正确运用的范围，另一方面又给自由意志的存在留下了空间。但是，这一情形下，自由意志因为人不能具有智的直觉而不能直接地被给予我们，变成了一种"超越的推述"（牟宗三语），这正是牟先生所不能接受的。因为在牟先生看来，这样一来，道德的存在就成为一种可能性的存在，而不是必然性。

中国哲学的传统中，道德是必然性的存在，而这一必然性的保障，就在于人能够具有智的直觉，人作为有限的存在，其存在本身又与作为无限存在的本体有着本质上的同一性，所以，人同样可以具有无限的意义。当然，顺中国哲学的语境，牟先生可以这样表述，但是在这种表述之下，问题在牟宗三这里就变成了，人如何能够具有智的直觉，而在牟先生看来，这是真实呈现的，是真实的存在。

二　牟宗三言智的直觉（智性直观）

前面曾经说过，牟先生将康德的自我概念改造成一个包含三层主体性的自我：真我、认知我、现象我。牟先生正是在真我的意义上言智的直觉的现实性与真实性。在牟宗三那里，这一作为人之存在本体的超绝的真我就是中国哲学中所说的性体以及与性体同一的心体，也就是康德所说的"自由意志"，而智的直觉对于此一真我之所以可能，是由道德的角度，言自由意志的自律道德而说的。

作为自我之真实本体的真我，即作为物自身来看的真我，就是中国哲学中所说的本心仁体，也就是康德所说的自发自律的意志，而这一本心仁体在中国哲学的叙述脉络中，是包含"天道性命通而为一"的理论结构的，即宇宙的存在本体与这一本心仁体合一，本心仁体因其上通存在之本体所以是一无限的存在。而其无限性保证了它不仅仅是道德行为创造的本

---

① Imamanuel Kant, *Critique of Pure Reason*, trans. Werner S. Pluhar (Indiana: Hackett Publishing Company, 1996), B310 - B311.

体，同时也是存在论意义上的本体。所以，这一本体对于存在来说，是创造性的而不是单纯的被动接受的。

> 性体既是绝对而无限地普遍的，所以它虽特显于人类，而却不为人类所限，不只限于人类而为一类概念，它虽特彰显于成吾人之道德行为，而却不为道德界所限，只封于道德界而无涉于存在界。它是涵盖乾坤，为一切存在之源的。不但是吾人之道德行为由它而成，即一草一木，一切存在，亦皆系属于它而为它所统摄，因而有其存在。所以它不但创造吾人的道德行为，使吾人的道德行为纯亦不已，它亦创生一切而为一切存在之源，所以它是一个"创造原则"，即表象"创造性本身"的那个创造原则，因此它是一个"体"，即形而上的绝对而无限的体，吾人以此为性，故亦曰性体。①

在这个意义上，性体作为存在的本体，同时作为人之超绝的真我，其本身的特质决定了它不是如感性直觉那样仅仅是被动地接受感官所带来的刺激，而是其本身就能够依其存在本体的特质而创生出其对象的存在。又因为任何先天的直观形式，任何范畴在这里都不复存在，所以，这不是一感性直观，而是创造性的直观，则其必为智性直观（智的直觉）。可以看出，牟先生在这里所谈及的智的直觉，强调的是我们前面提及的康德智性直观的第三层含义，即智性直观是"本原直观"，它能够在自身中给予其自己以对象，而不是被动的接受性的直观。这一结论是以中国哲学的"天道性命相贯通"的理论结构之上才能够谈及的，而这样表述下的智性直观，也仅仅是一个基于中国哲学传统的表述而已，并不能真正的给出证明。这里所体现出来的，与其说是中国哲学相对于康德来说的独特的意义，不如说是两种不同的思想基础之上的差异，一种并不能相互说服的差异。所以，问题在牟先生那里并没有结束，他还需要给出更有说服力的证明。

而这本心仁体之无限性的证实，则是由康德的自由意志来说的。牟宗三先生在这里由两个方面论证本心仁体的无限性。

其一，假若本心仁体为有限的存在，则"其本身既受限制而为有限的，则其发布命令不能不受制约，因而无条件的定然命令便不可能"②。

---

① 牟宗三：《智的直觉与中国哲学》，台湾商务印书馆，2000，第 191 页。
② 牟宗三：《智的直觉与中国哲学》，台湾商务印书馆，2000，第 191 页。

本心仁体作为有限的存在，就不可能决定无条件的定然命令，则无条件的道德法则的必然性只能另觅一无限性的根据；另外，这一有限性又决定了其必为作为无条件的定然命令的道德法则所限，这两方面都使得康德所谓的"自律道德"为不可能。所以，从自律道德的角度，我们必须承认无条件的定然命令必然来自这一本心仁体自身，是自由意志自己给定的法则，则本心仁体本身必然是一无限性的存在。

其二，自由自律的意志只能作为第一因而存在。自由意志既然是自由自律的，则它必然不能为其他存在所限制，因为如果存在限制，则自律不成立。这样一来，"当吾人就无条件的定然命令而说意志为自由自律时，此自由自律即表示其只能为因，而不能为果，即只能制约别的，而不为别的所制约"①。这样作为宇宙存在的第一因，自由自律的意志，也就是中国哲学所谓的本心仁体，其必然是一无限的存在。所以，牟先生在这里说："如是，或者有上帝，此本心仁体或性体或自由意志必与之为同一，或者只此本心、仁体、性体，或自由意志即上帝：总之，只有一实体，并无两实体。"②

这样一来，本心仁体的无限性就牵涉我们如何理解康德的自由意志，以及在牟先生的语境之中自由意志又意味着什么的问题。

我们前面曾经提及，康德的道德自律有消极与积极两层含义。在消极方面，道德的自律原则必须排除一切感性的原则；在积极方面，作为绝对无上命令的道德法则只能是一理性单纯普遍的立法形式。而道德行为的主体，在康德那里是自由意志，同时，自由意志也是制定道德法则的主体。然而，即便道德法则来自自由意志自身的创造，在这里，仍然存在一个道德的动力的问题，即人的意志为何以及如何必须遵从道德法则的约束去进行实践的道德行为。康德在《实践理性批判》中有一章名曰"纯粹实践理性的动力"，试图解决这一问题。

> 行为全部道德价值的本质性东西取决于如下一点：道德法则直接地决定意志。倘若意志决定虽然也合乎道德法则而发生，但仅仅借助于必须被设定的某种情感，而不论其为何种类型，因此这种情感成了意志充分的决定根据，从而意志决定不是为了法则发生的，于是行为

①　牟宗三：《智的直觉与中国哲学》，台湾商务印书馆，2000，第192页。
②　牟宗三：《智的直觉与中国哲学》，台湾商务印书馆，2000，第192页。

虽然包含合法性，但不包含道德性。①

行为的道德价值并不在于行为本身是否合乎道德法则的规定，而是来自决定这一行为的意志的根据是什么。就是说，即便一实际存在的行为能够在外在的现象上符合道德法则的规定，如果决定它的动力来自道德法则之外的任何一种偏好、欲望，等等，这一行为仍然不具有道德的价值，仍然不能被称为一道德行为。所以，道德的自律原则必然排斥任何来自道德法则之外的动力，其中也包括任何的道德情感。因为，任何情感，包括道德情感在康德那里都属于感性经验的层面，都是对于道德法则直接决定道德行为的妨碍。这样一来，道德法则如何能够直接地决定道德意志，即纯粹实践理性的动力究竟来自何处，在康德那里就成了一个无法说明的问题，因为我们不能在道德法则之外寻找任何道德行为的动力来源，而道德法则本身又只是普遍单纯的立法形式，并不包含能够决定意志的动力来源。所以康德说：

　　　一条法则如何能够自为地和直接地成为意志的决定根据（这也正是全部道德性的本质所在），这是一个人类理性无法解决的问题，而与自由意志如何可能这个问题乃是同出一辙的。②

这样一来，纯粹实践理性的动力在康德那里就成了如同自由意志一样的一个"设准"，而没有自明性。对于康德来说，其实在人的存在的有限性基础上预设了一个理性与情感的对立。情感总是感性的，受制于偏好、习惯、对于幸福的欲求等现实，所以任何源自情感的对于意志的限定无论行为的表现与结果如何，都不具有道德意义；而道德法则是纯粹理性的，是理性的单纯形式原则，道德行为的成立必须来自理性的道德法则对人的意志的规定。所以，对于康德来说，重要的问题不在于道德法则是否能够呈现绝对的命令，而在于"我们如何能够裁成纯粹实践理性的法则进入人类的心灵，以及裁成它们对于这种心灵的准则的影响，亦即如何能够使客观的实践理性在主观上也成为实践的"③，即实践理性的问题在于，如何使人类的意志的所有行为完全来自道德法则的规定。这样，虽然康德的自

---

① 〔德〕康德：《实践理性批判》，韩水法译，商务印书馆，2007，第77~78页。
② 〔德〕康德：《实践理性批判》，韩水法译，商务印书馆，2007，第78页。
③ 〔德〕康德：《实践理性批判》，韩水法译，商务印书馆，2007，第165页。

律道德是自由意志自己为自己立法，但是，如同陈来先生所说的"康德的自律意味着理性的反思"①。陈先生正是在这一点上，指出了康德的"自律道德"与王阳明的"心即理"之间的不同。康德认定道德主体应该遵循自由意志自己制定的道德法则，但是，道德行为的动力却不能来自任何现实存在的心灵，因为任何现实存在的心灵都是经验的。心即理的心虽然是道德的主体，"但此道德主体与康德规定的道德主体仍有不同，本心虽排斥情欲，但仍有感性的色彩即道德感情"，② 而道德行为的绝对动力正是来自这一道德情感。③

然而，对于牟宗三先生所理解的宋明理学的主流来说，道德行为的纯亦不已其中是包含了道德行为的动力的先天性与超越性的，其纯亦不已正是指道德行为是纯粹的自发自律的、不能避免的。道德行为的动力只能来自性体自身，唯此才能真正实现道德行为的绝对性，人也才真能作为道德的主体挺立起来，并且，人生的意义即在这一道德行为的纯亦不已中呈现。更进一步，因为性体是"即活动即存有"的，作为人之存在主体的性体，因其生生不已之本性，自然就决定了它作为道德创造主体的不停的创造性，并且，这创造是在具体的道德实践行为中真实地呈现出来的。牟先生之所以如此说，关键在于他对道德情感的体认，其根源则在孔子之"仁"与孟子之"本心"。

牟先生认为康德将所有的情感，包括道德情感，都划归为感性的层面是不对的。用牟先生的话来说：

> 道德感、道德情感可以上下其讲。下讲则落于实然层面，自不能由之建立道德法则，但亦可以上提而至超越的层面，使之成为道德法

---

① 陈来：《有无之境——王阳明哲学的精神》，人民出版社，1997，第39页。
② 陈来：《有无之境——王阳明哲学的精神》，人民出版社，1997，第38页。
③ 在自律道德中，仍然包含了作为纯粹实践理性的形式对于意志的直接给予，道德法则仍然是人之现实存在需要不断贴近，用陈来先生的话来说仍然需要"以天理（理性法则）排斥人欲（感性法则）"。而康德所谓的"他律道德"指的只是在作为绝对命令的道德法则之外寻找另外的决定意志以做出行为的规定。从这个意义上来说，牟先生所理解的自律道德与他律道德显然与康德之间存在某种程度上的差异。牟先生在批评康德的时候，也曾经有康德在对待心的问题上与朱子相似的说法。参见《现象与物自身》第65页："康德论心只是如此。在此，他似是与朱子为同一型态，仍是析心与理为二的"。所以，在这里，与其说朱子的伦理学是他律道德，毋宁说朱子在某种程度上更适合于康德所说的自律道德。参见上引陈来书，以及杨泽波《牟宗三三系论论衡》。

则、道德理性之表现上最为本质的一环。然则在什么关节上，它始可以
提至超越的层面，而为最本质的一环呢？依正宗儒家说，即在做实践的
工夫以体现性体这关节上，依康德的词语说，即在作实践的工夫以体
现、表现道德法则、无上命令这关节上；但这一层是康德的道德哲学所
未曾注意的，而却为正宗儒家讲说义理的主要课题。在此关节上，道德
感、道德情感不是落在实然层面上，乃上提至超越层面而转为具体的，
而又是普遍的道德之情与道德之心，此所以宋、明儒上继先秦儒家既大
讲性体，而又大讲心体，最后又必是性体心体合一之故。①

　　牟先生以"道德情感可以上下其讲"一语，指出人同样可以在超越的
层面讲道德的情感，在超越的"本心"的层面来讲道德情感。唯这时的道
德情感表现为性体心体本身的"不容已"。

　　　　当本心仁体或视为本心仁体之本质的作用（功能良能 essential
　　function）的自由意志发布无条件的定然命令时，即它自给其自己一
　　道德法则时，乃是它自身之不容已，此即为"心即理"义。它自身不
　　容已，即是它自甘如此。它自甘如此即是它自身悦此理义（理义悦
　　心）。本心仁体之悦其自给之理义即是感性于理义，此即是发自本心
　　仁体之道德感，道德之情，道德兴趣，此不是来自感性的纯属于气性
　　的兴趣。自由自主自律的意志是本心仁体之本质的功能，当它自给其
　　自己一法则时，它即悦此法则，此即它感兴趣于此法则，它给就是它
　　悦，这是本心仁体之悦。它悦如此，这就是生发道德之力量。②

　　在牟先生看来，作为道德行为创造主体的心体与性体，正包含两个方
面，正如我们前面所说的，性体义展现了道德法则的客观性，而心体义则
侧重于道德行为之主动性，道德行为的必然性而说的。道德行为的主体必
然将这两义，即心体与性体义合一，才能够真正成为不断创生道德行为的
主体。

　　牟先生认为，康德正是将"心体"与"性体"——道德法则与意
志——分裂为二，才使他将"命令"与"自愿"看作相互对立的。

①　牟宗三：《心体与性体》第 1 册，正中书局，2002，第 126~127 页。
②　牟宗三：《智的直觉与中国哲学》，台湾商务印书馆，2000，第 195 页。

在康德，命令与自愿是相冲突地对立的，强制与喜爱亦然。因此，道德即不能自愿，自愿即非道德。这对气性而言，是如此。若一往如此，则太减杀理义底可悦性以及道德底主动性与自发性，而亦违反自由自律之概念。因此，儒者必视悦理义为吾人之本性。①

牟先生在此指出了康德将道德情感排除出道德主体之后所可能面对的困难。因为，对于中国哲学来说，道德所以可能首先面对的问题不是判断的问题，而是实践的问题，在这一意义上，正如李明辉所说："道德主体不单是判断的主体，也是行动的主体。"② 这一主体如果要实现道德行为的必然性，必须包括作为道德行为的动力的道德情感在内。而这用中国哲学的话来说，正是心体与性体的纯亦不已。

正是本心仁体的纯亦不已决定了这一超绝的真我主体是无限的存在，在牟先生的叙述脉络之中，其之为无限的存在，就决定了其必为一"本原直观"，一创造性的，能够自身给予对象的直观，任何感性直观之先天形式与知性范畴在这里都不存在。牟先生在《现象与物自身》中，对于由自由意志、自律道德的角度来论证本心仁体的无限性做了更多的逻辑的证明，其论述也更为精致，但是，问题本身的实质并没有多大的变化。

我们可以看出，对于自由意志的这种理解，在康德的理论系统中是很难出现的，这当然可以如同牟先生所说的，是因为二者在人之能否具有智的直觉的问题上的差异。但是，这种理解与其说是二者差异的原因，不如说正是差异带来的结果。形成两者之间的差异的原因，究其实还是在于牟先生所坚持的"天道性命相贯通"的理论结构，在于在牟先生阐释下的宋明儒之大宗对于人之存在本质的理解，对于道德实践的本质理解。

在中国哲学的理解中，人之存在必有一超越的主体性，而这一主体性正在道德行为的主体性中呈现，道德行为之所以能实现以及必然实现，其原因在于此道德行为使得人的主体性有一理想的目标与意义，而其内容必然包含了道德所必须遵循的法则以及道德行为的动力。其中，对于牟先生所理解的宋明儒之大宗来说，道德行为必然如此的动力问题的重要性超过了道德法则的重要性。因为传统思想中，行为的规范有众多的载体来呈现，如宗法、礼教等，重要的是指出这些行为规范的必然性。转换成宋明

---

① 牟宗三：《现象与物自身》，学生书局，1996，第84页。
② 李明辉：《儒家与康德》，联经出版事业公司，1990，第33页。

理学的课题，则表现为指出道德行为之纯亦不已之根源。所以，牟先生所讲的自律道德，必然包含了道德行为的动力在内。而这些在宋明理学中，最终都归结为天道性命通而为一的理论根据。

在牟先生看来，本心仁体的无限性意味着智的直觉之存在，然而，这种由无限性所得到的智的直觉的存在仍然只是理论上的必然性，更为直接的是智的直觉的直接呈现。根据我们前面对于牟先生所理解的自由意志的讨论，在他看来，本心仁体自悦其理义，即知体明觉自知自证其自己。

> 本心仁体之悦与明觉活动，反而自悦自觉其所不容已地自立之法则，即是自知自证其自己，如其为一"在其自己"者而知之证之，此即是"在其自己"之本心仁体连同其定然命令之具体呈现。当其自知自证其自己时，即连同其所生发之道德行为以及其所妙运而觉润之一切存在而一起知之证之，亦如其为一"在其自己"者而知之证之，此即是智的直觉之创生性，此即是康德所谓"其自身就能给出它的对象（实不是对象）之存在"之直觉。①

本心仁体自身既是法则的给予者，又是法则的呈现者，即在它自身对道德法则的呈现中，其实质是对于它自身的呈现，而这种呈现只能归之于一种直觉，并且是对于其本身如其本身一般的呈现的直觉，则如此呈现的本心仁体即本心仁体自身，而不是作为现象存在的本心仁体。因此，这种直觉是感性直觉之外的智的直觉。又因为正是在这种对于自身的呈现之中，本心仁体具体的实现出来，这就是牟先生所论说的心体的"形著义"，本心仁体呈现自身即具体的实现自身。因此，呈现的对象（因为这种呈现是智的直觉的呈现，所以其实并没有对象的含义，呈现自身即对象）是由呈现自身所给予的，所以这是一种创造性的本原直觉，即智的直觉。这样，在人的道德实践之中，智的直觉真实地呈现出来。

在此我们可以看出，牟先生所论述的智的直觉的存在，归根结底是由本心仁体的自我呈现所凸显，而这一呈现义来自"天道性命相贯通"之对于心体与性体的关系的规定。并且，牟先生在证明智的直觉的存在时，重点在于论证这一直觉的本原直觉的含义，即重点在于论述这一直觉自身因其无限性自身即能给出直觉之对象。在这一点上，牟先生受到了海德格尔

---

①　牟宗三：《智的直觉与中国哲学》，台湾商务印书馆，2000，第 196 页。

的影响。海德格尔在《康德与形上学问题》中，着重区分了"有限直观"（finite intuition）与"无限直观"（infinite intuition）。对于海德格尔来说，康德所说的感性直观是一种有限直观，而有限直观的本质在于，它是非创造性的，它所能直观的只是已经"在手"（at hand）的事物，即存在者必须已经与我们相遇。"有限直观是'非创造性'（noncreative）的直观，那些被表象出来的特性必须事先已经'在手'（at hand）了，有限直观必须依赖于那些存在者在其自身的存在中的可被直观性之上。……对于存在的有限直观不能在其自身之外给出对象。它必须接受对象被给予。"① 而无限直观是创造性的直观，是使存在者的存在得以实现的直观。

> 现在无限直观与有限直观之间的差异表现在这一事实之上，前者直接将独一无二的存在作为一个整体而表象出来，第一次将存在者带到他的存在之中，帮助他去存在（coming‑into‑being）。无限直观如果需要将它依靠已经在手的存在者或者唯有在存在者的被测量中才能够成为通达（accessible）的，那它就不能成其为无限直观。神圣的知识就是首先创造出可被直观的存在者的那种表象。②

对于海德格尔来说，作为对象的存在者，在它能够被人的感性直观所表象之前，必须已经被给予我们了，必须已经在人的生存中与我们相遇了。所以，康德的感性直观才是被动的、接受性的直观。在这个意义上，感性直观被海德格尔理解成有限直观。人的存在的有限性正是由于知识的有限性而彰显出来。相对于有限直观，海德格尔提出了无限直观的概念。无限直观不是像感性直观那样表象感性经验的杂多，然后经由统觉的综合统一作用构成知识的对象。无限直观直接将直观对象作为一个存在的统一的整体而呈现，在这种呈现中，直观的对象首先并不被表象为感性经验的杂多，而是使它在自身的存在中呈现。因此，可以说，正是无限直观使得存在者得以实现它的存在。在这个意义上，无限直观创造出存在者的存在，而存在者在其存在中被呈现，则是存在者如其自身、在其自身中被呈现。而在其存在中被呈现的存在者就不是康德所说的现象的含义，而是同

---

① Heidegger, *Kant and The Problem of Metaphysics*, Trans. Richart Taft, （Indiana University, 1997）, p. 18.

② Heidegger, *Kant and The Problem of Metaphysics*, Trans. Richart Taft, （Indiana University, 1997）, p. 17.

于康德所说的物自身，即物之在其自身者。作为无限直观之对象的存在者，因其并不是现象，感性的先天形式以及知性的诸种范畴都无法施加其上，因此它实际上并不构成"对象"（ob-ject）的含义，而是非对象的。无限直观与物自身之间的关系因此不是认知主体与客观对象之间的关系，海德格尔称这样的无限直观的对象的存在为"e-ject"。可以看出，牟先生对于智的直觉的阐释在这里深深受到海德格尔的影响，侧重于智的直觉的创造性的含义，即其自身即能给予自身以对象。

当智的直觉的创造性的含义展现在牟先生所谓本心仁体的自我呈现中以及展现在道德行为的实践中时，基本上不会遇到什么麻烦。然而，当智的直觉的创造性需要面对的是"物自身"的存在时，则会遇到极大的问题。① 这里涉及牟宗三对于物自身的理解，对于康德的物自身概念含义的转换，我们将在下面结合对于物自身的讨论尝试回到这个问题上来。

不过，某种程度上来说，在论述智的直觉之存在的时候，牟先生基本上是在道德创造之主体的意义上来讨论的，海德格尔的阐释对于牟先生来说，与他的中国哲学传统的立场未必那么和谐一致。牟先生最终证成智的直觉的关键，不是在于智的直觉如何去呈现对象性的存在者，而是归结到康德的自由意志，以智的直觉自身即能在自律道德的意义上呈现自身。所以牟先生的论述是以道德实践行为为出发点的，而道德实践行为的特殊性即在于遵循康德所谓的"意志因果"，即意志本身即可产生行为，意志的可能性即能给出现实性。在这个意义上，正如冯耀明先生所指出的那样，假如智的直觉的讨论仅仅限制在道德主体以及行为的范围之内，则是更为容易接受的。康德之后的德国观念论的发展，在某种程度上对于智的直觉的接受，也可以帮助我们理解这一点。但是，牟先生所要实现的是"道德的形上学"，是以超越的道德主体为出发点所奠基的形而上学，所以道德存在的根据必由道德的领域拓展到存在的领域，由行为的领域拓展到存在物的领域，所以，智的直觉必须面对物自身的问题。在后面对于"物自身"的讨论中，我们将会看到，在面对物自身的时候，牟先生对于智的直觉强调的重点产生了变化，更强调智的直觉在面对物自身的时候的"非对象性"，强调智的直觉无须感性直观的先天形式以及知性的种种范畴。

---

① 参见冯耀明《"超越内在"的迷思——从分析哲学观点看当代新儒学》，中文大学出版社，2003，第131~139页。

第三节　牟宗三之"物自身"

"物自身"（thing in itself）概念对康德来说有着重要的意义，然而其本身是一个比较模糊的概念。在康德那里，我们可以看到"现象"（appearance）与"物自身"（thing in itself）的区分，也可以看到"现相"（Phenomena）与"本体"（noumena）的区分。在《纯粹理性批判》第一版中，康德还讨论了一个概念"超越的对象＝X"（transcendental object＝X）。"物自身"（thing in itself or things in themselves）、"本体"（noumena）与"超越的对象＝X"既有区别又有联系，其中"超越的对象＝X"在第二版中，被康德弃之不用，然而，康德对本体的讨论中，其实仍然可见"超越的对象＝X"的含义。而牟先生在《智的直觉与中国哲学》中，因为受到海德格尔的影响，着重区分了"超越的对象＝X"与"物自身"。"超越的对象＝X"在《纯粹理性批判》第一版中，意味着知性的超越的运用所得到的结果，康德说：

> 我们的一切表象实际上都是通过知性而与任何一个客体发生关系的，并且，由于现象无非是些表象，所以知性把它们联系到一个作为感性直观的对象的某物：但这个某物就此而言只是超越的对象。但超越的对象意味着一个等于X的某物，我们对它一无所知，而且一般说来（按照我们知性现有的构造）也不可能有所知，相反，它只能作为统觉的统一性的相关物而充当感性直观中杂多的统一，知性借助于这种统一而把杂多结合成一个对象的概念。①

可见，在第一版中，超越的对象对于康德来说，是包括在知性的表象之中的——"知性借助于这种统一而把杂多结合成一个对象的概念"——其作用虽然是消极的，在经验中却是不可缺少的。但是，在第二版中，康德取消了这个概念，而把它直接归结为本体的概念。这样，一方面，本体包括了"超越的对象＝X"，是知性的超越的运用，但是，这里取消了其在经验中的地位；另一方面，相对于本体，康德提出了智性直观的概念。

---

① *Critique of Pure Reason.* A250. 译文较之邓晓芒译本有所修改，依牟先生将 transcendental object 译作"超越的对象"。

即知性的超越的运用，让我们能够设想在现象背后存在一个相应的本体，这一本体可以设想为可通过纯粹知性概念来思维的。

　　但在这里一开始就表现出某种可能引起严重误解的歧义性：既然知性当它在某种关系中把一个对象称之为现相时，同时又在这种关系之外仍具有关于自在的对象本身的一个表象，因而它（understanding）想象它也可以对这样一个对象制定一些概念，并且，既然知性所提供出来的无非是范畴，所以，对象在后一种含义上至少必须能够通过这些纯粹知性概念来思维，但这就诱使人们把有关一个知性物（being of the understanding）、即我们感性之外的一个一般某物的不确定的概念，当作有关一个我们有可能通过知性以某种方式认识到的存在物的确定的概念了。①

在这个意义上，本体的概念只具有消极的意义，仅仅是知性的僭越。然而，康德又说，假若存在一种感性直观之外的直观方式，那么本体就可能成为积极意义上的本体。

　　如果我们把本体理解为一个这样的物，由于我们抽掉了我们直观它的方式，它不是我们感性直观的客体；那么，这就是一个消极地理解的本体。但如果我们把它理解为一个非感性的直观的客体，那么我们就假定了一种特殊的直观方式，即智性的直观方式，但它不是我们所具有的，我们甚至不能看出它的可能性，而这将会是积极的含义上的本体。②

在这个意义上，正如李明辉所认为的，康德其实是在基本相同的意义上使用物自身（thing in itself）以及本体（noumena）的概念，而牟先生在《智的直觉与中国哲学》中也是未将两个词加以区分。③

---

① Imamanuel Kant, *Critique of Pure Reason*, trans. Werner S. Pluhar（Indiana：Hackett Publishing Company，1996），B306 – B307.

② Imamanuel Kant, *Critique of Pure Reason*, trans. Werner S. Pluhar（Indiana：Hackett Publishing Company，1996），B307.

③ 参见李明辉《当代儒学的自我转化》，中国社会科学出版社，2001，第 25 页。"在《纯粹理性批判》中，与'物自身'一词几乎可看成同义词的是'理体'（Noumenon）一词，而现象与物自身之区别即相当于'事相'（Phaenomenon）与理体之区分。笔者在康德著作中未见到他对'物自身'与'理体'二词做明白的区分。牟先生在《智的直觉与中国哲学》中将此二词视为可互换的同义词。但在《现象与物自身》中，他却对此二词加以区别，以'理体'涵盖物自身、自由的意志、不灭的灵魂和上帝四者。"

在这里，我们可以看到牟先生与康德在物自身与智的直觉的关系上的一个差异。对于康德来说，所谓物自身，是知性的超越运用的结果，一方面，如"超越的对象＝X"所揭示的，对知性的综合统一作用来说，知性必须预设一个超越的对象的存在；另一方面，这一超越的对象会被理解为真实存在于现象背后，影响我们的感性的存在物。这样，就出现了消极意义上的物自身。物自身因为不能成为感性直观的对象，并且知性的诸概念与范畴都无法施加其上，我们如果要"知道"物自身，则必须借助于某种直观，这种直观又是感性直观之外的，所以在康德看来，只有存在一种智性直观，我们始可以把握物自身。由此，对于康德来说，是先由知性的僭越有了物自身的概念，而后相应的提出了智性直观的概念。

对于牟先生来说，因为有本心仁体的良知明觉，所以存在智性直观，而智性直观就是不使用概念范畴的直观，智性直观之存在即可以保证吾人可以如存在物之本来面目而呈现之。所以，对于牟先生来说，其理论的逻辑发展进路是先有智性直观，并由之进而到物自身的讨论，而作为这一切基础的，则是我们在上一节中所讨论的，牟先生在康德对于自我的两重划分之外，增加的超绝的本真的自我，正是本真的自我，保证了康德的自由意志，保证了智性直观的存在。这在某种程度上也符合中国哲学的逻辑结构，作为天道性命先贯通的体，性体与心体必是首出的，由此才能感通无限，进而拓展到存在物。

牟先生对于物自身的讨论，经历了一个变化，在《智的直觉与中国哲学》中，物自身更多的还是作为实际存在的实体来表述的，虽然已经在某种程度上含有了可以由价值意义的角度来理解物自身的可能性，但是此时牟先生还没有如此确定地讲。在《现象与物自身》中，物自身更加圆融地表述为"价值意味"的存在，这两者之间转换得非常巧妙，并且正是这种转换凸显了牟先生较之于康德的独特的意义，这意义正是建立在中国哲学的天道性命通而为一的基础之上的。我将要指出，虽然这一转换非常巧妙，但也正是这种转化，使得物自身这一概念在牟先生那里出现了前后的不一致，难以避免学者的批评。

在《智的直觉与中国哲学》一书中，牟先生侧重物自身之作为"事物之在其自己"的含义展开讨论。

物自身与现象之间的区分，首先被认为是一种超越的区分、主观的区分，这种区分在这里被理解为相对于主体的关系而来的。

至少我们消极地知道所谓物自身就是"对于主体没有任何关系"，而回归于其自己，此即是"在其自己"。物物都可以是"在其自己"，此即名曰"物自身"，而当其与主体发生关系，而显现到我的主体上，此即名曰"现象"。现象才是知识底对象，所谓"对象"就是对着某某而呈现于某某，对着主体而呈现于主体。对象总是现象。物自身既是收归到它自己而在其自己，便不是对着主体而现，故既不是现象，亦不是知识底对象。它不是对着某某而现（ob-ject），而是无对地自在着而自如（e-ject）。故康德说现象与物自身之分是超越的；又说"只是主观的，不是客观的，物自身不是另一对象，但只是关于同一对象的表象之另一面相"。说"同一对象"不如说"同一物"。这同一物之另一面相就是不与主体发生关系而回归于其自己，而那另一面相便是对着主体而现。物自身不是通常所说的形而上的实体（reality），如上帝，如自由意志，如梵天，如心体，性体，良知等等，乃是任何物在两面观中回归于其自己的一面。……即使是上帝，自由意志，不灭的灵魂，亦可以现象与物自身这两面来观之。依次，物自身是批判方法上的一种概念，它可以到处应用，因此，在使用此词时，可以是单数，亦可以是多数。一草一木可以如此说，上帝亦可以如此说。①

在现象与物自身的区分中，现象是存在物对于认知主体的呈现，是相对于人之存在而呈现的存在；而物自身在康德的系统中，则不与认知主体发生关系。因此，在牟先生看来，现象与物自身的区分，可以是否与认知主体发生关系来确定，这一区分并不意味着存在两种不同的存在物，而是同一存在物相对于不同的视角来区分的。现象与物自身之间的区分，可以看作一种批判方法上的区分而到处应用。任何存在物都可以因为认识方式的不同而分别作为现象以及物自身来看待。任何存在物，包括单纯通过理性所思维的形而上的实体，都具有如其自身存在的一面。物自身既不与主体发生关系，物自身即表示"物之在其自己"②，所以，物自身因为其根

---

① 牟宗三：《智的直觉与中国哲学》，台湾商务印书馆，2000，第 105～106 页。
② 参见牟宗三《智的直觉与中国哲学》，台湾商务印书馆，2000，第 106 页。"物自身是顺俗译，严格说，即是'物之在其自己'，'在'（in）字不能少。因为'在其自己'与光说'自身'实有不同。'现象'亦可以自身（itself）说之，但现象不是'物之在其自己'。"

本不与认知主体发生关系，而成为在其自身的存在，即康德所说的"物自身"的含义。并且，所谓在其自己，在牟先生那里即物之"如如的呈现"。但是，既然物自身就意味着不与认知主体发生任何关系的存在物，那么我们又如何能够与物自身"相遇"呢？

前面曾经讨论过，牟先生将康德的主体（自我）观念重新划分成三层，在这种区分中，认知主体是使用概念、范畴认知对象的主体，现象就是在这一关系中与认知主体发生关系，所以成其为现象，并且这里包含了认知主体与现象之间的主、客两分的对立。但是，在认知主体之上，牟先生又依据中国哲学传统论证了一个超绝的真我的存在，超绝的真我即中国哲学所谓的知体明觉，知体明觉自身呈现其自己是通过智的直觉。在智的直觉中一切感性的先天形式、知性的诸范畴都不起作用，所以，智的直觉之呈现是不经由感性、知性的综合统一而直接的呈现。这样，出现在智的直觉中的知体明觉即其自身，是作为物自身的真我自身。同样，这样的智的直觉也可以直觉超绝的真我之外的存在物，因在此处，范畴都不起作用，则直觉所呈现的存在物即其本身。并且，对象的构成，是知性的统觉之综合统一的结果，所以，物自身因知觉在此并不存在，即不能构成对象的含义。所以，超绝的真我为体，智的直觉为用，物自身则是智的直觉之开显，在这样的开显中，智的直觉（知体明觉）与物自身同时呈现，智的直觉觉物自身就是创造性的呈现物之在其自身者。

牟先生在这里所展示的物自身，其实有着很多含混之处。按照牟先生的讲法，在物自身之上不能言及知性的范畴，则物自身不能构成对象，在这个意义上，物自身本身并没有任何的积极的规定性，我们其实没有办法说究竟是存在单数的物自身，还是不同的存在物有不同的物自身的存在。依康德，物自身是由现象说出去的，所以，相应于不同的作为现象之客体的对象的存在，可以设想存在各个不同的物自身以作为对象之根据，但是，因为我们根本不能与物自身发生任何关系。所以，物自身是单一的存在还是多数的存在，在康德那里并不构成问题。

　　我们关于物自身的知识并不决定任何对象，我们之所以知道物自身，仅仅是因为我们知道那些感性形式所无法给予的东西必定在我们的经验之外占有一定的概念上的空间。因为当我们谈及物自身的时候，并不能保证在感性论和分析论中可以给出作为个体对象的存在的条件，我们甚至无法确定，物自身究竟是单数形式还是复数的形式。①

牟先生在《智的直觉与中国哲学》中，仍然跟随康德，将物自身看作不同对象存在之根据，所以他曾言及"个个'物自身'"②，并且牟先生将物自身与"超越的对象＝X"相区别。"超越的对象＝X"是知性之超越的运用，是"虚"的，并不是一个真实的存在，而物自身与此不同，其本身是"实物"，是真实的存在。"超越对象之非知识底对象乃是因为它是一个原则，不是一个存在物，而物自体之非对象乃因为它不显现于吾人之感性，它是一实物，只是不在对某某别的东西的关系中显现而已，不是对着某某而为对象，乃是收归到其自身而为一自在物（e－ject）。"③ 但物自身不是一个"无"，牟先生在这里似乎将物自身当作了真实的存在物。物自身既为一真实的存在物，则有着形而下的规定性，用中国哲学的表述来说，即有"气"之一面，而不是纯粹的理，即便物自身仍然是理，也是包含"型构之理"的、有规定性的存在。

然而，我们再看另一段牟先生谈到"超越的对象＝X"时所说的话：

> 康德在超越对象方面未曾说它可以为纯知直觉所给予。超越对象所以对于我们是"无"，如海德格尔所说，是因为它不是一"存在物"（essent），不是一对题的对象。不是存在物，就是无——无物；但它又是"某物"，不是绝对的虚无，它是对象成为对象底超越根据，是对象底道理（认知地物物之原则）。它所以不能被我们所直觉，也正因它是一个道理，一个原则，是范畴底统一所表象的最普遍的性相，并不是具体的现象（存在物），所以这是可思而不可感的。在这里，亦不能说它可以为纯智的直觉所给与，因为它不是一个实物（有实义的自在物），它是统觉底统一之所施设，以范畴去统思之所投射，这是由反显我们的知性之超越性而可以先验地知之者。这不是纯智直觉上的东西，乃是思想之自发性上的东西。④

---

① Sebastian Gardner, *Kant and the Critique of Pure Reason* (New York: Routledge, 1999), p. 281.
② 牟宗三：《智的直觉与中国哲学》，台湾商务印书馆，2000，第 122 页。
③ 牟宗三：《智的直觉与中国哲学》，台湾商务印书馆，2000，第 95 ~ 96 页。
④ 牟宗三：《智的直觉与中国哲学》，台湾商务印书馆，2000，第 95 页。

超越的对象在知性的超越的运用的角度来说，是"无"，因为它不是对象，并不意指一存在物，但因为它是对象之成为对象的根据，所以它不是一绝对的虚无。由这个角度看来，我们确实没有办法将物自身与超越的对象在康德的系统内部分判清楚。物自身因为不呈现为对象的含义，所以，在这个意义上，物自身同样是"无"，因其没有任何的规定性。

这样，物自身之为一真实的存在，还是一个"无"；物自身之为一单数形态的存在，还是复数形态的存在，在《智的直觉与中国哲学》中，因为牟先生对于物自身的阐发还未真的达到清晰明确的地步，所以变得模糊不清，成为无法解决的问题。而这些问题，唯有在《现象与物自身》中才有可能得到解决。

牟先生在《现象与物自身》中，对物自身的表述更加圆融。物自身直接被表述为一个"价值意味"的概念。

> 依康德，物自身之概念似乎不是一个"事实上的原样"之概念，因此，也不是一个可以求接近之而总不能接近之的客观事实，它乃是根本不可以我们的感性与知性去接近的。因此，它是一个超绝的概念。我们的知识之不能达到它乃是一个超越的问题，不是一个程度底问题。物自身是对无限心底智的直觉而说的。如果我们人类无"无限心"，亦无"智的直觉"，则物自身对我们人类而言就只是一个消极意义的预设。可是，我们既可设想其为无限心底智的直觉之所对，则它不是我们认知上所知的对象之"事实上的原样"之概念甚显。纵使譬况地可以说原样，如说"本来面目"，亦不是所知的对象之"事实上的原样"，而乃是一个高度的价值意味的原样，如禅家之说"本来面目"是。如果"物自身"之概念是一个价值意味的概念，而不是一个事实概念，则现象与物自身之分是超越的，乃始能稳定得住，而吾人之认知心（知性）之不能认知它乃始真为一超越问题，而不是一程度问题。①

牟先生在《现象与物自身》中，直接由康德现象与物自身的区别之能否成立入手，说物自身是一价值意味的概念。在他看来，物自身有消极与积极两层含义。消极的含义就是对于人类知识之限制，"物自身好像是一

---

① 牟宗三：《现象与物自身》，学生书局，1996，第 7 页。

个彼岸。就人类的知识言，这个彼岸只是一个限制概念，此即康德所说只取'物自身'一词之消极的意义，即只说其不是感触直觉底一个对象而已。"① 在康德那里，物自身只表现为消极意义的存在，而在牟先生看来，如果物自身只是一个限制的概念，我们其实无法证成现象与物自身的区分。因为，消极意义的物自身只是一个逻辑推导的概念，在这个意义上，物自身是空洞无物的，假使要加以表述，只能表述为"物自身＝非现象"。由现象出发区分现象与非现象其实并没有任何意义。"如果以空洞无内容无真实意义的物自身为限制概念，比如说现象与'非现象'，非现象只遮不表，则亦挡不住人们以吾人所知的现象为物自身。……物自身既不稳定，则现象亦不稳定。这样，这超越的区分便不是显明可信服的，亦不是充分证成了的。"② 牟先生对于康德的这一批评有一定的道理。Sebastian Gardner 认为，对于康德，我们完全可以设想一种"没有物自身存在的超越的观念论（transcendental idealism without the existence of things in themselves）"。

考虑到康德所宣称的物自身之概念的晦暗不明，我们有理由去设想一下，假使放弃物自身概念，我们将会失去什么。在鼓吹这一念头的人看来，我们几乎不会失去什么，物自身概念对于康德哲学的重要性并不要求它自身的存在。他们声称康德对于我们的知识之本质的洞见，只是需要现象与物自身的对立在概念上的对立——而非存有论意义上的。物自身的概念从来没有被解释清楚，仅仅是被作为"非对象"（anti-object）被用作消极的目的。③

在这个意义上，牟先生认为，唯有物自身概念具有了积极的意义，现象与物自身的区分才能够被真的证成。而按照牟先生的看法，物自身概念如果要有积极的意义，唯有把物自身看作为一个价值意味的存在才能够成立。所谓价值意味的存在，即物自身"虽有限而可以具有无限性之意义，如是方可稳住其为物自身"④。在康德那里，物自身是由上帝之智的直觉

---

① 牟宗三：《现象与物自身》，学生书局，1996，第9页。

② 牟宗三：《现象与物自身》，学生书局，1996，第9~11页。

③ Sebastian Gardner, *Kant and the Critique of Pure Reason*（New York：Routledge，1999），p. 285.

④ 牟宗三：《现象与物自身》，学生书局，1996，第11页。

直观的，而上帝直观物自身即创造物自身，上帝为无限的存在，上帝所创造的物自身则为一有限的存在。在牟先生看来，如果物自身只是一个限定的有限的概念，我们就没有办法确定这一物自身为物自身而不是现象，即有限的物自身无法与现象有超越地区分，唯有我们在物自身之上赋予无限性的意义，物自身才是一个超越的存在。而这样的物自身是不能由知性、由现象逻辑的推论出来的，因为知性的逻辑推论并不能产生价值的存在，而唯有经由智的直觉直接地直觉之，由智的直觉推导出物自身作为一个价值意味的存在。

那么，由智的直觉如何判定物自身是一价值意味的存在，如此判定的物自身又究竟意味着什么。牟先生这样表述：

> 知体明觉是道德的实体，同时亦即是存有论的实体。自其为存有论的实体而言，它是万物底创生原理或实现原理，是乾坤万有之基，是造化底精灵。由此开存在界。
>
> "存在"是对知体明觉而为存在，是万物底自在相之存在，因此，即是"物之在其自己"之存在，不是对感性、知性即识心而为存在，即不是当作"现象"看的存在。①

可见，知体明觉（也就是性体与心体）本身一方面是存在的实体，是万物之存在的根据；另一方面知体明觉本身是明觉的含义，含有智的直觉为其用。这样，智的直觉呈现其自己就是呈现作为万物之本体的存在本身。这样，在智的直觉中，所呈现的就不是作为具体的存在的万物——也就是种种不同的存在者——而是万物之存在的根据，而这一根据就是万物之所以能存在的根据。这样，智的直觉所呈现的就是这一根据，而万物正是因为这一根据而成为真实的存在。所以，这一存在的根据是真正的"物之在其自己者"，是相对于现实存在的万物的"超越性"（transcendental）的存在，或者用牟先生的翻译是超绝的存在。这个意义上的物自身，才是价值意义的存在，因为唯有超越的才能具有价值。

智的直觉能呈现这一物自身，是因为智的直觉能呈现万物存在之本体，进而在这种对于本体的呈现中，物作为在其自身的存在而呈现出来。这样存在者对于智的直觉的关系就不同于现象对于人的感性与知性的关

---

① 牟宗三：《现象与物自身》，学生书局，1996，第92页。

系。知性与现象之间的关系，是认知的主体与作为对象的客体之间的关系。对于康德来说，所谓的现象，正是在存在者与人的关系之中才变成现象之存在的。而物自身并不是作为智的直觉的对象而存在的，因为知体明觉本身是万物存在的本体，知体明觉自身的发用而产生的智的直觉所做的只是呈现其自身，并不是作为对象出现的。在这种理解之下的物自身，其实已经与作为万物存在之根据的知体明觉很难分开了，牟先生直言：

> 物之用之神是因明觉感应之圆而神而神。明觉之感应处为物。此感应处之物既无"物"相，即无为障碍之用，它系于明觉而有顺承之用，故其为用是神用无方，而亦是不显用相之用也。明觉感应圆神自在，则物亦圆神自在也。故物不作物看，即是知体之着见也。此是将"物之在其自己"全系于无限心之无执上而说者。①

可见，这样理解的物自身其实已经变成了知体明觉之用。因知体明觉即为万物之存在之根据，即为宇宙万物存在之本体，知体明觉所发的智的直觉呈现其自身，就是呈现万物存在之本体，而万物在其存在本体之中呈现，则是万物之在其自己之本来。如此物自身不是别的，正是知体明觉之具体的呈现与发用。这样，其实物自身所意指的已经变成了万物存在之本体的发用。知体明觉为体，而物自身与智的直觉为用。

这样呈现的物自身只能是一个单数性的存在，因为，在这种呈现中，呈现的只是万物存在的根据，也就是我们前面提到牟先生在讨论朱子的理的时候所说的"存在之理"，而非"型构之理"。物自身并不负责区分不同存在者的"曲折之相"，因此，并不存在各种不同的物自身，从存在根据的角度来看，物自身都是同一的："盖此种直觉只负责如如地去实现一物之存在，并不负责辨解地去理解那已存在者之曲折之相。此后者是知性与感性之事，这是有'知'相的。"②

在这个意义上，牟先生其实对于康德的物自身概念，做了极大的改变，较之《智的直觉与中国哲学》中的表述，距离康德更远了，这里的物自身已经不再是康德意义上的物自身。

康德是由知性的超越的使用而推导出物自身的存在，是由现象出发，

---

① 牟宗三：《现象与物自身》，学生书局，1996，第114页。
② 牟宗三：《现象与物自身》，学生书局，1996，第100页。

设定现象背后必有一能作用于人的感性直观的存在物。所以，在康德那里，还是将物自身看作一具体的现实性的存在，物自身相对于现象来说，只是"超越的"（transcendental）而不是"超绝的"（transcendent）。而牟先生则是由万物存在的本体出发，由这一本体而说到物自身，这样，物自身就完全与现象以及人的知性无关，是完全与经验无关的存在，所以是超绝的存在。这样呈现的物自身，用海德格尔的话来说，是由存在者之存在的角度来着眼的。① 也就是说，牟先生是将目光由对象性的存在者直接转向了存在者的存在的根据，这种转向是一个根本性的差异，其根据则是中国哲学所认为的天道性命通而为一。正是在"天道性命通而为一"的理论结构之上，我们才能理解知体明觉（心体与性体）既能够作为道德创造的主体，又是宇宙万物存在的本体，唯有知体明觉作为宇宙万物存在之本体，智的直觉才能如如地呈现物自身。

不过，在这里，我们也可以看到，牟先生虽然对于物自身一概念的内涵做了极大的改变，但是它仍然沾染着浓厚的康德气息。他认为物自身不能理解为存在的本体，物自身仍然是一个自身具有一定限制的概念。这种理解，其实还是有从康德那里带来的知性的意味，而这种意味其实是与牟先生对于知体明觉的理解不怎么融洽的。从这个角度，也可以说，康德的物自身并不适合用来诠释中国哲学，但是，这不是因为牟先生误读了康德，而是因为康德的物自身限制了牟先生对于中国哲学的理论阐发。在后面对海德格尔的讨论中，我们将要证明，抛弃康德的物自身概念，而以海德格尔的"存在"（Sein）来理解牟先生物自身的这种变化，也许能够更好地阐发中国哲学的内涵。

不管怎么说，在牟先生对于物自身的阐释之中，存在从《智的直觉与中国哲学》到《现象与物自身》的理论变化过程。在前者中，物自身的理解更贴近于康德，虽然已经认定了由智的直觉直接呈现物自身，但是，物自身之含义还是由康德的进路来理解的，即由知性的超越的使用来理解的。这样理解下的物自身，更多的还是一个存在者层面的具体的规定性的存在。在后者中，对于物自身的理解的进路发生了逆转，更大限度地抛开了康德，直接由知体明觉的角度，由宇宙万物存在之本体的角度来说物自身。这样物自身就变成了本体的发用与呈现，就是从存在者之存在的角度

---

① 我们将在后面阐释海德格尔的时候，更加具体地分析这一问题。

来看物自身。正是牟先生对于物自身的阐释上的这种变化，造成了对物自身的理解上的种种含混与冲突。所以，对于牟先生体系中的物自身概念来说，应该分判清楚不同阶段的变化，也许就能帮助我们澄清很多疑难。

第四节   道德的形上学与两层存有论

分析清楚了牟先生的智的直觉与物自身的含义，我们即可以在此基础上了解他的两层存有论的辨析。

在"天道性命相贯通"的结构中，本心仁体既是道德创造的本体，又是宇宙万有存在的本体，中国哲学的存有论是只能由心体与性体向外讲出去的，存在者之存在的根据只能在人之心体与性体中寻找。我们前面分析了牟先生对于康德的自我概念的三层划分，在这三层划分中，作为超绝的真我的本体对应于中国哲学所说的心体与性体；作为知性主体的自我则等同于康德的统觉的综合统一所得到的主体，牟先生认为这只是一种认知主体；而作为现象存在的主体，则只是主体相对于认知主体而呈现的现象。

这样，依据不同的主体的划分，牟先生给出了一个两层存有论的结构。

> 依此，我们只有两层存有论：对物自身而言本体界的存有论；对现象而言现象界的存有论。前者亦曰无执的存有论，"无执"是相应"自由的无限心"（依阳明曰知体明觉）而言。后者亦曰执的存有论，"执"是相应"识心之执"而言。①

认知主体相对于现象的存在，认知主体虽然先经由被动性的感性直观接受感性杂多的材料，然后由概念与范畴进行综合统一，这个意义上，认知主体不是创造性的存在。但是，认知的对象，唯有在范畴的综合统一作用中，才能由感性杂多综合统一成具有自身同一性的对象，也才能被认知。这个意义上，认知主体给出了对象性的存在。而对于超绝的真我，也就是知体明觉来说，知体明觉就是宇宙存在之本体，知体明觉所用的智的直觉其直觉的"对象"就是知体明觉之自身的呈现，宇宙万物之存在就是知体明觉自身之发用。知体明觉给出了宇宙万物之在其自己的存在，即

---

① 牟宗三：《现象与物自身》，学生书局，1996，第39页。

是给出了物自身的存在。从这个意义上说，是由知体明觉开显了物自身存在的领域。两层存有论的基本建构由此而来。所以，牟先生进而说："识心之外无现象，真心之外无物自身。"①

两层存有论的意义还不止于此，其中还包含了价值意义上的判断。牟先生指出，知体明觉之超绝的真我才是真实存在的本体，而认知主体只是"良知坎陷"。

知体明觉之作为绝对的主体，必然是"在先的"，即在知性主体呈现之先。因为人之真实的存在首先是在本心性体的意义上的存在，人之"天命之谓性"所决定的存在的本体是本心仁体，即知体明觉。所以，知体明觉不仅是宇宙万物存在的本体，而且是认知主体得以存在的主体，认知主体在这个意义上也可以看作知体明觉之用。在知体明觉的智的直觉之中，智的直觉直觉物自身，智的直觉与物自身之间不是主体与对象的关系，在这里根本没有对象的存在。智的直觉与物自身同时呈现，而不是分别有作为物自身的对象以及作为智的直觉的主体，然后才在两者之间建立起关系。这样，在智的直觉之呈现中，没有对象的存在，也没有主体的存在，有的只是知体明觉之自身的发用，发用成智的直觉与物自身的一起呈现。在这个意义上，我们可以说，知体明觉与物自身二者是同一的，都是直接的呈现活动，这在认识的意义上是在认知主体与对象性的对立存在之先的，是后者能够发生的存在论上的基础。我们将在后面的部分，借用海德格尔的基础存在论，回到这个问题。在这种呈现之上，知体明觉留驻于其自己，把其自己当作一个对象来看待，在这个时候，知体明觉才作为主体呈现出来，这就是牟先生所说的："这一执就是那知体明觉之停住而自持其自己。所谓'停住'就是从神感神应中而显停滞相。其神感神应原是无任何相的，故知无知相，意无意相，物无物相。但一停住则显停滞相，故是执也。执是停住而自持其自己即是执持其自己。"② 与此相对应，物自身也才作为一对象性的存在对立于认知意义上的主体。在这个时候，才能讲执的存有论。

所以，牟先生的两层存有论最重要的意义在于，确立了知体明觉对于认知主体的优先性，知体明觉与物自身之间的关系是认知主体与对象性存

①　牟宗三：《现象与物自身》，学生书局，1996，第40页。
②　牟宗三：《现象与物自身》，学生书局，1996，第123页。

在的关系所以可能的基础。回到康德，我们可以看到，对于康德来说，认知主体与对象性存在之间的关系是康德的批判哲学所以能开始的起点，也是康德继承传统的形而上学而来的，被接受为不言自明的理论的起点。所以，认识关系在康德那里是基本性的，并且是真实存在意义上的最基础的实存。然而，在牟先生两层存有论的架构之下，认知关系就变成了一种衍生性的关系，既然是衍生性的关系，就不具备绝对的价值。所以，在牟先生的道德的形上学的理论体系内部，作为认知关系的执的存有论，是在价值上处于附属地位的，一方面，它是由知体明觉"自我坎陷"而来的，知体明觉对于认知主体的存在有着内在的需要；另一方面，认知主体又是"有而可无"的。

> 此步开显是辩证的（黑格尔意义的辩证，非康德意义的辩证）。此步辩证的开显可如此说明：（1）外部地说，人既是人而圣，圣而人（人而佛，佛而人，亦然），则科学知识原则上是必要的，而且亦是可能的，否则人义有缺。（2）内部地说，要成就那外部地说的必然，知体明觉不能永停在明觉之感应中，它必须自觉地自我否定（亦曰自我坎陷），转而为"知性"；此知性与物为对，始能使物成为"对象"，从而究知其曲折之相。它必须经由这一步自我坎陷，它始能充分实现其自己，此即所谓辩证的开显。它经由自我坎陷转为知性，它始能解决那属于人的一切特殊问题，而其道德的心愿亦始能畅达无阻。否则，险阻不能克服，其道德心愿即枯萎而退缩。①

牟先生有感于中国哲学单纯地强调本心性体之不足，着意强调知性的重要，所以特别喜欢谈"辩证的曲达"②。他将认知主体的出现看作知体明觉自身的内在需要。这就是他在《心体与性体》中谈到道德问题的时候所提出的知识对于道德问题的必要性。正因为知识对于道德行为的完成与实现有着必要性，所以，知体明觉自身才需要转化为认知主体，以成就知识。然而，这一认知主体毕竟是对知体明觉的背离，一旦认知主体出现，知体明觉就不再是知体明觉自身，而成为限于对象性关系中的认知主体，这样道德主体就被遮蔽起来，不再呈现为自身。所以，人又必然回归于此

① 牟宗三：《现象与物自身》，学生书局，1996，第122页。
② 牟宗三：《现象与物自身》，学生书局，1996，第123页。

道德主体，回归于知体明觉。因此，认知主体在完成了自身的使命之后，在构成了道德行为所需要的知识之后，又必须被消解掉，或者如牟先生所说的："它们既是权用，则仍可把它们化而归于知体明觉之感应而不失知体圣德之本义。"① 这里，我们可以看出，牟先生认为，知体明觉虽然会因为转化为认知主体而被遮蔽，但是，并不影响其存在，只要我们能时时警醒，认识到认知主体的衍生性的含义，就可以重新唤起知体明觉。而在这个时候，知体明觉与认知主体可以同时存在，认知主体可以成为知体明觉笼罩、指引下的认知主体。

牟先生的两层存有论系统，贯彻了他对于中国哲学的坚持，确立了道德主体对于认知主体的优先性，即确立起道德实践对于认识行为的优先性，并且，这种优先性是由存在论的角度建立起来的。所以，我们可以说，道德主体与认知主体的差异，是一种存在论上的差异。而这种存在差异的理论基础，仍然是建立在中国哲学"天道性命相贯通"的结构之上的。

但是，在这里，牟先生也遇到了几个他其实无法准确阐明的问题。我们在这里将涉及与两层存有论有关的问题，而这些问题其实是与牟先生整个理论体系的其他难点联系在一起的，我们将在下一节更为直接地揭示。

对于两层存有论来说，第一，无法解决的问题是知体明觉的"良知坎陷"，即知体明觉转化为认知主体的必然性。这种必然性，牟先生是用黑格尔的辩证法否定之否定的结构来解释的。知体明觉要成就自身，必须经历否定之否定的过程。而认知主体对于知体明觉的意义，是根据与知识对于道德实践的意义而言的。这样，认知主体的存在就变成了一种基于需要的设定，无法在存有论的角度给出其存在的必然性。因为在两层存有论之中，我们只能给予无执的存有论以必然性的存在，并且是有价值意味的存在。如果认知主体的开出只是为了成就知体明觉的需要，则其在存有论上就不是必然存在的。但是，这显然与我们的常识有矛盾。在康德那里，我们根本上就是生活在认知主体与客体存在的关系之中的，认知主体显然是存有论上的事实，或者说，牟先生所谓的执的存有论在康德的系统中，恰恰是本质性的存有论。

---

① 牟宗三：《现象与物自身》，学生书局，1996，第177页。

　　第二，如果知体明觉可以统摄认知主体，即知体明觉与认知主体可以同时存在，那么牟先生究竟在何种意义上可以说知体明觉与认知主体可以同时存在，这二者在同时存在时，又各自表现为什么状态。

　　第三，牟先生虽然是由知体明觉与物自身的存在讲起，而知体明觉在牟先生那里显然是道德创造的主体。但是，经过我们上面的讨论可以看出，牟先生其实是在存有论的意义上理解知体明觉。即知体明觉与物自身的关系，是存有论上的关系，知体明觉可以给出物自身的存在。道德的意义在这里就不再彰显出来。

第五节　本章的结论

　　现在，我们可以来回顾一下牟宗三与康德之间的关系了。对于康德与牟宗三之间关系的研究，常常着眼于牟宗三在多大程度上符合或者背离了康德，以及牟宗三引用康德哲学来重新阐释中国哲学究竟适合还是不适合，这样的研究，其实在某种程度上，是把牟宗三看作一个哲学的研究者，而非一个哲学家来进行的。如果我们转换一种视角，把牟先生看作一个创建了自己的系统的哲学家，那么康德在这里就变成了他借鉴的一个资源，至于他是否完整客观地展示了康德的思想，就变得没那么重要了。问题在这里变成了：第一，在西方哲学史的诸多大哲学家中，为何是康德吸引了牟宗三的注意力，或者说，牟宗三欣然接受康德的又是哪些方面；第二，牟宗三对于康德的概念究竟做了哪些改变，或者说，牟宗三与康德的差别究竟在什么地方，这些差别意味着什么；第三，这些差别将会将我们引向何方。

　　第一，康德究竟在什么地方吸引了牟宗三，使他认为康德哲学可以成为阐释中国哲学的适合的媒介。

　　最直接的原因与时代有关，源自康德考察人类理性的界限，在认知理性之外，为道德理性保留了一方空间。

　　中国五四新文化运动的很重要的后果，一方面是对科学主义的新信仰；另一方面是与此同步的彻底的反传统主义。传统的儒家思想遭到彻底的破坏，科学与民主成为唯一的价值判断的标准。当代新儒家有感于这一五四新文化运动以来新的形成的"传统"，力图重新建立起中国传统思想的地位。康德在人类的认知理性之外，为实践理性留出了空间。按照里夏克·克朗纳的说法，康德哲学可以被看作一种"道德意志论"。

> 正如时贤中的文德尔班（Windelband）曾经指出一样，康德哲学的伟大的原则性是在于他把人类意识之整体与世界观之整体中的最高位置预留了给意志（will）而不留给理智（intellect）。康德哲学根本上是一意志论倾向的（voluntaristic）。①

克朗纳认为，仅仅把康德归结为一种意志论是不够的，在康德那里，意志只能在实践理性的运用中，才能够得到充分的表述，意志本身无法在理性建构的形而上学中得到展现。

> 康德的世界观非常强调地指出，意志的形而上意义是不可能在有关意志之理论中获得充分的表述，而只能于意志的道德潜能之具体运用中显示。康德认为形而上学作为一理论性科学是不可能的，其原因恰巧在于人类生命的形而上的尊严是建立在其道德运作与道德潜能之上的。一切形而上学都必然地属于智性的，而都终将要把理智彰举，使其覆盖意志。②

一方面，意志是较之于理性更为根本性的存在，即道德的领域对于人类的生存来说较之于认识领域是更为根本的存在；另一方面，道德之所以可能的根据内在于意志自身，是意志自身将自己导向善的，这就是康德所说的"道德自律"。在这一点上，我们可以看到康德哲学与中国哲学在内在理路上的契合，牟先生也正是在这一点上，借用康德的自律道德来阐释中国哲学的天道性命，并且，在科学主义的领域之上，用现代化的哲学语言建构起儒家的道德的形上学。

间接的原因是对于人的理解。正如牟先生所说的，康德哲学有一个很重要的前提，即人作为一个有限的存在而存在。这一有限性意味着人无法直接把握世界本身以及那些超越性的存在。但是，康德的纯粹理性与实践理性都集中在人的存在上面，都是人所拥有的理性能力。在认知领域中的有限性，在道德实践领域却可以通过人对于绝对的道德法则的遵从实现无条件的存在。所以，克朗纳说："道德律令（作者注：对于康德来说）不

---

① 〔德〕里夏克·克朗纳：《论康德与黑格尔》，关子尹译，同济大学出版社，2004，第50页。
② 〔德〕里夏克·克朗纳：《论康德与黑格尔》，关子尹译，同济大学出版社，2004，第52页。

单只是生命中的一个确实的指标，而且，只要我们跟从此一律令，我们甚至会被引导而逾越吾人的存在之限制或跨越那知觉的或透过科学而为吾人所知的世界之限制。"① 康德通过他的实践理性，通过他对于绝对的道德法则的论证，建立起一个相对于认知世界来说的绝对价值意义的世界。在这里，康德哲学中特意彰显的是自然领域与道德领域之间的对比、必然性与自由之间的对比。而人正是沟通这两个世界的桥梁。"在康德的世界观里，人类乃是自然领域与道德领域这两个迥异的世界得以接触的枢纽点。人类乃是自野兽发展而来的生物有机体，然而人类之地位却远迈于生物。人类这一于时间上和空间上都是无关重要的自然中的被创造物乃是超感性世界的一员公民；透过其道德理性的力量，人类可以为他自己和为他的行为建立一种价值，而这种价值是超越了一切时间与一切空间的，而且能使他接触到一永恒存有。"② 虽然，在某种程度上，牟先生并没有意识到康德哲学所包含的这一可能性。在他看来，康德基本上还是局限在人的有限性之中。然而，我们可以看到，正是因为康德提出了实践理性的重要，正是因为康德经由他的实践理性展现了通达超越的存在者或者说永恒的价值的可能性，牟先生才能利用康德的架构讲出中国哲学所意指的人是一既有限而又无限的存在。或者说，牟先生对于康德哲学的这一发展，其实与康德自身的理论所能容纳的发展是契合无间的。

第二，对于这个问题的回答，也许更容易一些。经过我们前面的讨论，可以看出，牟宗三在"自我"、"智的直觉"以及"物自身"这三个重要的概念上都与康德所表述的有着极大的不同，而这三者之间的差异，如同牟先生自己指出的那样，都是围绕"智的直觉"产生的。在这一点上，我们不得不承认，牟先生确实有着惊人的洞察力，而这正是一个哲学家不能缺少的能力。对于这三个概念的理解上的差异，其根本的原因在于他们两人进入讨论的"进路"（approach）的差异，他们对于"世界"的基本理解的差异。而这两种不同的进路，如果简要地来说的话，可以表述为认识论的进路与存在论进路之间的差异。对于康德来说，在《纯粹理性批判》中所展现的哲学讨论，很大程度上被理解为一种认识论意义上的讨论，是关于认识之可能性的讨论，这对于新康德主义者特别重要。而牟先

① 〔德〕里夏克·克朗纳：《论康德与黑格尔》，关子尹译，同济大学出版社，2004，第62页。
② 〔德〕里夏克·克朗纳：《论康德与黑格尔》，关子尹译，同济大学出版社，2004，第71页。

生，在某种程度上，我们可以说他受到海德格尔的《康德书》的影响①，首先由存在论之奠基的角度理解康德。不过，这种影响也许可以更好地表述为一种启发，而不是简单的影响。也许正是海德格尔的康德阐释在某种程度上契合了牟先生立足于中国哲学之传统所可能产生的对于康德的理解。在牟先生早期的《认识心之批判》中，我们已经可以看到他对于康德向存在论方向阐释的端倪。以上提到的三个概念之间的差别，只不过是外在的表现而已。

展现在《纯粹理性批判》中的康德，面对的是认识论的问题。康德哲学讨论的起点是我们的经验。经验来自外在于人的客体对于人的感性能力的影响，因此形成了人的感性直观。而伴随着我们的每一个感性直观，每一个知性的对象的形成，都有"我思"的存在，这一思想着的我思，构成了康德的自我概念。可见，虽然"我思"的存在是伴随着每一个感性直观的出现而呈现出来的，但是，作为统一存在者的"我"的存在，对于康德来说，却是统觉的先天统一作用推论出来的结果。在这个角度，我们可以说，康德的自我是奠基在知觉的可能性之上的。与此同时，物自身同样来自于理性的推论。在我们的表象之外，必有存在者作用于我们的感性，而这样的存在者是我们无法直接把握的。这样，存在者对于人来说，就有两种形态的存在状态，一种是在与人的关系中存在，在这种关系中表现为现象的存在，而这只是相对于人的存在，是经过了人的感性的先天形式所作用之后的存在，这样的经过感性直观所呈现出来的现象已经不是外在于人的存在者的本来面目了；另一种则是不与人发生任何关系，作为在其自身的存在，这是我们永远无法把握的存在者。对于后者来说，即对于物自身来说，假使有一种能够对之形成知觉，能够通达他们的能力的话，则只能是智性直观。在康德那里，智性直观本身就是一个矛盾的说法。因为知性根本无法与直观连接起来。这样的智性直观，对于康德来说，只能归于上帝，因为上帝创造了世界，上帝在创造性中，可以直接给予其存在。上帝直观之就是创造之。

---

① 《康德书》即海德格尔《康德与形上学问题》（*Kant and The Problem of Metaphysics*）的简称。该书与新康德主义最大的差别即在于，把康德的《纯粹理性批判》首先由存在论之奠基的角度加以理解。参见 *Otto Poggler，Martin Heidegger's Path of Thinking*，Trans. Daniel Magurshak and Sigmund Barber（Humanity Books）第四章 "Phenomenology – Transcendental Philosophy – Metaphysics"。我们后面还会谈到这个问题。

　　可见，对于康德来说，所有的讨论都是围绕知觉展开的，康德的《纯粹理性批判》的根本问题也是"我们的知识如何可能？"知识如何可能的问题，其实已经包含了一个前提预设，即主体与客体的分离。只有在一个封闭意义上的主体与同这一主体对立的客体之间，才有可能谈得上知识如何可能的问题，知识在这里就意味着主体对于客体的认知或者把握。正是这两者的分离，主体如何能够超越自身，达到客体，才作为问题凸显出来。

　　主体与客体的分离，在康德那里，是作为前提被接受的，康德从没有意识到需要对此产生怀疑。所以，主体对于康德来说，至少在《纯粹理性批判》中就是认知意义上的主体，而主体所面对的，是能够呈现给主体的现象。

　　对于牟先生来说，整个进路是掉转的。牟先生的理论不是以认识行为为基础，而是建立在中国哲学传统的"天道性命相贯通"的理论结构之上。在"天道性命相贯通"的理论基础之上，问题就不是认识如何可能，而是如何在道德的实践行为中成圣。这样，认识论的问题就变成第二位的问题，首要的是要从人的生存的角度来理解形上学的意义指向。根据我们第一章的讨论，天道性命相贯通就决定了真实的本体既是道德创造的本体，又是宇宙万物存在的本体，而这一本体是内在于人的，是人之能够为人的本体。这样，牟先生就无法接受康德以认知主体作为人的本体的想法，而必须在此之上进而承认一个超绝的真我的主体。这一超绝的真我的主体是能够生发道德创造的本体，也是宇宙万物存在的本体，也就是中国哲学中所说的心体与性体。对于牟先生来说，这一真实的主体，才是一切讨论的出发点。正是因为这一主体在伦理与存在论上的双重的主体性，才可以说智的直觉，才可以由此智的直觉言物自身。因此，智的直觉在这里是直接与宇宙万物存在的本体相关，而并非如康德那样，是人的知性能力的僭越。真实主体相对于认知主体的优先性，决定了智的直觉相对于认知能力的优先性，认知能力成为唯有奠基在智的直觉基础之上才能出现的一种能力。康德意义上的物自身，在牟先生这里，则是直接由存在本体的角度来说的。物自身不是一个抽象的类型的含义，而是由作为双重本体的知体明觉所给出的宇宙万物存在的根据。牟先生显然认为，现象是奠基在物自身之上才能存在的。这种奠基不同于康德所意指的物自身作为对立于主体的客体对于人的感性认识能力的影响，而是一种视角的转换。物自身是处在先于认知主体存在的知体明觉之智的直觉之中的，物自身对于知体明觉来说，不是对象性的存在，二者实际上是统一在智的直觉之中，用中国哲学传统的讲法来说，智的直觉与物自身是一体之两面。唯有从这个角度理解物自身，才能诠释牟先生对于人能够具有智的直觉的证明。智的直觉所呈现的物自身，不是主体与客体对立意义上的客体，只能是由宇宙存在的本体的角度来看的存在者的根据。这种意义上的物自身，在认知行为之先，已经与知体明觉是统一的了，唯有这样，这一物自身才能不经由感性先天直观形式的接受，而成为在其自身的存在。

这一点在牟先生于《智的直觉与中国哲学》中，对于康德《纯粹理性批判》第一版中喜欢用的"超越的对象＝X"与物自身之间的严格的分判可以看出。对于牟先生来说，"超越的对象＝X"是知性推述的结果，所以是在认识论的视域中展开的概念，而非存在论领域的概念。因其只有认知的意义，而没有存在论的意义。在这个意义上，超越的对象X就不能成为牟先生由存在论角度展开康德阐释的一个环节，而这个角色唯有物自身（thing in itself）才可能充任。物自身相较于超越的对象X更贴近实存（existence），它设定了某种存在，即使是与人彻底无关的存在，但是，因其可以在存在论角度加以展开，所以，对于牟先生来说，才具有特别的意义。我们可以看到，牟先生在后面对于物自身这一概念的运用，抛开了认识论中的含义，而着重阐发它所能意指的存在论层面的含义。

可见，牟先生对于超绝的真我的设定，对于智的直觉、物自身的不同于康德的阐释，其根据在于中国哲学的"天道性命相贯通"的理论结构，而其意涵则在于，认定这一"天道性命相贯通"的结构是在认知行为之先的，是认知行为所以可能的基础。认识主体是奠基在伦理主体之上的。这样的一种结构是处在主体与客体对立两分之前的。在"天道性命通而为一"的结构中，作为人的主体的心体与性体是向着宇宙万物敞开的，心体与性体所表示的并非如康德一样的封闭的主体性，而是开放性。作为这种开放性基础的，正是中国哲学所讲的道体、性体、心体之间的同一。宇宙与人之间，并不存在需要靠认识论的批判才能够逾越的鸿沟，心体性体与宇宙万物之存在，原本就是合一的。

第三，牟先生奠基在中国哲学的"天道性命相贯通"的结构之上对于康德的阐释，带来了两个后果。

一方面，受到了许多学者的批评，学者批评牟先生误读了康德，进而批评牟先生以康德哲学来阐释中国哲学之不恰当。这一类的批评集中在牟先生所借用的康德的概念的"误用"之上。对于这样的批评，其实可以在某种程度上给以响应。也许事情正如 Sébastien Billioud 所说：

> 在这里我仅指出一点：牟试图将他的哲学与西方哲学，特别是康德哲学结合起来的决定，迫使他不得不从一个另外的传统借用大量的语义。而在阅读牟的著作时，困惑与误读的最大的根源即是在于，试图严格的在这些重要的概念原本的语境中描绘它们的含义。牟的超越（transcendence）概念在这个问题上给了我们一个很好的启迪。如果我们只是严格的在西方的阐释中理解它，那么超越这一概念（在牟的思想中）的含义将是无法理解的。这里回复到它的使用的语境是绝对必要的。我将指出，如果我们能够同时关注牟的思想中另一个重要的概念——智的直觉，超越概念将会得到更好的理解。①

笔者完全赞同 Billioud 的这一主张，也许回归牟先生自身的叙述脉络之中，才能帮助我们更好地理解牟先生借用西方的概念所希望表达的思想。

不过，这种"同情的理解"并不意味着遮蔽牟先生的康德阐释中存在的问题。在某种程度上，正是这些学者指出的问题，展现了牟先生自身的体系内部所无法解决的问题；

另一方面，我们也可以看到，康德哲学的结构虽然在积极的意义上，使牟先生能够以分析的、用现代哲学的语言将中国哲学以逻辑的方式讲出来，但是，在消极的意义上，康德哲学的结构也限制了牟先生真正地讲出中国哲学天道性命相贯通的真实意涵。

（1）学者的批评集中表现在牟先生对于"智的直觉"以及"物自身"两个概念的理解之上。

邓晓芒教授在近年出版的著作中对牟先生的批评，可以看作以"智的直觉"为核心的批评的代表，在他看来：

> 牟宗三对康德这一概念的理解是不准确的，他从康德的这个概念

---

① Sébastien Billioud, "Mou Zongsan's problem with the Heideggerian interpretation of Kant," in *Journal of Chinese Philosophy*, Volume 33, No. 2, June 2006, pp. 225 – 247.

（作者注：智性直观）过渡到中国哲学的立场是不合法的，是经不起康德"批判哲学"的检验的。在中国哲学的意义上承认"智的直觉"，是从康德的批判的高度退回到非批判的、独断论的陷阱。①

在他看来牟先生并没有真正理解康德所说的"智性直观"的含义，在牟先生阐释智性直观的时候，犯了两个错误。其一，不了解康德之前以及之后的发展，认为西方根本没有智的直觉的传统。

因此，牟宗三要想在这上面做文章，证明"智的直觉之所以可能，须依中国哲学的传统来建立。西方无此传统，所以虽以康德之智思犹无法觉其为可能"，这种看法是毫无根据的，如果不是对西方哲学的传统一无所知，就是对"智性直观"一词赋予了与西方人（包括康德）的理解大相径庭的解释。因此，只要不是无视西方从柏拉图到胡塞尔的整个哲学传统，牟宗三就必须将中国传统中被他命名为"智的直觉"的观点与康德所说的同名观点加以基本的区分。②

其二，将智的直觉归于上帝的一种功能。"在义理上牟宗三也对康德的思想作了一种误释，其中最主要的就是把'智的直觉'明确归于上帝的一种功能"③。

对于邓晓芒教授的这两个批评，我们可以在牟先生的系统内部给以简单地回应。牟先生对于智的直觉之言说，很重要的一点在于，人能否具有智的直觉。所以，他所说的必须根据中国哲学的传统开出智的直觉，指的是开出人能够具有智的直觉，而并非指的是西方哲学中没有智的直觉。对于康德来说，人是根本上有限的存在，所以，人不可能具有智的直觉。即便是胡塞尔的所说的人具有的"范畴直观"（Categorial Intuition）概念，也不同于牟先生所说的智的直觉。

胡塞尔的范畴直观，指的是在现象学的方法之上，所能够实现的绝对的"看见"（seeing），在这种绝对的"观看"中包含的绝对的"被给予性"（giveness）的东西。这种意义上的绝对被给予性，是彻底"内在的"

① 邓晓芒：《康德哲学诸问题》，三联书店出版社，2006，第298页。
② 邓晓芒：《康德哲学诸问题》，三联书店出版社，2006，第302页。
③ 邓晓芒：《康德哲学诸问题》，三联书店出版社，2006，第304页。

(immanence)。在这里，内在的指的是："在直接地看（seeing）中绝对的、清楚的自身给出的东西。"① 所以，胡塞尔的范畴直观是将存在者是否存在都悬置起来，存而不论的基础之上，才可能的。范畴直观是针对胡塞尔所谓"超越的知觉"（transcendental apperception）来说的。而这种超越的知觉是康德哲学没有的。

> 确实，康德意义上的由综合统一来定义的超越的直观是没办法给予观看（seeing）的，它是不能被直观的。在康德那里，只有空间与时间——感性的先天形式——是纯粹的直观，是可以在直接的在看中被纯粹给予的，而先天的概念，范畴，与先天的知性原则一起都是没办法在直观中被给予的，都不会提供给看，因此仍然是神秘的。胡塞尔通过指出超越的直观重新刻画出的现象学的内在性，才从康德在这里的灰暗不明中解放出来，他指出（a）这种内在性是可能性与合法性的先天条件的领域并且（b）这种条件是可以直接在一种看中被给予的，而这种看并非是经验意义上的看。相对于康德，这里对于先天（a priori）概念发生了改变、不仅仅是空间与时间是在纯粹先天直观中有价值的，并且所有的能知以及被知的——它们的各种不同的环节——包括他们表现在其中的逻辑形式，都是可以在纯粹先天直观中有意义的。②

可见，在胡塞尔那里，他所意指的范畴直观，是不包括"存在"（existence）这一含义的；而在康德那里，智性直观在某种意义上，包含了"存在"；同样，在牟先生那里，智的直觉也包括"存在"。所以，即便是胡塞尔的范畴直观概念，即便胡塞尔认为人能够具有这一范畴直观，仍然不同于康德的智性直观，在这个意义上，牟先生说智的直觉（智性直观）概念唯有在中国哲学传统中才能产生，并非没有道理。关键在于，牟先生所意指的智的直觉之有无，不是说这一概念的有无，而是人能否具有智的直觉。

对于第二个批评的回应则在于，牟先生认为康德将智的直觉归属于上

---

① Jacques Taminaux, *Heidegger and The Project of Fundamental Ontology*, Trans by Michael Gender（State University of New York Press, 1991）, p. 9.

② Jacques Taminaux, *Heidegger and The Project of Fundamental Ontology*, Trans by Michael Gender（State University of New York Press, 1991）, p. 16.

帝，其实也只是一个虚说，是由智的直觉的创造性角度来说的，并非切实地认为康德承认上帝存在。在康德那里，人不具有智性直观，而如果要设定智性直观的存在的话，则可以归之于上帝，因为唯有上帝的直观是创造性的直观。牟先生从这个角度，说康德将主体分成了两个部分，而并非认定康德承认上帝之存在。所以，在这个意义上，邓晓芒教授批评"牟宗三说康德把'上帝只创造物自身而不创造现象'看作一种'根据神学'而来的'确知'，这从哪方面说都是站不住脚的"①，基本上也是站不住脚的。

　　但是，回应邓晓芒教授的问题，并不代表否定他的问题，我们承认邓晓芒教授在这里提出的问题是有意义的，只不过问题表述的重点可能出现了偏差，我们以上的回应，其实也并不能从根本上解决邓晓芒教授提出的问题。

　　牟先生与康德的差异，正如我们前面所说的，是由对于康德的自我概念的改造开始的。从超绝的真我的设定才能够谈智的直觉，才能够谈物自身。牟先生确实对于康德的智的直觉以及物自身的概念的内涵都做了改变，只不过，这一改变不是邓晓芒教授所指出的那样。牟先生是在康德认知主体之外，根据中国哲学的传统设定了另一个超绝的真我作为主体，在"天道性命相贯通"的架构之下，由存在论的角度，谈到了智的直觉与物自身。这个意义上的智的直觉与物自身，确实不是康德的系统内部能够容纳的，牟先生自己也无法在康德哲学内部做出令人满意的解释。牟先生并非因为缺乏批判精神，而忽视了这一存在的一种理论上的跳跃。他已经尽可能地利用康德哲学来厘清、阐发中国哲学中的心体与性体的观念。

　　在我看来，牟先生立足于中国哲学的"天道性命相贯通"的理论结构所阐发出来的形上学思想本身是超出康德哲学之外的，对于存在论的讨论，这已经不是仍然将存在问题当作自明的前提，建筑在封闭的主体与对立的客体之间的分离之上的康德哲学所可以阐发清楚的问题。然而，牟先生又力图利用康德哲学的基本概念来阐发中国哲学的问题，这样，两者之间的不融洽性所带来的问题展现出来，就表现为确实如邓晓芒所说的，牟先生对于智的直觉的肯定变成了一种独断论的判断。所以，如果我们仅仅局限在牟先生自身的系统之内，或者仅仅以康德哲学为基础，确实没办法回避邓晓芒如下的批评：

---

　　① 邓晓芒：《康德哲学诸问题》，三联书店出版社，2006，第310页。

　　牟宗三的全部哲学思考都是立足于中国哲学而去思考西方哲学、康德哲学的。但由于他没有吃透康德哲学的批判精神，他把中、西哲学的取舍都完全看作是一个独断论的问题，一个先入之见的立场问题。……因而他也不关心他所认为的"中国哲学传统"断言人有智性直观这一基点是不是经受得住批判的检验，即他不像康德那样去追问：人何以可能拥有智性直观？他所关心的只是，如果像康德那样承认人不可能具有智性直观，那就不得了。①

　　牟先生对于智性直观的判定，当然不是如邓晓芒教授所说的这样简单，相反，我们正是在这里才可能发现新的哲学所可能出现的原点。但是，仅仅依靠康德哲学确实很难给出一个能够令他满意的答案。毕竟康德哲学还是以认识行为为中心展开论述的。当然，我们这里可以先为肯定的一点是，"牟先生的全部哲学思考都是立足于中国哲学而去思考西方哲学、康德哲学"，在我看来，这非但不是牟先生的错误，反而恰恰是牟宗三之所以重要之处。

　　如果说邓晓芒教授对于牟先生的批评在某种程度上带有一定的先入之见，有些操之过急的话，那么来自中国哲学内部的批评则更有价值。这一批评的方向以冯耀明先生为代表。冯先生在他的《"超越内在"的迷思——从分析哲学观点看当代新儒学》一书中，对当代新儒家的整个义理结构做了细致全面的批评，澄清了很多当代新儒家在概念分析上的迷雾，指出了新儒家体系内部的困境。

　　针对本文所主要关注的牟先生的思想，冯先生的批评主要表现为两个方面。

　　其一，当代新儒家对于传统儒家思想的理解存在"扭曲"或者"变易"。

　　孔子强调道德内省而未有明显的"主体"观念，孟子竖立"道德主体"而未有明显的通贯天人的"宇宙心体"概念，至宋明儒始明显言"天道性命相贯通"。当代新儒家继之而起，将此"天人一体之心性"纳入"超越内在"或"内在超越"的模式之中，不免与泛神论或神秘主义为邻。其中熊十力的"草木瓦石同此心"之说更可能会引出"良知无用"和"气质命定"的危机，背离孔孟的"人禽之

―――――――――――――

① 邓晓芒：《康德哲学诸问题》，三联书店出版社，2006，第 311 页。

辩"的大义。孔孟儒学之真精神若套在"天人合一"的模式之下，恐怕会有所扭曲或变易，而难有健康的发展。自宋明以来，儒者多有"出入佛老三十余年，退而求诸六经"，当代新儒家更多有"出入佛老及德国唯心论三十余年，退而求诸六经"，其中六经的真义与孟子的真精神如何被"创造地继承"或"创造的转化"，恐怕值得大家再三思考。①

冯先生的这一批评与质疑无疑是一个重大的问题，关系到如何理解儒家思想的根本内涵以及当代新儒家对于儒家思想的继承与发展，这已经大大超出本文处理的范围了。

其二，冯先生所说的"概念移植的问题"即牟先生在借用以至改造康德哲学来阐释中国哲学的过程中遇到的问题。冯先生在书中分别针对牟先生的"物自身"与"智的直觉"两个概念提出了一系列的问题。

关于物自身：

1. 物自身是否为形上实体之问题；
2. 物自身为体或用之问题；
3. 物自身是否含有气之问题；
4. 物自身对现象的别异作用之问题；
5. 物自身影响感性之问题；
6. 物自身的个别性与具体性质问题；
7. 物自身的客观实在性之问题；
8. 物自身与理气的关系之问题；
9. 物自身为事实上的存在或价值意味的存在之问题；
10. 物自身与缘起法之问题；

关于智的直觉：

1. 智的直觉的创造性之问题；
2. 智的直觉与玄智、圆智之问题；
3. 智的直觉与能所不二之问题；

---

① 冯耀明：《"超越内在"的迷思——从分析哲学观点看当代新儒学》，中文大学出版社，2003，第73页。

4. 形上学的存在与知识论的存在之问题；

5. 只有上帝才有智的直觉之问题。

　　冯先生的所指出的这些问题，在牟先生的阐释之中，都是存在含糊性的。以物自身为例，我们前面的讨论已经指出，对于牟先生来说，他对物自身这一概念的理解，其实经历了两个不同的阶段，在《智的直觉与中国哲学》中，还是更符合康德意义的理解；然而，在《现象与物自身》中，他对于物自身的阐发，已经超出了康德哲学所能够容纳的理论空间，已经不再是康德意义上的物自身了。而牟先生仍然以康德的物自身而名之，仍然在康德的哲学架构之中阐发物自身，就会产生以上冯先生所指出的这些含混不清。而问题的根源在于认识论视域中阐发的物自身与存在论视域中阐发的物自身概念在含义上的差别，唯有意识到这一差别，才能看清牟先生对于康德物自身概念的含义的转化，也才能在牟先生自身的语境中，更好地理解物自身这一概念的含义。在我看来，牟先生的思想中遗留的这些未能解决的问题，是由于康德哲学与牟先生所坚持的天道性命相贯通的思想之间的差异造成的。从这个意义上说，正如冯先生所指出的，康德哲学未必适合用来阐发中国传统的儒家思想。唯有不再依康德哲学中的物自身来了解牟先生所说的物自身概念，才有可能响应冯先生准确地指出的这些疑难，牟先生所"建立"的"天道性命通而为一"的哲学系统才可能得到更为融洽的解释。

　　（2）前面对于牟先生与康德之间思想上的差异，以及对于牟先生的批评的讨论已经可以向我们表明，继续在康德哲学的架构内部来阐发牟先生的思想进而阐发中国哲学已经遇到了无法解决的困难。这种困难召唤着我们寻找一个新的阐释的可能性。牟先生与康德之间的差异，其实在某种程度上已经给出了这种可能性有可能存在的方向。这表现在以下几个方面。

　　第一，存在论的探究。牟先生受康德的影响，对于天道性命相贯通的阐释，已经由道德伦理的层面进到了存在论的层面。天道性命相贯通中的本心性体已经不单单是道德创造的主体，在牟先生借用康德哲学来阐释中国哲学的时候，更重要的变成了宇宙万物存在的本体。牟先生是从道德哲学的立场出发，其理论则是向着存在论发展的。因此才有他所谓的"道德的形上学"——由道德的本体建立起来的形上学，这种形上学最终是包括存在论在内的。其实我们可以把道德的形上学看作道德的存在论。

第二，思想进路的变更。我们可以看到，无论是牟先生所说的物自身还是智的直觉，都是在存在论的层面展开的论述。而牟先生的这种存在论视角已经与康德不同。认知能力在康德那里是作为前提被接受的，而牟先生的讨论恰恰可以看作对这一前提的讨论。对于康德来说，最为根本的分离是封闭的主体与作为对象的客体之间的分离。而在牟先生那里，因为存在物自身与智的直觉的同一，根本性的分离变成了一方面是知体明觉与认知主体的分离；另一方面是物自身与现象之间的分离。视角由主客体的分离变更到了主客体分离之前的存在状态。由在知识论层面探讨认知行为如何可能变更到了对于认知行为的奠基基础的探究。

第三，道德实践的起点。康德是以认知行为作为他的哲学讨论的起点，而在牟先生这里，最为切近的则是人的道德实践行为，在牟先生看来，人首先关注的并非如何认知外在世界，而是自己的德行，人首先面对的是自己然后才是外在世界。认知行为是作为道德行为的"助缘"才有其价值的。

如果我们阅读海德格尔的著作，特别是前期海德格尔（1930年前），可以看到，康德哲学一直是海德格尔关心的一个题目。特别是在《存在与时间》（1927年）① 发表前后，海德格尔在马堡讲座时期大量讨论康德哲学，如1927年的《现象学之基本问题》②，以及1927~1928年的《康德与形上学问题》③。可以看到，我们前面所指出的牟先生与康德之间的差异，与海德格尔对于康德的阐释方向是一致的，也许我们可以在海德格尔的理论语境中重新审视牟先生的"天道性命相贯通"的理论结构，而康德哲学可以充当其间的桥梁。

① Marting Heidegger, *Being and Time*. trans. John Macquarrie & Edward Robinson（Blackwell, 2004）. 参见《存在与时间》，陈嘉映译，生活·读书·新知三联书店，2000。以下引用本书的时候，将以缩写"BT"出现，引用的页码将标明在后面，以"/"分开，其中前面为英译本页码，后面为中译本相应的页码。

② Martin Heidegger, *The Basic Problems of Phenomenology*. trans. Albert Hofstadter（Indiana University Press, 1988）. 本书中译本见马丁·海德格尔《现象学之基本问题》，丁耘译，上海译文出版社，2008。以下引用本书的时候，将以缩写"BPP"出现，页码标注原则与"BT"相同。

③ Martin Heidegger, *Kant and the Problem of Metaphysics*. trans. Richard Taft（Indiana University Press, 1997）. 以下引用本书，将以缩写"KPM"出现，页码标注原则与"BT"相同。

第三章 海德格尔的康德阐释与基础存在论

通过上一章的讨论，我们已经可以看出，康德的哲学系统与牟先生所坚持的源自中国哲学的天道性命相贯通的传统之间，产生了无法解决的矛盾。而这一矛盾，既使牟先生对于康德的阐释被人诟病，又造成牟先生自己对于天道性命相贯通的阐发不能够得到更为完美的理解。这已经造成了合则两伤的局面，我们会感到有需要重新寻找更为契合的阐释路径来重新阐发牟先生的整个思想系统，进而希望在新的基础之上，重新阐发中国哲学的思想内涵。

在上一章的结尾，我们已经提前将牟先生与康德之间的差异归结为存在论的进路与认识论的进路之间的差异。这样做的前提是，我们已经认为可以从前期海德格尔的"基础存在论"（fundamental ontology）的视角来看待牟先生的思想，或者，换句话说，海德格尔的基础存在论较之康德哲学在某种程度上（在建构一个完整的形上学系统的程度上，而非道德哲学的层面上。这一点我们将会在将来的讨论中，加以说明）能够更好地阐发牟先生的思想系统。本章希望在海德格尔的基础存在论之上，以前期海德格尔所阐发的 Dasein 的生存结构："在－世界－之中－存在"（being－in－the－world）的基本结构，给出一种重新理解牟先生的"天道性命相贯通"的理论结构的可能性，并且讨论他们之间的差异。

第一节 牟宗三与海德格尔

牟先生在他的《智的直觉与中国哲学》一书的序言中说："我写此书底动机是因去年偶读海德格的《康德与形上学问题》（*Kant and the Problem of Metaphysics*）以及《形上学引论》（*Introduction to Metaphysics*）两书而始有的。"① 此序言写于 1969 年 10 月，则牟先生读到海德格尔的这两本

---

① 牟宗三：《智的直觉与中国哲学》，台湾商务印书馆，2000，序第 5 页。

书在 1968 年。牟先生对于海德格尔的接触则要更早于这一年,在此之前,牟先生应该直接接触过海德格尔的最重要的作品《存在与时间》,然而对之没有太大的兴趣。

在《智的直觉与中国哲学》中,牟先生专列一章批评海德格尔的"基础存有论",在结尾的时候,表达了他对《存在与时间》的看法:

> 我初极不了解其实有论之实义与确义究何在。及至读了他的《形上学引论》以及《康德与形上学问题》两书后,始恍然知其立言之层面与度向以及其思路之来历。他的思想之界线与眉目既明朗而确定,则我即可作如上之论断。其思想号称难解,彼以为鲜能得其意。实则大皆由于不了解其思想之界线与眉目而然。如果一旦了解了,则亦无难。其《实有与时间》一书的确难读,无谓的纠缠缴绕令人生厌。固时有妙论,亦大都是戏论。若了解了其立言之层面与度向,则他的那些曲折多点少点并无多大关系。我亦不欲尾随其后,疲于奔命,故亦实无兴趣读完他这部书。但我仔细读了他的讲康德的书。①

比这更早,在后来结集出版的大体写于 20 世纪 50~60 年代的文集《道德的理想主义》一书中,牟先生已经表现出对于海德格尔以及萨特的了解,并且在《论无人性与人无定义》一文中,牟先生批评了萨特的人无定义的思想,并且将海德格尔看作与萨特一样的存在主义的代表。但是,牟先生在某种程度上意识到了海德格尔与萨特之间的思想差别,他说:"凡今日存在主义者,如萨特利、海德格等,都是想在逻辑定义以外而另行考察真实的人生。这是对的。然如萨特利那样(海德格不如此),必否决人性,必以为人不可定义,则轻浮而悖矣。"② 牟先生在这里认为,海德格尔的思想并不会像萨特那样发展到否决人性的结果,但是,两者并没有具体的分疏。结合前面提到的他对于海德格尔思想了解的过程,可以想见,这个时候的牟先生对于海德格尔的思想还没有真正地了解。然而,他对海德格尔抱有很大的同情。在稍后的一篇文章《论"上帝隐退"》中,牟先生对海德格尔表现了更多的好感。他直接引用海德格尔对霍德林(Holderlin,现译作荷尔德林)的阐释作为主题,展开对现时代思潮的

---

① 牟宗三:《智的直觉与中国哲学》,台湾商务印书馆,2000,第 367 页。
② 牟宗三:《道德的理想主义》,学生书局,2000,第 124 页。

批评。

通过上面的描述，可以看出，牟先生较早地接触了海德格尔的思想，但是他早期对海德格尔的接触，还处在不那么具体了解的情形中。他对海德格尔的了解，主要集中在前面提到的两本书，特别是《康德与形上学问题》。牟先生在《智的直觉与中国哲学》中，对《康德与形上学问题》进行了大量的讨论，对《形上学引论》则只有很少的涉及。正如牟先生自己提到的，正是这本书让他了解了海德格尔整个思想的"层面与度向及其思路之来历"。

他完整翻译了海德格尔《康德书》①的第 16 节"有限理性的超越性之解明就是超越推述之基本目的"（作为超越推述之基本目的的有限理性之超越性之解明）、第 25 节"超越层与形上学一般之奠基"以及第 5 节的部分"知识的有限性之本质"。并且在书的结尾，他极力称赞了《康德书》的其他几节：

> 其余各段§26 作为存有论的知识之形构中心的超越想像，§27 作为第三基本机能的超越想像，§28 超越想像与纯粹直觉，§29 超越想像与理论理性（综此两段，超越想像是感性与知性这两支底共同之根），§31 建立起的根据之基础的根源性以及康德之从超越的想像而退回，§32 超越的想像以及其与时间的关系，§33 超越想像之固定的时间性，§34 当作纯粹的自我感应（自己影响自己）看的时间以及自我之时间性，§35 建立起的根据之基础的根源性与形上学问题，据我看，是无甚问题的，而且极精透，诚能说康德所欲说者，至少亦不能说他与康德相违反。小出入时或有之，然基本上是可通的。②

可以看出，牟先生对于海德格尔的康德阐释给予了大量的肯定。而且，正如我们在上一章曾经提到的，牟先生对于康德《纯粹理性批判》的解读，受到了海德格尔极大的影响，这影响表现阐释的存在论视角。

然而，牟先生对海德格尔的批评同样醒目。这一批评表现在两个方面。第一，是对海德格尔哲学的基本方向的批评。牟先生认为海德格尔的

---

① 《康德书》即《康德与形上学问题》。
② 牟宗三：《智的直觉与中国哲学》，台湾商务印书馆，2000，第 355 页。

问题在于，"不从康德所说的'超绝形上学'处建立他的存有论，但却从康德所说的'内在形上学'（Immanent - Metaphysics，域内形上学）处建立他的存有论"①。海德格尔这么做的原因，是他根本不愿意"陷于理想主义之圈套"。而在康德那里，理想主义的建立是以实践理性统驭理论理性，确立实践理性的根本地位。而康德之所以如此，是因为康德的形上学是"超绝的形上学"（transcendent metaphysics），人可以经由实践理性渗透到超绝的形上学之层面，而实践理性也唯有在超绝的形上学的层面才能够建立。

第二，牟先生对于海德格尔的康德阐释的批评。

与以上牟先生对于海德格尔的《康德书》的赞赏不同，他极力批评其中的第 30 节"超越的想象与实践理性"。超越的想象之能力是海德格尔《康德书》中的核心观念，是他用来表达康德《纯粹理性批判》中将感性与知性结合在一起的共同的根源。② 我们将会在后面的讨论中，回到这个问题。超越想象力通过"图式"（schematism）使得知性纯粹概念的感性化成为可能。而先验图式的纯粹图型是时间，这里的时间，是海德格尔用"源始时间性"（temporality）意义来表述的时间。而在第 30 节中，海德格尔试图证明，实践理性正如纯粹知性一样，植根于先验想象力之中。而牟先生无法接受海德格尔的这一推论，他借用卡西勒（Ernst Cassirer，又译为卡西尔）的话批评海德格尔在这里是以"篡窃者（usurper）的身份说话"，认为海德格尔将实践理性奠基于先验想象力之上，是对于康德的歪曲。

根据 Sébastien Billioud 的研究，牟先生对于海德格尔的康德阐释，最根本的问题即在于无法接受将实践理性与先验想象力结合起来所可能带来的后果之上。③ 对于牟先生来说，一方面，实践理性奠基在先验想象力之上，造成实践理性失掉了超越的性格；另一方面，先验想象力的时间性，使得牟先生将海德格尔的基础存在论看作仅仅关乎现象界的存在论，而没有超越的维度。而这两点对于牟先生所坚持的中国哲学的"天道性命相贯通"的理论结构来说，对于中国哲学所坚持的超越性的"性体""心体"的存在来说，都是无法接受的。而这一问题的根源还在于牟宗三对于海德

---

① 牟宗三：《智的直觉与中国哲学》，台湾商务印书馆，2000，第 348 页。

② 参见 Heidegger，*Kant Book*。

③ 参见 Sébastien Billioud，*Mou Zongsan's problem with the Heideggerian interpretation of Kant*。

格尔的批评，即海德格尔基础存在论仅仅是康德意义上的内在形上学，没有超越的层面。如果用中国哲学的语言来表述，牟先生认为：

> （海德格的基本存有论的思路）这个思路只是中国普通所常说的一句话，即"诚于中形于外"，或"有诸中者必形于外"。……海德格的"诚中形外"自是实然地说，但不是《大学》之劝诫的"实然地说"，当然更不是称体而说，因为他并不肯认一无限性的心体，性体，或实体，因为这是传统的路，是他认为要"历史地死去"者。他是现象学地自人之在这里（或在那里）而言"诚中形外"，有诸中者必显现于外。①

也许另一位现象学研究者对于这一问题的探讨能够给予我们更多的启示。倪梁康教授在他的《牟宗三与现象学》② 一文中，考察了牟宗三与现象学之间的关系。在他看来牟先生与现象学之间，存在一种"亲缘关系"。"在胡塞尔的'本质直观'与牟宗三的'智的直觉'之间所存在的绝不是一种对立的关系，而更多地是一种相似、相合的联系。"③ 这种亲缘关系也存在于牟宗三与海德格尔之间。然而，牟宗三对海德格尔的兴趣却远远小于他对胡塞尔的兴趣。在他看来，牟先生的思想在很多方面其实与海德格尔没有分歧，分歧有一部分来自牟先生对于海德格尔的误解，这些误解的根源，是牟先生没有正面了解海德格尔思想中的"时间"概念，因为牟宗三与海德格尔对于"本体"或"存在"有不同理解。"处在中国哲学传统中和康德哲学影响下的牟宗三，是把'超越的形而上学'视为绝然的，因而也是超时间的（überzeitlich），所以牟宗三也把'transzendente Meta-physik'译为'超绝形而上学'；但在海德格尔这里，形而上学却是'有时间的'"④。这种"误解"的形成表面看来有两方面的原因。第一，牟先生对于海德格尔的了解基本上来自他的《康德书》，而《康德书》仅仅是海德格尔前期阐发康德哲学的作品，牟先生并没有从海德格尔的主要作品《存在与时间》去了解海德格尔的思想。第二，牟先生仍然是在康德哲学

---

① 牟宗三：《智的直觉与中国哲学》，台湾商务印书馆，2000，第 359～360 页。
② 倪梁康：《牟宗三与现象学》，《哲学研究》2002 年第 10 期。
③ 倪：《牟宗三与现象学》，牟宗三：《智的直觉与中国哲学》，台湾商务印书馆，2000，第 359～360 页。
④ 倪梁康：《牟宗三与现象学》，《哲学研究》2002 年第 10 期。

的框架内来了解海德格尔的，这一点，与卡西尔对海德格尔的批评是一致的。

　　牟宗三之所以对海德格尔的"时间"概念误解较深，一方面的原因固然在于他每每是从康德的立场出发来理解海德格尔的基本思想，把海德格尔看作是对康德的"注解者"（commentator）和"篡窃者"（usurper）。这与卡西尔（E. Cassirer）对海德格尔的批评是在同一个方向上，牟宗三显然也受到卡西尔的影响。尽管这种理解对于维护康德的思想或许是有效的，但对理解海德格尔本人的学说则是无益的。①

　　然而，深层的原因正如倪梁康所指出的，是二者对于本体与存在的不同理解。

　　由此我们可以看出，牟先生对于海德格尔《康德书》第 30 节的批评，同样是奠基在他与海德格尔对本体与存在的不同的理解之上的。在牟先生看来，形上学只能在超越的本体处建立，而这超越的本体是奠基在中国哲学的"超越的""心体"与"性体"之上。在这个意义上，海德格尔所说的"超越"（transcendental）显然与牟先生所意味的"超越"不同。对牟先生来说，依照中国哲学的传统，所谓"超越"意味着超出现实的层面，对于现实的层面有所批评，有所修正，是在现实层面之外建立起来的价值的层面。所以，假如我们以牟先生对于超越的理解来看，在海德格尔那里，并没有"超越"。即海德格尔并没有真正的"超越"现实人生的实然的层面。所以，在中文中，"超越"一词就像其字面上表达的那样，具有"超出""超拔""提升"的含义，表达某种"向上一机"，才能言真正超越。所谓超越，在牟宗三看来，未有能够跳脱出现实人生的、形而下层面的纠葛，用宋明理学的话来说，未有超出"气"的层面，"向上"进入"本体"的一面，则无所谓超越。这和我们用"超越"这个词来翻译"transdental"的含义，是不太一样的。

　　而造成这种结果的原因，在牟先生看来，是现象学方法对于人生哲学的不相应。

　　因此，最后，我可以说，对基本存有论言，现象学的方法是不相

---

① 倪梁康：《牟宗三与现象学》，《哲学研究》2002 年第 10 期。

应的。胡塞尔就准确知识言，这方法也许可以是相应的，就一般采用之以作客观的研究言，亦可以是相应的。唯讲人生哲学，就此建立基本存有论，则此方法便不相应。存在的入路是相应的，现象学的方法则不相应。①

牟先生所理解的现象学方法，结合了胡塞尔与海德格尔两者的思想，在他看来，胡塞尔与海德格尔对于现象学方法的定义是相同的，在胡塞尔那里，现象学方法表述为现象学的还原，"回到事物本身"；而对于海德格尔的现象学方法，牟先生是以《存在与时间》中第七节的阐发为依据的。在第七节中，海德格尔将现象学一词定义为："去让那展示其自己者即从其自己而被看见，依它从其自己而展示其自己之路让它从其自己而被看见。"② 对于牟先生来说，这样定义的现象学方法即同于胡塞尔的"现象学还原"（phenomenological reduction）。而这样的现象学还原，所能够达到的只是抛开一切先入之见，令现象如其本身所是地呈现出来。所以，在牟先生看来，现象学的方法仍然是在现象的领域中起作用。然而，对于人生哲学的领域来说，真正的作为道德意识的自由意志并不能够直接呈现，因其超越的本体是超越现象之上的，所以，并不能为仅仅呈现现象的现象学方法所触及，必须以"逆觉体证"的方法才能够通达超越的本体。因此，牟先生说：

> 属于哲学研究的现象学与其它专学不同，它不划定一特殊的主题以为对象，它是一切科学底基础，它是面对眼前的经验事实而步步向其内部渗透以显露其本质，以期达到一准确的科学，它无任何设定。此是胡塞尔所表象者。但是上帝并不是眼前所呈现的事物，使真正道德可能的自由意志亦不是眼前呈现的事物，落到海德格的存有论，人的真实性与不真实性亦不是眼前呈现的事物，然则你如何使用你的现象学的方法以"回到事物本身"直接地显示之并直接地证明之？所直接面对的"事物"在哪里？所以现象学的方法在此无对题地所与之相应者。人的真实性或不真实性须靠一超越的标准始能如此说。这是一

① 牟宗三：《智的直觉与中国哲学》，台湾商务印书馆，2000，第362页。
② BT，§7. 这里依牟先生之译文。参见牟宗三《智的直觉与中国哲学》，台湾商务印书馆，2000，第364页。

种价值判断。价值判断必有根据。若只是空头地"站出来",不一定就能是真实的人生。①

从这段话中可以看出,牟先生之所以认为现象学的方法不适合解决人生哲学的问题,是因为他所理解的现象学的还原没办法超越现象层面,而人生哲学必须以超越的本体的存在为基础才能确立起方向,价值唯有奠基在超越的根据之上才能够呈现。或者,换句话说,人生的价值必须奠基在超越的本体之上,才能够存在。这其实蕴含了继承宋明理学思想的牟宗三哲学的"前现代"性格。在牟宗三看来,我们无法仅仅在人生的现实生活中,建立起生命自身的意义,无法在转瞬即逝的生活本身,在有限的生命中,找到无限的意义。终极的意义必须依赖某种不同于现实生活本身的、"超越的""本体"。只有在这个意义上,才能够确立起价值,其实也就是才能够找到生命的终极意义。相对于海德格尔来说,牟先生之所以更欣赏胡塞尔即在于,胡塞尔仅仅把现象学方法应用于现象的领域,试图建立一种严格的科学,海德格尔则僭越地将现象学方法贯穿人生哲学的领域。海德格尔的这一僭越可能带来的后果,是牟先生无论如何也无法接受的。然而,牟先生这里提出的这个问题,其实仍然是他与海德格尔对超越的本体的理解上的差异造成的。

然而,从这段话中我们也可以看到牟先生对于海德格尔的存在论的进路的认同。他敏锐地觉察到海德格尔的存在论进路较之于康德更能契合中国哲学的方向。中国哲学所关心的恰恰不是认识如何可能的问题,不是由认识行为入手,而直接由道德实践行为入手,关心人的生存的问题。在这样的视角下,人的存在就不单单被领会为一认知主体,而是一个在生活中的活生生的作为整体的人。也因此,认识行为就不再是人的生存中最根本的行为,而是成为奠基在道德实践行为之上的派生性的行为。按照牟先生的道德的形上学,唯有在道德实践行为之上才能发展作为存在论的形上学,才能具有对认识行为的理解的可能性。在这个意义上,牟先生的"自我"概念,就不再是康德意义上的作为统觉的综合统一的自我,而是超越性的,与存在论意义上的存在本体有着更为亲缘关系的超越自我。所以,康德在对理性的批判的背后,仍然保留了"主体"(subjectivity)与"客

---

① 牟宗三:《智的直觉与中国哲学》,台湾商务印书馆,2000,第364页。

体"（objectivity）的区分，康德的自我仍然是在近代哲学自笛卡儿以来的主体的领域中建构起来的。而在牟先生那里，主体与客体之间的区分显然变得没那么重要了，牟先生的两层存有论系统向我们展示，如果我们用比较概括的话来说的话，重要的区分是两种不同的"主体性"的区分，以及相对于这两种不同的主体，对象的"现象"与"物自身"的区分，或者换句话说，作为"对象"与"非对象性"的存在的区分。我们将在后面表明，我们可以经由前期海德格尔的一个重要的概念"存在论的区别"（ontological distinction）——关于存在者（being）与存在（Being）的区别，关于"存在者状态"（ontic）与"存在论状态"（ontological）的区别——来理解这一区分的内涵。海德格尔正是以这一区别取代了康德的主体与客体的区别，"内在"（immanence）与"超越"（transcendent）的区别。

　　前期海德格尔最关心的问题就是什么是存在本身，或者说存在的意义。生命是在其存在中的存在者，把存在者作为存在者，对它在其存在中加以把握。关于存在问题的追寻，出现在海德格尔的第一批出版物里面，但是，根据 Otto Poggeler 的研究，如果我们的目光转向海德格尔在一战后关于现象学的讲座，就可以看出，"关于存在的问题——作为实体的不同模式以及仅仅只能通过绝对形上学的原则在它们的统一性中被把握的存在——消失了。'实事性的生命'（factical life），实际的生活，开始成为问题"①。这个时期的海德格尔受狄尔泰的历史理性主义以及基督教信仰中的实际生活经验的影响，开始关注实际的历史的经验。在海德格尔看来，形而上学的观念性的展开，把存在设想为固定的、现成的存在者，恰恰遮蔽了源初的实事性的生活。现成存在者与同样作为现成存在者的主体之间的对立的优先地位，被从存在论的角度抛弃了。认识行为只变成了人的生存状态的一种特例，重要的是在认识行为之先的人的"生存"（existence）。

　　正是在这一点上，让我们看到了海德格尔超越康德，与牟先生的思想，或者说，与中国哲学沟通的可能性，它建立在共同对实际的人的生存的理解的平台之上。在这一共同的视角之下，人的存在最先被定义为历史性，被定义为在时间中的展开，我们可以牟先生的语言将这种展开称作人

———————

① Otto Poggeler, *Martin Heidegger's Path of Thinking*, trans. Daniel Magurshak and Sigmund Barber (Humanity Books), p. 15.

的"实践行为"（至于牟先生所着重坚持的"道德"实践行为的问题，我们将会在后面讨论）。人不再是固定僵化的认知主体，而是处在历史中的朝向他的可能性的生存的 *Dasein*。并且，在前期海德格尔的基础存在论中，*Dasein* 是通向存在的渠道，*Dasein* 因其与存在之间的源初的亲缘性而具有存在论上的优先地位。这种优先地位同样展现在中国哲学的语境之中，展现在我们在第二章中提到的人与物的差别中。这种差别不在于具备不同的"性体"，而在于人"能推"而物"不能推"。人是生存的、"有""世界"的存在，而物是"现成在手的"（*vorhandenheit*，at hand）、"无""世界"的存在。正是在这个意义上，以对"人"的这一基本的理解为基础，我们尝试在牟先生与海德格尔之间寻找沟通的可能性，而康德可以作为这一沟通的桥梁。

第二节 海德格尔的《康德与形上学问题》与基础存在论

《康德与形上学问题》是海德格尔在 1927~1928 年冬季学期在马堡大学的讲稿，在 1927 年夏季讲座《现象学之基本问题》时，海德格尔已经预告了将会开始关于康德《纯粹理性批判》的课程。

> 康德为何把存在称为逻辑的谓词，这就与他存在论的亦即先验的设问方式有关联，这也就引导我们要对一些观点进行原则性的争辩，这些观点我们在下学期阐释《纯粹理性批判》时会加以探讨。如果我们从出场呈现（praesens）出发把对现成者之存在进行时态（Temporal）阐释的做法与康德把存在阐释为设定的做法相对照，那么我们就会清楚，现象学的阐释何以初次给出了（在肯定性意义上开启对康德问题及其解决方式的领悟之）可能性；不过这就意味着在现象学的基地上提出康德问题的可能性。（*BPP*，317-318/435）

关于康德的《纯粹理性批判》的课程以及我们提到的《现象学之基本问题》都是海德格尔庞大写作计划中的一部分。在《存在与时间》的第九节中，我们可以看到海德格尔计划中这部著作的提纲。在海德格尔的计划中：

> 存在问题的清理工作就分为两项任务，本书也相应地分成两个

部分：

第一部：依时间性阐释此在，解说时间之为存在问题的超越的视野

第二部：依时间状态问题为指导线索对存在论历史进行现象学解析的纲要

第一部分成三篇：

1. 准备性的此在基础分析

2. 此在与时间性

3. 时间与存在

第二部同样分为三篇：

1. 康德的图型说和时间学说——提出时间状态问题的先导

2. 笛卡儿的"cogito sum"（我思我在）的存在论基础以及"res cogitans"（思执）这一提法对中世纪存在论的继承

3. 亚里士多德论时间——古代存在论的现象基础和界限的判别式（*BT*，63 – 64/46 – 47）

海德格尔试图在《存在与时间》中，探究"存在"的问题，由此建构他的"基础存在论"。在海德格尔的计划中，这一工作包含两个部分：第一部分是由"此在"（*Dasein*）的"生存论"（existentiality）建构出发，在"时间"的视域中探究存在的意义；第二部分是在第一部分的基础之上，依时间状态问题为基本线索，"解构"（destruction）传统存在论。但是，1927 年出版的《存在与时间》只完成了这一庞大计划的第一部分的前两篇，即我们在《存在与时间》中看到的："准备性的此在基础分析"以及"此在与时间性"。在接下来的 1927 年的夏季学期，海德格尔开设的《现象学之基本问题》中，他在注中提道，"这是《存在与时间》第一部第三篇的修订稿。"（*BPP*，1/2）然而，这一讲座所包含的部分又不止于此，正如讲稿的英译者 Albert Hofstadter 所说："《基本问题》的内容超出了由超越的存在论视域对于时间的阐释……在海德格尔对传统存在论的检视中具有特殊重要的意义。"（*BPP*，英译者导言）在他看来，计划中所提到的对于笛卡儿以及亚里士多德的存在论阐释，都已经以新的形式包含在这一讲稿之中。而计划中对于康德的图型说以及时间学说的阐发则以单独的形式出现在 1927 ~ 1928 年冬季学期的讲稿《康德与形上学问题》中。

海德格尔在准备面对传统存在论的时候，康德是首先被关注的对象。因为在海德格尔看来，康德是在传统存在论中向时间性这一维度进行过探索的唯一的人。

> 按照解构工作的积极倾向，首先就须提出这个问题：在一般存在论的历史发展过程中，对存在的解释究竟是否以及在何种程度上曾经或至少曾能够同时间现象专题地结合在一起？为此必须探讨的时间状态的成问题之处是否在原则上曾被或至少曾能够被清理出来？曾经向时间性这一度探索了一程的第一人与唯一一人，或者说，曾经让自己被现象本身所迫而走到这条道路上的第一人与唯一一人，是康德。只有当时间状态成问题之处已经确定了的时候，才能成功地引进光线来照亮图型说的晦暗之处……

> 在以时间状态的成问题之处为线索来完成解构工作的过程中，本书的第二部将试图解释图型说那一章并由此出发去解释康德的时间学说。同时还将显示：为什么康德终究无法窥时间问题之堂奥。有两重因素妨碍了他。一是他一般地耽搁了存在问题，与此相联，在他那里没有以此在为专题的存在论，用康德的口气说，就是没有先行对主体之主体性进行存在论分析。康德存在论教条地继承了笛卡儿的立场，虽然他在某些本质方面多少有所推进。另一重因素在于：尽管康德已经把时间现象划归到主体方面，但他对时间的分析仍然以流传下来的对时间的流俗领会为准，这使得康德终究不能把"先验的时间规定"这一现象就其自身的结构与功能清理出来。由于传统的这种双重作用，时间和"我思"之间的决定性的联系就仍然隐藏在一团晦暗之中，这种联系根本就没有形成为问题。（*BT*, 44-45/27-28）

由此可见，海德格尔的《康德书》是在两个问题的引导下展开的，即"康德没有先行对主体之主体性进行分析"以及"康德没有原初地领会时间现象"。而这两个问题，也是引导海德格尔整个基础存在论的问题，与此同时，这两个问题引导我们以康德为桥梁，去探究牟先生与海德格尔之间思想上的交汇。其中第一个问题，即先行对主体之主体性进行分析，是我们讨论的重点。

这样一来，我们就可以把《存在与时间》（1926）、《现象学之基本问题》（1927）以及《康德与形上学问题》（1927/1928）理解为海德格尔在

"存在与时间"这一课题之下所建构起的一个整体。正如 Albert Hofstadter 所说："如果我们将《存在与时间》（如其发表的那样），《现象学之基本问题》以及《康德与形上学问题》放在一起，那么我们就会拥有三卷，海德格尔原本希望统一在'存在与时间'标题之下的作品，即便并非完全以他设想的形式呈现出来。"（*BPP*，英译者导言）。如果我们接受学界对于海德格尔的思想所做的前后期的区分，① 那么我们所关注的是以基础存在论为标志的前期海德格尔的思想。

基础存在论是海德格尔在《存在与时间》中提出的为一切其他存在论奠基的存在论，对于前期海德格尔来说，基础存在论这一标题不仅规定了他所探讨的对象，而且规定了探讨所得以开始的起点——此在的生存论建构，以及这一探究展开的视域——时间。

在《康德与形上学问题》的导言中，海德格尔这样定义他的基础存在论：

> 基础存在论是对人的有限的本质所做的存在论分析，它将要为属于人的本性的形而上学准备基础。基础存在论是人的 Dasein 的形而上学，是为形而上学成为可能所要求的。（*KPM*，1）

正如《存在与时间》的开始的第一句话所说的："我们的时代虽把重新肯定'形而上学'当作自己的进步，但这里所提的问题如今已经被遗忘了。人们认为自己已无须努力来重新展开'巨人们关于存在的争论'。"（*BT*，2/3）对于海德格尔来说，我们早已经把"存在"的问题遗忘了，一切以往的形而上学的失误在于，将存在理解为存在者，都由存在者的角度去探究存在，由此建立起传统的存在论。然而，重要的问题在于，"任何存在论，如果它不曾首先充分澄清存在的意义并把澄清存在的意义理解为自己的基本任务，那么，无论它具有多么丰富多么紧凑的范畴体系，归根到底它仍然是盲目的，并背离了它最本己的意图。"（*BT*，31/13）基础存在论就是要重提存在的意义问题，它较之在存在者层次上展开的存在论要更为"源始"，目的在于"保障那使先于任何研究存在者的科学且奠定这种科学的基础的存在论本身成为可能的条件"。（*BT*，31/13）在基础存

---

① 参见 George Pattison, *The Later Heidegger*（London：University of College London, 2000）注。

在论的视域中，存在者与存在之间的区分——被海德格尔表述为"存在论差异"（the ontological difference）——成为最根本的区分。在海德格尔的阐释中，传统存在论对于存在的理解，都是将其作为存在者进行探究。存在总是存在者的存在，然而，存在不能被理解为存在者。《存在与时间》重新使存在的意义成为问题。

存在的意义的问题必须重新被思，然而，我们如何通达这一存在？既然存在总是存在者的存在，那么对于存在意义的探究，也必须经由存在者而展开。前期海德格尔思想的特点即在于经由"此在"（Dasein）生存论建构通达存在。对于海德格尔来说，我们自身所是的这种存在者，即 Dasein，在存在者的层面上，有着与众不同的地位。我们可以把海德格尔最初对于 Dasein 的特殊的存在地位的论述摘录下来。

> 此在是一种存在者，但并不仅仅是置于众存在者之中的一种存在者。从存在者层次上来看，其与众不同之处在于：这个存在者在它的存在中与这个存在本身发生交涉。那么，此在的这一存在建构中就包含有：此在在它的存在中对这个存在具有存在关系。而这又是说：此在在它的存在中总以某种方式、某种明确性对自身有所领会。这种存在者本来就是这样的：它的存在是随着它的存在并通过它的存在而对它本身开展出来的。对存在的领会本身就是此在的存在的规定。此在在存在者层次上的与众不同之处在于：它在存在论层次上存在。（BT，32/14）

Dasein 在存在者层次上的特殊地位在于，相对于其他存在者，Dasein 总是在自身的存在中，对存在有所领会。这种在先的存在领会并非在各种存在论的指引下发生的，恰恰相反，各种存在论唯有在这种存在领会的奠基之上才是可能的。Dasein 的这种特殊的存在方式被海德格尔规定为"生存"（existence）。Dasein 分析被海德格尔作为通达存在问题的道路，这样一来，对于存在问题的追问，在前期海德格尔思想中就变成了"对 Dasein 本身所包含的存在倾向刨根问底，对先于存在论的存在领会刨根问底"。（BT，35/18）

至此，我们以最简单的方式勾勒了海德格尔的基础存在论的轮廓，正如很多研究者所指出的，海德格尔在存在问题上进入了一个"循环"（circle），要澄清存在的意义问题，需要对提问者也就是 Dasein 的存在有一个在先的阐明。存在意义的问题必然会回向发问者。海德格尔对于这些问题的追问，已经包含了《存在与时间》后面部分所要展开的阐释与理解，并且奠基于其上，我们对这些问题的进一步的说明，也只能在接下来的分析中展开。

海德格尔在康德哲学中，发现了可以进行存在论阐释的线索，在《康德与形上学问题》中，这一线索表现为康德将知识的可能性建筑在先天综合判断的可能性之上，在海德格尔看来，康德的这一问题可以表述为，关于存在者的知识——用海德格尔的话来说，即存在的知识（ontic knowledge）——之所以可能，必须奠基在关于存在者的存在结构（Being - structure）的知识之上，即存在论的知识。海德格尔在康德这里发现了他所说的存在论差异——存在与存在者之间的差异。这一存在论差异，在《现象学之基本问题》中，由康德的一个著名的判断得出："存在或实存并非实在的谓词。"（Being is not a real predicate）海德格尔认为，康德用这个判断所要表述的是存在不是存在者。不管怎么说，康德的《纯粹理性批判》对于海德格尔有两方面的意义：一方面，正如他在《存在与时间》的整个计划中所设想的，分析康德的形而上学是对传统存在论的解构的一部分；另一方面，康德的形而上学也给了海德格尔一个新的进入基础存在论的路径，海德格尔在康德这里，可以经由分析认知来进入他的基础存在论的论述。而这一论述是以胡塞尔的"意向性"（intentionality）概念为中介的。由此也会带来另外一个问题，即海德格尔在《康德与形上学问题》中所表述出来的分析，都是建立在《存在与时间》之上，建立在这本书中已经加以表述的基础存在论之上的。所以，对于诸多问题，我们可以看到一种"在先"（priori）的领会，海德格尔对于康德的阐释，是在这种在先的领会的引导下进行的。而这种领会更为清晰地展示在《现象学之基本问题》之中。

正如我们前面提到的，我们将以康德哲学作为阐发牟先生与海德格尔思想的桥梁。所以，在接下来的分析中，我们将从海德格尔的康德阐释出发，综合《康德与形上学问题》以及《现象学之基本问题》中海德格尔对康德的阐释与批评，以海德格尔对认知的分析作为进入他的基础存在论的路径，考察海德格尔是如何经由这一路径进入他的对于 Dasein 的存在结构的分析，进入他的"在 - 世界 - 之中 - 存在"（being - in - the - world）的结构之中的。

第三节　海德格尔的康德阐释

一　康德作为形而上学的奠基

康德的《纯粹理性批判》希望探讨我们的知识是如何可能的。然而，在海德格尔的阐释中，康德对于知识如何可能的探究变成了对形而上学的奠基工作，海德格尔究竟在何种意义将康德的探究视为对形而上学的奠基？这背后又有哪些海德格尔自身先在的对于形而上学的理解？海德格尔对于康德的这一阐释，又会将我们引向何处？

对于海德格尔来说，康德对形而上学的理解是继承了自亚里士多德以来的形而上学传统，他把形而上学理解为："形而上学是关于所有存在者的'普遍'的，以及对于存在者的各个领域的总体的纯粹的理性的知识，它总是对于经验对于特殊的和部分的存在者所能够提供的东西的'越过'（overstepping）。"（KPM，6）在这个意义下，传统的形而上学所关注的目标就不是经验所能够提供的，而是关于超感性的存在者的知识（supersensible being）。而这种关于超感性的存在者的知识本身就将我们带向了一般存在者的知识之可能性的探究之中。在接下来的叙述中，海德格尔立刻将对一般存在者的知识之可能性的探究转变成这样的问题："现在奠基（ground‑laying）就成为阐明一种朝向存在者的行为的本质，在这种阐明中，这一本质在其自身之中呈现它自己，以致一切所有有关它的表述成为可以证明的。"（KPM，7）我们将会看出，这一对形而上学的奠基的理解与康德所关心的问题之间的差异。

康德认为人的知识奠基于接受性的感性经验，而感性经验所接受的是经验性的杂多，人类的纯粹理性如何在这些感性经验的杂多中形成知识，其中包含了一个普遍化的过程。所以，对于康德来说，我们的感性如何构成感性直观，进而感性直观的杂多如何形成对象化的知识才是他所关心的问题。而对于海德格尔来说，传统存在论所认为的作为对象的存在者如何向作为主体的存在者呈现，或者说，存在者如何可能成为可以"通达"（accessible）的，才是他所关心的问题。在这种对存在者的可以通达的可能性的关注背后，是海德格尔对 Dasein 的生存论结构的阐释在起引导作用。

而这种能够使存在者前来"照面"（encounter）、成为可以通达的能力，不能在作为对象存在的存在者中寻找，而只能在主体中寻找。在海德格尔看来，康德在这里给出了一个提示。他引用了康德一段话，并且做了新的阐释。

> 直到现在，我们已经设定了我们的只是必须符合对象。但是，在这一设想之下，所有的通过概念先天的构成有关对象的某物，以便通过它我们的知识能够得到扩展的尝试都失败了。既然如此，我们必须尝试一下去寻找，如果我们设想对象符合于我们的知识，是否能够在形而上学的事业中取得更好的进展。这样将会更好地与我们对于对象的先天知识的可能性相一致，这种知识应该在对象被给予我们之前就确定了某些东西。

> 在这里康德想说的是：并不是所有的知识都是存在者层面的，知识唯有通过存在论知识才是可能的。（KPM，8）

关于存在者的知识在这里被理解为必须有存在论知识作为引导，或者说，任何关于存在者的知识，都已经在先地预设了对于存在者之存在的领会。海德格尔正是在在先的对于存在者之存在领会的意义上，来理解康德对于纯粹理性的批判。对于海德格尔来说，在先的存在领会不能在经验中寻找，相反，任何经验之所以可能，必须建立在存在领会之上。而在康德那里，先于经验存在的是人的由"先天"（a priori）原理出发的认识能力，这一能力对于康德来说就是先于一切经验的纯粹理性。因此，对于纯粹理性的批判，就是对于存在领会的探究。也正因为这一存在领会不能在经验中得到，所以，对于存在领会的探究就是一种完全"内在"的"知识"。在康德那里，这一对完全内在的、先于经验的知识的探究被归结为"先天综合判断如何可能"。对康德来说，知识就意味着判断，所以，如果存在先天的对于存在的领会，则这一存在领会必须在先天综合判断中寻找。因此，这种对于先天综合判断的可能性的探究，就是对于作为存在论的形而上学的内在可能性的探究。海德格尔在这个意义上，将康德的《纯粹理性批判》阐释为对于形而上学的奠基。我们关于存在者层面上的知识奠基在存在论的对于存在的领会之上，然而，对于存在领会的探究则需要从我们关于存在者层面的知识开始，以存在者的知识为开端，向后回溯，探究知识的起源。在这一问题的引导之下，海德格尔开始分析康德的超越感性论。

二　"感知"（perception）与"意向性"（intentionality）

康德对人的纯粹理性的探究，始于对理性的"界限"（finitude）的探究。"形而上学奠基的起源在人的纯粹理性，严格意义上的人性的理性，它的有限性，这种有限性在形而上学奠基的问题中处在本质上的核心地位。"（KPM，15）在康德的论述中，理性的这种有限性指的不仅是人类的知识有犯错的可能，即有限性不是偶然的，而且是植根在人类的知识本质之中。对于康德来说，理性的有限性本质在于一切知识必须来自"直观"（intuition）。对于康德来说，"知识首先是直观"（KPM，15）。康德将人形成知识的机能分为直观与"思想"（thinking）。对于康德来说，人类的知识是由直观与思想的统一构成的。直观提供作为知识之内容的感性材料，思想则作为纯粹的先天形式作用于感性材料之上。所以，思想的内在的本质的结构决定了它只能服务于直观，因此，对于知识来说，思想是第二位的。海德格尔解释说，这里的"第二位"并不是说思想不重要，而是指在构成知识的本质结构之中的位置。我们的知识是对于"对象"的表现，在对于对象的表现结构中，首先需要对象能够对我们呈现出来，能够与我们相遇，对象能够作为"对象"呈现于人的直观中。

对于康德来说，人所能具有的直观只能是有限的感性直观。正如我们在上一章中讨论康德的感性直观时所说的，感性直观的本质在于它的"接受性"。海德格尔在这里以"有限直观"（finite intuition）来指称康德的感性直观，而对于康德所说的唯有作为创造者的上帝才能拥有的"智性直观"（intellectual intuition）则理解为"无限直观"（infinite intuition），以凸显感性直观的有限性。在海德格尔看来，无限直观的本质在于它是"创造性"（creative）的直观。"（无限直观）首先将存在者带入它的存在之中，令他能够'成为－它的－存在'（coming－into－being）。无限直观如果还需要依赖于已经现成在手的存在者，或者被直观的对象仅仅在直观中变成可通达的，那它将不是绝对的。"（KPM，17）在无限直观中，存在者首先被创造出来，无限直观的本质就是令存在者如其自身那样存在。

相反地，"有限知识是非创造性的直观。它能够直接表象的必须是已经被在先给予的现成在手的东西……对于存在者的有限直观不能自己给出在他之外的对象，而必须允许对象被给予"（KPM，18）。因此，对于有限直观来说，必须允许在它之外的存在者能够被给予，存在者必须自身能够呈现出来，成为可以通达的，才能被有限的直观所直觉到。在这个意义上，与康德不同，海德格尔认为正是有限直观的这种有限性才使得人的感性成为必需的。因为，有限的直观以存在者自身的呈现为前提，决定了人的直观是"接受性"（receiving）的，而非创造性的。在这种接受性中，接受影响的机能——感觉，才成为必要的。因此，感性直观不是因为它是感性的才是有限的，恰恰相反，是因为它是有限的，所以才是感性的，因为它必须能够接受存在者自身的呈现，"感性的本质存在于直观的有限性中"（KPM，19）。

根据康德的叙述脉络，海德格尔进一步在有限直观与无限直观的区分之上，讨论了康德的现象与物自身的概念。在海德格尔看来，现象与物自身的区分，是存在者相对于不同的直观的不同呈现，并不是有两种不同的存在者。无限直观在海德格尔的阐释中，首先能够让存在者在它的存在中被建构起来，在这个意义上，无限直观才是创造性的。所以，无限直观的创造性并不是在现实性的意义上创造出一个外在于我们的存在者，而是令存在者"进入它的存在中"，"让（存在者）站出"（letting - stand - forth）。在这种站出中，存在者如其自身所是地那样存在。在这个意义上，无限直观的含义是对于存在者的存在的揭示，在这种揭示中，存在者是作为其自身的存在，而不是作为对象性的存在。这种对存在者之存在的揭示，在海德格尔的意义上，就是先于存在者层面的知识对存在者之存在的领悟。因为无限直观面对的并不是作为对象的存在者，而是存在者的存在，是对存在的揭示。关于存在者的知识唯有在这一存在领悟的基础之上才是可能的。有限直观也唯有奠基在作为对存在者的存在的揭示的无限直观之上才是可能的。相对于有限直观，存在者显现为对象性的存在者，有限直观对于这一对象的把握，构成了现象。这正如海德格尔所说："如果关于存在者的有限知识成为可能的，那么，先于它的所有的接受性，它必须奠基在对于存在者的存在的领会之上。为了它的可能性，关于存在者的有限知识要求一种并非对于物的直接接受（作为一种非有限的澄清），作为一种'创造性的'直观。"（KPM，27）由此我们可以看出，对于海德格尔来说，存在一种创造性的直观，这种直观的具体含义就是对存在者之存在的在先的领悟，并且，这种领悟是一切关于存在者的知识的基础。

　　一个有限的认知的被造物能够把它自身关联到一个它自身所不是

的并且也不是被它所创造的存在者之上，唯有在这一现成在手的存在者自身已经能够被遇到才可能。然而，为了能够如其自身所是的遇到这个存在者，它必须已经事先在它的存在建构中，作为存在者被认识了。这意味着：存在论知识，在这里总是"前存在论的"（pre - onto-logical），是一存在者能够对立于一个有限的造物的可能性的条件。有限的造物需要这一"朝向……"（turning - toward）的能力，正是这一能力使得某物能够成为一对象。（KPM，50）

有限直观的对象性的存在者，唯有与"认知主体"（这里的认知主体只是一个暂时的说法，后面我们将会指出，这里并不是传统存在论意义上的主体，而是海德格尔的 Dasein）相遇，才成为可能。而这一在认知之先与主体的相遇，就是海德格尔所说的对于存在者之存在的领悟。这种领悟在海德格尔看来，必然只能是属于"主体"的机能，这一机能在海德格尔这里被表示为"朝向……"的机能。正是"主体"的这种"朝向……"使得存在者能够与我们相遇，而这种"朝向……"是发生在认知行为之先的，作为认知行为的基础。康德意义上的知识的可能性，就是奠基在这一存在领悟之上，而这恰恰是康德没有揭示的。问题现在变成了，我们如何理解这一存在领悟？这一存在领悟如何可能以及是以何种形态存在的？在存在领悟这一问题上，我们又回到了前面提到的海德格尔的基础存在论问题。既然这一问题是引导海德格尔的基本问题，我们唯有在大体了解海德格尔的基础存在论的架构之后，才能更好地理解。所以，我们现在暂且搁置这一问题，继续从海德格尔的康德阐释出发。

由此，康德的问题在海德格尔这里发生了逆转。对于康德来说，存在者之被给予我们是自明的，人通过人的感性直观与存在者相遇，并以此为基础认知存在者，需要探究的问题是，在这一对存在者的认知之上，我们如何建构起我们的知识。然而，对于海德格尔来说，存在者如何被给予我们仍然是未被澄清的。正如我们前面提到的，存在者之能够被给予我们、能够被认知的基础奠基在在先的存在领悟之上，而这种存在领悟属于"主体"的一种基本的机能，即"朝向……"的能力，这种能力就是现象学所说的"意向性"（intentionality）。

如果回忆一下我们关于知觉本身所说的东西，就可以这样来阐明意向性概念：每一行为都是一种"朝……而为"（Verhalten - zu），每一知觉都是"对……行知觉"（*Wahrnehmen - von*）。我们把狭义的"朝……而为"叫作"意指"（*das intendere*）或者 intentio［拉：意向］。每一"朝……而为"与每一"是被指向"都有其特殊的"为之所朝"（*Wozu des Verhalten*）与"指之所向"（*Worauf des Gerichtetseins*）。我们把这一属于 intentio［拉：所意向］的"为之所朝"与"指之所向"称作所意指（intentum［拉：所意向］）。意向性把 intentio［拉：意向］与 intentum［拉：所意向］这两个环节包含在它迄今为止仍然晦暗的统一性中。（*BPP*，58/72）

任何的认知行为或者任何行为，都是"朝向……"而做的行为，对于知觉来说，则是"对……"的知觉，即任何知觉都具有"对……"的结构。在这个结构中，包含知觉行为与知觉行为的对象，两者在意向性中具有在先的统一性。

意向性是由布伦塔诺（Brentano）首先提出，由胡塞尔做了特别发挥的一个概念。然而，对于海德格尔来说，胡塞尔仍然没有彻底澄清意向性概念的本质，仍然没有从存在论的角度澄清意向性概念。在海德格尔看来，意向性唯有在存在论上，在 *Dasein* 的基本存在建制之中，才可能得到明确地阐发。

海德格尔的意向性概念较之胡塞尔的差别在于，在海德格尔这里，意向性不能被理解为两个现成存在者之间的关系："这个特征规定把意向性描述为两个现成者（心理主体和物理客体）之间的现成关系。无论如何，在这个特征描述中，意向性的本质与存在方式从根本上即告阙如。"（*BPP*，60/73）因为，对于海德格尔来说，从两个现成存在者之间的关系的角度来理解意向性，就意味着，发出认知行为的那个心理主体可以不需要意向性的结构而存在。这个意义上理解的意向性概念，仍然无法解决存在者如何在先地与我们相遇的问题。因为问题在这里依然存在，作为意向性行为的主体，如何关联作为意向对象存在的存在者，不能通过这样理解的意向性概念得到解释。用海德格尔的话来说，就是"超越性"（transcendent）的问题仍然没有得到解决。问题仍然是相对于认知主体来说，超越性的客体如何能够是通达的。造成这一对意向性概念的误解的原因，在海德格尔看来，就是对主体之真实主体性的误解，主体仍然是笛卡儿的"我思"意义上的思维主体。这正是海德格尔批评康德的地方："康德对

'知觉'、'设定'这些术语的有歧义的或者说不清楚的运用方式说明，他让设定和知觉的存在论本质完全处于未加规定的状态里。于是更有甚者，他最终没有在存在论上澄清自我（用我们的术语说是 *Dasein*）的行为。"（*BPP*，55/68）

然而，意向性并非附加到主体之上的，"与客体的意向关系不是随着并通过客体之现成存在才归于主体的，毋宁说主体原本就是意向结构化的。它作为主体就被'朝外指向……'（*ausgerichtet auf…*）"（*BPP*，60/74）。在知觉行为中，意向性并不是对象性的存在者出现之后才存在的。任何的知觉行为都具有"朝向……"的性质，不论朝向的是真实存在的对象，还是人的幻想之中的存在者。所以"朝向……"这一结构是处在知觉自身之中的。所以，"意向性作为行为自身的结构就是自身施为着的主体之结构。意向性作为这一关系之关系特性存在于自身施为着的主体之存在方式中。意向性属于行为之本质"（*BPP*，61/75）。意向性总是已经是"主体"存在的本质，任何主体总是已经关联着存在者，与存在者在一起。由意向性这一概念理解的主体，已经不是笛卡儿意义上的作为我思的封闭的领域，而总是朝向存在者，是在意向性结构中与存在者的在先的统一。在这个意义上，存在者也已经不再是超越性的独立的存在者。超越性这一概念已经不能从对象的角度来理解，主体在意向性结构中总是已经超越主体之外了，是超越性的。而这种意义上的超越性是构成对立于我们的存在的存在者的超越性的存在论基础。

　　由此可知，不能基于主体、自我、主观领域这些任意的概念来错误地解释意向性，也不可以利用这些来提出超越性这种头足倒置的问题，倒是应该反过来，基于意向性及其超越性之无先见的特性，主体首先就其本质加以规定。由于连带其内在领域的主体与连带其超越领域的客体之间的流俗分离乃建构性的，由于内与外的区别乃是建构性的，并且为进一步的建构提供了机会，我们以后就不再谈论主体、主观领域，我们把意向行为所归属的存在者领会为此在，以便我们尝试借助于被正确领会的意向施为来贴切地描述此在之存在（其基本建制之一）之特性。（*BPP*，64/78）

传统存在论对于主体的理解，并没有还原到主体实际的生存中，而是片面地把主体理解为认知性的封闭的存在。用海德格尔的话来说，主体被当作"现成存在者"来看待。而这只是奠基在主体之存在论本质之上的建构性的存在。为了与传统存在论相区分，海德格尔以 Dasein 来指称传统存在论所意指的那一特殊的存在者，作为我们自身而存在的存在者，Dasein 即我存在。Dasein 是由存在论角度理解的我的存在。到目前为止，我们对于 Dasein 的存在论结构的理解是由意向性概念而来的。我们现在可以了解，意向性是 Dasein 存在的基本结构，Dasein 在存在中，总是已经先行地与意向的对象相关的，唯有在意向性中，超越性才可能存在。所以，超越性在海德格尔的阐释中，是唯有 Dasein 所能具有的。

> 行为的意向结构并非那种内在于所谓主体而首先需要超越性的东西，此在行为的意向建制正是任何超越性之所以可能的存在论条件。超越性、超越都属于这样一种存在者之本质，它（作为超越性和超越的根据）作为意向存在者而生存，也就是说，它以逗留在现成者那里的方式生存。（BPP，65/79）

在这里，我们经由海德格尔对康德的批判、对康德认识理论的批判，一步步接近了他的基础存在论的核心内容。在前面的讨论中，我们不可避免地使用了一些未经明确定义的概念，而这些概念，唯有在完全阐明海德格尔的基础存在论的基础之上才能得到清晰的了解。稍后我们将会回到这个问题。

三　康德的"道德自我"的存在论指向

海德格尔在康德那里发现的不仅是由认知出发的，对于主体性阐发的晦暗不明，而且在《实践理性批判》中，海德格尔发现了康德在道德人格的意义上可能开启的存在论指向。只不过，在海德格尔看来，康德在这一新的可能性面前止步不前了，又回到了笛卡儿我思意义上的思维主体来理解主体性。

在海德格尔看来，康德对于主体性的划分，可以分为三个层次：（a）personalitas transcendentalis（拉：先验的人格性）；（b）personalitas psychologica（拉：心理学的人格性、灵魂论的人格性）；（c）personalitas moralis（拉：道德的人格性）。

其中，对于前面两者，我们在上一章分析康德的"自我"概念时已经做了讨论。先验的人格性即康德意义上，作为先验统觉的综合统一的自我，即作为我思的自我；心理学的人格性、灵魂论的人格性即作为现象呈现的自我。在海德格尔看来，这两个层面的自我，并没有真正地把握康德对于主体性的真正的、核心特征的描述，而这种描述包含在道德的人格性概念中。康德在《实践理性批判》中针对道德意识的自我所阐明的人格性，才是康德所意指的完整的人格概念。

要阐明这个问题，首先我们必须了解，海德格尔是在"行动"的意义上理解康德的"道德的"含义的："就人把自己领会为道德的，也就是说领会为行动着的存在者来说，人又把自己认知为什么呢？"（BPP，132/174）由此可见，虽然海德格尔是由康德对于道德的自我意识的分析来展开他的讨论的，但是道德的自我的意义在这里只是意味着"行动的"或者"生存着的"，或者，在行为中的自我意识，并不关注这里所说的"道德的"含义。

由康德对于自律道德的规定，我们可以知道，道德的自我意识不可能是感性的自我意识，它不是来自感性直观，而是康德意义上的超越的内在自我意识。而在康德那里，任何的感觉，以及任何的情感都是经验性的，并不存在超越性的感觉经验。所以，康德并不从道德情感的角度来论述道德的自我意识。然而，在海德格尔看来，从道德的自我意识并不是在感性直观中对自我的感知的角度来说，道德自我意识是超越感性经验的，无论是内感官还是外感官，在道德的自我意识中，都不起任何作用。海德格尔在这里用"感受"（feeling）概念来区分其他的感觉经验。感受对于海德格尔来说，特指康德提到的"他通常称为苦乐之感受的东西，这就是说，对于适意的愉悦或者对不适的不悦"（BPP，132/175）。在这个意义上，我们可以知道，海德格尔用感受所标识的特殊的领域，我们可以将这一领域理解为"情感"层面的感受领域。那么，在道德实践中能够体验到的道德情感，或者更为宽泛意义上的道德"感受"（feeling），在某种程度上也可以理解为非感性经验的"自我感受"（self‑feeling）。海德格尔正是通过对"感受"的现象学分析，来阐明康德的道德意识上的自我之存在论意涵。

在海德格尔看来，如果我们以现象学的方法，纯粹澄清感受经验本身，则可以发现：

在感受一般之本质中包含着：它不仅是对某某的感受，而且这一对于某某的感受同时也使得感受者自身及其状态（即最宽泛意义上的其存在）"可感"（feelable）。以形式的、普遍的方式把握，感受对于康德而言表达了"使自我彰显"（revelation of the ego）的一种特有样态。对某某有感受总同时也包含了一种自感（self－feeling），而自感中则包含了"自我彰显"的一种样态。我在"感觉"（Fühlen）（feeling）中彰显自身的方式方法，乃是通过我在这一"感觉（feeling）"中对之有感受（feeling）的东西得到共同规定的。这就表明，感受并非是一种对自身的简单反思，而是在"对某某有感受"中的自感。（BPP，132/175）

海德格尔在这里所说的感受，要与宽泛意义上的感觉经验区分开来。海德格尔在这里特指康德意义上的感受经验，伴随着对于某某的感受，同时也包含了一种"自感"。这种"自感"是感受者自身的"自我彰显"。这种感受者的自我彰显，不同于感性经验意义上对自我的直观。因为在感受经验中，感性直观的对象是作为感受对象的某某，而伴随这一感受，同时存在的对感受者自身的自我彰显中，感受者并不是感性直观的对象，而是在感受经验中的"自我彰显"。因此，在海德格尔看来，这个意义上的感受，一方面可以理解为康德意义上的感受经验的一种；另一方面它又不是感性经验意义上的感受，可以理解为在感受经验中呈现出来的超越性的自我意识。这种在感受中的自我呈现，"感受现象中在现象学上起决定作用的是：它直接发现并通达接近了被感受者，虽然不是以直观的方式，而是在直接'拥有－自己－自身'（having－of－oneself）的意义上"（BPP，133/175）。在感受经验中，感受者的自我彰显，并不是理论化的、专题化的对于自我的认知，而是作为感受者的自我在感受经验中的"自我彰显"。

康德具体所指的道德感受是"敬"（respect）。"道德的自我意识（也就是 personalitas moralis［拉：道德的人格性］，人之本真的人格性）在敬中彰显自己。"（BPP，133/176）在海德格尔看来，康德对于"敬"的现象的阐释是"最精彩的道德现象之现象学分析"。康德在《实践理性批判》中所讨论的道德行为中的敬，是对绝对道德命令的敬。正如我们在上一章中所讨论的，道德法则不是来自经验的法则，而是实践理性自身给自身立法。对于道德法则的敬构成了道德行为的可能性。在对于道德法则的敬中，即对于道德法则的遵守的敬的感受中，这个听命于道德法则的我，这个敬的感受经验中的作为感受者的我,自身彰显出来。

> 我听命于法则,我听命于作为纯粹理性的自己自身,也就是说,在这个"听命于自己自身"中,我把自己提升为(作为自由的、自我规定着的存在者的)自己自身。我自己的这个向着我自身的、听命的自我提升,就其本身把我彰显、展示给我尊严(Würde)中的我自身……道德感受是自我领会自己自身的一种卓越方式,自我以此直接地、纯粹地、自由摆脱一切感性规定地把自己自身领会为自我。(BPP,135 –136/179 –180)

对于绝对的道德法则的敬,在绝对的意义上听命于道德法则,在消极意义上,就意味着排斥个体的偏好,即排斥一切感性经验。在这个意义上,在对道德法则的敬之中,人被从偏好的领域、感性经验的领域带回到内在的他自身之中。因此绝对的道德法则,以及在对这一法则的敬中彰显的道德的自我意识,在康德哲学中,都是属于"智性"(intellectual)的领域。这一感受完全是由理性自身所引发,脱离感性经验的领域。人的自由意志在对源自自身的绝对的道德法则的敬中彰显出来,即在人的道德实践行为中,在道德的自我意识的层面,在智性的领域中彰显自身。在道德的自我意识中自我彰显出来的作为道德的人格性的自我,在海德格尔看来,是"本真"(authentic)的自我。这里又牵涉对海德格尔的 Dasein 概念的理解,我们将在下一节的讨论中展开这一问题。

在这样理解了康德的道德的自我意识之后,回到康德对于自我的规定,我们可以看到,因为绝对的道德法则源自实践理性自身,并且人的道德行为的可能性在于对绝对的道德法则的敬,如我们前一章所讨论的,这即康德所说的道德自律原则。因此,在道德自律原则中,人自身决定了他自身的行为,"人以道德行动的方式造就了自身"(BPP,137/183)。这意味着,一方面,对于道德的人格性来说,人本身即目的,他不能作为任何其他目的的手段存在;另一方面,唯有在道德行为中,人才能成为他自身,人才能作为他自身而存在。所以,在这个意义上,康德区分了人的存在与其他存在者的存在。唯有那本身即目的的存在者才是真实的人的存在,这一存在在道德行为中,能够造就他自身;其他存在者并不能自身成为目的,而是具有相对的、工具性的价值。在这一区分的基础之上,我们可以看到,道德的自我意识、道德的人格性是人与其他存在者加以区分的本质差异。因此，我们可以在这个意义上，将道德的人格性规定为人的本质。也就是说，唯有在道德的自我意识的层面，人才能够成为其本质。我们对于人的了解也唯有在道德的自我意识的层面，才是清晰的。

前面曾经说过，海德格尔是在自我行动的意义上理解康德的道德的自我意识的。这样一来，道德的自我意识对于人性的这一本质性的规定，就可以理解为，人的本质的存在是行动，那么，自我概念是通过行动才能得到其本质规定的，而不能被理解为一个固定的存在者。行动作为本质，在行动中造就自身的这样一种存在者，就是海德格尔意义上以生存为基本存在方式的 *Dasein*。

然而，康德在由存在论角度进一步澄清道德的人格性所意指的生存着的主体性时，止步不前了。在海德格尔看来，他并没有在存在论上进一步推进他在道德感受的研究中取得的成果。其原因还是在于，康德并没有发现道德的人格性能够给他带来的新的可能性，他仍然是在"我思"的意义上理解自我。这样，海德格尔指出了康德的自我概念的一个本质缺陷。正如我们在上一章曾经指出的，康德在《纯粹理性批判》中所规定的作为统觉的先天统一的自我是伴随着认知行为的"自身意识"，这个意义上的自我不能被感性直观所表象，而康德认为，人不可能具有智性直观，所以，我们无法通达这一自我，对之我们不能形成任何的知识。然而，在道德的人格性的层面，通过对道德感受的现象学分析，在道德实践的角度，我们又可以发现道德的自我意识对自我自身的彰显。这种彰显展示了从存在论角度对之进行规定的可能性。这样一来，"康德那里有着一个特别的疏忽，他未能本源地规定理论自我与实践自我之统一性……我们自身所是的存在者之整全——身体、灵魂与精神，它们的本源整全性之存在方式，这些在存在论上全都处于晦暗之中"（*BPP*，146/194 – 195）。自我概念在康德哲学中，被分成了两个不同的领域。在纯粹理性领域，因其无法成为感性直觉的对象，我们就无法对之形成任何知识，也就无法对之加以任何规定；在实践理性领域，我们有可能在道德感受中不经由感性直观就直接地令自我彰显。这样，貌似在康德哲学中，自我被分离成两个不同的领域：理论自我与实践自我。在海德格尔看来，自我的统一性的这一分离，在康德哲学中无法找到解决方式，我们唯有在 *Dasein* 的存在论建构之中才有可能阐明。

第四节 *Dasein* 的基本建构："在－世界－之中－存在"

前面几节中，我们大致阐明了海德格尔对于康德的分析与讨论，并且，在这一过程中，我们不得不使用了一些未经具体阐明的概念。这其中的原因，是因为海德格尔对于康德的分析与讨论是建立在《存在与时间》建构起来的基础存在论之上的。《存在与时间》的叙述结构，是直接由 *Dasein* 的基本存在论建构入手，进而在此基础之上，分析、解构传统存在论；而海德格尔在讨论康德的时候，是以康德的问题为引导，一步步回溯。这种不同的结构，使得我们在阐明这一分析的时候，在分析背后指引我们的，是《存在与时间》中展开的存在论架构。因此，我们唯有回到海德格尔的基础存在论的基本建构，才能澄清我们在前几节的讨论中所谈到的问题。

一 *Dasein* 在存在论上的优先性

对于海德格尔来说，最根本的问题，是对存在意义的追问。而存在总是存在者的存在，并且，我们也唯有通过对存在者的研究才能得到关于存在的意义。因此，必须找到一种存在者，我们可以经由它，通达存在本身。在海德格尔看来，这种在存在论上处于优先地位的存在者，就是我们自己本身所是的这一存在者。为了与传统存在论对人的主体的规定性相区别，海德格尔不用主体、自我等概念，而是用 *Dasein* 来指称我们自己所是的这一存在者。至于海德格尔的 *Dasein* 究竟在何种程度上抛开了传统存在论的主体性倾向，或者 *Dasein* 仍然具有主体性的特征，则是另外的问题。

经过前面对于海德格尔的康德阐释的讨论，我们已经可以看出，*Dasein* 所可能具有的两种特质。其一，由对认知行为的现象学分析，我们可以将意向性归于 *Dasein* 自身的内在结构。在意向性这一结构分析中，我们得知，*Dasein* 总是已经是一超越性的存在者。*Dasein* 的存在方式，总是"朝向……"的，这种"朝向……"的结构，不是外在附加的关系，而是认知行为之所以可能产生的基础。其二，在对康德的道德的人格性的分析中，我们可以知道，*Dasein* 在道德的自我意识中，获得自己真实的存在。这种存在方式对 *Dasein* 的意义在于，在道德意识中彰显自身的 *Dasein*，自身即自己存在的目的，并且，能够在道德意识中造就自身，决定自身的存在。这里两种特质为我们揭示的，即作为 *Dasein* 的存在者与其他存在者之间的差异，揭示 *Dasein* 在存在论阐释中的优先性。意向性为我们揭示 *Dasein* 在日常状态中的存在方式，而道德的自我意识展示了 *Dasein* 的基本特质。

Dasein 对于海德格尔来说是已经对自己的存在有所领会（understanding）的存在者。*Dasein* 在对自身的存在领会之中领会存在本身。在道德行为中展现的 *Dasein* 的本质特性告诉我们，*Dasein* 之最内在的本质在于"去存在"、在于行动。海德格尔将 *Dasein* 的这一以行动、以"去存在"为本质的存在方式，称为"生存"（existence）。*Dasein* 在生存中造就着自身，所以 *Dasein* 永远不是一个固定化的存在者，*Dasein* 永远是生存在它的可能性之中。"这种存在者的'本质'在于它'去存在'（to be/Zu－sein）。如果竟谈得上这种存在者是什么，那么它'是什么'（Being－what－it－is/Was－sein/essentia）也必须从它怎样去是、从它的'存在'（Being/existentia）来理解。"（*BT*, 67/49）如果说 *Dasein* 有所谓本质的话，它的本质则需要在它的具体的生存实践中去规定，即在于我们如何成为我自己，如何建构我自己。所以，*Dasein* 的"去存在"规定着他本身即他的"能在"（potentiality－for－Being）。*Dasein* 自身的这种能在的规定，即在领会这一现象中体现出来："领会是 *Dasein* 本身的能在的生存论意义上的存在，其情形是：这一存在在它自身之中揭示了它的存在即是它能如何。"（*BT*, 184/168，译文据英译本有改动）*Dasein* 正因为对其存在的领会，揭示了决定他在实际上的存在的就是他的能如何存在，就是他的能在。

海德格尔将领会的生存论的结构规定为"筹划"（projection）。*Dasein* 在他的生存中，向着他自己的存在，"筹划"他自己。这种筹划不是通常意义上的，对于一个已经现成存在的存在者所做出的计划。而是说，*Dasein* 的存在方式总是已经是筹划了的，总是向着他的可能性开放的存在。这里的筹划意味着对于可能性的展开，将尚未实现的可能性带到 *Dasein* 的当下的存在里面来。"只要 *Dasein* 存在，它就筹划着。此在总已经——而且只要它存在着就还要——从可能性来领会自身。"（*BT*, 185/169）

当然，海德格尔最终是在时间的视域中阐释领会、筹划、能在等基本存在论的概念。我们在这里没有足够的时间去讨论海德格尔的时间问题，可以提示一下的是，*Dasein* 既然理解为生存着的存在者，则他的生存是在原初的时间中展开的。如果我们能够从 *Dasein* 的实际的生存、实际的生活的开展的角度来理解，那么我们可以更好地了解海德格尔所谓原初的时间性概念。在原初的时间性的视域中，对于生存着的 *Dasein* 来说，筹划这一行为，总是将尚未实现的可能性，即"将来"，带入 *Dasein* 的"现在"。在这个意义上，因为 *Dasein* 总是已经是在它的可能性中的生存，所以，"将来"并不是还没有实现，而是已经存在在 *Dasein* 的当下的生存之中。没有对 *Dasein* 的能在的揭示，就没有"将来"，也即没有 *Dasein* 的当下的存在。

Dasein 对于存在的领会，不单单是对自身存在的生存论上的领会，筹划也不单单是对自身存在的筹划，还包含"在－世界－之中－存在"的整体结构，包含对"世界"的筹划。这就将我们带到了下一个问题。

二 "在－世界－之中－存在"

对于意向性所做的分析，已经为我们指出了理解 *Dasein* 的基本存在建构的方向。在意向性的结构之中，我们意识到，*Dasein* 在对存在之领会的基础之上，原本已经是与存在者在一个统一体之中的。而且，这一意向性的结构本身即 *Dasein* 自身的本质内涵。然而，我们还没有在 *Dasein* 的基本存在论的分析的基础之上去阐明意向性的存在论意义。而意向性的存在之所以可能，就是奠基在 *Dasein* 的基本生存论建构之上的。

海德格尔将 *Dasein* 的基本生存论建构理解为"在－世界－之中－存在"。这一结构作为一个不可分割的整体，为我们展示 *Dasein* 的存在方式。其中，关键的问题在于理解海德格尔的"世界"（world）概念。

一般的世界概念指的是主体之外的存在者，相当于我们的自然概念所意指的东西。在海德格尔看来，这种关于世界的概念并没有切中世界概念的本质，而是在传统存在论的笼罩之下做出的未经反省的想当然的结论。对于这种传统存在论意义上的世界概念，世界与主体是在认知行为的活动中发生关系的，世界作为认知主体的对象才能呈现。然而，在我们前面对认知行为的现象学分析之中，在我们对于意向性概念的阐释之中，我们意识到，认知行为的产生、传统的世界概念之所谓存在，是奠基在一种作为在先的存在领会之上的。也就是说，在世界作为对象呈现给我们之前，已经有某种东西被给予我们了。那么，这种在先的被给予我们的东西是什么就成为传统的世界概念得以建立起来的基础。唯有对这一基础的更为严格的现象学考察，才能使我们在这里与 *Dasein* 的生存相遇，才能在 *Dasein* 的生存的视域中揭示作为一般的世界概念。因此，作为一般的世界概念，需要我们以现象学的方法揭示其存在论含义。

既然我们已经将 *Dasein* 的内在本质理解为生存，即理解为在行动中的 *Dasein*，那么，*Dasein* 所生活的世界则是我们探究一般的世界现象的起点。

在海德格尔看来，*Dasein* 的最日常的存在方式，是与自身周围的存在者"打交道"（dealings）。"我们已经表明了，最切近的交往方式并非一味地进行觉知的认识，而是'操劳'（concern），使用存在者，将它们带入人的使用之中——操劳有它自己的'认识'（knowledge）。"（*BT*，95/79，译文据英译本有改动）在海德格尔看来，在人的日常的真实的生活现象之中，存在者并不是首先作为认知的对象被给予我们的，我们首先是"使用"着在我们周围的存在者。距离我们最近的存在者首先是作为人的行为过程中的"工具"（equipment）被包含在我们的行为过程之中，并且在这一过程中与我们相遇，与我们产生关系的。而这种对存在者的使用，虽然并不能构成认知意义上的知识，因为我们根本还没有将其作为认知的对象来加以把握。但是，这种使用过程不是盲目的，我们总是知道要用某种工具去做事。在这种知道用某种工具去做某事的行为过程中，其实包含了我们对于这一工具的"知识"，当然，这里所说的知识，不是认知意义上的知识。因为在对存在者作为用具的使用中，用具本身并没有被专题化地把握（grasped thematically），而是在使用中被领会的。

由此可见，海德格尔以用具的用具性来理解存在者在 *Dasein* 的生存结构中展现的本质特性。存在者作为用具的存在方式，海德格尔称为"上手状态"（readiness - to - hand），而没有在 *Dasein* 的使用中呈现用具性的存在者的存在状态，则是"现成在手状态"（present - at - hand）。在这个意义上，传统存在论对于存在者的理解，包括对于主体的主体性的理解，指的都是海德格尔意义上的"现成在手状态"的存在者。而对于存在者的存在来说，上手状态的存在方式，在存在论上是更为本源的存在方式，因为"当下上手状态是存在者如其'自在'的存在论的范畴上的规定"（*BT*，101/84）。存在者首先作为上手状态的用具被在操劳中的 *Dasein* 所揭示，并且，在上手状态中揭示的乃是存在者的存在。现成在手状态的存在是奠基在上手状态的存在之上。

用具作为 *Dasein* 使用中的用具，其本身从来不是单独出现在 *Dasein* 的使用之中的，用具整体总是已经一起呈现出来。因为 Dasein 对于用具的使用，总是"为了……""指向……"，用具的用具性在于 Dasein 在使用它的过程中的目的性。

> 存在者作为它所是的存在者，被指引向某种东西；而存在者正是在这个方向上得以揭示的。这个存在者因己而与某种东西结缘（having been assigned or referred）了。上手的东西的存在性质就是因缘（involvement）。因缘中包含着：一事因其本性而缘某事了结。（如果某物具有 involvement，那就意味着使得它与某物产生了关联。）（BT，115/98）

存在者在用具性上的这种"因缘"（与……相关联），是存在者的存在论上的规定。在世界中存在的存在者本身就是"与……"的关联，并且，在这种相互关联之中，构成一个存在者的因缘整体。这个因缘整体，都是"为了……"而关联在一起的，并且，因为这一"为了……"而具有指引的方向，则这一关联整体最终将指向 Dasein 的存在。因为，在存在者中，只有 Dasein 是为了自身的存在而存在的，其他的存在者都是被关联在因缘整体之中，并且指向 Dasein 而存在的。"这种'为何之故'却总同 Dasein 的存在相关，这个 Dasein 本质上就是为存在本身而存在。我们这样就提示出：因缘结构导向此在的存在本身，导向这样一种本真的、唯一的'为何之故'"。（BT，116/99）这种因缘整体，是存在者能够作为上手状态的存在者存在的基础。存在者在这一因缘整体中被揭示的是存在者自身的存在。这也就是我们前面曾经说过的，Dasein 对于存在的在先的领会。存在者唯有在 Dasein 已经对于存在有所领会，已经对于存在者的因缘整体有所领会的基础之上，才能作为它的存在而存在，即它作为用具的存在才能够被揭示。而只要某种存在者是在就它的存在而得到揭示的，那么它就已经是在世界现象之中上到手头的存在者。这个意义上所理解的指引存在者的因缘整体，存在者在其中才能够被揭示的这一在先的因缘整体，就是海德格尔所理解的世界概念。

> 世内存在者首先向之开放的那种东西必定先行展开了。这句话说的是什么？此在的存在中包含有存在之领会。领会在某种领会活动之中有其存在。如果此在本质地包含有在世这种存在方式，那么对在世

的领会就是此在对存在的领会的本质内涵。从世内来照面的东西向之次第开放的那种东西已经先行展开了，而那种东西的先行开展不是别的，恰是对世界之领会。而这个世界就是此在作为存在者总已经对之有所作为的世界。（*BT*，118/100）

这段话意味着，世界不是一个在后的东西，而是在先的，世界先于每一个被揭示的存在者，已经在每一个 *Dasein* 的生存之中被在先地把握了。*Dasein* 的存在中已经包含对它自身的存在的领会，在海德格尔看来，如果 *Dasein* 的自身的生存指的就是"在－世界－之中－存在"这一生存的结构，那么，*Dasein* 对自身存在的领会的具体内涵，就是对于 *Dasein* 的在世存在的领会。因此，这个意义上的世界

　　　　并非手前现成者之总和，它根本不是什么手前现成的东西。它是"在－世界－之中－存在"的一个规定，*Dasein* 存在方式的这个结构的一个环节。世界可以说是类乎 *Dasein* 的。它不像诸物那样是现成的；毋宁说它在此（the being－Da），就像我们自身所是的 *Da－sein* 那样；这就是说，它生存。我们自身所是的存在者之存在方式，*Dasein* 之存在方式，我们称之为生存。可以用纯粹的术语来说：世界并不是现成的，它生存；亦即，它具有 *Dasein* 之存在方式。（*BPP*，166/221－222）

在这个意义上，世界概念也是一个必须在存在论之奠基之上才能够得到澄清的概念。世界必须在人的"在－世界－之中－存在"的生存建构的角度才能够被揭示出来。

现在，在基本澄清了海德格尔意义上的世界概念之后，我们可以进而把握海德格尔"在－世界－之中－存在"这一结构中的"在……之中"。海德格尔这里所说的"在……之中"，指的不是 *Dasein* 如同现成在手的存在者一样，处在其他存在者之间的空间上的关系，而是更为本源的 *Dasein* 的生存论结构。因为 *Dasein* 总是已经操劳于周围世界之中，世界作为世界总是已经在 *Dasein* 的生存活动之中被揭示出来，周围世界中的存在者首先是在已经被揭示的世界的基础之上，作为"上到手头的"，作为用具性呈现它的存在论的本质。那么 *Dasein* 的"在－世界－之中－存在"，就不是两个现成存在者相遇所出现的关系结构，而是 *Dasein* 首先与上到手头的存在者在使用的关系中，在 *Dasein* 的生存中存在。而这一存在的基础就是

Dasein 已经对世界有所领会，*Dasein* 已经将自身投入世界之中。这种 *Da-sein* 与世界的关系，是 *Dasein* "生活" 在世界之中，或者用海德格尔的概念，*Dasein* "依寓于" （I reside）、"逗留于" （dwell alongside） 世界之中。"若把存在领会为 '我在' 的不定式，也就是说，领会为生存论环节，那么存在就意味着：居而寓于……（to reside alongside...），'同……相熟悉'（to be familiar with...）。因此，'在之中' 是 *Dasein* 存在形式上的生存论术语，而这个 *Dasein* 具有在世界之中的本质性建构。"（*BT*，80/64）这种存在论上的对于 "在……之中" 存在的理解，使我们能够区分两种不同的存在者。"这两个结构就是作为 Dasein 之规定的 '在－世界－之中－存在' 与作为现成者之可能规定的 '世内性'（being within the world）。一方是作为 *Dasein* 之基本建制的 '在－世界－之中－存在'，另一方则是作为现成者之可能而非必然规定的世内性。"（*BPP*，168/224）海德格尔以 "世内性" 所指的是传统存在论所理解的 "自然" 这一存在者。海德格尔称之为 "自然"，以与他的 "世界" 概念相区别。前面我们曾经说过，传统存在论是在海德格尔 "现成在手状态" 的意义上理解存在者，自然概念也被理解为现成在手的存在者。对于作为自然的存在者来说，世内性是被归于它的，而不是它本身所具有的存在论建构。这就是说，自然作为自身存在的存在者，本不依赖于我们的发现，并不需要在我们的世界之中被揭示，而世内性——处在一个周围世界之中——是自然在作为存在者被我们发现的时候，加之于其上的。

然而，对于作为 *Dasein* 的存在者来说，"在－世界－之中－存在" 作为一个整体的结构，本身就属于 *Dasein* 的生存论建构。一方面，*Dasein* 并不是偶然 "在－世界－之中－存在"，而是只要 *Dasein* 生存，*Dasein* 就是 "在－世界－之中－存在" 的，*Dasein* 就是以这一结构生存着。另一方面，世界这一概念，也是已经 "在－世界－之中－存在" 的一个本质的环节，也就是说，世界之为世界，唯有在 *Dasein* 的这一本质的生存结构之中才能够得到揭示。"仅当此在生存，世界才存在；只要此在生存，世界便存在。"（*BPP*，170/226）世界是在 *Dasein* 的生存中，才能够存在的。在这个意义上，海德格尔说："世界是主观性的，这意味着：就此在这个存在者以在世的方式存在而言，世界属于此在。"（*BPP*，167/223）

第四章 天道性命相贯通的基础存在论阐释

在前面的各章中，我们具体地展示了牟宗三先生的"天道性命相贯通"的理论结构的内涵。并且，在牟先生对于康德哲学的分析中，指出"天道性命相贯通"的结构如何贯穿并且决定了牟先生对于康德的阐释。进而，我们也指出了，康德哲学与牟先生的思想系统之间的差异、造成这种差异的根源以及这种理论上的差异所带来的牟先生的思想阐释中的问题。我们也具体地讨论了奠基于基础存在论之上的，海德格尔对康德哲学的分析与讨论。经过这些具体的准备工作，我们终于可以回到最初的目标上来。在下面的讨论中，笔者将试图展现一种对牟先生的"天道性命相贯通"的理论结构的新的阐释的可能，即奠基在海德格尔基础存在论之上的新的阐释，这一阐释的重点是以海德格尔的 *Dasein* 的"在－世界－之中－存在"的基本存在建构去理解牟先生的"天道性命相贯通"。在这种阐释之中，处于我们视野的核心的是两种思想之内在的"结构"上的契合。这种以思想的"结构"为核心的阐释方式，要求我们抛开由诸多新命名的概念所造成的层层迷雾，探究在这一迷雾遮挡之下的思想实质。对于不同的概念可能带给我们的困扰，既指向海德格尔为了与传统存在论相区分，自己"创造"的给我们的理解设置种种困难的"新"概念，又指向牟先生在对康德哲学的几个重要概念的借用中，因为概念内涵的变化可能导致的困扰。

我们这么做的最终的目的，就是建立起在本书一开始期待的那种视角的转换。通过海德格尔的基础存在论，希望能够让我们从人的存在的角度来理解儒家所讲述的那些道理，而不是从人与世界的对待的角度来理解。但是这并不意味着海德格尔在理论上给我们提供了什么新的东西。儒家原本就是在人和世界、人和他人共同存在的基础上来理解这个周围的世界的。只不过，近代以来的西方哲学改变了我们原本生存的那个整体的世界图景。当我们站在西方近代以来的哲学形而上学的基础上来理解儒家的时候，儒家变得好像不太能理解了。海德格尔的出现，其实是给我们指出了一条以哲学的方式讨论儒家原本的那个世界的道路。然而，正如宋明理学家喜欢说的，我们沿着这条道路重新贴近儒家，其实也并没有对儒家"增得一些子，减得一些子"，只不过是让儒家思想可以用现代哲学的方式言说出来而已。

第一节　　"真我"与 *Dasein*

我们先由具体的概念入手，分析牟先生所解释的儒家思想如果用海德格尔的想法来看是什么样子。

在对待康德的态度上，通过前面的分析，我们可以看到，康德的《实践理性批判》对牟先生以及海德格尔都有着特别的意义。

对牟先生来说，"天道性命相贯通"的结构的落脚点在于心体与性体的自我呈现。这种自我呈现是在人的道德实践行为、在人的道德意识中的呈现，如果更进一步，用阳明心学的语言来说，就是良知的自我呈现。牟先生所建立的真我其实就是阳明所说的良知本体。

牟先生以此为起点，建立起智的直觉的可能性以及他的独特的对于物自身概念的理解。心体与性体的自我呈现这一过程是智的直觉起作用的过程，呈现的结果则是牟先生所说的"真我"概念。这一真我概念也就是牟先生在中国哲学的语境之中提出的自由无限心，即心体与性体的同一。真我之所以为真我，这样呈现中的真我在价值序列上的首要位置，在于背后所蕴含的"天道与性命通而为一"的理论结构。心体完全呈现为性体，性体则是道体、天命的下贯。性体的呈现即心学传统所说的"先立乎其大"，先"察识"，体现人的本原的道德本体，进而在不断的道德实践"工夫"中，使超越的道德本体能够"实现"与"完成"，并且"致良知于事事物物"。在这里，我们可以看到牟先生"天道性命通而为一"的结构中所体现出的，不单单是对宋明理学的继承，更是在这一理学传统中，对心学传统的继承。正是对于心学传统的凸显，才使得在牟先生那里，心体或性体的自我呈现成为最根本的问题。因此，真我在价值上具有优先性。又因为天道作为宇宙万物之本体，即宇宙万物能够存在之本体，则与天道同一之真我，既是道德实践行为之本体，同时也是宇宙万物存在之本体。真我之能够呈现则需要"求放心"，需要人在被气秉所蒙蔽的心的状态之中"逆觉体证"，经由"向后"回返的方式，回到人之本心。在这样的叙述之中，我们可以指出这一结构的六个方面。

第一，真我与超越实体的特殊关联，即真我与超越实体的同一。即天道与性命通而为一，这是一切思想得以展开的基础。

第二，真我在价值上的优先性。人之日常状态总是对真我的蒙蔽，而真我是建构这一日常状态的基础。

第三，真我首先在道德实践行为中呈现。

第四，真我需要经由"逆觉体证""向后"回返的方式才能够呈现。

第五，真我的呈现是一种自我呈现，不需要经过感性直观。

第六，真我既是道德实践之本体，也是宇宙万物存在之本体。真我不只是道德行为的创造本体，也是宇宙万物之存在的创造本体。

在此，我们可以看出，所谓"真我"其实就是牟宗三在天道性命通而为一的基础之上，建立起来的"心体""性体""天道"等作为本体的那个概念。真我之所以具有这些特质，根本上是因为真我即本体。如果我们暂且搁置心学的良知本体所具有的道德意义，① 那么儒家的这个良知本体，其实就可以理解为海德格尔的 *Dasein*。这么说其实意味着，我接下来尝试借用海德格尔描述的 *Dasein* 的意义来阐释牟宗三哲学中的知体明觉，关注的主要焦点在于知体明觉在存在论上的本体的意义。至于知体明觉中包含的道德层面的意义，其实是一个更为复杂的问题，我将会在本书的最后一部分回应这个问题。

将牟先生的真我概念（自由无限心、心体、性体等）领会为 *Dasein* 能使我们更好地面对因康德哲学的限制所带来的阐释中的问题。

一　心在存在论上的优先地位与道德实践行为"纯亦不已"

宇宙万物的存在总有其存在之理与创造之理，这就是牟先生所说的"天道"。宇宙万物唯有奠基在天道之上，才能够成为宇宙万物。天道之为

---

① 在我看来，儒家传统中所讲的道德意义，可以分为两个层面。其一是本体的生生不已之德。这是在宋明理学建构起儒家的形上学之后，慢慢凸显的一个意义。其二则是我们平常所说的社会伦理层面的道德的意义。在我看来，这个层面的道德意义，虽然从不可能在儒家的理论言说中缺席，永远是包含在儒家的言说中的，但是，在宋明理学建构起形而上学之后，这个层面的道德的含义逐渐淡化，而变成了生生之德。这也是凸显天道性命作为存在本体之后，必然走向的一个结果。所以，此处所说的，是暂时不考虑儒家的本体所具有的社会伦理层面的道德的意义。

体，具体在宇宙万物之中，则是宇宙万物之性体，这样言说的宇宙万物，也包括了由单纯的存在者的角度来看的人。于宇宙万物之中，人与其他的物的存在有着本质上的差异，因为人不单单以天道为性，同时人在他的心之中可以呈现性体。此处需区分人之日常生活中，具体化的心与心体之差别。依照我们前面的讨论，作为宇宙万物本体的天道，其核心的意义有三个方面。

一是存在之理。儒家关心的作为宇宙万物存在之本体的天道，指的不是任何经由经验抽象而来的作为"概念"的物的"本质"，而是使物能够成为其自身的物的存在的意义，即使物能够作为其本身存在的根据。单纯地从这个角度来看，儒家所说的"天道"本体，其实就包含了海德格尔所说的"存在"本身。

然而，对于儒家来说，这种对于本体的理解，里面还包含了一层对物之为物的价值意味的判断。每一物，都有其自身来自天道的本质，这一本质，在具体的物的存在中，又总是因为作为世界的"主体"①的欲望的遮蔽而被遮蔽。儒家其实总是先从人的角度来思考这个世界，而不是直接从物的角度来思考这个世界的。所以，在我们言说天道本体的时候，首先的问题是天道本体作为人的存在的"本质"。②天道作为人的本质而存在的时候，则是人之性体，是人的"超越"意义上的本性。而一旦人"进入"现实生存的世界，这种超越的本性就会被气所沾染，因此就会被遮蔽。在这个意义上，这种本质就不能简单地呈现在"现实"的世界中，即在日常的经验世界中，人的本质永远处于被遮蔽的状态，这样就在人的日常经验

---

① 这里所谓主体，不是通常主体与客体两分意义上所言说的主体，而是在一个以人的生活为核心的世界的"核心"，无论物与人的"交流"是通过什么方式，这个世界是围绕着人的生活建立起来的。这种围绕着建立起来的东西，就是我们此处所说的主体。

② 有时候，我们不得不用一些西方的概念来暂时地描绘我们想言说的那个东西。这里所谓"本质"，其实也并不是完全在本质主义的意义上使用的，最根本的，并不意味着儒家认为人有一个"固定"的本质，对人有一个概念化的、僵化的理解。而是这种天道作为人的存在的最根本的意义，或者是，最原本应该是的样子。但是，因为天道本身是"寂然不动、感而遂通"，所以其本身并没有任何积极意义上的规定性，唯一的规定性就是生生不息的健动之道。这里的本质也并没有任何具体的规定性，其唯一的规定性就是仁心的健动不息。这里所谓的本质并不是先于人的"存在"的某种固定的本质，而恰恰是人要在自己的存在中"去实现""去完成"的东西。但是，从另外的面相来说，这里所谓的本质又不是完全没有限制的。它至少是由天道的生生不息，规定了自身的健动不息，所以儒家所谓人的本质，又有不同于海德格尔的地方。

世界之外，又划出了一个人因为其本质的存在而"应该"去实现、去成为的世界。对于和人处于同一个世界中的物来说，同样如此，因为人的生存的本质未能显现，所以在这个人所参与的世界中存在的物的世界，是一个有人参与的世界，作为周围世界的物，就是在与人的关联中存在的。其自身的本质，其自身的天道也不是一开始就处于显现之中的。这其实就意味着某种价值层面的区分。儒家所讨论的那个作为宇宙万物存在本体的天道，就是存在本身的存在的意义。在这个层面，人与物是同一的，因为人的存在的本质就是来自这个天道。

二是天道的生生不已的创生意义。这种创生，具体到宇宙万物的存在之上，即宇宙万物的存在都是因为作为其本体的天道的生生不息而得以存在的，并且是不断创造、不断更新。这就决定了宇宙万物存在的真实性。具体到人的存在之上，则是人的内在本性的生生不息。这种生生不息，就是人的创造性的根源，其实就是人做道德行为的根源。人的所谓"仁体"，即这种创造不已，不断地在人的行动之中，去创造实现那个原本的天道。正是这种创生义，这种不断的创造，成为自宋明理学之后，儒家建立起自身整个道德大厦的基点。

三是秩序的意义。天道的秩序的意义就是我们前面所说的，物自身的超越的价值。对于儒家来说，天道本体的不断创生，不可能是一个完全没有指向的，在任何意义上的"新"的创造都是具有同等价值的创造。如同我们前面所说的，儒家是以人的存在为首先思考的模型。在人的存在中，人可以不断地创造，人可以做任何行为。但是，唯有在"仁"的方向上，使天地万物能够更好地"生生"的行为才是符合天道的"生生不息"之本意的。这也就意味着，唯有这样的行为，才是符合儒家的理想，才是儒家能够肯定的行为。因此，从这个角度来说，正是天道的生生不息，决定了儒家创造行为的道德意义。在我看来，至少在宋明理学出现之后，以至于当代新儒家的哲学理论里面，儒家形上学中谈到的道德意义、道德价值，儒家讲的"道德"都是在天道生生不息的角度理解的道德意义。牟先生也是在这个意义上才能够建立起所谓道德的形上学。这是具有存在论意义的道德，而不是仅仅观乎社会伦理层面的道德问题。

儒家永远用一个高悬在前面的天道，来表明对于现存经验世界的超越，并由此建立一个价值的世界。只不过，这种价值的世界并不是来自任何外在的设想、原则，而是来自作为万物存在之根本的那个本体。而天道的这种生生不息，具体到人的内在本质的心体，即心体的仁之生生不息、不断地创造。具体来说，就是人的内在的心体永远是生活在不断地超越其自身，不断地向外感通之中的。

这是由天道性命通而为一的天道的角度而言，既然是通而为一，那么如同我们前面所讨论的，作为天道与性命的结构的另外一极的心体，同样具有天道的这些性质或者意义。

在心体的一个方面，能够呈现这些性质。心体是与性体同一之体，因此，心体是超越性的。在这个层面，即存在的根本层面而言，"人"与"物"有着同一性，人与物都是因为以天道为其本质而存在的。因此，天道与性命通而为一的意义就在于，人与物在存在的根本意义的层面是同一的。这是由人的心体的存在的角度而言。然而，在另一个方面，心是现实性的人的具体的生存的心，即在经验世界中实现的"心"，我们可以称之为现实的心。此现实的心有与物相同的一面，即现实的心之作为物之一面。当然，如我们前面所讨论的，心具有能动的"思"的能力。正是这种能力将心与其他存在的物区分开来。

孟子曰："心之官则思"。思是现实的心的本质性的能力。这种能力根本上并不是指向外在性的对心之外的"他物"的思维的能力，而是心自己对于自己的呈现。因此，心之思的对象是"诚"，是宋明理学家所说的"诚体"，即心体自身，也就是天道本体。因此，具体存在的人正是因其能够"思诚"，能够在其自身的存在中领会并且呈现本体，才成其为人。

此现实的心由感官经验之处收束回来而"思诚"，其本质即"诚体"自身的自我呈现，这就是牟先生在批评康德哲学时，建构起来的关于"真我"的观念，其实也就是心学意义上的良知的自我呈现。良知自身呈现时，本身并不是另外有一个"知"的"主体"存在，而是良知自身不再被遮蔽地呈现出来。换一个角度，对于牟先生来说，性体与道体唯有经过心之思，才是可以"通达"的。因为正如牟先生所说，"天道性命通而为一"的理论结构，虽然设定了超越的天道与内在的性命两极，然而，天道本身是无法直接把捉的，所以，我们唯有通过内在的良知的自我呈现，才能够明确地了解、把握天道性命之特质。因此，唯有经过人的良知呈现，超越的天道的意义才能够是真实实现之理。此即人"能推"，物"不能推"，以海德格尔的话来说，即 Dasein 在存在论上的优先地位。

Dasein 作为存在者，与其他存在者的差异在于，Dasein 总是已经对它的存在有所领会。*Dasein* 与其他存在者的不同之处在于，它总是"去存在"，在它的这一"去存在"的存在方式中，与存在本身发生交涉。"它的存在是随着它的存在并通过它的存在而对它本身开展出来。对存在的领会本身就是 *Dasein* 的存在的规定。"（*BT*，32/14）所以，*Dasein* 的最根本的存在方式是对它自身的存在的领会。*Dasein* 与存在自身的关系，不仅仅在于 *Dasein* 是奠基在存在之上的存在者，还因为其对于存在有所领会。这就决定了，在前期海德格尔那里，我们唯有通过 *Dasein* 对于自身的存在的领会，才能够进一步领会存在本身的意义。因此，人的这种存在，在整个天地万物的存在之中，有着存在论上的独特地位。这种领会用中国哲学的语言来说就是"思"。这种作为领会的思不同于建立在感官经验之上的认知能力，因其一方面不能经由感性直观而得到；另一方面它也不是专题化的把握，而是一种作为专题化把握的基础的"思"。因此，这种思不能被理解为认知，而只是一种对于存在的"领会"，并且，*Dasein* 本身就是在领会中生存了。

正如我们在前一章所讨论的，*Dasein* 的领会指的是在领会中向着自己的根本的可能性去筹划自己的存在。因此，说 *Dasein* 对自己的存在有所领会，是因为 *Dasein* 的存在并不是固定的存在，而是在领会中不断地实现的。因此，这种在领会中的现实化，即 *Dasein* 的生存。

在儒家的角度看来，这就是在天道性命通而为一理解之下的人的另一个面相，即人不仅仅能够思，能够领会其自身存在的根本意义，而且可以不断地在道德实践行为中，实现自身存在的意义。现实存在的心，一旦是现实存在的，就必然沾染了气而有了欲。这种状态就遮蔽了原本的良知本体，也就是原本的真我在现实的经验世界中往往是被遮蔽而存在的。那么人之所以能做道德实践行为，在儒家的意义上说，并不是依照外在的道德原则去行事，使自己符合某种道德规范，而是从根本上去除由气的沾染而带来的私欲的遮蔽，让良知本体能够不被遮蔽、不被扭曲地完整实现出来。良知的这种呈现，首先是朝向未来的，是在生命不断地展开的过程中，在不断做实践行为的过程中，实现出来的。在每一个具体的时刻，人的心都要做出抉择，这种抉择是面向未来的，与此同时，又是尽可能地去除任何外在的欲望的沾染，因此是恢复人的本质的。这里所谓人的本质，就是天道性命通而为一的天道与性命。因此，此处做道德实践行为，恰恰就是在时间性的行为的展开中，朝向人的最根本的存在去"筹划"自己的存在。

儒家的特别之处可能在于，这种筹划本身也是有时间性的。这里所说的筹划本身的时间性是指，筹划活动所能够呈现出来的最根本的自我的存在意义，可以随着筹划的不断实现、不断进行而有某种程度上的差异。在宋明理学的理想中，气质可以在不断地做道德实践行为的过程中改变，并且逐步减少其对于本体的遮蔽。所以，每一次筹划对于自我的实现，并不是完全"新的"，都是有可能奠基在在先的行为之上，以在先的行为对于气质的改变为基础，在这里，展开了儒家的工夫论的论述。正是因为儒家把人的存在看作在时间性的过程中的生命的展开，才容纳了工夫论的论述，而这种工夫论的过程，大概无法出现在海德格尔的论述中。

在某种程度上，这可以看作儒家意义上的，人在存在论上的优先性的第二个方面。人不仅可以通过领会其自身的存在而领会存在本体，还可以在具体的生命展开中，逐步实现、完成、呈现这个存在本体。而儒家视野中的物，自身能否实现其自身的"本质"则取决于人是否存在。因为物本身是不变的，是牵连在人的世界中而存在。因此，人如何面对、处置、运用物，就决定了物如何存在。在儒家看来，如果人自身是由欲望沾染的，由私欲驱动的，那么物就成为人实现私欲的工具而已，在这个时候，物大概不太能实现自身存在的意义，也就是牟先生所说的物无法成为价值意味的"物自身"。如果此时的人是良知呈露，一派天理流行，完全没有私欲，那么面对物、使用物的，其实就不是作为使用主体的人，而是纯然的天理。而此时的天理，正是物得以存在的天理，因此，在这个意义上，物就能够依照其自身存在的天理而存在，也就是说，物是在天理的层面，成为它自己。从这个角度来说，物在人的世界中将会成为什么，取决于这个人在人的世界中成为什么。因此，在儒家的世界中，人的存在在存在论上具有极为特殊的地位，人的存在不仅是我们通达存在本身的某种必经之路，还是让世界实现其存在意义的唯一的方式。只有人，才能让天地之间天理流行；只有人，才能够参赞天地之化育，才能够成己成物。

这种存在论上的优先地位的意义在于，一方面，它指出了人之存在与超越的存在本体的特殊关联；另一方面，它指出了唯有在道德实践行为中，唯有在人的筹划之中，我们才能够真实地成为人，作为人而存在。因此，现实的心永远是需要被超越的对象，人之本性即在于不断地通过道德实践行为去成就自身、完成自身。道德实践行为不仅具有伦理学上的意义，而且具有存在论上的意义。道德实践行为中的人才是真正的能够实现人之存在意义的人。这在某种程度上，就是中国哲学所说的"维天之命，於穆不已"，创造即本质。人之存在，就在于创造自己。道德实践行为不是可有可无、可为可不为的人之自由的选择，而是人之存在，就已经对自己的存在有所筹划，就必须在实践行为中造就自己的存在。

二　道德意识中的自我彰显与逆觉体证

心之通达性体与道体唯有由感性经验中"向后"回返，"逆觉体证"才能呈现作为其本身存在之根据的自身存在。这种回返唯有在道德意识中才能实现。

在中国哲学看来，道德意识的存在是在一切经验知识之外，完全由道德主体所显发的。在这个时候，决定人之意志行为的力量完全来自人的内在的道德主体。在中国哲学中，道德主体之所以被蒙蔽，是因为人在与外在事物交接的时候物欲滋生，导致道德本心被蒙蔽，唯有离开感性直观，回到人之内心，才能使道德主体真实地如其本身呈现，在这种呈现之下的心就是作为道德主体的心，即心体。这样一来，现实存在的心与作为道德主体的本心，构成了一种既相互对照而其本身又为一体的关系。这种关系在康德那里是无法解决的。因为，正如海德格尔所说，对于康德来说，纯粹理性的认知主体的心与作为道德实践行为的道德的人格性是分离的，康德并没有实现两者的统一。对于康德来说，我们甚至无法对道德的人格性有任何积极的知识，我们根本无法把握这一道德的人格性。用牟先生的话来说，康德在这里是把主体分属于人与上帝了。康德无法实现主体的统一，然而，对于中国哲学来说，现实存在的心与心体是统一的，二者之间的差别只是本心能否呈现，能否被彰显的差别。同一主体，能彰显本心则为心体，本心被蒙蔽则为现实存在的心。这种本心与现实存在的心的对立，在海德格尔那里表现为"本己"（authentic）的存在与"非本己"（inauthentic）的存在。我们以此可以得到更好的阐释。

Dasein 的基本的存在论建构是"在－世界－之中－存在"，这是由存在论上理解的 Dasein 的存在方式。然而，Dasein 作为存在者总是已经处在存在者之中，并且对其他存在者有所作为了。在 Dasein 的"在－世界－之中－存在"的存在建制之中，意向性已经原本地属于 Dasein 的存在了。我们在康德那里可以看到，一切认知行为都奠基在意向性的基础之上，而

Dasein 本身的生存方式是"超越"的，在意向性的整体结构中，意向与被意向者作为整体而存在。这是认知行为所得以产生的基础。在意向性结构中，被"指向"存在者的正是自我，自我总是已经生存于意向性结构之中。因此，一方面，意向性意味着对象总是在认知行为之前已经被给予了；另一方面，"自我"也总是已经在意向性结构中，与"对象"相关。"〔与客体的〕自行相关就属于主体自身之存在建制。自行相关包含在主体这个概念里。"（*BPP*，157/210）传统存在论的"主体"概念，并不能在存在论上澄清主体之真正的主体性，在海德格尔看来，主体总是已经超越性地越出自身，与世内存在者在一起。

在《存在与时间》中，海德格尔以 *Dasein* 的"操心"（care/soger）这一概念来阐释意向性的存在论意义。在海德格尔看来，*Dasein* 的"在-世界-之中-存在"意味着先于 *Dasein* 自身，*Dasein* 总是已经"寓于"世界之中的存在。这种存在方式使 *Dasein* 总是在操心的筹划中生存。这种筹划既包括了对自身的可能性的筹划，又包括了对作为用具的存在者的用具性的筹划。同时，操心也包含了对作为共同存在的其他 *Dasein* 的关联。在操心的筹划之中，*Dasein* 具有本己的存在与非本己的存在的可能性。*Dasein* 能够面对它自身的可能性的存在，积极地筹划自身，只有为了它自身的"能在"，即它自身的生存中的可能性的时候，*Dasein* 才是本己的存在。然而，日常存在状态中的 *Dasein* 总是不从自身的能在来理解自身，因为在日常状态中，*Dasein* 总是从它所寓居的世界的角度来理解自身。这中间既包括了由存在者的角度来理解自身，将自身理解为世内的存在者之一，遮蔽了 *Dasein* 自身存在论上的基本建构，也包括由"他人"（They/Das Man）的角度来领会自身，将自己领会为与他人同样的存在者，而无视自己对于自己的存在的承担。无论如何，日常状态的 *Dasein* 总是脱离它的本身的能在，而"沉沦"（falling）在它所寓居的世界中。在海德格尔对于沉沦的论述中，我们可以看到，*Dasein* 的能够本己存在的可能性是它的沉沦的可能性的基础。正因为 *Dasein* 能够拥有自身、能够成为本己，它才有可能失去自身。因此，人之存在的本心、人之真我同样是人之能够被物欲遮蔽的基础，正因为人能够成其为自身，人内在地具有心体或性体，才有可能失去此一心体或性体，放失他的本心。

海德格尔在康德的实践理性中，阐发出能够引导向本己存在的可能性。这种可能性奠基在他对"道德感受"的论述之中。

　　前面我们曾经指出过，在康德那里，道德的感受即"敬"（respect）。这种敬是对道德法则之敬，敬是由道德法则所规定的。而这种道德法则来自理性自身。"对法则之敬——将法则彰显为行动之规定根据的这一特定方式——本身同时就是对于（作为行动者的）我自身之特定的彰显。"（BPP，135/179）在作为道德感受的"敬"之中，我自身首先作为行动者而出现，行动者规定着、造就着自身。并且，对于道德法则的绝对的敬的感受，排斥了一切偏好与欲求，而使得我自身完全听命于来自我自身的道德法则。这样，一方面，我自身在敬中成为自由的，不再被 Dasein 所寓居的世界所限制；另一方面，"作为对法则之敬，道德感受无非是吾身之（对自己自身、为自己自身）应责式存在"（BPP，135 - 136/180）。在道德感受中凸显的，是仅仅根据我自身对于我自身的筹划，即 Dasein 的为其能在的存在。从这个角度说，道德感受中自我的彰显，在 Dasein 的存在论的角度，就具有独特的意义。因此，海德格尔说："道德感受是自我领会自己自身的一种卓越方式，自我以此直接的、纯粹地、自由摆脱一切感性规定地把自己自身领会为自我。"（BPP，136/180）在道德感受中，自我被本真地给予自我，自我能够呈现在存在论上本己的生存的特征。我们也才能真实地把握这一自我。

　　我们可以以这个意义上的道德感受所彰显的自我来理解牟先生的"真我"概念。真我唯有在道德感受中，始能真实的彰显自身，始能真实地成为他自身。这种道德感受是奠基在人的存在的基础之上。这样理解的人，不是去认知的主体的人，而是由行动的角度来理解的人，"在 - 世界 - 之中 - 存在"的存在者，即 Dasein 在其本己的能在的角度被理解。"敬的意义上的自我意识之方式已然彰显了一种本真人格存在方式之样态。虽然康德没有直接在此方向上有所推进，然而这个可能性其实还是有的。"（BPP，137/181 - 182）

　　对于中国哲学来说，这可能是最根本的需要关心的问题之一。儒家特别是心学传统，相对于理学传统来说，一个最核心的问题就是如何确定道德行为的原本的动力就存在于人的内在本性之中。这就是牟先生之所以一定要把朱子说成是"别子为宗"的理由。牟先生用"即存有即活动"和"只存有不活动"来区分这两者。如果存在的本体是即存有即活动，那么存在本体不仅意味着那个超越经验世界的价值世界的存在，还意味着这种朝向价值世界的不能停止、一往无前的力量是本体自身所有的。放到人身上说，人不仅可以实现良知本体，不仅具有这种可能性，还因为良知本体自身的活动的意义，自身的那种要求实现的意义，所以人之所以为人，还必须实现良知本体。而在心学传统看来，朱子那种认为"性即理"的立场、"格物穷理"的方式，都是将心和理分裂为二，使我们无法在人的存在中找到道德动力。这种想法造成儒家思想从来不能把"道德的"这件事看成"假设"的，或者推论的，或者是某种现实的需要造成的。儒家一定要把"道德的"看作人的本质，是来自人的内在本性的。这包含我们上面所说的两个层面：一是道德原则一定是完全内在的；二是那种生生不已的做道德实践行为的动力也是人的内在的本性。

在此基础上，接下来的问题就是，儒家无法由任何推论的方式来说明人的道德意义，而只能通过人的实际生存经验的表述来说人的本质是道德性的。这就是为什么儒家，特别是心学传统，由孟子开始，都比较注重人如何在实际的生存经验中呈现良知，又必须说明在这种状态之下呈现的某种状态是人的本质的呈现，而不是其他因素。无论我们如何为这种状态命名，在儒家看来，这种在人的具体的生存经验中的某种特殊情境下出现的状态，就是人的内在本质，也就是尚未被人的欲望沾染的内在的本性。这就是孟子在"乍见孺子将入于井"这一情境中所描绘的状态。这种乍见，完全是人的内在性的直接呈现，因为任何理性的考量，欲望的驱动在"乍见"的当下都还未曾进入人的意识之中，因此，此时出现的意识的倾向，在儒家看来，就是纯粹的，完全内在性的。而这种意识就表现为完全的道德意识，表现为对于另外一个生命的牵挂。

这种牵挂其实已经蕴含了日后宋明理学家所描绘的诸多状态。这种牵挂本身是没有欲望的，是把牵挂的对象真实地当作其本身，关心的并不是自我在处于同一关系中的"他人"身上能够获得什么，也就是这种牵挂不包含任何出自主体的欲望的成分。甚至更进一步说，这种牵挂并没有"主体"呈现，意识主体完全将自己投出去，投入他人的生命的危机之中。这里体现了儒家天道的生生之德，是对于损害他人的生生的不能自已，不能接受。在儒家看来，这就是完全的道德意识的呈现，并且因为是完全出自人的本性的，也就是人的道德意识的自我呈现。人在道德意识中，完全由道德法则规定人之行为。依照徐复观先生的说法，孟子这里是由人的"心善"来论证"性善"，人就由物欲所遮蔽的存在者状态被拉回到人之心体与性体。这也就是牟先生所谓"天道与性命通而为一"的结构中，呈现天道的"逆觉体证"的工夫。牟先生所谓"逆觉体证"就是在道德意识中的自我彰显。之所以为"逆觉"，就是在人之寓于世界中的存在者之存在那里，将人之存在向其本己的存在回转，完全地面对其自身的存在可能性，完全在其可能性中造就自身、规定自身的存在。在逆觉体证中，人作为 Dasein 成为本己的存在。"体证"意味着这种呈现不是认知性的，甚至不是专题化的呈现，而是在道德实践行为中的领会。道德意识中所彰显的自我，并不是康德意义上的经由感性直观出现的作为现象之自我，同时，也不是伴随种种现象而存在的我思的自我。在道德意识中，人的感性直观以及知性的诸范畴都不起作用，以牟先生的话来说，是智的直觉中积极的意义上呈现的自我。我们将在下面讨论智的直觉的时候，展示这一问题。

第二节　智的直觉与物自身

智的直觉在牟先生的思想中是一个重要的问题，同时也是一个难点。对于牟先生的批评很多也集中在这一点上。牟先生以中国哲学的天道性命通而为一而言人可以具有智的直觉。因此，智的直觉一方面是牟先生所坚持的"天道性命通而为一"的理论结构的体现，正是天道性命相贯通确保了人能够具有智的直觉；另一方面，牟先生关于物自身的思想、道德的形上学的建立，都是以智的直觉的真实存在为基础的。唯有先证实人具有智的直觉，才能指出智的直觉之对象是物自身，而不是康德意义上的现象。心体与性体唯有具有智的直觉，才能既是道德行为之主体又是宇宙万物存在之主体。在这一基础之上才能够说无执的存有论，道德的形上学才能真实地建立起来。然而这一智的直觉在康德哲学中，是无法存在的。我们无法在康德哲学中，为牟先生的智的直觉概念找到一个位置。假如我们以海德格尔的基础存在论来看牟先生所谓智的直觉，则可能找到新的阐释的可能性。

我们将牟先生所说的智的直觉理解为海德格尔意义上的对于存在之领会，即对于"意义"的领会，进而知体明觉之存在论的本体含义，则理解为 Dasein 在其自身的存在建构之中对于世界之开启。

一　基础存在论视域中的"智的直觉"

在牟先生的思想系统之中必然能推导出智的直觉概念。我们不能以康德哲学中无法容纳这个概念而对之加以批评。

智的直觉在牟先生那里意味着心体与性体对于自身的呈现，在智的直觉中，心体或者性体作为其本来的样子，在被物欲所蒙蔽的现实的心中彰显出来。进而，智的直觉也能够使宇宙万物的存在者如其本来的"面貌"呈现给心。这样呈现的本来的面貌，就是牟先生所说的物自身。同样，我们也可以说，在通过智的直觉所自我彰显出来的心体或者性体之中，心呈现出来的也是它的本来面貌，因此，这个意义上的心也是作为物自身的心。

经过我们前面的讨论，其实已经可以看出，牟宗三所谓智的直觉和物自身概念，或者直接就是儒家思想中所包含的智的直觉和物自身概念，之所以与康德对这两个概念的理解不同，根本原因并不在于牟先生有意或者无意地曲解了康德，而在于两者之间在根本的看待世界的基础存在论上的差异。康德是以人的认识经验作为其理论建构的出发点。因此，在康德那里，人与周围世界的关系，最源初的是主体与客体之间的认知关系。在海德格尔对西方近代哲学的批评出现以前，可以说整个近代西方哲学的形上学都是建立在这样一种关系之上的。哲学讨论的基础就是人与作为对象的世界的分离和对立。因此，整个西方近代哲学才会出现认识论的转向。我们以前在讨论我们面对的这个世界的时候，总是我们认识中的世界，因此，当我们对这个世界的看法产生种种差异之时，就会产生各种不同的哲学系统，并且当这些不同的哲学系统相互之间不能说服的时候，就必然会走向讨论我们的认识能力，看是不是我们的认识能力出现了问题，我们需要首先分析我们是如何认识物的。在这个意义上，近代哲学的主题变成了认识论的问题，如何认识这个世界成了我们首先要澄清的问题。

然而，对于牟先生来说，他所继承的"天道与性命通而为一"的传统决定了，人与世界的关系最根本的并不是认识性的关系。也就是说，儒家思想从来不是首先从认识论的角度与这个世界发生关系的。人和人之外的世界从来不是截然隔绝、不能沟通的。恰恰是因为两者在存在的意义层面有着根本上的同一性——天道的同一性，所以在认识这个世界之前，我们就已经与这个世界处于一种深层的关系之中。我们对于世界并不是一无所知，并不是需要通过新建立的认识才能够了解这个世界。恰恰相反，我们原本就生活在对这个世界深刻的理解之中，并且，我们对这个世界的深刻了解，是超出了世界呈现在我们前面的样子的。我们理解这个世界的"本质"。同样地，"他人"，即和我们生活在一起的其他人，对于我们来说，也不是绝对封闭的。在儒家的视野里面，我们都有着共同的本性，我们可以像了解自己一样了解他人，因此，他人与我之间，并不是隔绝的关系。这就是为什么，儒家在思考自我与他人的关系的时候，并不是从外在的角度来看待，而是从内在的、爱的角度来看待这个关系。然而，这一切都不是那么容易就能实现的。这一切需要我们能够彻底地抛开我们只为自己的种种欲望的间隔。这就造成了儒家的世界并不是不变的，如我们前面所说的，人可以不断地在道德实践行为中，实现自身，同样地，在人实现自身的过程中，物的世界也在不断地实现自己，他人也在不断地实现他人之为自己。这种互相实现、互相成就的关系，是远较对立的认识关系更为根本的。这种关系就是儒家所说的道德意义上的关系。

如果说，物自身在康德那里，只表现为一种消极意义的概念。那么，物自身在牟先生的思想系统之中，却展现为一个积极的意涵。并且，我们可以看到，智的直觉与物自身的关系，在牟先生这里较之认知意义上的认识与现象有着更为根本性的地位，认识行为之可能是奠基在智的直觉对物自身的呈现之上的。在牟先生自己的系统之中，我们可以发现，智的直觉与物自身的"新义"之所以能建立的基础即在于天道性命通而为一。作为宇宙万物存在之本体的天道与作为人之存在本体的心体或性体是同一的。因此，在作为主体的人的存在与其他存在者之间，有着根本的存在论上的同一性。这种同一性决定了人与存在者之间并非原本的隔离开的。能够洞察人的内在存在本身的智的直觉因为所洞察的是人的心体或者性体，而这一心体或者性体同样是宇宙万物的存在的本体，因此，智的直觉同样可以使得宇宙万物在其存在本体的层面被呈现出来。

我们无法在康德哲学中建立这一根据。在海德格尔看来，康德之所以会出现这个问题，是因为他没有从存在论的角度来分析主体的存在论建构。因此，牟先生对于物自身概念所赋予的内涵，不同于康德以这一概念所意指的对象。在这个意义上，以康德的概念来重新审视牟先生就会产生诸多的疑难。牟先生自己选择康德哲学来阐发中国哲学自然有他的洞见，然而，对于"天道性命通而为一"这一结构本身，康德显然不能提供一个好的阐释基础。

可以说，在海德格尔的思想出现之前，我们其实一直都没有一个很好的方式来描述儒家的这种看待世界的方式，因为这与西方近代哲学有根本性的不同。牟先生利用康德哲学，创造性地用了智的直觉和价值意味的物自身两个概念，其实已经几乎把儒家思想的这种独特性逼显出来了。但是，也正是因为他对于康德哲学的借鉴，在那些未能足够重视宋明理学传统对于牟先生思想的意义的研究者那里，构成了极大的困扰，使得这个问题成了纠缠不清的问题。海德格尔的思想终于给我们一个机会，能够摆脱西方近代以来主体与客体分离地看待世界的方式，更重要的是，能够让我们有一种理论用来描述那种在先的、更为原初的人与世界的关系。在海德格尔那里，我们有希望找到一个更好的阐释基础。

我们曾经多次提到，海德格尔由存在论角度来理解人，将人理解为 *Dasein*。而 *Dasein* 的最根本的存在建构即"在－世界－之中－存在"。*Dasein* 的这一存在建构决定了它能够领会存在本身，这一领会首先是通过对于它自身的存在的领会展开的。海德格尔以 *Dasein* 这一特殊的存在者作为通达存在本身的存在论追问的开端，原因在于，在 *Dasein* 对其自身的存在领会中，这一被领会的存在，就是决定一切存在者的存在本身，海德格尔就是从这一角度论述 *Dasein* 对于存在本身的通达：

> 领会与此在自身相关，这就是说，与一种存在者相关，因而它是一种存在者式的领会。由于它与生存相关，我们称之为生存上的领会。然而，只要在这个生存上的领会中此在作为存在者被向着其存在能力筹划，生存意义上的存在就在其中得到了领会。在每一种生存上的领会中包含了对生存一般的存在领悟。然而，只要此在乃是"在－世界－之中－存在"，这就是说，只要一个世界随同此在之实际性以同等本源的方式被展现了，并且其他的此在被共同展现了，世内的存在者也来照面，那么其他此在之生存与世内存在者之存在也就随同生存领悟以同等本源的方式得到了领会。然而，对此在者之存在之领悟与对现成者之存在之领悟起先并未分离，并未以特定的存在方式得到分说，其本身也并未概念化。生存、现成存在、上手存在、他者之共同此在向来没有就其存在意义而被概念化，不过它们在存在领悟方面是漠然漫无差别地得到领会的——这种存在领悟同时引导着对于自然的经验以及对于共同存在的历史的自身把握并且同时使得它们得以可能。生存上的领会（实际"在－世界－之中－存在"于其中变得透明可见）之中早已包含了一种存在领悟，该领悟不仅涉及此在自身，

而且涉及了原则上随同"在－世界－之中－存在"被揭示出来的一切
存在者。(*BPP*，279－280/381－382)

　　由此可见，在海德格尔的叙述脉络中，*Dasein* 总是在生存中对其自身
的存在有所领会，而这种对于存在的领会，包含对于其他同样以 *Dasein* 的
状态生存的存在者的存在领会，即每一个 *Dasein* 在对自身的存在领会中，
领会了其他 *Dasein* 的生存。因为 *Dasein* 的基本存在论建构是"在－世
界－之中－存在"，世界作为 *Dasein* 的基本建构之中的一部分，在 *Dasein*
的生存中被同时呈现出来，这样非 *Dasein* 的存在者，即世内存在者奠基在
世界基础之上，同时在它的存在的角度被揭示，世内存在者的存在在这
里，同时被领会。因此，海德格尔说，在 *Dasein* 的对于存在的领会之中，
无论是 *Dasein* 自身，还是共同生存的 *Dasein*，以及世内存在者，其存在是
被不加分别地领会的。

　　到这里为止，我们其实已经可以看到牟宗三思想与前期海德格尔的基
础存在论之间可以互相沟通的地方。我们把这种沟通称为"结构上的相
似"。他们都给我们提供了一个作为我们自身存在的"主体"(Dasein) 与
周围世界关系的结构。在这种结构中，身为"主体"的我们，对于世界并
不是陌生的，世界并不是突然出现在眼前以便我们能认识它。同样，我们
对于世界内的各种存在者和同样作为"主体"存在的他人也不陌生。我们
的"本质"都共同建立在某些基础的东西之上。正因为有这些共同的基
础，所以"主体"可以通过理解自己理解他之外的一切。我们原本"生
活在一起"，而不是像突如其来的陌生人一样，需要我们重新去"打量"。

　　在这里，我们可以看到牟先生的思路，阐发智的直觉的思想开端。智
的直觉之所以能存在，人之所以能够不经由感性直观而智的直觉地呈现物
自身，就是因为人这一存在者，与作为物自身的世内存在者一样，都是由
存在决定的。人能够经由智的直觉领会自身的存在，而这种领会，同时也
是对于世内存在者的存在领会。这样，人这一存在者能够领会其自身的存
在，以及 *Dasein* 与共同生存的 *Dasein* 以及世内存在者的存在在存在领会中
的无差别性，这两点构成了智的直觉之所以可能的基础。现在的问题是，
我们需要说明，为什么智的直觉能够"直觉"这个世界"本身"。我们将
在这一基础之上把牟先生的智的直觉理解为对于存在的领会。这一理解可
以分三步来进行：第一，海德格尔的源初时间概念；第二，*Dasein* 对于自

身存在的领会；第三，*Dasein* 对于世内存在者的领会。

（1）海德格尔的源初时间概念

海德格尔从"筹划"（projection）的角度来阐发对于存在的领会。而筹划是奠基在海德格尔的时间理解之上的。我们前面在讨论海德格尔的存在领会的时候，避开了海德格尔对于时间的讨论。然而，存在领会唯有在时间中展开才是可能的，"只要存在领悟属于此在之生存，这个领悟也就必定植根于时间性之中。存在领悟在存在论上的可能条件乃是时间性自身"（*BPP*，228/306）。海德格尔对于时间性问题的讨论非常复杂，鉴于篇幅的限制，我们只能非常简单地讨论一下海德格尔的时间性理论。

海德格尔将我们日常的时间观念，称为"庸常的时间领悟"（the common understanding of time），在他看来，这种时间领悟并没有从根源上澄清时间现象本身，而是奠基在源初的时间性之上，海德格尔将源初的时间现象称为"时间性"（temporality）。时间性唯有在 *Dasein* 的生存之中才能够被揭示。

庸常的时间领悟将时间理解为"过去""现在""将来"。其中，"现在"是被直接把握的，"现在"是当下的存在，"过去"意味着已经不再存在，"将来"则意味着还未存在。在海德格尔看来，这样的对于时间的理解并没有揭示时间现象本身。本源的时间性是 *Dasein* 在其中展开自己的方式。我们对于时间的本源领会总是表现为"为了做……"的时间，时间只有在 *Dasein* 的行为中才能够得到理解。我们唯有与 *Dasein* 的行为联系在一起，才有可能真实地理解时间现象。我们所言说的每一个"现在"都意味着"当时……"，每一个"将来"都意味着"然后，什么时候……"，每一个过去都意味着"当时，在……之际"。正如海德格尔所说："每一个现在都把自己定期为'当是时也发生、演历或者持存着这事那事的现在'。"（*BPP*，262/359）对于时间的计量只有在这样的本源时间性上才能得以实现。

这样一来，现在、将来、过去就不是庸俗的时间领悟中互不相干的东西。时间自身是在"现在"中被张开的、被延展的。对于 *Dasein* 来说，它的本质即它的"去存在"，*Dasein* 在它自身的生存之中向着它自己的可能性即"能在"展开。

此在是从它所预期的最本己的存在能力来领会其自身的。既然此在这样对其最本己的存在能力有所施为，那么它便是先行于其自身的。预期一种可能性，我便从该可能性走向了我自身之所是。此在以预期其存在能力的方式走向了自己。在这个（以预期可能性的方式）"走－向－自己"当中，此在便在一种本源的意义上就是将来的。这个在此在之生存之中包含着的、从最本己的可能性而来的"走－向－自己－自身"（一切预期都是它的某个样态）便是原初的将来概念。"尚－未－现在"意义上的庸常的将来概念之前提便是这个生存论上的将来概念。（BPP，265/363）

可见，在源初的时间现象中理解的将来，并不是还未存在，而是已经在预期中参与 Dasein 的当下的生存之中，Dasein 的生存总是在时间性中走向它的可能性，实现它的可能性，即走向它的能在，即走向他自身。

于此同时，Dasein 的过去的存在永远不可能彻底地成为过去，Dasein 就是它过去所是的存在者，任何 Dasein 曾是的东西，总是规定着 Dasein 的当下的生存。因此，在每一个 Dasein 的现在，总已经包含它的曾经所是。

因此，现在、过去、将来在 Dasein 的生存中得到了统一。这种统一在于："此在以预期着一种可能性的方式存在，其方式一向是这样：它以行当前化的方式对一现成者有所施为，并且把这个现成者作为在场者保持在其当前之中。"（BPP，266/364）简单说来，Dasein 的生存总是朝着一种可能性的生存，这种可能性就是 Dasein 的将来，因此，在生存中，将来被 Dasein 带到了当下，将来作为 Dasein 的当下的生存的预期，一直在当下起着作用；而 Dasein 总是由其自身的过去的生存所决定的，在这种被过去所决定的存在者的角度，Dasein 是固定化的，是作为现成状态的存在者，而 Dasein 当下的生存，就是对于这一由过去所决定的现成状态的存在者的施为，对它做行为，这样，过去就作为 Dasein 当下的生存所施为的对象，被带到 Dasein 的当下的生存之中。这样一来，在 Dasein 的生存中，过去、现在、将来被统一在一起，这个意义上的时间性就是海德格尔所意味的源初的时间现象。

（2）Dasein 对于自身存在的领会

Dasein 的生存在源初的时间性中展开，在这种生存中，Dasein 向着它的能在筹划自己的存在。

在海德格尔对于源初时间性的讨论中，我们可以看出，对于 Dasein 的存在来说，"将来"具有更为根本的含义。*Dasein* 的将来就是 *Dasein* 的生存的诸种可能性。这种可能性不同于日常语言中所说的可能性。在日常语言中，我们在说可能性的时候，意味着还没有现实存在的东西，意味着未必一定会实现的东西，因此，日常语言中的可能性在存在论上是低于现实性的。然而，在 *Dasein* 的生存中，*Dasein* 并不是作为现成状态的存在者而存在的，*Dasein* 总是在它的可能性中造就自身。"此在不是一种附加有能够作这事那事的能力的现成事物。此在原是可能之在。此在一向是它所能是者；此在如何是其可能性，它就如何存在。"（*BT*，183/167）我们不能说 *Dasein* 是什么，因为 *Dasein* 不能在现成事物的状态上被理解，*Dasein* 只能被理解为"去存在"，而 *Dasein* 是向着它的可能性去存在，因此，*Dasein* 就是它的能在。在这个意义上，*Dasein* 的能在是 *Dasein* 的存在之本质，即 *Dasein* 的本源的存在。在海德格尔看来，*Dasein* 的这种单纯为了自己的能在而存在的方式，就是他所说的本己的生存，在本己的生存中，*Dasein* 能够成为其自己，拥有其自己，对于自己的能在自由的存在。

而这种对于自己的能在的展开，使 *Dasein* 能够成为它自身的能在的能力，即领会。"亲自去是那最本己的可能性、接受这个可能性、逗留在该可能性之中、在其自身的实际自由之中领会自身（这就是说，在最本己存在能力之存在中领会自身），这便是本源的、生存论上的领会概念。"（*BPP*，276/378）在生存论上，领会被理解为："向一种可能性筹划自己，在筹划中一直逗留在一种可能性之中。"（*BPP*，277/378）领会是向着 *Dasein* 自身的存在的可能性有所筹划，而在这种筹划中，*Dasein* 成为它的能在，即成为它自身。因此，在领会中彰显的就是 *Dasein* 自己的存在自身。我们由此可以说，领会就是在 *Dasein* 的生存中，对于其自己的存在的领会，*Dasein* 自身的存在在领会中呈现出来。

我们可以在这样理解的领会的意义上，来理解牟先生所谓智的直觉在心体与性体自身呈现中所包含的意义。这种生存论上的领会，并不以感性直观为媒介，而是在感性直观之先就能够在 *Dasein* 的生存中彰显其自身的存在。在中国哲学中，无论是儒家、道家还是佛学，都不把人的当下现实的存在看作人的本质性存在，而是都在这种现实的存在背后，设立了某种理想性，也就是中国哲学设想的"天道"的存在。天道才是这个世界的真实，也才是人的本质。而日常现实的存在的人，都是处在一种"背离"或者"脱落"的状态之中。而儒、释、道三家思想的真谛，就是通过理论的展开与说明，让人能够从这种"现实"的存在中摆脱出来，回到那个"真实的世界"中，回到人之为人的本质，去过人应该过的生活。正是在这里，儒、释、道三家都是用人的本质来说明人应该过的生活。在儒家的语境中，这种人之存在的本质，被理解为心体或性体，人即由性体所规定，然而，当我们进入现实生存的时候，作为本体的性体，是被"气"带来的欲望遮蔽的。因此，性体在生活中常常不能彰显。也就是说，我们如果沉浸在日常的生活之中，就总是无法真的回到真实的生命之中去。因此，儒家要做道德实践工夫。对于儒家来说，道德实践行为的真正含义，就是为了性体能够不受阻碍地彰显，一次次的变化气质，一次次的让性体不断的状态。人是由性体决定的，性体是人的本质，同时，性体又是我们朝向未来的指向。因此，道德实践工夫是我们不断的朝向未来去实现性体的生命历程。在儒家看来，人生整个就是实现这个性体的生命过程，除此之外的人生，都是不值得经历的。

由此，我们可以看到，在儒家看来，人在道德实践行为中，在不断地做工夫行为之中去充分地实现内在的性体。因此，这种不断地做工夫的前提，就是人向着性体的充分展现"筹划"其自身的存在。而在这个意义上，性体的充分实现，即成圣成贤，即中国哲学所理解的人之最为本质的可能性，即人之最为本质的能在。在中国哲学的语境中，人唯有向着成圣成贤筹划自身，向着成圣成贤去存在，才能够成为自身。这就是中国哲学所说的"继之者善也，成之者性也"，规定人这一存在者的本体即是性，这一存在者最终向之实现亦是性，而这一性就是人这一存在者之本身。

传统儒家所说的"克己复礼"在这个意义上也能得到圆满的理解。礼的规定性来自宇宙存在的本体，即人之存在的本体、人之性。人向之筹划自身，以使自身能够符合礼的规范。然而，人之成为这一规范，并不是符合外在的规范的要求，而是向着自己筹划自身、向着他的最本己的存在而去存在。因此，礼之规定性即人之本质的存在。人在实现礼之中，才能成为自身。而人的最本己的能在的呈现，是在领会之中。因此，真正意义上对 *Dasein* 之存在的领会可以理解为对性体之呈现。

人作为存在者，往往不是在最本己的领会之中呈现自己的。正如我们在上一章中所说，道德意识中的自我彰显，是 *Dasein* 本己呈现的可能的道路。在道德实践行为中，*Dasein* 自身就是作为目的而出现，*Dasein* 对于自身的领会完全排斥一切外在因素的干扰与遮蔽，而能够自己决定自己的存在，向着人之最本己的可能性而存在。牟先生或中国哲学就是在这一点上，在道德实践行为中，言智的直觉之真实性。

当然，海德格尔虽然指出，在道德意识中的自我彰显是 *Dasein* 之本己生存的一种可能性，但是，他并不在这个方向上发展他的本己的存在，这是我们必须注意的一点。在笔者看来，这种发展路向上的差异，来自海德格尔与牟先生对于超越存在的本体的不同的规定性。我们将在后面尝试更为详细地分析这个问题。

在道德意识中呈现的人格性，在道德意识中对于 *Dasein* 的生存的本己领会，是一种非概念化、非专题化的自我彰显。因此，这种领会，只能是一种"智的直觉"。这是智的直觉的另一层含义，即非对象化、非概念化的"直觉"。这种智的直觉，如果回归儒家思想的传统，其实就有两个方面的含义。这种直觉在某些时刻是一种呈现。因为它是非对象化、非概念化的直觉，意味着它不是一种"认知"，而是来自人的最基本的生存经验。这种经验在儒家看来，不是总被遮蔽的，在人生的某个特殊的时刻，在某种特殊的境遇之下，比如孟子所谓"乍见孺子将入于井"的时刻，它就出现了。这种出现是人的本性的彻底展现。在这种境遇之中，一方面，人能够跳脱出日常的、早已习惯的作为认知主体的自我。人回到自己，被从自我投入周围世界的作为认知主体的过程中"拉回来"，直接面对与我们共同生活的另外一个生命。这个时刻是生命单纯地面对生命，这个时刻所谓认知性的主体尚未出现，我们被从认知主体的状态中拉扯回来，彻底地回到我们真实的"在世界之中存在"的生存经验之中。这是我们真正的自己，是我们真正原本的生存方式。另一方面，在儒家看来，我们恰好经过这个时刻独特的生存经验，认识我们自己，认识我们自己最真实的本性，也就是我们最远处的生存方式。所以，对于儒家来说，本心良知呈现的时刻，是让我们能够重新回到自己，重新看清自己的时刻。我们只要时时保有这个时刻给予我们的感觉，就能够知道什么才是我们最本真的能在、最本真的可能性，就可以纯粹朝向自己本真的可能性去生存。这和海德格尔认为人只有朝向死亡才能够回到本真的存在，是完全不同的一条道路。归根结底，这是因为二者对于人的基础存在论的了解是不一样的。

至此，我们论证了，智的直觉作为对自身本真存在的领会，究竟指的是什么意义。那么，当面对围绕在我们周围的存在者的时候，智的直觉同样可以得到恰当的理解。

（3）*Dasein* 对于世内存在者的领会

我们曾经说过，牟先生的智的直觉的关键的难点在于，我们如何由智的直觉通达人之外的存在者，并且在智的直觉的呈现中，人之外的存在者并不作为对象而存在，而是成为其自身，即物自身。这个问题是康德哲学无论如何无法解决的问题，在康德那里，任何作为主体的人与存在者发生的关系都只能通过感性直观，因此存在者对于人都呈现为现象的存在。对于这个问题的响应，涉及牟先生所谓物自身，我们将在下一节讨论牟先生的物自身在基础存在论中所可能得到的理解。这一节我们将集中在智的直觉如何可能，即智的直觉在何种意义上能够不经过感性直观而通达存在者，并且这种对于存在者的通达是感性直观、认知行为之所以可能的基础。

我们前面讨论了如何在领会的意义上理解智的直觉对于人之本质的自我呈现。现在我们将领会转向对于世内存在者的领会之中。

在关于意向性的讨论中，我们已经指出，认知意义中所指出的外在于人的存在者在存在论意义上是存在者的现成存在状态，而存在者的现成存在状态，就是我们作为认知主体与这个世界发生关系的时候面对的对象性的物。在这个时候，人与存在者之间的关系，就表现为认知性的关系。存在者在我之外，一成不变地待在那里。所有的科学之所以可能的基础，就是这样一种关系。认知行为之所以可能是奠基在 *Dasein* 对于存在者的在先的存在领会之上的。而这种对于世内存在者的存在的领会，同样也是在筹划中得到呈现的。

Dasein 的基本存在建构是"在－世界－之中－存在"，并且这一结构是作为一个整体存在的。因此，在 *Dasein* 对于自身存在的领会之中，领会同时总是对于"在－世界－之中－存在"的整体结构的领会。*Dasein* 的能在向来是在世界中的存在。*Dasein* 在领会中向着最本己的能在筹划自身，世界已经在这种筹划中被给予了。世内存在者在这种筹划中作为上手事物与 *Dasein* 发生关系，*Dasein* 在对上手事物的使用中筹划着，将它指向它的可能性。世内存在者是朝向它所处身其中的世界被理解的。"存在者作为它所是的存在者，"被指引"（referred）向某种东西；而存在者正是在这个方向上得以揭示的。这个存在者因己而与某种东西"结缘"（involvement）了。上手的东西的存在性质就是"因缘"（involvement）。（*BT*，115/98）

　　传统存在论所认定的外在于人的存在者，在存在论中首先是作为用具与 *Dasein* 发生关系的。而用具的用具性就决定了它是在"适用"之中被把握、被揭示它的存在。使用总是指向另一个存在者，因为，一切世内存在者都是在上手状态中，都是"为了……"的整体序列中的一部分。这种与其他存在者的关联，海德格尔就称为"因缘"。因此，世内存在者的被把握、被揭示是奠基在 *Dasein* 对因缘整体的在先的领悟之上的，即对于世界的领悟之上。并且，这种对于世界的在先的领悟即对世内存在者的存在的领悟。因为，世内存在者唯有在因缘整体之中，作为用具性的存在者，才能够实现它的存在，才能够成为它本身。

　　这种朝向世界的对于世内存在者的理解就是对于世内存在者的筹划，意味着把"某某东西作为某某东西"，是世内存在者在 *Dasein* 的筹划的指引之下，在 *Dasein* 的生存的筹划中一同被揭示的。而这种揭示，这种对于世内存在者在因缘整体，即世界现象基础之上被揭示的领会，是一切世内存在者被给予我们，是一切认知之所以可能的基础。世内存在者首先是作为上到手头的存在者被 *Dasein* 的存在所揭示的，即在 *Dasein* 的生存中，与 *Dasein* 发生关联的。进而，在此基础之上，世内存在者才能够以被关注的、主体化的方式成为认知的对象，成为现成在手的存在者。

　　这里的问题在于，世内存在者的上手状态，标识着这一存在者应该成为的状态。人生活在这个世界中，世界中的存在者之所以有意义，就在于他们是人的生活世界中的一部分。无论他们是被人制造出来，还是被人从自然界拿过来运用，甚至是被人作为审美的对象，在自然界中去观赏，一切都是因为有了人的参与才存在的。在中国传统的语境中，这是指的人文化成。世界原本混乱无序，有了人在，参与到人的世界中，存在者才不再是那个没有意义的、不对人呈现的存在者，而是有了意义。这里需要说明的一点是，世内存在者的这种意义，并不是被首先作为认知主体的人认知，然后才被赋予意义。这种后来被赋予的意义其实是海德格尔所说的物脱离了上手状态，重新退回现成状态之后，才被赋予的意义。在这个角度来说，是"后"给予的意义。在这种"后"给予的意义中，我们和这个世界已经分离成相互对立的主体和客体了。这就造成了这种"后"给予的意义，在某种程度上具有了任意性，至少不具备存在论意义。虽然它可以经由人的公共性达成某种共识，实现某种共通性。但是，那已经不是紧密的被牵连在人的原初生活世界里面的意义。它可以是单独的，是脱离了存在物整体的，一个个出现在人的世界里面的。

物作为上手状态的，牵连在人的原初生活世界里面的意义，是在一个意义整体的，也就是海德格尔所说的因缘整体中得到理解的，同时也是被这个因缘整体所规定的。因此，它不是那么任意的，而是具有以人的生活为核心展开的世界中的各自独特的位置。在这个意义上，物的这种在上手状态下的存在，可以被看成物之本然的面目，也就是物之所以为它自身的那个样子，因为，它进入人的世界，就是为了这个目的而来，就是为了能够充分实现这个意义。这可以理解为中国哲学讲的物的"天命"。

我们即可以在这种对于世内存在者之存在的在先领会，即对于世界的在先领会的角度，来理解牟先生的智的直觉。

在牟先生对于智的直觉的阐释之中，我们可以看到智的直觉的以下三个方面的含义。

第一，智的直觉是不经过感性直观并且为感性直观基础的智的直觉。对于世内存在者的存在的在先领会，即在认知行为发生之前，对于世内存在者之所以可能被理解的基础的因缘整体的领会。在这里，感性直观并不存在，而唯有世内存在者之存在已经被在先领会了，它才能够被给予我们的感性直观。

第二，智的直觉与物自身的关系，不同于认知与对象的关系，即智的直觉与物自身不是一种对象性的关系，在智的直觉中，并不存在主体与客体的对立。Dasein 的存在建构就是"在－世界－之中－存在"，世界现象原本已经在 Dasein 的生存之中被共同揭示了，世界即 Dasein 本身的存在建构的一部分，Dasein 生存，世界即存在。因此，世界并不是在 Dasein 之外独立存在的存在者，离开了 Dasein 没有世界存在。因此，在这种领会中，世界并不是作为对象被给予 Dasein 的，世界原本就在 Dasein 的生存之中。世内存在者的存在是在世界的基础之上被 Dasein 所领会的。因此，世内存在者的存在在领会中也并不是被领会为 Dasein 之外的存在者，而是在 Dasein 的生存中被揭示。在这种领会中，Dasein 与世内存在者并不是主体与客体之间的关系，而是源初的，即在一起的。主体与客体是在将世内存在者与 Dasein 都理解为现成状态的存在者之后，才会出现对立。因此，领会作为智的直觉，与世内存在者并不是主体与客体的关系。

通过以上的讨论，可以看出，领会是在 Dasein 的生存之中展开的，即领会建立在 Dasein 的生存之上，唯有我们由生存的角度将人的存在理解为

Dasein，领会才能发生。这种生存的角度，在牟先生的论述中，即道德实践行为。智的直觉只有在道德实践之中才能呈现。智的直觉作为对于世内存在者之存在的领会，意在揭示存在者的存在，而并不关注世内存在者之具体的存在者层面上的差别。这就是牟先生对于智的直觉所说的，在智的直觉中，物无对象义，也非现象，智的直觉也无直觉相，无认知相。"此种直觉之负责如如地去实现一物之存在，并不负责辩解地去理解那已存在者之曲折之相。此后者是知性与感性之事，这是有'知相'的。"①

在论述领会与 Dasein 的关系时，海德格尔说："只要此在存在，它就总已经让存在者作为上到手头的东西来照面。此在以自我指引的样式先行领会自身；而此在在其中领会自身的'何所在'，就是先行让存在者向之照面的'何所向'。"（BT，119/101）对于智的直觉，我们同样也可以说，人在道德实践行为中，智的直觉其自身，即知体明觉之自我呈现。知体明觉决定人之本性，也指向人之如何成为其本身，在人的成为其本身的道德实践行为之中，物被同时解释，物在人之道德实践行为之基础之上，被智的直觉所呈现。

这样，在康德哲学中无法建立的智的直觉，如果我们能够将之理解为海德格尔的对于存在的领会，则能够得到一个圆满的揭示。

第三，在中国哲学的语境之中，智的直觉还是一种创造性的直觉，智的直觉自身即能给予它自己以"对象"，并且智的直觉所呈现之对象，就是物之在其自己者，即物自身。这个问题，我们可以通过对牟先生的物自身的阐释来加以讨论。即在何种意义上，对世内存在者的存在的领会就是世内存在者自身，或者，世内存在者在何种意义上，在领会中成为其自身。

二　基础存在论视域中的物自身

当我们如前面所说的将智的直觉理解为海德格尔对存在的领会，那么我们就要在存在领会的意义上，理解牟先生对物自身的阐释。我们将展示，在何种意义上，对于世内存在者的存在领会，所指向的正是存在者的如其自身的存在，即物自身。

正如我们前面所指出的，海德格尔所说的对世内存在者的存在领会，

---

① 牟宗三：《现象与物自身》，吉林出版集团有限公司，2010，第100页。

就是对世内存在者的因缘整体的领会，即对世界的领会。世内存在者能够在世界之内与我们相遇，就奠基在我们已经在先的对于世界有所领会之上。而世内存在者在世界之中与我们相遇，被我们领会的东西，是存在者作为用具的用具性，即世内存在者首先是作为用具与我们发生关联的。于是问题就变成了，世内存在者作为用具的用具性如何就是世内存在者的物自身。

海德格尔对于用具的用具性的理解，即对于用具的使用的理解，奠基在对被制作者的"制作性施为"（productive activity）的理解之中。

制作行为在海德格尔看来，具有特殊的意义，即"在对某物的制作性施为所特有的指向意义和统握意义中包含有：将制作性施为的相关者掌握为应当（作为在其自身之中的完成者）在行制作之中并且通过行制作现成存在的东西。我们把一向属于意向施为的指向意义标识为属于意向性的存在领悟"（BPP，113/149）。这句话意味着，在制作行为中，我们已经有制作所指向的目标，即希望将手头的材质制作成某种东西。这种在制作行为中的目标总是在制作行为之先已经存在了并且指引着制作行为的方向。而作为被制作者的存在者之实现，即实现我们在制作行为之前的这一目标。在制作行为之前的对于制作者的目标，即海德格尔所说的对于作为被制作者的存在者的存在的在先的领悟。在制作行为中，制作的意义在于使作为被制作者的存在者能够脱离人的制作行为，成为他自身。而这个存在者最终成为他自身，即在制作行为中，已经被在先领会的被制作者的存在。由此可见，在制作行为中，对于存在者的存在的在先领会，即存在者在其自身的存在。在康德的意义上，我们可以称这一被在先领会的存在为存在者的物自身。因此，海德格尔说："那个属于制作性施为的、存在者（施为与该存在者相关）之存在领悟预先便把该存在者掌握为自为地给予自身自由者和独立者。在制作性施为中被领会的存在正是完成者之自在存在。"（BPP，113/149）

由此可见，制作性行为的特征在于：在制作行为中，行制作者与被制作者之间有着本质上的关联，然而，正是制作行为，使得被制作者成为他自身，使得被制作者在与行制作者的关系之中解脱出来，成为立足于自身的自由的存在者。即海德格尔所说的："在制作之意向结构中包含着一种对某物的关涉，通过这一关涉这一某物就被领会为并非束缚在主体上并且依赖于主体的东西，相反倒是被解脱的和独立的东西。"（BPP，114/150）

了解了海德格尔对于存在领会的理解的出发点，我们现在可以看出，为何作为用具的世内存在者的存在领悟，就是存在者解脱的自在存在。

在 *Dasein* 的"在－世界－之中－存在"的基本存在建制之中，存在者是作为在世界内存在的存在者与 *Dasein* 相关联的。在这种关联中，即在 *Dasein* 的生存中，存在者首先作为用具出现，作为用具出现的存在者被海德格尔称作上手状态，以与尚未或者没有作为用具呈现的存在者——现成在手状态相区别。上手状态的存在者在海德格尔看来，并不仅仅是现成的。用具在 *Dasein* 的存在领会中，在 *Dasein* 对于世界的揭示之中，总是被指向一个因缘整体，只有在这个因缘整体之中，用具才能实现它的用具性，用具才被规定为"这一个"用具。因此，用具本质上是在在先的存在领悟之中，"为了……去"而存在的，即用具总是为了"做什么"而存在的。在这种"为了……去做什么"中，用具成为其自身。因此，对于世内存在者来说，首先并不是它是什么，以及它如何是，而是它是"为了……去做什么"，海德格尔称这种"为了……去做什么"为存在者的"功能性"（functionality）①。"它作为这个存在者何所是及如何是，其何所是及如何是正是被这个'为了……去'本身构成的。"（*BPP*，293/401）这意味着，对于上手状态的存在者来说，首先被决定的并不是它是什么，而是它为了做什么，正是它为了做什么决定了它是什么。例如，我们使用锤子作为捶打的用具，锤子捶打的功能是锤子这一存在者的"功能性"，而正是为了实现这一功能，正是这一功能决定了我们如何去设计锤子，如何决定锤子的构造以及特征，例如为了捶打，锤子要有一定的重量，手柄要有一定长度，等等。由此可见，我们对于存在者的存在领悟，既可以是在使用中对于用具的领悟，也可以在制作者的制作行为中得到阐释。而对于世内存在者的存在领悟，就意味着在这种领悟的筹划之中，使世内存在者能够如其自身而存在，成为其自身。只不过在制作性行为中，我们是把某物制作成在先的存在领会中的某物，而在对用具的存在领悟之中，在海德格尔看来，我们是把某某东西领会为某某东西。

因此，世内存在者都是向着世界被筹划的，世内存在者随着 *Dasein* 的自身的生存而被揭示，在这种揭示中，被领会的是世内存在者的存在，而

---

①　Functionality，丁耘译为"物宜"，即物之所宜。根据英译本，以及这一词的含义，本文直接翻译成简单易懂的"功能性"。因为，对于世内存在者来说，它作为用具存在的用具性之所以能实现，即它的功能的实现。

世内存在者在这种存在领会中成为自身，在与 Dasein 的关系中被解脱出来，成为自在的存在，即成为物自身。

在海德格尔看来，这种对于世内存在者的存在的领会，是对于世内存在者赋予意义的过程。"当世内存在者随着此在之在被揭示，也就是说，随着此在之在得到领会，我们就说：它具有意义（meaning）。不过，严格地说，我们领会的不是意义，而是存在者和存在。"（BT，193/177）因此，严格地说，智的直觉所呈现的即存在者之本身，即存在者之在其自身者，即海德格尔所说的存在者的意义。

这样理解的物自身，可以帮助我们响应康德哲学中的物自身概念所无法面对的问题。我们可以看出，牟先生的物自身概念之所以有很多自己难以阐释清楚的问题，即在于他的物自身概念还保留了太多康德哲学的痕迹。牟先生进而中国哲学的思想阐发是在生存论的立场之上进行的。生存论立场意味着，思想的发展是以人的生活、人的日常生活为起点的，而认知行为，只是种种不同的生存状态中的一种特例。而康德将认知行为看作一切人之活动的起点，在此意义上，将人与物都理解为现成状态的存在者。然而，对于中国哲学来说，人是由性体所规定，而心体或者性体唯一本质即生生不息、不断的创生义。在此并没有任何消极的限制性的规定。人是在生活中，向着成圣成贤的内在本质不断实现的过程。而因着"天道性命通而为一"的结构，人在实现其自身的过程中，其实就是实现其自身被"天"所赋予的"天命"，也即人之内在的"性体"，这就是《中庸》所谓的"天命之谓性"。这种天命、天理既是人之存在的"本体"，又是物之存在的"本体"，因此，人在做道德实践行为的过程中，实现其自身的天命的同时，也在实现物之"天命"。

从这个角度，每一存在于人的世界之中的物，都"先天"地已经具有了其自身的意义的指向，这种指向即物之"天命"。所谓物之"天命"，看上去好像有些玄虚，其实不过是在人的世界中由其所处的位置，所承担的"角色"或"功能"而在先规定的其本身的意义。

我们最普通的日常生活，如前面曾经讨论过的，是人的性体或良知被遮蔽的状态。在这个状态下，我们在面对物的时候，也就是与世内存在者相遇的时候，并不是我们的良知或者是知体明觉在发挥作用，也就是，我们并不是在良知的观照之下，与物相对的。在这个意义上，人自身没有回到其自身，而是被欲望遮蔽。与此同时，与我们相遇的物也同样处于被我们的欲望驱动的状态之下。因此，物因为人自身的私欲，并不能真正地成为它自身，也就是物在这个状态下，并不是"在其自己"的存在。唯有当我们自己重新回到我们的良知或者是知体明觉，让性体完全呈现。性体的呈现，同时就意味着作为物之自身的本体的呈现。在这个时候，物才能够不局限于每一个主体的自身的欲望的禁锢，重新回到自己，呈现自己原本参与到人的世界中的意义。物才真正成为自己。

这里我可以用教师生活中最切近的粉笔来举一个例子。粉笔出现在教师的生活中，原本有其天命，那就是被用来书写。因此，粉笔通过书写行为，嵌入人的生活世界之中，也只有在书写这个行为中，粉笔才能充分发挥它作为粉笔的功能。在海德格尔意义上，这就是粉笔向着它的自身的存在筹划，也就是粉笔成其自身。儒家在表述这个状态时，会说当我们沉浸在书写行为中的时候，是没有私心自用，是没有欲望沾染，是"廓然而大公，物来而顺应"的状态，其实就是良知呈现的状态。那么，什么时候，粉笔才脱离了它自身的存在呢？就是当我们私欲萌发，比如，我们常常可以在电视中看到，老师会掰断粉笔，去提醒睡觉的学生。这个时候，我们从书写的行为中跳脱出来，重新作为一个主体，面对这个世界。粉笔在此刻也被迫从书写行为中脱离出来，成为我们手中出于现成状态的一个对象，而不是在书写行为中的上手状态。我们掰断粉笔，粉笔成为提醒学生的用具，这个时候，它就已经背离了它自身的功能，被临时赋予了其他的功能，而这种临时赋予的功能，不是它应该是的，也就不是它自身，因为这是欲望驱动之下的结果。

在这个例子中，沉浸在书写行为中的人是人自身，粉笔是粉笔自身。这就是儒家的成己成物。我们是在让自己成为自己的过程中，让物成为物的。每一物当然进入人的世界中的时候，就被嵌入了一个姻缘的结构，也就被确定了某种位置，发挥着某种功能，同时被赋予了某种天命。这才是牟宗三所谓价值意义的物自身。它不是现成的就呈现在那里的，而是需要人的实践行为活动，并且，这种实践行为活动必须是朝向良知的呈现，只有这个时候它才能呈现。这就决定了，它不是某种现成存在的东西，我们不能由实体的角度来理解这个物自身。与此同时，它也不是现成存在的，不需要努力就能直接实现的状态，它需要人的道德实践行为让它出现。然而，这一行为在去除人的私欲的角度来说是困难的，因为，人去除私欲的遮蔽是非常困难的，并且不能时时都处于良知呈现的状态。但是，换一个角度来看，它也是简易的，因为一旦我们去除我们的私欲，它就当下即是，当下即能呈现。

需要指出的一点是，所谓物的天命并不是一种固定僵死的决定。它随着人的生活的不同境遇而呈现不同的面相。其中有确定性的一面，也有境遇性的一面。确定性的一面是指，每一物在进入人的世界中的时候，都有其在人的生活世界中的基本结构，在姻缘整体中，有其基本的位置。然而，人生的境遇永远多变，最关键的地方在于，只要在恰当的境遇之下，人的良知能够呈现，那它就能被决定在恰当的境遇中实现恰当的功能，只要指引我们行为的是来自天道性命相贯通的性体、良知，而不是来自人的私欲。这在某种程度上，就是老子所谓"常无欲，以观其徼"。只有在彻底无欲的状态之下，物之为物本身才能够向我们呈现出来。

当物在人的世界中，能够完美地实现这一意义的时候，其实物就很好地"参与"人的世界，完成了其在人的世界中的自身的"功能"或"使命"。物之所以为物，其自身就是为了能够完美地参与人的世界之中，因此，完美的实现其在人的世界之中的功能，即物之"天命"。进而，此时物也不是作为现成在手的存在者，成为认知行为的对象，而是在人的成圣成贤的行为之中，使物成为物，物在人的实践行为中，被赋予意义，成为它自身。因此，在这种智的直觉之中，在心体或性体的自我呈现之中，也就是在对存在的领悟之中，人成其人，物成其物。

这就是牟宗三先生所谓价值意味的物自身。

由此可见，由海德格尔的思想道路来阐发牟宗三先生的天道性命相贯通的思想，不但可以使我们响应康德哲学所无法解决的问题，而且可以更好地阐发中国哲学特有的内涵。

第三节　两层存有论、良知坎陷

一　两层存有论

在借鉴康德的概念，指出了中国哲学之特质就在于，中国哲学认为人能够拥有"智的直觉"以及"物自身"适为价值意味的物自身之后，牟宗三先生提出了他的"两层存有论"以及"良知坎陷"的观念。其实，这两个观念如果我们延续宋明理学的传统来看，都不太难理解。这两个观念可以说都已经包含在宋明理学的理论脉络之中了，牟宗三先生只不过是用新的语言重新表述而已，不料成为聚讼纷纭的问题。一方面，问题的根源大概还是我们前面曾经说过的，西方近代形而上学的进入使我们远离了传统宋明理学看待世界的方式，使得基于儒家基本思想的这些观念，反而成为不能理解的了。既然儒学需要现代化，儒学的理论需要现代化的表述，我们就不能用传统原本如此来回避这些问题。

另一方面，牟宗三先生在这里，如同在智的直觉的问题上一样，表现了理解的通透和论说的短板。牟先生的慧解自然没有问题，但是，在具体的理论辨析和说明时，显得有些力不从心。具体的表现则是他不得不脱离了康德的话语，转而回头求助于中国传统的理论资源。传统的理论资源并不是不能求助，而是。牟先生在整体利用现代哲学话语、重新言说中国哲学的时候，回头求助于中国传统的哲学语言，说明了康德的哲学框架和哲学语言在表述中国哲学最为根本的存有论时的失效。因此，在我看来，康德哲学既成就了牟先生，让他能够在一定程度上把中国哲学现代化地表述出来，也限制了牟先生，使得他没办法更进一步地推进对于中国哲学的阐释。在此，我希望展现如果我们由海德格尔的基础存在论的视角来看牟宗三关于两层存有论和良知坎陷说，大概就比较容易理解了。

牟先生在《现象与物自身》中集中讨论了他的两层存有论的观点：

> 我今从上面说起，意即先由吾人的道德意识显露一自由的无限心，由此说智的直觉。自由的无限心既是道德的实体，由此开道德界，又是形而上的实体，由此开存在界。存在界的存在即是"物之在其自己"之存在，因为自由的无限心无执无著故。"物之在其自己"之概念是一个有价值意味的概念，不是一个事实之概念；它亦就是物之本来面目，物之实相。我们由自由的无限心之开存在界成立一本体界的存有论，亦曰无执的存有论。我们对于自由无限心底意义与作用有一清楚而明确的表象，则对于"物之在其自己"之真实意义亦可有清楚而明确的表象，物之在其自己是一朗现，不是一隐晦的彼岸。①

> 自由无限心既朗现，我们进而即由自由无限心开"知性"。这一步开显名曰知性之辩证的开显。知性，认知主体，是由自由无限心之

---

① 牟宗三：《现象与物自身》，学生书局，1996，序第 8 页。

自我坎陷而成，它本身本质上就是一种"执"。它执持它自己而静处一边，成为认知主体，它同时亦把"物之在其自己"之物推出去而视为它的对象，因而亦成为现象。现象根本是由知性之执而执成的，就物之在其自己而绉起或挑起的。知性之执，我们随佛家名之曰识心之执。识心是通名，知性是识心之一形态。知性、想像以及感性所发的感触直觉，此三者俱是识心之形态。识心之执是一执执到底的：从其知性形态之执执起，直执至感性而后止。我们由此成立一"现象界的存有论"，亦曰"执的存有论"。现象之所以为现象在此得一确定的规定。现象与物之在其自己之殊特义俱已确定而不摇动，则它们两者间的超越区分亦充分被证成而不摇动。物之在其自己永不能为识心之执之对象，识心之执永不能及之，此其所以为"超绝的"。

　　对自由无限心而言，我们有"无执的存有论"。对识心之执而言，我们有"执的存有论"。此后者以康德为主。前者以中国的哲学传统为主。我们于"无执的存有论"，于佛家方面说的独多，因为可资以为谈助者多故，执与无执底对照特显故，而存有论之意义亦殊特故；然而仍归宗于儒者，这是因为由道德意识显露自由无限心乃必经之路故，独真切而显豁故。儒、释、道三家同显无限心，无限心不能有冲突。因此，如来藏心、良知明觉以及道家的道心不能有相碍处；而教之入路不同所显的种种差别亦可相融和而无窒碍。此是此时代所应有之判教与融通。①

　　由牟先生的论述可见，所谓"无执的存有论"是相对于"智的直觉"和"物自身"来说的。在这个意义上，智的直觉就是牟先生所谓自由无限心，就是阳明所谓"良知"，也就是宋明理学所说的"心体"。为了凸显牟先生的思想与传统的结合处，并且为了能够更直接地利用传统的资源，我们下面姑且用"良知"来代表这一心体。而自由无限心所"面对"的，即"价值意味"的"物自身"。

　　牟先生在描述这两者的时候，有两个方面的理解。第一，良知本身并非感性认知，因此没有时空相、概念相。如同我们前面在讨论智的直觉时已经讨论的，良知本身是心体自身的自我呈现。在这种自我呈现中，对于

---

① 牟宗三：《现象与物自身》，学生书局，1996，序第 9~10 页。

心体来说，良知是呈现心之本体。这里就有一种价值意味，良知自身的呈现，就不是在具体的时空中存在的那个现实存在的心，而是作为本体的、人应该去成为的那个心，与此同时，良知呈现的心体，因为天道与性命通而为一，良知呈现的心体同时就是万物存在之本体，也就是万物存在之存在的意义。第二，良知照察之下的（姑且称为对象，实际上并没有对象的含义），是万物存在之意义本身，即万物存在之本体。这里所谓万物存在的本体，按照我们前面的讨论，就是将万物看作上到手头的事物，在人的生存活动中，与人接触的那个东西。在这种接触关系中，万物是在它的上手状态中存在的，因此，是参与到人的生活中，而不是作为人的认识能力的对象被观察的。在这个意义上，万物没有被归入人的认识能力之下，因此，万物没有时空相，没有概念相，更没有作为认知行为的对象被把握。与此同时，在良知的呈现之下，呈现的同样是万物的本体。因此，此本体是万物在人的良知呈现之下有待成为的东西，是万物之存在意义上的、本来的样子，也就是物之在其自身者。

　　这里良知呈现下的万物的本来样子，是存在论意义上更为根本的万物之本然，并且是有价值意味的。它是万物存在的存在意义，又是万物应该是的那个样子。因此，它是超越的，有价值意味的。这就是牟先生所说的价值意味的物自身。物自身在这个意义上的存在，不同于"物"之作为具体的、现实"存在者"意义上的存在，不能像具体的存在者那样，依其自身而存在，它唯有向人的良知显现，必须依据人的良知的"照察"才能够使其"成为其自身"。所谓"价值意味"的"物自身"不能自己而存在，是因为"物自身"存在的意义唯有向着人的"良知"的存在"呈现"才能够得以存在。因此，从这个意义上说，这是在表述一种存有论，并且，这种存有论是以人的"良知"为存在的基础的。从这个意义上说，"物自身"可以看作一种存有论的形态。

　　"无执的存有论"意味着非对象性的存有论，其实言说的是人的存在状态，指向的是人的原本的与世界和他人共同在人的生活中存在的状态，从这个角度来描绘物或者他人的存在。或者说，从人的这种存在状态出发，揭示物与他人的存在，刻画物和他人的存在论。"无执的存有论"是儒家思想中理想的存有论状态，也是儒家思想中人的理想生存状态。在牟先生看来，正是儒家坚持的无执的存有论，导致儒家没能从自身开出民主与科学。

为什么这么说？我们先来看科学的问题。无执是非对象性的，因此，在无执的存有论的状态下，物并不能作为对象呈现在我们的面前，与此同时，人也不能作为认知主体面对物。因此，我们无法把物作为对象进行认知和了解，在这个层面，就不能形成对于物的知识。我们只能一任我们的良知发用，随处显现。

对于民主的问题，也是一样。在无执的存有论中，我们面对他人的时候，并不能把他人真的看作与我对立、与我无关的存在，我们深切地关怀着他人的生存状态。这里面有两个问题。首先，我们在此还未能把他人"推出去"完全成为与我无关的人。这意味着我们不能首先在"我"与"他人"之间建立起利益上的对立。"我"关心"他人"，关心他人的生存和发展，关心他人的道德人格的成就，就无法建立自由民主传统赖以建立的个体主义意义上的、每个人自身的权利的观念。"我"不仅对他人承担着责任，还承担着对他人道德成就的责任。在儒家的视野中，"我"因为对自己的良知的体会和呈现，所以可以理解并且有责任帮助他人实现他们的良知本体。只有帮助他人良知呈现，帮助他们回到自己的本真的自我，才是对他人真正意义上的负责任。因此，我们无法在"我"和他人之间建立某种无法触碰、不能进入的领域。所以，在儒家传统里面，是不存在理论意义上的私人领域的，特别是在具有深厚的血缘关系的人伦关系里面。其次，"我"对他人的责任和要求不是蛮横的、自私的。因为，在无执的存有论中，"我"恰恰是良知呈现的我。这个意义上的"我"是没有任何私欲间隔的。此时的"我"纯粹是一派天理流行，纯粹是为了他人的存在而存在。因此，在儒家的理想状态里面，这里并不存在蛮横的要求，也不存在强迫的压抑。

所谓"执的存有论"，同样是由良知本体说起的。在良知呈现之下，儒家所表述的良知与世界的关系呈现为《中庸》所说的"合内外之道"，良知本体因为"仁心"感通无碍，因此是没有边界、没有界限、没有所谓主体客体的分离的。这是我们前面所讨论的"无执的存有论"。无执的存有论可以使"物成其物，人成其人"，充分实现良知的"道德意义"，[①] 却无法形成对具体物的具体"知识"，因为在这种状态中我们从没有把

---

① 这里所谓的"道德意义"其实是一个需要进一步说明的问题，但是，这里还不具备完全充分说明的条件，我将在后面关于王龙溪的讨论中，更为清晰地说明这里道德意义的含义。

"物"当作认知的对象加以"研究"。也就是说，在无执的存有论的状态下，物从来没有作为对象出现在人的意识面前，此时人的意识也仅是良知本体的"无私无欲"的状态，是一派天理流行，是阳明所谓"无善无恶心之体"的状态，没有进一步变成具体的认识心，所以，物此刻是没有对象性的。

但是，人在生活中又无法做到总是处于良知呈现的状态之下，对于普通人来说，我们更经常的状态是良知在物欲的遮蔽之下呈现出来的具体现世人生的心（或者意识）。这个状态其实就是牟先生所谓"知性之辩证的开显"。

> 此步开显是辩证的。此步辩证的开显可如此说明：（1）外部地说，人既是人而圣，圣而人，则科学知识原则上是必要的，而且亦是可能的，否则人义有缺。（2）内部地说，要成就那外部地说的必然，知体明觉不能永停在明觉之感应中，它必须自觉地自我否定（亦曰自我坎陷），转而为"知性"；此知性与物为对，始能使物成为"对象"，从而究知其曲折之相。它必须经由这一步自我坎陷，它始能充分实现其自己，此即所谓辩证的开显。它经由自我坎陷转为知性，它始能解决那属于人的一切特殊问题，而其道德的心愿亦始能畅达无阻。否则，险阻也不能克服，其道德心愿即枯萎而退缩。①

在这里，牟先生指出，良知的知体明觉可以通过"自我坎陷"转化为知性。这里的问题又是牟先生一个颇为学者诟病的问题。我们且进一步看牟先生自己怎么表述这个问题：

> 这一执就是那知体明觉之停住而自持其自己。所谓"停住"就是从神感神应中而显停滞相。其神感神应原是无任何相的，故知无知相，意无意相，物无物相。但一停住则显停滞相，故是执也。执是停住而自持其自己即是执持其自己。但它并不能真执持其自己；它一执持，即不是它自己，乃是它的明觉之光之凝滞而偏限于一边，因此，乃是它自身之影子，而不是它自己，也就是说，它转成"认知主体"。

---

① 牟宗三：《现象与物自身》，学生书局，1996，第122页。

故认知主体就是它自己之光经由一停滞，而投映过来而成者，它的明觉之光转成认知的了别活动，即思解活动。①

按照牟先生自己的说法，此处所说的"执"是"停住而自持其自己即是执持其自己。"依照宋明理学的传统，良知呈现其实是天道生生不息的本体的呈现，而此时的天道本体又是"进入"良知关照的"关系"中的物的本体，因此，此时的物才是本然意义上的物，才是如如的物，才是物之在其自身者。此时的良知本体，是天理完全的呈现，按照宋明理学的说法，天理呈现意味着此时作为主体的"人心"没有一丝一毫人欲的沾染。然而，日常的普通人生恰恰是在人欲沾染的世界之中展开，正是有了天理和气的结合，才有了人的日常存在的"心"。因此，更经常地，与物发生关系的心是充满了人欲的心。

更进一步，充满人欲的心，就是最先区分开来主体与客体的心。因为有人欲在，此时的人因为有了"为我"的欲，而不再是良知呈现，变成了作为欲望主体的"我"，并且是由欲望驱动行为的"我"；而此时的物也不再是良知呈现之下实现了应然在其本身的物，在进入"与人"的关系中，变成了欲望主体的我实现自身欲望的"工具"。这样一来，在主体一面，我就从原本无私无欲的良知呈现的状态，变成了"有私有欲"的"执着"于有一个"自我"存在的"主体"；在对象一面，物由原本的在其自身者，变成了欲望主体的对象。这就是牟先生所说的良知的自我坎陷。所谓"坎"，其本意是陷落；所谓坎陷，即良知自己堕落，自己下坠，自己脱离自己，走向自己的反面，也就是良知从没有主体的、完全向外包容世界的角度收回自己，回归自身，收缩到自己的主体内部，首先构成一个自己的主体性。只不过，正如牟先生所说，此时的良知，已经不是良知自身了。在这个意义上，才出现了相对于良知呈现的一个新的主体性。这是由欲望的主体性，是由欲望驱动其行为的主体性。在这个意义上，行为的动力来自欲望，因此此时的主体就不再是一个充满道德意义的主体，而是来自私欲的主体。

当这个充满私欲的主体需要经过研究作为对象的物，来实现其欲望目的的时候，它就会发挥认知主体的能力，成为认知的主体。在这个意义

---

① 牟宗三：《现象与物自身》，学生书局，1996，第123~124页。

上，执的存有论同样是描述人的状态，是指人在这种状态之下，刻画物和他者的存在。在这个意义上，它是一种存有论。

两层存有论的核心并不只是说，人可以在这两层存有论中间存在。而是说无执的存有论是作为执的存有论的基础而存在的。人最本源的生存状态是无执的存有论的状态，我们对这个世界的理解，也应该有这个层面的理解。而执的存有论是在无执的存有论基础之上，经过良知坎陷才能出现的一种状态。这种状态反而成为我们现在日常理解的人生生存状态。我们离开原本的生存状态已经很久了。儒家想说的是，认知主体并非首出的，人与世界的关系也并非一开始就是认知性的关系。人与世界在其本然意义上，是出于良知呈现的状态之中，良知主体才是人应该成为的主体。我们可以这样说，良知的自我坎陷为认知主体的出现奠定了基础。认知主体唯有在良知自我坎陷、自我执着为欲望主体之后才是可能的。

海德格尔在同样的意义上，理解人的"在世"与"认识"行为的关系。

> 如果现在追问，在认识本身的现象实情中自行显现出来的是什么，那么就可以确定：认识本身先行地奠基于"已经寓于世界的存在"中——而这一存在方式就在本质上组建着此在的存在。这种"已经依寓"首先不仅仅是对一个纯粹现成的东西的瞠目凝视。在世作为操劳活动乃沉迷于它所操劳的世界。为了使对现成事物的观察式的规定性认识成为可能，首须"操劳着同世界打交道"的活动发生某种残断。从一切制作、操劳等等抽手不干之际，操劳便置身于现在还仅剩的"在之中"的样式中，即置身于"还仅仅延留在某种东西处"这种情况中。这种向着世界的存在方式乃是这样一种存在方式：在世界内照面的存在者只还在其纯粹外观中来照面。而只有基于这种向着世界的存在方式，并且作为这种存在方式的一种样式，才可能以明确的形式"观察"如此这般照面的存在者。这种观察总已选定了某种特定的方向去观望某种东西，总已瞄准了某种现成的东西。（BT，88-89/72）

对于海德格尔来说，*Dasein* 的存在方式是"在-世界-之中-存在"，而这种在世界中存在，意味着 *Dasein* 总是已经投身于自己之外，将自己投身在世界之中。这是 *Dasein* 和世界发生关系的最原初的样式，也是 *Dasein* 的最原初的存在方式。此时，如同我们前面提到良知呈现的时候一样，"主体"本身是没有"主体相"的，所谓主体在此时并没有一个真正意义上的主体存在。整个 *Dasein* 都"生活"在世界之中，此时是一种操劳的关系，而不是认知性关系。而在操劳关系中，所有的物都依照其自身的天命，在人的行为中呈现其原本的意义。看上去，海德格尔这里所说的操劳并没有呈现中国哲学意义上的那种道德意义。然而，世界中的物，依照其本性，能够在人的生活的世界中完美的、不出纰漏的、不影响人的行为完成地实现其自身原本被牵连在这个世界中的意义的时候，正是物之为物完美地实现其自身的时候，正是实现其价值意味的时候。在这个意义上，其实其中仍然蕴含某种程度上的道德意义。

在海德格尔看来，认识行为必须已经先行奠基在这种"在－世界－之中－存在"的存在方式之上，认识——人与世界的这种主体与客体分离的方式——唯有人从操劳关系中脱离出来，重新将操劳关系中的物看作对象的时候，才可能发生。海德格尔希望说明的是，我们日常看作最基本的人与世界的这种认识性关系，奠基在人与世界的存在关系之上，并非最原初的关联。这与牟先生作为两层存有论希望描述的想法是一样的。

二　良知坎陷

如果理解了牟先生所说的两层存有论，那么我们可以进一步讨论良知坎陷的问题。

牟先生的良知坎陷其实有两个层面的意义，一个是本体论或存在论层面，另一个是社会层面或者政治层面，分别对应于他理解的现代性的两个方面：科学与民主。本体论或存在论层面，其实讨论的是人与物、人与世界的关系；社会层面或者政治层面讨论的是人与他人的关系。因为民主问题不是本书关心的焦点，所以我们一直都没有讨论牟先生对于民主的论述。牟先生虽然在他的民主思想中没有明确地用良知坎陷这个词，但确实是在讨论政治问题的、写于 20 世纪 50 年代前后的"新外王"三书（《历史哲学》《政道与治道》《道德的理想主义》）中最早提出良知坎陷。他在《历史哲学》中第一次提到了"精神之自觉的坎陷"。① 第一次在讨论这个问题时用到了"坎陷"这个概念。这种表述是结合着他的政治哲学的。因为本体论或存在

---

① 牟宗三：《历史哲学》，《牟宗三先生全集》第 9 卷，联经出版事业股份有限公司，2003，第 157 页。

论层面我们在前面已经讨论了，所以，我们现在由社会层面或政治层面入手，开始讨论良知的自我坎陷。

牟先生在 20 世纪 50 年代，认为儒家思想要进行现代性的转化，就要实现所谓"新外王"。所谓"新外王"：

> 儒家的理性主义在今天这个时代，要求新的外王，才能充分地表现。今天这个时代所要求的新外王，即是科学与民主政治。事实上，中国以前所要求的事功，亦只在民主政治的形态下，才能够充分的实现，才能够充分的被正视。在古老的政治形态、社会形态下，瞧不起事功，故而亦无法充分实现。这种事功的精神要充分地使之实现，而且在精神上、学问上能充分地证成之，使它有根据，则必得靠民主政治。民主政治出现，事功才能出现。①

可以看出，在牟先生心目中，儒家思想应新时代的要求，焕发新的生机，就要转出所谓"新外王"，而新外王的具体的内容不外乎五四运动以来对现代性的描述，即民主与科学两个方面。在处理政治问题的时候，他认为，民主是更为重要的，因为唯有民主出现，才能够真正地保证科学的出现。

正如我们前面讨论宋明理学的内圣外王时说过的，内圣与外王之间有着紧密的联系，新外王同样如此。在牟先生看来，在新的时代，唯有新外王的事业实现了，才标志着内圣的完成，才能真正实现儒家所谓内圣。也就是说，儒家思想中虽然没有作为制度存在的现代民主，但是，儒家思想的本意是符合并且要求现代民主的实现的。② 牟先生把这个问题归结为政治上的政道和治道的问题。在他看来，儒家的问题是只有治道而没有政道，即没有解决好合理性地处理政权更替的问题。除此之外，儒家对于国家社会治理的了解，已经是非常完备的了。这种论断某种程度上是五四时期以后，中国的保守主义者的共同立场。牟先生与他们的差别在于，牟先生对这个问

---

① 牟宗三：《政道与治道·新版序》，《牟宗三先生全集》第 10 卷，联经出版事业股份有限公司，2003，第 17～18 页。

② 参见牟宗三《政道与治道·新版序》，《牟宗三先生全集》第 10 卷，联经出版事业股份有限公司，2003，第 19 页。"假如在这个时代，儒家还要继续发展，担负他的使命，那么，重点即在于本其内在的目的，要求科学的出现，要求民主政治的出现——要求现代化，这才是真正的现代化。"

题的分析并不止于此，哲学家的精神使他进一步把这个问题归结到了东、西方对人类的理性精神的不同运用方面。这就是他提出的理性的运用表现和理性的架构表现之间的差异。①

> 运用表现（functional presentation）中之"运用"亦曰"作用"或"功能"。此三名词为同义语。……"运用表现"即禅宗所谓"作用见性"之意，宋明儒者亦曰"即用见体"，就《易经》说则为"于变易中见不易"。惟这些话头是偏重在见体，我今说"理性之运用表现"，则偏重在表现。表现是据体以成用，或承体之起用，这是在具体生活中牵连着"事"说的。②
>
> 关联着文化问题说，运用表现可从三方面来了解：
> 一、从人格方面说，圣贤人格之感召是理性之运用表现；
> 二、从政治方面说，则理性之运用表现便是儒家德化的治道；
> 三、从知识方面说，则理性之作用表现便要道德心灵之"智"一面收摄于仁而成为道心之关照或寂照，此则为智的直觉形态，而非知性形态。③

由此可见，我们前面讨论的本体论、存在论意义上的智的直觉的关照，在牟先生那里，也是理性的运用表现在知识论上表现的一个方面。

引用至此，我们已经可以了解牟先生所谓理性的运用表现。所谓"即用见体""关联着事"说，即我们前面讨论过的将主体投身于外，沉浸在世界之中，是指海德格尔意义上 Dasein 的在世界中存在的操劳状态。在这个状态下，主体投身于外，投入于"事"中。此时作为对象性的他人或者物，都是牵连在事中出现的，其自身并没有成为主体的对象。与此同时，因为主体已经投身于外，所以主体自身也尚未形成，并没有普通意义上所谓主体与客体的对立。主体与客体此时都尚未出现，这描述的是人沉浸在

---

① 在更为早期的《历史哲学》中，牟先生用"综合的尽理之精神"与"分解的尽理之精神"分别言说中、西文化的差异，其实质意涵与此处所谓理性的运用表现和理性的架构表现之间的差别一致，并且后一对概念表述得更为清晰，因此，我们一例以后一对概念来进行分析。
② 牟宗三：《政道与治道》，《牟宗三先生全集》第 10 卷，联经出版事业股份有限公司，2003，第 52 页。
③ 牟宗三：《政道与治道》，《牟宗三先生全集》第 10 卷，联经出版事业股份有限公司，2003，第 52 ~ 55 页。

操劳之中的、更为本源的生存状态。

所谓理性的架构表现，牟先生就没太有办法给出具体定义。

> 我在上段已就圣贤人格、政治以及知识这三方面说明中国文化是
> 向运用表现而趋。我现在再综起来说一个主要的特性（对应所即要说
> 的架构表现而说一个主要特性），即：凡是运用表现都是"摄所归
> 能"，"摄物归心"。这二者皆在免去对立：它或者把对象收进自己的
> 主体里面来，或者把自己投到对象里面去，成为彻上彻下的绝对。内
> 收则全物在心，外投则全心在物，其实一也。这里面若强分能所而说
> 一个关系，便是"隶属关系"（sub - ordination）。……而架构表现则
> 相反。它的底子是对待关系，由对待关系而成一"对列之局"（co -
> ordination）。是以架构表现便以"对列之局"来规定。而架构表现中
> 之"理性"也顿时即失去其人格中德性即具体地说的实践理性之意义
> 而转为非道德意义的"观解理性"或"理论理性"，因此也是属于知
> 性层上的（运用表现不属于知性层）。民主政治与科学正好是这知性
> 层上的"理性之架构表现"之所成就。①

可见，牟先生虽然在理念上对理性之架构表现意味着什么有明确的指
向，但是具体进行描述的时候，只能在与理性的运用表现相对待的角度进
行规定和描述。他所谓理性的运用表现实质是"舍所归能"，其实就是没
有后来所说的主体与客体的对立，在这个时候，主体与客体都融合在人的
实际行为之中。然后，当人从这个行为中跳脱出来的时候，当人的主体不
再完全投入行为之中的时候，主体就出现了，作为对象的客体也出现了。
这与我们在上一节描述两层存有论时是一样的。所以，无论是在社会、政
治层面，还是在本体论、存在论层面，牟先生所谓"良知坎陷"，描述的
是同一个过程。

虽然是同一个过程，其间也是有具体的差异的。差异就在于，本体
论、存在论层面描述的是人与物、人与世界的关系，此时良知坎陷的结果
是物作为认知对象呈献给主体，因此，人与物之间构成认知性关系；社
会、政治层面描述的是人与人之间的关系。

---

① 牟宗三：《政道与治道》，《牟宗三先生全集》第10卷，联经出版事业股份有限公司，
2003，第58页。

　　我们前面在谈到物自身的时候，也曾经谈到人与人的关系。在某种程度上，以人与人的关系为首出，是儒家思想与西方思想之间最为根本的差异，我们将在后面的进一步讨论中谈到这个问题。现在我们试图描述一下，良知如何经过坎陷构成民主的基础。

　　在良知呈现的状态下，人自身即天理，即良知，此时没有任何欲望的沾染，而在良知呈现中牵连进来的"他人"因为良知的关照，彻底地被当作"他人"来看待。这意味着，良知自身不停留在自己的主体性内部，或者说，因为良知的呈现，所谓主体此时还没有出现。那么，在人与人之间发生的伦理关系中，牵连进来的那个他人，在良知的照察之下，就成为更为重要的"主体"。良知的意义就在于让这个他者更好地成为他自己。但是，对于儒家来说，这种更好地成为自己的状态，并不是指保护他者的权利、财产、生命等，而是在儒家的伦理情境中更好地成为自己，也就是对他者的成长有所期待。正如牟先生所说，儒家的治道：

　　　　从王道方面讲，正德必函厚生。正因为德是指道德的真实心、仁义心言，故一夫不获其所，不遂其生，便不是仁义心所能忍。从个人道德实践的立场上说，律己要严；从政治王道的立场上说，对人要宽，要恕。正德求诸己，利用厚生归诸人，而亦必教之以德性的觉醒，此正所以尊人尊生也。尊生不是尊其生物的生，而是尊其德性人格的生，尊其有成为德性人格的可能的生。若只注意其生物的生，则是犬马视之，非所以尊人也。故厚生必以正德为本。此是儒家言德治之大端。①

　　这种以正德为核心的王道的治道，其实就是良知呈现之下人与他者的关系。在这种关系中，人与人之间并没有明确的人我的界限，甚至没有构成主体与主体之间的关系。在正德为主要内容的伦理关系中，人更关心的是身处这个关系中的人"将要"成为什么，是否能够成为君子。在这个意义上，所有奠定了近代西方自由主义基础的个人主义的原则都未能呈现。而未能呈现的原因是良知的感通无外，即在良知呈现下，人与他人都不表现为封闭的主体。

---

　　① 牟宗三：《政道与治道》，《牟宗三先生全集》第 10 卷，联经出版事业股份有限公司，2003，第 31 ~ 32 页。

　　牟先生在此设想的是理性的运用表现如何转化为理性的架构表现。他在《历史哲学》中，提出了精神的自我坎陷，那是因为《历史哲学》处理的更多的是人类精神在历史中发展的问题；在《政道与治道》中，这种转化则表述为相对于传统的内圣外王之道的"直通"而需要一层"曲通"，一层转折。"但是从运用表现转架构表现，既是一种曲通，便不能直接用逻辑推理来表明。曲通是以'转折的突变'来规定，而转折之所以为转折，则因有一种'逆'的意义存在。"① 这是因为《政道与治道》处理的更多的是内圣如何转出新外王的问题。虽然二者表述略有不同，实质则是一样的。

　　其真实的内涵，仍然如我们前面讨论良知坎陷时一样，良知此时从人与人的德性的关联中跳脱出来，收回其为自身。所谓收回其为自身，其实就是，此时的所谓主体不再沉浸在与他人的和谐的道德伦理关系中，因为在道德伦理关系中，无法构成主体以及与主体相对的对象性的人，如果不构成这两者，则无法形成所谓个人主义。因此，良知从这种道德关系中收回来，进入以自我为主体、以他人为对象的这种对等的关系之中。这种关系其实在某种程度上就是良知被欲望遮蔽的过程，良知被遮蔽，则欲望出现，无论是主体还是作为对象的他人，此时都更多地变成了欲望主体。这种意义上的欲望主体，才真正进入西方近代以来对人与人的关系的想象，才能在此基础上讨论以个人作为基础的所谓权利和义务，才有可能发展出西方近代以来的自由民主学说。

　　由此可见，牟宗三所谓良知坎陷，虽然可以分别应用在本体论、存在论领域以开出现代科学，也可以应用在社会、政治领域以开出现代民主自由，但是其实质都是同样的，都是建立在两层存有论基础之上由无执的存有论转变为有执的存有论。而这两者之间的关键是转换我们的视角，理解人与世界、人与人之间的最原初的、最基本的关系并不是认知性的关系，而是存在论意义上的关系，是无执的存有论的关系。如果我们能够通过海德格尔的基础存在论理解这一点，那么儒家传统的很多问题，其实都会迎刃而解了。

　　现在的研究者讨论良知坎陷，大多从开出民主的角度来展开，但实际

---

① 牟宗三：《政道与治道》，《牟宗三先生全集》第 10 卷，联经出版事业股份有限公司，2003，第 62~63 页。

上与开出民主同样重要的，良知坎陷是一个存在论的命题，这关系到良知与物的世界的关系问题，在牟宗三看来，这里讨论的是良知如何开出科学的问题。

传统对于物的理解延续了康德的存在论前提，将物理解为独立存在的存在者的集合，而这种独立的存在者的集合，海德格尔把它划为"自然"，以与世界概念相区别。既然我们将牟先生的心体或性体理解为海德格尔的 *Dasein*，将智的直觉理解为对存在者的存在领悟，以及将物自身理解为世内存在者之存在，那么我们可以在此基础之上，在海德格尔的思想道路之中理解牟先生所谓物的概念。物在这里意味着存在者之存在，即在 *Dasein* 的生存的筹划之中对存在者赋予的"意义"。

一切存在者唯有奠基在世界现象之上，才能够被我们把握、揭示。世界是 *Dasein* 的基本存在建构中的组成环节，唯有 *Dasein* 这一存在者，才能在他的生存中建构起世界。因此，正如我们前面提到的，海德格尔说："仅当此在生存，世界才存在；只要此在生存，世界便存在。而即使此在不生存，自然也能存在。"（*BPP*，170/226）世界因为 *Dasein* 的存在而存在，而被揭示。在这个意义上，存在者也因为 *Dasein* 的存在才能够被揭示，成为其自身。

对心外无物的批评集中在非行为物的独立存在之上。对于行为物来说，离开了人的主体性，行为物就无法存在；对于非行为物来说，则很难被人接受。然而，如果我们接受了海德格尔的基础存在论，就会看到，任何存在者首先是在行为物的立场上被理解的。存在者之所以能被理解，就是因为它奠基在 *Dasein* 的存在领会之中。在 *Dasein* 的存在领会之中，存在者之存在的意义被揭示了，存在者也就存在了，并且是如其自身而存在，即作为物自身而存在。离开了 *Dasein* 的存在领会，根本就没有物被给予我们。

在海德格尔看来，康德的认知主体是在笛卡儿的基础之上由"我思"的角度来把握的自我。康德的认知主体较之先前的自我理论有很大的进展。这一进展表现在，康德并不从自我的物的规定性方面来理解自我，而是将自我理解为"思维主体"，即对于康德来说，自我是伴随一切概念的一种纯意识。海德格尔认为，康德从这个角度来阐释自我，避免了由存在者的角度理解的自我，但康德没有对自我作充分的存在论分析。在海德格尔看来，康德之所以没能进入自我的存在论分析，是因为康德仅仅把自我理解为"我思",而没有理解为"我思某某"。"康德不能在存在论上使'我思'这一真切的现象开端发扬光大,而终必落回到'主体'亦即实体,原因何在? '我'不仅是'我思',而且是'我思某某'(I think something)。"(*BT*,367/365)

在这样的理解之下,康德意义上的表象就成为由作为思维主体的自我所伴随的经验现象,然而,康德从没有试图去探寻自我与经验现象的这种伴随的存在方式。根据我们前面的讨论,海德格尔在这里所说的这种"我思某某"的结构,即意向性结构。因此,康德的问题在于,他没有从意向性的角度去理解自我,没有从超越性的角度去理解自我。在康德那里,自我与其他存在者一样,被理解为现成在手的存在者,而没有揭示自我的存在论意涵。

如果把自我理解为"我思某某"的结构,则能够揭示自我的意向性存在,意向性是奠基在自我对存在的在先的领会之上的,而这种在先的领会的实质即 *Dasein* 的"在-世界-之中-存在"的生存论建构。因此康德的问题在于:

> 如果这"某某"被领会为世内存在者,那么其中未曾明言地也就把世界设为前提了,而恰恰是世界这一现象参与规定着"我"的存在建构——苟若"我思某某"这样的事情能够存在的话。说我意指的存在者就是"我"作为"我存在在一世界中"向来所是者。康德没看到世界现象,于是势所当然地把"表象"同"我思"的先天内涵划得泾渭分明。但这样一来,"我"又被推回到一个绝缘的主体,以在存在论上全无规定的方式伴随着种种表象。(*BT*,368/366)

由此可见,认知行为之所以可能,是奠基于在先的存在领悟之上,而这种存在领悟即指 *Dasein* 的"在-世界-之中-存在"的整体结构对世界的开启。

我们前面指出,在牟先生那里,道德意识中的自我彰显,即智的直觉之积极意义上的对作为物自身的自我的自我呈现。因此,康德从认知行为出发,通过感性直观建立起现象之存在,进而在此基础之上推出消极意义的物自身概念。而在牟先生那里,真我作为认知自我之基础,首先呈现的是智的直觉所对应之积极的物自身概念。在智的直觉与物自身概念之间,并不存在认知主体与现象的主客体对立。存在者此时并不呈现现象的存在，而是其自身之存在。由于这一作为物自身的在其自身之存在，加之以康德的作为感性直观之先天形式的时空概念以及知性之诸范畴，物自身之存在才作为现象呈现给自我。在这个意义上，自我也离其自身，将自身理解为我思意义上的自我，即理解为伴随种种现象而生的先天的统觉之综合统一。此时的自我已经不是真我意义上的自我，而是对自我之"我执"。在这个意义上，牟先生建立起执的存有论。可以看出，牟先生与康德之不同关键在于能否承认智的直觉之积极作用，而背后的根源则在于，是否从人之"生存"即人之实践行为的角度来理解人的存在以及人在存在论上的优先地位。

一方面，认知主体的自我建立在 *Dasein* 的生存之上；另一方面，康德之所以把自我理解为认知主体，是因为他错过了 *Dasein* 的存在领悟，即没有领会在 *Dasein* 的生存论架构中的世界概念。在这种理解之下，奠基在世界之上的存在者就不再能够作为上到手头的用具性的存在而被揭示，被从上手状态中抛离出来，成为现成的世内存在者；自我也被理解为如同存在者一样的世内的现成存在。存在者与自我的关系就成了现象与思维主体的关系。这样理解的自我是一种"执"，存在者作为现象，对思维主体呈现。这就是牟先生所说的"执的存有论"。

第四节　超越内在与工夫论

如果我们澄清了两层存有论和良知坎陷的问题，那么我们也可以在这个意义上，谈及新儒家的既超越又内在。

学者常常以"内在超越性"作为中国哲学的特色，以区别于西方特别是希腊的哲学传统。然而，不同的学者对于内在超越性的理解与阐释又是各不相同的。这一表述其实容纳了各种不同的内容和理论取向，归结起来，大致有两种不同的意涵，冯耀明教授对此总结得较为清晰：

> 有关"超越内在"或"内在超越"一词在学术界中至少有两种用法：一种是用来表示"自我转化"或"自我超升"的意义；另一种是用来表示"超越主体"或"神圣实体"的特性。就前者而言，"内在超越"比"超越内在"之词性运用似乎更合乎这种用法，而此词亦不宜译作 immanent transcendence，而应译作 internal transcendence

或 self – transcending［……］这即是一种经由心灵内在转化而企达自我超升的精神境界。这种用法无疑是属于灵修学的或工夫论的，可以不必涉及本体宇宙论或道德形上学的问题。与此不同的，后一种用法则涉及客观实体或形上本体的问题。因此，某些学者会经常用到"既超越又内在"一词组来描述一纵贯（而非横跨）本体界与现象界二域之同一实体。①

冯耀明教授对于"内在超越"的批评是否恰当暂且不论，他对这一表述在使用中出现的两种意涵的划分还是可取的。"内在超越"强调个体存在的自我提升，谈论的是工夫论层面的问题；"超越内在"则凸显超越实体既超越又内在的特质，或者说本体与现象界"不一不异"的特质。相对于前者，我们可以说，"超越内在"是在"本体论"的层面讨论问题，讨论本体是否内在的问题。冯耀明教授能够接纳前一种说法，即作为工夫论的内在超越，却无法接受形上本体的既超越又内在。但是，大多数学者也许并没有那么清晰地意识到这两种用法之间的区分。

我们常常可以在学者们对"超越内在"这一表述的使用中发现，其中既有关于工夫论的讨论，又有关于本体论的讨论，关注焦点常常因为学者论述重点的不同而有不同程度的变化，并没有严格的分判。如余英时先生与汤一介先生都从"内在超越"的角度谈论中国文化的特质，两者的侧重点则有所不同。余先生是从价值根源与现存世界的关系来谈论中国文化的"内在超越"②，他说："中国的超越世界没有走上外在化、具体化、形式化的途径，因此中国没有'上帝之城'（City of God），也没有普遍性的教会（universal church）。……中国儒家相信'道之大原出于天'。这是价值的源头。'道'足以照明'人伦日用'，赋予后者以意义。……那么我们怎样才能进入这个超越的价值世界呢？孟子早就说过'尽其心者知其性，知其性则知天。'这是走内在超越的路，和西方外在超越恰成一鲜明的对照。孔子的'为仁由己'已经指出了这个内在超越的方向。"③ 可见，对

---

① 冯耀明：《"超越内在"的迷思——从分析哲学观点看当代新儒学》，香港中文大学出版社，2003，第235页。

② 参见余英时《内在超越之路——余英时新儒学论著辑要》，中国广播电视出版社，1992——编者注。

③ 余英时：《从价值系统看中国文化的现代意义》，《内在超越之路——余英时新儒学论著辑要》，中国广播电视出版社，1992，第12页。

余先生来说，内在超越的具体意涵指的是道德价值的根源与现存世界之间并没有绝对的距离，要实现这一价值，必须由人的个体存在来凸显，经由人的内在"心性"来"呈现"或者"彰显"这一价值的根源。

汤一介先生则更为直接地讨论这一问题：

> 儒家哲学中的"超越性"和"内在性"指什么，当然可以有各种各样的解释，但据上引子贡的那段话看，所"内在性"应是指"人的本性"，即人之所以为人者的内在精神，如"仁"，如"神明"等等；所谓"超越性"应是指宇宙存在的根据或宇宙本体，即"存在之所以存在者"，如"天道"，"天理"，"太极"等等。而儒家哲学的"超越性"和"内在性"是统一的，或者说是在不断论证着这两者是统一的，这样就形成了"内在的超越性"或"超越的内在性"的问题。"内在的超越性"或"超越的内在性"就成为儒家哲学"天人合一"的思想基础，是儒家所追求的一理想境界，也是儒家之所以为儒家的精神所在。①

对于汤先生来说，内在超越指的是"人的本性"与"存在根据"或"宇宙本体"之间的关系是"统一的"，这一表述在某种程度上与当代新儒家的表述是一致的，更多的是对本体论的关注。牟宗三先生在20世纪60年代初，就已经在演讲中言及此义②。

"内在超越"一词其实包含了很含混的内容，这一表述如果放在与西方文化作为"外在超越"的对举中，也许能够在某种程度上彰显中国文化的某些特点，然而，这一表述与其说是解决了问题，毋宁说是提出了问题。如内在超越究竟指的是什么？是工夫论层面的问题还是本体论层面的问题？内在超越是如何可能的？当然，这些问题在传统儒家特别是宋明儒学的语境中是很容易解决的。然而，这里我们会遇到一个吊诡。"内在超越"这一表述其实是对传统儒学或者宋明理学话语的一个"现代性"的诠释，是在传统儒学或者宋明理学的"自明"的语境已经失掉的情形下，试图用"现代的""哲学的"语言来对其做一表述，彰

---

① 汤一介：《论儒家哲学中的内在性与超越性》，《儒道释与内在超越问题》，江西人民出版社，1991，第2~3页。

② 参见牟宗三《中国哲学的特质》，学生书局，1998。

显儒学的特质。但是，当我们需要进一步解释，并且更重要的是"论证"这一表述的时候，我们又常常不得不求助于传统的儒学话语。就如汤一介先生所做的那样，以传统语言的表述，回来论证这一表述。因此，问题在这里并不因为宋明儒者话语的圆融而消解，反而更加成为一个问题。现在，问题便成为内在超越的确切意涵是什么以及它是如何可能的。

也许，这一表述背后的模糊性恰恰提出了一个问题，即内在超越的工夫论视角和本体论视角是相互依存的。一方面，内在的提升或者说个体精神的超升，需要形上的前提作为其之所以可能的根据，而这一根据是对超越实体或形上本体的既超越又内在的肯认。换句话说，只有预先肯定形上实体既是超越的，又是内在于人的，即如余英时先生所指出的，一切人间秩序与道德价值的根源只有内在于人，人的内在的提升才是可能的。另一方面，也许在这里是更值得讨论的地方在于，超越实体的内在性只有通过内在超越的工夫论才能得以彰显和实现。即传统儒家所谈论的本体论不同于西方传统形而上学意义上的本体论，只有在工夫论的视域之中才能够得到恰切的理解和实现。因此，内在超越的问题，归根结底是超越的实体如何既是超越的又是内在的问题。而这一表述在传统中国哲学的语境中即牟宗三先生所提出的"天道性命通而为一"。因此，内在超越或者超越内在如何可能的问题，在笔者看来本质上是天道性命通而为一如何可能的问题。然而，这一结构恰恰是冯耀明教授所批评的。他认为，牟先生所建立的"天道性命通而为一"的理论结构本身是不能成立的，牟先生在论述超越性的时候，指的只是普遍性与超越性，因此不同于西方哲学中对于超越性的理解，而只能理解为康德意义上的"超验"（transcendental）。这个意义上的超越本体，按照冯先生的说法："牟先生似乎不能坚持天道、天理或太极是创造天地万物的形上存有或超越实体，而只能承认它们是有普遍性及必然性的超验概念或原理而已。……因此，牟先生所建立的'超越内在'新说，严格言之，既'不内在'也'非超越'；对于传统儒学来说，似乎不是一个恰当的理解模式。"① 冯耀明教授的批评表达了他对当代新儒学求助于传统表述话语的不满，在某种程度上也为我们提出了一些警

① 冯耀明：《"超越内在"的迷思——从分析哲学观点看当代新儒学》，香港中文大学出版社，2003，第190～191页。

示。但是，他的这一批评忽视了我们前面提到的"超越内在"的第二个特点，即"超越实体"的内在只有在工夫论的视域之中才能够得到理解和呈现，即对于儒家传统中的超越内在——天道性命通而为一——的现代方式的表述和论证，需要我们转换一种视角，以一种能够容纳工夫论的哲学思想进行讨论，庶几能够得到妥帖的理解。其实，牟先生在一段论述中已经为我们指出了其中的关节所在。

> 西方哲学通过"实体"（entity）的概念来了解"人格神"（personal God），中国则是通过"作用"（function）的观念来了解天道，这是东西方了解超越存在的不同路径。①

这里所谓"通过作用"来了解天道，已经为我们指出了看待世界的方式。

我们可以把研究者们对于超越内在的质疑归结为以下的问题：儒家所言说的内在的道德主体如何同时能够成为一切存在者的主体。产生这一问题的根源即在于批评者立足于胡塞尔在《欧洲科学的危机和超越论的现象学》（*The Crisis of European Sciences and Transcendental Phenomenology*）中所提出的"客观主义"传统②。胡塞尔认为，源自伽利略的二元论使得人类自近代以来改变了对自然的态度，才产生了"自身封闭的物体世界"：

> 伽利略在其从几何学出发，从感性上呈现的并且可以数学化的东西出发，对世界的考察中，抽去了在人格的生活中作为人格的主体；抽去了一切在任何意义上都是精神的东西，抽去了一切在人的实践中附到事物上的文化特性。通过这种抽象产生出纯粹物体的东西；但是这种纯粹物体的东西被当作具体的现实性来接受。它们的总体作为一个世界成为研究的主题。我们也许可以说，只是由于伽利略，作为实际上自身封闭的物体世界的自然的理念才得以出现。③

---

① 牟宗三：《中国哲学的特质》，学生书局，1998，第20页。
② 〔德〕胡塞尔：《欧洲科学的危机和超越论的现象学》，王炳文译，商务印书馆，2009，第91页。
③ 〔德〕胡塞尔：《欧洲科学的危机和超越论的现象学》，王炳文译，商务印书馆，2009，第80页。

世界是"自身封闭的物体世界",即不再有人的参与,世界的存在是外在于人的对象,是在人之外独立存在的客体。随着近代哲学认识论传统的兴起,这一倾向变得更加稳固和清晰,主体与客体之间呈现绝对的鸿沟。这成为人们理解人的生活、理解人与世界的关系、理解人的存在方式的基本结构。人与世界的关系就首先成为人作为观察的主体与作为对象的世界之间的关系。对于这种传统来说,存在论意义上的、外在于人的存在的存在者和世界,与主体是在认知行为的活动中发生关系的,世界是作为认知主体的对象才能呈现的。在这一背景之下,作为儒家意义上的人的内在性的道德意识或道德性,当然不可能成为外在于人的存在者的存在本体或者根据。我们可以看到,冯耀明教授对当代新儒学的某些批评,正是凸显这一批评者的立场。然而,20世纪现象学的兴起,向我们揭示了另一种看待世界的方式,并且也许是在科学主义看待世界的方式之"先"的更为"本原"的方式。无论是胡塞尔还是海德格尔,都是在这样一种看待世界的方式中展开他们的讨论①。胡塞尔在他的《纯粹现象学通论:纯粹现象学和现象学哲学观念第一卷》以及《观念二》和《欧洲科学的危机和超越论的现象学》等著作②中讨论了几个相互关联的世界概念:"自然的世界概念"、"周遭世界"(Umwelt)和"生活世界"概念。这几个概念都指向我们看待世界的方式。对于胡塞尔来说,"周遭世界"概念指的是在原初意义上,在前科学、前反思阶段形成的关于世界的概念,并且对他来说,"周遭世界"更意味着人格态度(die personalistische Einstellung)下的世界,它与人格的主体相关。他说:"这个对我存在的世界不只是纯事物世界,而且也以同样的直接性是价值世界、善的世界和实践的世界。我直接发现物质物在我之前,既充满了物

---

① 如同梅洛-庞蒂所说:"海德格的《存在与时间》(*Being and Time*,*Sein und Zeit*)并未超出胡塞尔的范围,归根结底,只是对'自然的世界概念'(naturliches Weltbegriff)和'生活世界'(Lebenswelt)的一种解释。"参见 *The Phenomenology of Perception*,trans. C. Simith (London:Routledge,1962)。

② Edmond Husserl,*Ideas Pertaining to a Pure Phenomenology and to a Phenomenological Philosophy*,*Ist book. General Introduction to a Pure Phenomenology*,trans. F. Kersten (Boston:Martinus Nijhoff Publisher,1983,以下简称 *Ideas I*);*Ideas Pertaining to a Pure Phenomenology and to a Phenomenological Philosophy*,*2nd book. Studies in the phenomenology of constitution*,trans. Richard Rojcewicz and Andre Schuwer,Dordrecht (Boston:Martinus Nijhoff Publishers,1989,以下简称 *Ideas II*);*The Crisis of European Sciences and Transcendental Phenomenology*,trans. David Carr (Evanston:Northwestern University Press,1970)。

的性质又充满了价值特性，如美与丑，令人愉快和令人不快，可爱和不可爱等等。"① (*Ideas I*，p. 53) 在这里，胡塞尔试图指出，我们所面对的世界并不仅仅是认识论意义上的世界，甚至原初并非认识论意义上的、与人全然无关的纯粹对象世界，就像自然科学所面对的那样。恰恰是有人生活于其中的、与人的生活息息相关的世界才是科学的世界呈现或者存在的基础。只有当我们保持一种研究的态度，将世界中存在的存在者作为对象进行研究的时候，世界才呈现对象性的存在。因此，在世界存在的原初状态，并没有所谓主体与客体之间的对立，他说："周遭世界并非由纯事物构成，而是由使用对象构成。"(*Ideas II*，p. 191)

胡塞尔的这一研究，无疑为我们指出了一个新的理解世界的方向。在这一方向上，科学看待世界的方式——主体与客体分离并且对立的方式——就不再是我们唯一与世界发生关联的方式，并且不是最原初的方式。回到我们的主题，则可以发现，儒家思想或者中国哲学中关于"天道与性命"的关系的理解，对伦理意义上的本体与存在的本体的理解，恰恰是在这样的一个视域中展开的。这一解说其实已经为学者提及，现象学在这里呈现的特殊意义在于，这样一个世界——无论我们称之为意义世界还是工具世界——是"真实"的，并且是"原初"的。这样一来，儒家所提到的天道性命相贯通，就不仅是民族文化传统的一厢情愿的历史传承，而是有着更为深刻的、理性的、形而上学的把握，揭示着人的生存的真相。

如果如同我们前面所分析的那样，天道性命通而为一的架构，在海德格尔意义上的基础存在论的视域中才能够得到更好的理解。如果天道性命通而为一唯有在人的现实生存中的道德实践行为中才能够被彰显出来，那么正是在这个层面上，工夫论才得以成立，并且成为超越内在所以可能之生存论意义上的前提。

通过生存论的视域来看待天道性命相贯通，则天道的呈现、天道之作为存在者之本体，并不是一个认知意义上的对象性的存在，而是在人的生存领域中的"呈现"。天道不能成为人的无论是感性还是理性的对象，而是一个需要在人的道德实践行为中才能够"了解""领会""呈现"的天道。正是在人的具体的——如海德格尔所讲的那样——"去存在"的过程中，或在中国哲学语境中——如《论语》中所谓"克己复礼"——的道

---

① 〔奥地利〕胡塞尔：《纯粹现象学通论》，李幼蒸译，商务印书馆，2012，第105页。

德实践行为中，才能够令天道在人的心体中呈现。如同我们前面提到的，此在的"去存在"里面包含筹划，这是在海德格尔所谓"时间性"中展开的生命状态。因此，随着生命的展开，天道本体会有不同的呈现。这种不同在中国哲学语境中可以理解为两个方面。

一方面，工夫需要时间的展开。人需要不断地呈现良知（或天道），不断地在成圣成贤的"道路"上做工夫。所谓做工夫，如果用王阳明的话来说，就是"为善去恶是格物"，是致知格物的工夫。这种"时间"中的展开给了工夫论存在的可能性和必要性。因为，一旦说到工夫，一定是使个体在时间中产生变化的工夫①。而个体在时间中的这种变化，对天道的呈现会产生影响，工夫至于何种境界，变化气质至于何种地步，天道就会如何呈现。因此，对于天道的呈现来说，工夫是必要且必须的。在科学主义的客观主义的视角下，正如胡塞尔所说：它是"在由经验不言而喻地预先给定的世界基础上活动，并且追问这个世界的'客观真理'，追问对这个世界，对每一个有理性的存在者，都无条件地有效的东西，追问这个世界本身是什么"②。在这个意义上，世界的意义是相对于人类的普遍的理性所呈现的"客观真理"，与人类的普遍的超越时间的理性相关，而非与任何一个具体的个体生命相关。而普遍的人类的理性是超越时间性的，因此，在这个意义上，在科学主义的研究视野中，主体或者个体以及个体所面对的对象——无论这对象是超越的天道还是外在的事物——是不会因为个体生命历程的展开而变化的。因此工夫在科学主义的视角下没有容身之地。科学主义视角下的真理的探寻，对不同的个体来说都是同样的。

另一方面，生命在时间中展开还需要看人是如何在时间的展开中"筹划"自身的，如何立定生命的朝向的。对于儒家来说，重要的即在于证明，个体生命唯有在朝向成圣成贤的道路之中才有可能是有意义的。儒家希望通过证明人的本性是善的来指出这一点。因此，并非所有的生命筹划都是可取的，具体生命的存在可以在现实世界中呈现各种不同的样态，但是在这些不同样态之下，他们共同的基础是最终指向成圣成贤，最终指向做个体的修养工夫。王阳明特别强调"立志"作为一种工夫，就是因为这

① 这里所谓的个体的变化，并不是指人的物理性意义上的变化，而是指人的精神或者道德意识上的变化。

② 〔奥地利〕胡塞尔：《欧洲科学的危机和超越论的现象学》，王炳文译，商务印书馆，2009，第 91 页。

个原因。王阳明认为"立志"是立必成圣成贤之志，唯有如此，才能够把生命的展开调整到一个对儒家来说唯一有意义的方向，在此基础之上，才有工夫论的可能。因此，"立志"对于王阳明来说，是最先的工夫。

由此，内在超越的意涵指向了对人与世界的关系的存在论的理解，而这种存在论的理解必然将我们带向工夫论的讨论。

第五节　两种主体性——由牟先生对于海德格尔的批评看两者之间的差异

我们以海德格尔的基础存在论阐发了牟先生的"天道性命通而为一"的理论结构，这并不意味着我们忽视了他们思想上的根本差异。对于这种差异的讨论，可以从超越性的问题开始。

我们发现，我们在 *Dasein* 的生存中具有作为一切存在者之存在根据的存在的基础上谈超越内在，与海德格尔对于超越的理解其实是不同的。

对于海德格尔来说，*Dasein* 的超越性是一个非常重要的问题。传统存在论将存在者看作超越于人之外的。超越者乃是彼岸的存在者。然而，在海德格尔的基础存在论看来，这样理解的超越并没有真正在存在论上澄清超越的本义。对于海德格尔来说，物，即存在者，决不能超越；能够超越的唯有 *Dasein*。我们在前面的讨论中可以看出，*Dasein* 的存在方式恰好需要通过超越来理解。*Dasein* 的生存总是在筹划中去向他自身存在，并且 *Dasein* 的基本存在建构决定了 *Dasein* 总是"在-世界-之中-存在"，*Dasein* 总是超越它自身而处在世界之中了。在这个意义上，唯有 *Dasein* 这一存在者才是超越的。"超越者并非诸客体，诸物决不可能超越，决不可能是超越的。毋宁说超越者乃是行超越的，这就是说，在存在论上得到恰当领会的此在这个意义上的'主体'乃是穿过着、超过着自己自身的。惟独具有此在之存在方式的存在者才超越，以至于恰好是超越性才在本质上刻画描述了存在。"（*BPP*, 299/410）

海德格尔将超越理解为 *Dasein* 超出自身而存在，意味着海德格尔彻底取消了传统存在论意义上的超越概念。对于海德格尔的基础存在论来说，在他通过 *Dasein* 的存在以探求存在意义的过程中，超越者被取消了。这正是牟先生批评海德格尔的地方。这表现在海德格尔以时间性作为理解存在的基本视域。一切存在者之存在，都成为 *Dasein* 的生存中，在时间性中被展开的存在。因此，一切的存在都在 *Dasein* 的在时间的展开中被领会与揭示。*Dasein* 是有限的存在，最终将指向死亡。因此，在前期海德格尔的基础存在论的视域之中，其实无法建构通过有限的存在者 *Dasein* 去阐明存在本身的道路。

牟先生曾经在多处批评海德格尔的基础存在论，而且在《智的直觉与中国哲学》中专辟一节对之加以讨论。在牟先生看来，海德格尔将存在论的基础完全放置在康德哲学意义上的内在的领域之中，完全取消了超越层面。这是形而上学的误置，真正的形而上学不能在这里建立。牟先生确实有着深刻的洞察力，他对海德格尔的这一批评，可以说切中了前期海德格尔思想的关键点。

引导海德格尔哲学的，是对存在意义的探究。前期海德格尔试图通过对 *Dasein* 这一存在者的分析，进入存在问题，但海德格尔将 *Dasein* 的生存建构，最终建立在时间性的视域之中。

这样一来，在 *Dasein* 的生存论的分析中，无法为超越性的存在留下空间。这样的进路将使 *Dasein* 向着它的可能性的存在成为一个没有方向的存在，*Dasein* 总是生存在它的存在之中，并且总是在这一存在中造就自己。然而，*Dasein* 将如何造就它自己，则因为没有超越性的存在而成为悬而未决的问题。牟先生就是在这个地方，说海德格尔的存在论是"有诸中者必形于外"，指出海德格尔的存在论只是"实然"，只是现象学就人之本然而言，无法由一个超越的实体而言人之"真实性"。① 因此，我们在判断 *Dasein* 的生存的时候，可以说"真"或"不真"，却无法判断"善"或"不善"。我们无法在 *Dasein* 的生存论中建立价值判断。海德格尔对 *Dasein* 存在的本己状态与非本己状态的区分，虽然可能蕴含了价值上的判断。但是，这种隐含的价值判断，是对 *Dasein* 成为自己的判断，至于成为自己的 *Dasein* 又将走向何方，则无法加以规定或限制。

然而，这种超越性的存在对于牟先生的天道性命通而为一来说，对于中国哲学来说又是根本性的。我们在第一章讨论天道的内涵的时候，曾经指出，天道在超越性、创生性的内涵之外，还有一个重要的含义，即秩序义。正是天道的秩序，决定了人之存在的方向。中国哲学所理解的人，虽然可以如我们所做的工作，是在生存论上被理解的，可以理解为 *Dasein* 的

---

① 参见牟宗三《智的直觉与中国哲学》，台湾商务印书馆，2000，第360页。

"在-世界-之中-存在"。但是，人在中国哲学中还有一个重要的规定，即人的生存是有方向的，方向的来源即超越的天道的秩序义。这一点，我们无法在海德格尔的哲学中建立起来。

因此，以海德格尔的基础存在论阐发牟先生的道德形上学，其实际情形，远比我们已经呈现的要复杂。我们已经指出，二者对超越的理解存在根本性差异。在海德格尔那里，我们无法建立起超越的形上学，只有牟先生所谓内在的形上学。这一根本的差异决定了两个系统之间在某些问题上还需要做进一步的分疏。

在我看来，牟先生对人生存在的这种"秩序"或者"方向"意义的坚持，代表了传统儒学的特征，表现了传统儒学对主体性的认知。而海德格尔对人生存在的理解则充分表现了现代性视域对主体的认识。

查尔斯·泰勒把人类思想发展历史上主体性性质的这种转变称为"新纪元的目标"。[①] 在他看来，18世纪开启的思想变革的核心问题可以归结为"关于人的主体性性质及其与世界的关系问题"。[②] 现代社会生活带来的思想上的根本性变化使我们理解自我的方式发生了改变。传统关于主体的观念是："主体是在同宇宙秩序的关系中得到规定的。"查尔斯·泰勒在评论这种看待主体的方式时说："当一个人同某个宇宙秩序打交道的时候，当他以最适当的方式把它作为理念秩序来探讨的时候，即，当他通过理性来探讨的时候，人最圆满地成为了他自己。这显然是柏拉图的传统；人的心灵中的秩序不可避免地来自关于存在秩序的理性见解。"[③]

这显然不只是柏拉图的传统。如果我们回到儒家的思想世界，就会发现，同样的对自我生命的理解也存在儒家传统之中。用儒家的语言表述，就是牟先生所坚持的"天道性命通而为一"的传统。天道代表超越的宇宙秩序，而个体生命的内在本质由这一超越的宇宙秩序所规定。因此，在儒家的思想世界中，作为个体的人，人生全部的价值和意义都来自那个超越我们之上的宇宙秩序，而人生重新寻找或者重新建立生命意义的过程，就是不断地修整现实的自我，朝超越的天道秩序回归的过程。儒家自孔子建立"仁"的传统开始，到孟子的"恻隐之心"，所做

① 〔加拿大〕查尔斯·泰勒：《黑格尔》，张国清、朱进东译，译林出版社，2012，第3页。
② 〔加拿大〕查尔斯·泰勒：《黑格尔》，张国清、朱进东译，译林出版社，2012，第4页。
③ 〔加拿大〕查尔斯·泰勒：《黑格尔》，张国清、朱进东译，译林出版社，2012，第7页。

的一切其实都是试图由人的内在性的角度建立起这种生命主体和超越宇宙秩序之间的本质性关联。这种关联，到了宋明理学那里，变得更加理论化、更加精致，但究其实，仍然是在这样一种对于主体的理解中建立起生命的意义。

然而，这样一种对于主体的理解，随着人类科学技术的发展，在科学思维方式作为一种模型逐渐主导人看待世界的方式之后，产生了巨大的改变。人类慢慢经历了韦伯所说的"祛魅"的过程。原本的主体和直接秩序之间的本质性关联，被看作人类思维任意性的表述。世界不再是充满意义的场所，而变成了一个"偶然的、实际的关联的场所"。① 这样一来，我们对自我的理解，对所谓主体的理解就发生了根本性的转向，主体变成了自我规定的主体。传统的主体与世界之间的关系，被颠倒了过来。"充分的自我占有的要求是，我们让我们自身从把意义投射于事物之上的做法中摆脱出来，我们有能力从世界向后退，全心全意地投入到我们自身观察事物和思考事物的过程中去。"② 这种看似平静的叙述之下，其实蕴含人类思想由传统到现代的根本性的变化，无论我们如何凸显这种变化都不为过。这种变化彻底改变了人类的思想，也彻底改变了人类的生活。

> 祛魅的世界是同自我规定的主体相关的世界，彻底地赢得一个自我规定的同一性伴随着某种兴奋感和权力感，主体再也不需要根据外在秩序来规定他的完美或缺憾、他的心理平衡或失落。随着这种现代主体性观念的产生，还产生了一种新的自由观，一个新的核心角色被赋予了自由，那种自由似乎已经证明了自身是确定的和必然的。③

在现代主体性的这种观念之下，主体的意义只能在自我内部寻找或者建立，再也不能诉诸主体之外的某种固定的秩序。人变得只有自己了。在海德格尔那里，我们看到的其实就是这种主体性观念。*Dasein* 的存在有没有意义，我们无法在 *Dasein* 之外寻找到任何根据，*Dasein* 面对和依靠的只

---

① 〔加拿大〕查尔斯·泰勒：《黑格尔》，张国清、朱进东译，译林出版社，2012，第10页。
② 〔加拿大〕查尔斯·泰勒：《黑格尔》，张国清、朱进东译，译林出版社，2012，第8页。
③ 〔加拿大〕查尔斯·泰勒：《黑格尔》，张国清、朱进东译，译林出版社，2012，第11页。

有自己，真正的自由就是像牟先生所说的那样，不断地站出来，不断地突破自己。

因此，牟宗三与海德格尔哲学之间的差异，表面上为是否承认超越性维度的存在，实际上则表现了传统与现代两种不同的理解主体的方式。牟先生仍然坚持儒家传统，在一个几乎彻底现代化的世界里面，试图通过个人在哲学上的努力，重建传统对于主体的理解。① 在这个意义上，牟先生所做的工作，看上去几乎是"不可能的任务"。其实，这也是我们曾经说过的，当代新儒学选择继承阳明开启的心学传统的一个历史的原因。当现代世界对传统宇宙秩序的天然信任被打破的时候，人生的意义大概只能在人的内在良知的角度重新建立起来。

这种对于主体性的理解的变化，还有另外一个方面，那就是这种变化是造成我们今天对牟宗三、王阳明甚至儒家思想产生误解的根本原因。这种变化了的主体观念，使我们对周围世界的看法也发生了改变，世界变成了一个"对象化"的世界。这就带来了现代人"对于固有的意义世界的否定"。查尔斯·泰勒说："使用这个术语的目的在于表明这样一个事实：现代人认为，意义和意图范畴只能应用于人的思想和行为，却无补于他们对世界的思考和活动。用这些术语来思考也就是筹划出主体的范畴，因此，抛弃这些范畴也就是'对象化'。这表明了与新的主体性相对应的一个新的、现代的客观性观念。"②

世界变成了一个客观的世界，所谓客观的世界，其实包含了世界本身不具有任何意义、没有价值，所有的意义和价值这样的范畴，只能应用于人类自身。这就造成在现代人视野中，一旦我们谈到意义和价值只能是人给予世界的，是人与世界发生关联之后，由人的内在性给予世界的。很多对牟宗三哲学思想的批评，甚至对儒家思想的批评，其实来自这种看待世界的方式。很多现代中国人已经脱离儒家原本的思想世界很久了。

人类历史总是向前发展，思想的转变一旦出现，就很难回头了。但是，这并不意味着牟宗三做出的努力是无效的。现代性给人类带来的种种弊端早

---

① 值得深思的是，并不是所有的当代新儒家的大师们都拒斥现代性的主体理解，我们在另外一位重要的现代新儒家代表人物唐君毅先生那里，可以很清晰地看到对于现代性主体的理解和张扬。当唐先生论述他的"道德的自我建立"的时候，他对于主体的理解，很明显的是在现代性的维度中展开的。参见唐君毅《道德自我之建立》，学生书局，2010。

② 〔加拿大〕查尔斯·泰勒：《黑格尔》，张国清、朱进东译，译林出版社，2012，第12页。

已经成为人类反思的重要问题，在现代世界，尝试重新建立新的生命意义，也许并不仅是儒者在面对传统时充满温情的一厢情愿，而且是人类社会的需要。牟先生并不是在传统的意义上，像某些批评者所说的那样"独断"地"宣布"传统的合理性。他采取了新的方式，一种在我看来非常"存在主义"的方式，试图重建传统的理想。也就是说，牟宗三的哲学是试图用现代的方式建立一个传统的目标，而不是仅仅停留在传统内部哀叹时代的逝去。这才是牟宗三在现代最有价值和意义的地方。

第五章　心学传统的存在论阐释

我写作本书的一个基本动力，是我一直觉得，海德格尔的基础存在论，为我们超越西方近代以来的形而上学，重新回归儒家传统提供了最好的解释的桥梁。而在解释的过程中，牟先生的哲学思想扮演了一个重要的桥梁的角色，使我们能够在儒家思想和海德格尔思想之间找到接榫处。牟先生利用康德哲学，将儒家的基本义理用现代概念的形式确定下来，并且逼显到极致。这让我们能够更为明确、更为确定地讨论儒家思想的核心，从而重新对其做出阐释。这也是为什么我不认为自己的工作是比较哲学的工作。我并不是在比较二者之间的异同，而是希望能够延续牟宗三先生的工作，进一步"辨以示之"，使儒家能够变得更容易理解。基本上完成了以上的对于牟宗三先生思想的诠释工作之后，我将要走向以阳明为核心的心学传统。这么做有两个方面的原因：一方面，我要回到心学，用前面建立起来的诠释方式，去直接面对儒家的原初文本，去面对传统儒家的问题，进一步进行解释；另一方面，是延续上一章最后遗留的问题，我要回到儒家传统去寻找建立道德的理想主义的根据，这种根据，有可能是被牟宗三先生的阐释给遮蔽的。也就是说，我要进一步回到儒家传统去寻找资源。这是牟先生所无法提供给我的。下面的工作，仍然是以问题为核心，虽然每个问题之间有一步步的思想上的关联，但我并不追求体系的完备。本章大部分的内容以论文的形式在不同的刊物上发表过，整体上都是以我在本书前面做出的讨论和思考为基础的，现在它们终于可以回到属于它们自己的思维世界中了。

以下几节的内容，是在这个整体思想之下进行的一些具体尝试。第一节讨论明代早期的思想转向，我试图说明，在明代早起的整体思想氛围中，已经出现了一种对于传统朱子学的不满，而这种不满的实质是一种存在论的转向。这是明代早期思想世界的内部需要，而心学传统的出现，陈白沙和王阳明思想的建立，是在这种整体转向存在论的需要中，因应而生的思想体系。第二节则试图用海德格尔的基础存在论展现阳明思想的特质。我选择了"时间性"这个概念来展现阳明思想中的独特维度。其实，"时间性"不是一个孤立的概念，而是代表了海德格尔提出的看待世界方式的根本性变化，如果我们用这种变化了的视角来看待王阳明的"致良知"的传统，能够更加清晰地认清其中的问题。第三节是更核心的一个问题，我们重新回到王龙溪的思想，可以看出儒家是如何在一个生存论的境遇中，在人与人的存在关系中，建立良知的道德意义的。这一节讨论的问题，可能会给我们更大的启迪，展现儒家对人的生存方式的独特理解。第四节希望在心学对良知意义的理解基础上，讨论我们对生命意义的理解呈现一种什么形态。良知的超越性并没有彻底取消人的主体性，能够在我们彻底回归主体性的时候，在某种程度上给予人生以意义。第五节讨论的是儒家思想中"亲亲相隐"的问题，目的是通过对这个具体问题的讨论，指出我们现在对于儒家很多命题的思考，其实已经不知不觉地采取了现代性的立场，并未能充分回归儒家自身的哲学基础。为了能更好地理解儒家思想，基于形而上学层面的反省和思考，是必不可少的。

第一节 明代早期的儒学转向——陈白沙与王阳明

一 朱子学笼罩下的明代早期儒学

明初儒学笼罩在朱子学影响之下，几已成为学界之共识。其相关史料，也多为学界转引，如《明史·儒林一》谓："原夫明初诸儒，皆朱子门人之支流余裔，师承有自，矩矱秩然。曹端、胡居仁笃践履，谨绳墨，守儒先之正传，无敢改错。"[1] 依陈荣捷先生所言，《明史·儒林一》这一断言"或有所得于黄宗羲"[2]，盖黄宗羲于《姚江学案》序言中有谓："有明学术，从前习熟先儒之成说，未尝反身理会，推见至隐，所谓'此亦一述朱，彼亦一述朱'耳。"[3]

至此，这一论断几已成定论。我们回顾明初诸儒，也可以得到印证。明儒如曹端、吴与弼、薛瑄等人确实在理论之延续上一秉朱子成说，并未

① 张廷玉：《儒林传一》，《明史》卷二百八十二，中华书局，1974，第7222页。
② 陈荣捷：《朱学论集》，学生书局，1982，第332页。
③ 黄宗羲：《姚江学案》，《明儒学案》卷十，中华书局，2008，第178页。

对朱子有所非议。近代以来，学者也多承此说，少有争议，亦少有关注。在这一叙述背景之下，陈白沙被描述为"异军突起"，独辟蹊径，实是明代心学之新面貌的最早发端。如黄宗羲在《崇仁学案》卷首即说：

> 康斋倡道小陂，一禀宋人成说。言心，则以知觉而与理为二，言工夫，则静时存养，动时省察。故必敬义夹持，明诚两进，而后为学问之全功。其相传一派，虽一斋，庄渠稍为转手，终不敢离此矩矱也。白沙出其门，然自叙所得，不关聘君，当为别派。①

所谓"宋人成说"，即指朱子，在黄宗羲看来，康斋对于朱子学未有一毫背离，而是持之若矩矱，即便是门下弟子，亦相去不远，不敢稍离。至于白沙，则"自叙所得，不关聘君"。白沙作为明代心学之真正开创者的面貌由此确立起来。

然而，细读明初诸儒，心中却会生出一种别样的感觉，其中似乎已然孕育了明代儒学之转机，隐然已经有了相对于朱子学之不同的路向。这一点，学者在具体的论述某位儒者时偶有提及，如林继平在论及吴康斋时曾说："吴康斋与薛敬轩有一共同点，即都是程朱派的理学家，但其精神面貌与伊川，尤其是朱子，极为不类。他爱从个人心地上做工夫，不似朱子之向外格物穷理，故见道最早。"② 然而，真正关注并且提出这一问题的，还是陈荣捷先生。陈先生在《早期明代之程朱学派》一文中一反大多学者对于明初儒学之忽略与旧说，试图指出："早期明代之程朱学派，不仅是程颢程颐以及朱子新儒学之一种微弱回响，但在经历着显著变迁之下，亦假设其变迁有一指定之方向。此即预期心学一派之崛起，此心学至王阳明而造其极。"③ 那么，陈荣捷先生所谓明代早期儒者的新的方向指的是什么呢？

明初儒学，略以曹月川、薛敬轩、吴康斋为正宗。其中，曹月川与薛敬轩稍早于吴康斋，然而，黄宗羲作《明儒学案》，以吴康斋之《崇仁学案》居首，而将曹月川放在书后之《诸儒学案》，庶几难免"门户之见"之讥。盖黄宗羲一宗阳明心学，而陈白沙出于吴康斋门下，王阳明出于娄

---

① 黄宗羲：《崇仁学案》，《明儒学案》卷一，中华书局，2008，第 14 页。
② 林继平：《明学探微》，商务印书馆，1989，第 22 页。
③ 陈荣捷：《朱学论集》，华东师范大学出版社，2007，第 331 页。

谅，亦出于康斋之门。因此，以吴康斋居首，颇有确立门户的意思在。清沈佳撰《明儒言行录》十卷，正因为对于黄宗羲《明儒学案》颇有不满，觉其"虽于河津一派不敢昌言排击，而于王门末流诸人流于猖狂恣肆者，亦颇为回护，门户之见未免尚存，佳撰此录盖阴以补救其偏"①。因此，沈佳"一宗朱子，故是编大旨以薛瑄为明儒之宗，于陈献章则颇致不满，虽收王守仁于正集，而守仁弟子则删汰甚严，王畿、王艮咸不预焉"②。可见，宗王学者以吴康斋居明初儒者之首，而宗朱学者则以薛敬轩为明儒之宗。至于曹月川，黄宗羲录刘宗周之《师说》，即以曹月川紧随方孝孺之后，居明初儒者之次席。《师说》按语曰：

> 先生门人彭大司马泽，尝称"我朝一代文明之盛，经济之学，莫盛于刘诚意、宋学士；至道统之传，则断自滍池曹先生始"，上章请从祀孔子庙廷。愚谓方正学而后，斯道之绝而复续者，实赖有先生一人。薛文清亦闻先生之风而起者。③

则曹月川在明初儒者中之开端性地位，不容忽视。

无论如何，此三子之为学路径，大致可以展现明初儒者之学问路向。而此三子也确实相对于朱子学之正宗，表现出大致相同的新的面貌。大略言之，有如下两点。

1. 力行为主，著述次之

初读三人的行状与著述，最为明显的特点在于三人都不以著述为务，而是都侧重于恭行践履。在三人的行状中，我们当然可以看到他们都熟读宋儒著作，但是，他们不但对传统的经学讨论不多，而且对宋儒如朱子所喜欢的理/气、道/器、阴/阳等问题，也多不置一词，他们将绝大部分精力放在如何变化气质、做成圣工夫之上。换句话说，对于个体生存的关注，成为他们视野的焦点。当然，这里所谓个体生存，放置在明初儒学的语境中，即如何使宋儒对成圣成贤的诸多讨论，切实地落实到个体的生存之中，如何能够在真实地个体生存中实现与"道"的同一，如何能够真实

---

① 沈佳：《明儒言行录》卷一，《四库提要》卷五，《文津阁四库全书》卷六，商务印书馆，2008。

② 沈佳：《明儒言行录》卷一，《四库提要》卷五，《文津阁四库全书》卷六，商务印书馆，2008。

③ 黄宗羲：《明儒学案》，《师说》，中华书局，2008，第2页。

地行进在成为圣人的路途之上。

刘宗周论吴康斋曰：

> 先生之学，刻苦奋励，多从五更枕上汗流泪下得来。及夫得之而有以自乐，则又不知足之蹈之手之舞之。盖七十年如一日，愤乐相生，可谓独得圣贤之心精者。至于学之之道，大要在涵养性情，而以克己安贫为实地。此正孔、颜寻向上工夫，故不事著述而契道真，言动之间，悉归平澹。①

吴康斋一生不断以圣贤自勉，其所思所想，时时处处都关注于切实在心上做工夫，而不喜空谈玄远，关注的焦点始终在于自身个体心性之状态，时时戒慎恐惧，如吴康斋谓：

> 夜，病卧思家务，不免有所计虑，心绪便乱，气即不清。徐思可以力致者，德而已，此外非所知也。吾何求哉？求厚吾德耳！心于是乎定，气于是乎清。明日，书以自勉。②

我们在吴康斋留下的文字中，常常可以看到类似的描述与记录。记录的都是吴康斋在生活之中的所遇所想，指向的则是如何令这一心中所思所想能够合乎圣人之道。宋儒在这里所谈论的诸多概念，如气、德等，在吴康斋这里，都不是作为闲话口说笔谈而已，而是切切实实以之作为成圣标准与克己工夫，理学的概念也唯有在作为克己工夫的实践层面上，才彰显其自身之意义。至于著述，则良非措意尔。吴康斋教人也是依此而行，虽指点人读书，却更关注践履。《明儒学案》中有关于陈白沙从学吴康斋时的一则故事：

> 陈白沙自广来学。晨光才辨，先生手自簸谷。白沙未起，先生大声曰："秀才，若为懒惰，即他日何从到伊川门下？又何从到孟子门下？"③

伊川与孟子门下，需要切身而至，非单纯诵读传注可得。因此黄宗羲

---

① 黄宗羲：《明儒学案》，中华书局，2008，第3页。
② 黄宗羲：《崇仁学案》，《明儒学案》卷一，中华书局，2008，第18页。
③ 黄宗羲：《崇仁学案》，《明儒学案》卷一，中华书局，2008，第15页。

说吴康斋：

> 先生上无所传，而闻道最早，身体力验，只在走趋语默之间，出作入息，刻刻不忘，久之自成片段，所谓"敬义夹持，诚明两进"者也。一切玄远之言，绝口不道，学者依之，真有途辙可循。[①]

薛敬轩著有《读书录》二十卷，然正如黄宗羲所谓：

> 先生以复性为宗，濂、洛为鹄，所著《读书录》，大概为《太极图说》、《西铭》、《正蒙》之义疏，然多重复杂出，未经删削，盖惟体验身心，非欲成书也。[②]

其所著《读书录》正如题目所示，多为读书札记，仅供平日检点身心，体验践履之用，而非有意撰述成书。

《明史·儒林一》载：

> 瑄学一本程朱，其修己教人，以复性为主，充养邃密，言动咸可法。尝曰："自考亭以还，斯道已大明，无烦著作，直须恭行耳。"[③]

因此，时人多目薛敬轩为"实践之儒"。

关于薛敬轩之少著述，还有一事可资参考。据黄进兴教授研究："自成化年间，有人提请从祀朱学矩镬薛瑄始，至穆宗隆庆五年（1517）止，呼吁薛氏入祀孔庭，绵延及于百年之久，而著述太少亦始终是薛氏从祀失败的主因，例如，孝宗弘治元年（1488），杨士奇以其'无著述'阻之。"[④]

三人中，唯曹端著述颇丰，有《太极图说述解》《通书述解》《西铭述解》等著作，仍是侧重践履。并且他曾说："《六经》、《四书》圣人之糟粕也，始当靠之以寻道，终当弃之以寻真。"[⑤] 可见，在曹端看来，《六经》《四书》只是初入圣人之门的途径，为学之初当以之作为途辙，方能知道圣人之道何在。然而，要真正实现个体生命之转化，则应抛开《六

---

① 黄宗羲：《崇仁学案》，《明儒学案》卷一，中华书局，2008，第16页。
② 黄宗羲：《河东学案》上，《明儒学案》卷七，中华书局，2008，第111~112页。
③ 张廷玉：《儒林一》，《明史》卷二百八十二，商务印书馆，2008，第7229页。
④ 黄进兴：《圣贤与圣徒》，北京大学出版社，2005，第99~100页。
⑤ 黄宗羲：《诸儒学案》上二，《明儒学案》卷四十四，中华书局，2008，第1065页。

经》《四书》，在个人心地上去寻找，并得到启发，这才是为学之最终鸿
的。因此，学问讲述固然重要，但更重要的是个体之生存中的生命践履。
《明儒学案》言曹月川：

> 先生以力行为主，守之甚确，一事不容假借，然非徒事于外者，
> 盖立基于敬，体验于无欲，其言事事都于心上做工夫，是入孔门底大
> 路。诚哉！所谓有本之学也。①

对于曹端，力行体验之重要性远远超过了著述之事。

2. 抛开玄远之言，突出敬与心

三人不仅在个人立身行事、修养身心上相对于朱子展现出新的萌芽，
而且在谨守朱子理论的同时，在思想上也表现出某些新的时代的因子，这
在某种意义上正是有明一代新的思想的萌芽。

伊川因不满濂溪对"静"之过分强调，而强调"敬"在修养工夫中
之核心地位。朱子继承伊川，同样强调"敬"。因此，明初诸儒对于敬之
强调，可以说一依朱子而来。然而，这一因循朱子学的过程还表现了某些
明代儒学的特点。对"敬"的重视往往与对"心"的重视联系在一起，
甚至超越了对道体、理等超越本体的认知，成为最为核心的论调。陈荣捷
先生于此申论最多，可以参看。② 如其言曹端：

> 曹端思想中所强调者为敬与心。两者当然有密切之关联。曹谓：
> "人之所以可与天地参为三才者，惟在此心。""人能恭敬，则心便开
> 明。""学者当自谨言语，以操存此心。"又谓："一诚足以消万伪，
> 一敬足以做千邪。所谓'先立乎其大者'，莫切于此。"
>
> 由前所摘录，曹端之重点在心，无可致疑。刘宗周述及曹端思
> 想，谓为："先生之学……反而求之吾心。即心即极。即心之动静，
> 是阴阳。即心之日用酬酢是五行变合而一以事。"自非夸大。③

同样，对于吴康斋与薛敬轩，陈荣捷先生也指出他们思想中对于敬与

---

① 黄宗羲：《诸儒学案》上二，《明儒学案》卷四十四，中华书局，2008，第1061页。
② 参见陈荣捷《早期明代之程朱理学》，载《朱学论集》，华东师范大学出版社，2007，第331~351页。
③ 参见陈荣捷《早期明代之程朱理学》，载《朱学论集》，华东师范大学出版社，2007，第336~337页。

心的特别关注，在此就不再赘述。因此，陈先生总结说："吾人已确切觉察早期明代新儒学已对形而上学及格物穷理诸论题之知性方面较少兴趣，而于心之存养与居敬诸工夫，则较多关注。"进而他指出："（陈白沙与王阳明）虽则并无特殊观念，来自初期明儒。但其时趋于存养之一般趋势，已必为为后期明代新儒学之发展确定其方向而预为之所。献章之静养与阳明之'必有事焉'，不即为两儒自家之居敬工夫耶？无论如何，亦如初期明新儒家，献章与阳明俱献身于存养与义理之性之实践。"①

二　陈白沙与王阳明的生存论转向

如前所述，虽然明初诸儒已经展现出相对于朱子学之不同的面貌，但是，毋庸置疑，明代初期，朱子学仍然一统天下，无论举业文章，一以朱子为准。其间虽屡有新意萌发，但是大多仍处于不自觉的状态，不可否认前述明初诸儒对于形而上讨论的阙如，一部分原因正是在于朱子学之一统天下。正如前引薛敬轩所说："自考亭以还，斯道已大明，无须著述，直须恭行尔。"儒者对于朱子的尊奉，使他们觉得朱子已然解决了所有的形而上的问题，后来者所需要做的只有引发申述与恭行践履，朱子已然成为不容置疑之经典。

由周濂溪开启的宋代理学的版图，当然包括本体与工夫、形而上的理性探究与实践的做圣工夫两部分，二者又是合二为一或者不一不二的。或者说，本体更是为了工夫，形而上的理性探究也是为了能够充分地实现实践中的做圣工夫，以便变化气质以优入圣域。然而，对于不同的理论中心的强调与坚持，却会带来不同的一片天空。明初儒者基本上将全部的关注焦点都放在圣人之道的践履工夫之上，在这种践履之中，自然会产生种种新的问题，面对种种新的困境。当然，这一切在明初的儒者那里还没有完全地呈现出来，直到出现了陈白沙与王阳明。

一代有一代之学术，有明一代的学术自有不同于宋代理学的面貌，黄宗羲之所以能理直气壮地说："有明事功文章，未必能越前代，至于讲学，余妄谓过之。"②指的当然不是明初的诸位儒者，而是指的由白沙开启端倪，由阳明进而广大的明代之心学。所谓明代讲学，唯有至白沙，才真正

---

① 参见陈荣捷《早期明代之程朱理学》，载《朱学论集》，华东师范大学出版社，2007，第340~343页。

② 黄宗羲：《明儒学案》，中华书局，2008，序第7页。

开出一个新的局面。因此黄宗羲说："有明之学，至白沙始入精微。其吃紧工夫，全在涵养。喜怒未发而非空，万感交集而不动。至阳明而后大。"① 黄宗羲谓明代学术"至白沙始入精微"，而"至阳明而后大"，则意味着阳明也是在"精微"之途上承继白沙，进而发扬光大。我们也在此所谓"精微"之处，来了解白沙与阳明相对于朱子学之独特的地方。

究竟白沙与阳明较之明代初期的儒者，"精微"一词从何说起。黄宗羲紧接着"精微"之论，而说"其吃紧工夫，全在涵养"，则"精微"由"涵养"而来，正是在涵养过程中，白沙始发展出较之前人更加精微之学。

前文已经说明，对于涵养之特别注重，是明代初期儒者之共同倾向。那么，他们与白沙、阳明之间的差异何在。

细读白沙与阳明之人生历程，我们可以发现很多共同点。其中最为引人注目的可能即在于，他们在切实的为学过程中，在依循明代早期儒者做涵养工夫的过程中，都面临过对于朱子学之不满，并因此开启了自己的为学道路。

白沙于景泰五年甲戌（1454），从学于吴康斋，时年 27 岁。景泰七年丙子（1456）归白沙，筑春阳台，年谱于这一年记载：

> 先生初筑春阳台，日坐其中。用功或过，几致心病。后悟其非，且曰："戒慎与恐惧，斯言未云偏。后儒不省事，差失毫厘间。"盖验其弊而废也。②

后白沙自叙其为学历程则说：

> 仆才不逮人，年二十七始发愤从吴聘君学。其于古圣贤垂训之书，盖无所不讲，然未知入处。比归白沙，杜门不出，专求所以用力之方。既无师友指引，惟日靠书册寻之，忘寝忘食，如是者亦累年，而卒未得焉。所谓未得，谓吾此心与此理未有凑泊脗合处也。于是舍彼之繁，求吾之约，惟在静坐，久之，然后见吾此心之体隐然呈露，常若有物。日用间种种应酬，随吾所欲，如马之御衔勒也。体认物

---

① 黄宗羲：《明儒学案》卷五，《白沙学案》，中华书局，2008，第 79 页。
② 阮榕龄：《陈献章集》，《编次陈白沙先生年谱》，中华书局，2008，第 808 页。

理，稽诸圣训，各有头绪来历，如水之有源委也。于是涣然自信曰："作圣之功，其在兹乎！"①

可见，白沙从学于吴康斋，主要学习的是"古圣贤垂训之书"，可以想见，吴康斋教人自然是以朱子学为主，而白沙"未知入处"，未能由此寻找到为学之门径。此处白沙已然表现出对于朱子学之不契。后又筑春阳台读书累年，仍然"未得"，而白沙特意指出，所谓未得是指"吾心与此理未有凑泊脗合处也。"可见白沙为学追求的是在"心"上做工夫，是涵养本心，变化气质。然而，在这一涵养过程中，他发现朱子学所讲的"理"未能真实地作用在人心之上。这里的原因即在于朱子析"心"与"理"为二。天理在朱子那里，不是内向性地回到人的内心去寻找，而是要以"格物"为基础，向心以外去探究。对于白沙来说，这种通过向外探究而得到的理，未必能与人的"心""凑泊脗合"于一处。可见，白沙所关注的焦点，并不是这一经由向外寻求所得到的理自身如何，而是这一理如何能作用在身心上，作用在成圣的道德践履之中。而这也正是以陆九渊为代表的心学一派批评朱子的地方。在白沙对于实践涵养工夫的关注中，朱子学中的这一矛盾被再次凸显出来。

于是，白沙"舍彼之繁，就吾之约"，因涵养工夫中的矛盾对朱子学产生怀疑进而放弃，回归自己的内心之中，去寻找圣人之道的本源。这自然令我们想起鹅湖之会陆九渊对于朱子的批评："易简工夫终久大，支离事业竟浮沉。"白沙舍弃了朱子学的格物致知之说，"惟求静坐"，在静坐中使得"心体"自身呈现出来，并且，这一自身呈现的心体，才是"体认物理，稽诸圣训"的种种学问工夫的真正源头。这样一来，做圣之功，最根本之处即在于使这一心体自我呈现出来。当然，对于白沙来说，这一呈现的方式是"静坐"，以此建立起他的"自得之学"。正如苟小泉所说："正是由此，白沙脱离了朱学首先要求以先贤典籍入手求理的为学路径，认为应该'学贵自得'，从而将正统的朱学为学路径反转了过来，即'夫学贵自得也。自得之，然后博之以载籍，则典籍之言，我之言也。否则，典籍自典籍，我自我也。'"② 这里有两点值得注意，其一，对于典籍的学习，最终的指向是自身，典籍的意义在于能够在个体的自身存在之中，在

---

① 陈献章：《复赵提学金宪》，《陈献章集》卷二，中华书局，1987，第145页。
② 苟小泉：《陈白沙哲学研究》，中华书局，2009，第39页。

对个体的成圣成贤的工夫践履之中呈现出来。因此，为学的根本当然不在于知识的积累，也不在于熟悉模仿圣贤之言，而在于个体的生存。圣人之道的终极意义即在于能够作用于人的内心。在此，为学的意义在个体生存的视域中才能够得以呈现。其二，圣人之道的本源，并不能在熟读典籍或者博览书册中寻得，而唯有在涵养工夫之中，才能够真正地使之呈现。这意味着，儒家所说的超越性的、终极性的道，并不能通过认知性的行为呈现出来，而是唯有在实践性行为中，才能够被呈现。因此，这一超越性的、终极性的道体并不能作为认知的对象，也不能被语言直接描述出来，而只能是如牟宗三先生所说的，一种自身"呈现"。这一呈现的根本在于回归人的自身，"舍彼之繁，就吾之约"，我们同样可以在阳明身上发现这一对于道体的呈现的体验。当然，具体的呈现方式可以有不同，如白沙以"静坐"，阳明则是"致良知"。但是，他们对于在个体的具体生存境遇中呈现本体这一路向的选择是一致的。

现在我们可以回过头来看黄宗羲所谓"至白沙始入精微"的含义所在。如前所述，明初诸儒已然慢慢忽略了对于朱子的诸多形而上探究的兴趣，而将主要的关注焦点放在恭行践履之上。然而，在这样做的同时，他们对于朱子学的形而上理论与工夫之间可能存在的矛盾则轻忽带过了，并未深究。至白沙才立足于自身之生存体验，真正探究个体存在与儒家的超越的理之间的关系。正是经由这种探究，才一扫明初对于朱子学的不假思索的接纳，重新回归人的个体的真实生存状态，重新令心体在个体的生存体验中呈现出来。

阳明与朱子之间的关系，较之白沙又更加纠结与复杂，阳明几乎每一次学问与思想的变迁，都与朱子有着牵扯不断的联系。正是在对朱子一步步的反对之中，阳明才逐步建立起自己的为学路径，然而，作为一种思想之反对原有的思想，在问题与规模上，自然会受到原有思想的影响。也正因为如此，唐君毅先生说："世之以阳明与象山之学合称陆王，固原有其可合称之理。然阳明之学又实由朱子所论之问题、与义理而转出。其归宗义之近象山，乃自大处言之，此固不可疑。……然此自大处言之者，抑亦尚是阳明学之粗迹。若其精义所存，则与朱子之别在毫厘间，而皆可说由朱子之义转近一层而得。故由朱子之学以通阳明之学，其势至顺。阳明与朱子正有其同处，而共异于象山者。"[1] 阳明自身的学问路向，正是在对

---

① 唐君毅：《中国哲学原论》，学生书局，2004，第204页。

朱子学的遵循、践履中逼显出来的。

黄宗羲谓阳明为学有三变：

> 先生之学，始泛滥于词章，继而遍读考亭之书，循序格物，顾物理吾心终判为二，无所得入。于是出入于佛、老者久之。及至居夷处困，动心忍性，因念圣人处此更有何道？忽悟格物致知之旨，圣人之道，吾性自足，不假外求。其学凡三变而始得其门。①

年谱中之记载更为详细。阳明先于弘治二年己酉谒娄一斋：

> 语宋儒格物之学，谓"圣人必可学而至"，遂深契之。②

可见，阳明最早接触之宋儒学说，就是朱子之"格物"说。这次与娄一斋的接触，给阳明留下了两个最为重要的影响。其一，是确立了"圣人必可学而至"的思想，这意味着阳明初接触朱子学，就不是将之仅仅作为一种外在于人的学问来接受，而是当作真实关切个体生存的学问。学习圣人之学，不单是为了学而已，而且是要身体力行，在个体的生存中去学做圣人，成就圣人。其二，是立刻"深契之"，立刻接受了朱子的格物说。对于朱子格物说的接纳，几乎影响了阳明的一生，阳明正是在实践朱子的格物说时，才在个体的生存经验中，真实地凸显朱子格物说自身的矛盾，进而在此基础之上发展出自己的致良知之学。

接下来的几年，阳明刻苦研读儒家经典，"日则随众课业，夜则搜取诸经子史读之，多至夜分。"③ 弘治五年（1492），发生了一件人所皆知的事件。

> 是年为宋儒格物之学。先生始侍龙山公于京师，遍求考亭遗书读之。一日，思先儒谓"众物必有表里精粗，一草一木，皆涵至理"，官署中多竹，即取竹格之；沉思其理不得，遂遇疾。先生自委圣贤有分，乃随世就辞章之学。④

① 黄宗羲：《姚江学案》，《明儒学案》卷十，中华书局，2008，第180页。
② 王阳明：《年谱》，《王阳明全集》卷三十三，上海古籍出版社，2006，第1223页。
③ 王阳明：《年谱》，《王阳明全集》卷三十三，上海古籍出版社，2006，第1223页。
④ 王阳明：《年谱》，《王阳明全集》卷三十三，上海古籍出版社，2006，第1223页。

这是有记载的阳明对于朱子格物说的第一次实践，也是第一次遇到挫折。然而此时的阳明，仍未对朱子之学产生怀疑，而是"自委圣贤有分"，暂时将这一矛盾抛到一边，开始学习辞章之学，进而习兵法、养生。直至弘治十一年戊午（1498），

> 先生自念辞章艺能不足以通至道，求师友于天下又不数遇，心持惶惑。一日读晦翁《上宋光宗疏》，有曰："居敬持志，为读书之本，循序致精，为读书之法。"乃悔前日探讨虽博，而未尝循序以致精，宜无所得；又循其序，思得渐渍洽浃，然物理吾心终若判而为二也。沉郁既久，旧疾复作，益委圣贤有分。偶闻道士谈养生，遂有遗世入山之意。①

经历过几年的辞章之学之后，阳明重又回到对朱子学的学习与实践上来。如果像某些学者所指出的那样，阳明在庭前格竹时所遇到的困难，是出于对朱子学之误读。此时的阳明，已然摆脱了当日的青涩，乃是循序渐进地用心于朱子学，并且已然有所得（思得渐渍洽浃），朱子学在践履中所面对的困境也因此变得更加明确。在这里，我们可以看到阳明不得不面对白沙曾经面对的问题："物理吾心终若判而为二也。"此时的阳明，虽然已经感到朱子学向外寻求的认知性的"理"与人的个体生存中的做圣工夫之间不可调和的矛盾，但是仍需要一段人生历程，才能真正找到自己的思想道路。而这一段历程，远不像陈白沙那样云淡风轻，而是充满了艰辛与危难。

正德元年丙寅（1506），阳明被下诏狱，谪贵州龙场驿驿丞。正德三年戊辰（1508），阳明至龙场，年谱记载了阳明在龙场遭遇的种种艰难：

> 先生始悟格物致知。龙场在贵州西北万山丛棘中，蛇虺魍魉，蛊毒瘴疬，与居夷人鴃舌难语，可通语者，皆中土亡命。旧无居，始教之范土架木以居。时瑾憾未已，自计得失荣辱皆能超脱，惟生死一念尚觉未化，乃为石椁自誓曰："吾惟俟命而已！"日夜端居澄默，以求静一；久之，胸中洒洒。而从者皆病，自析薪取水作糜饲之；又恐其怀抑郁，则与歌诗；又不悦，复调越曲，杂以诙笑，始能忘其为疾病

---

① 王阳明：《年谱》，《王阳明全集》卷三十三，上海古籍出版社，2006，第1224页。

夷狄患难也。因念："圣人处此，更有何道？"忽中夜大悟格物致知之旨，寤寐中若有人语之者，不觉呼跃，从者皆惊。始知圣人之道，吾性自足，向之求理于事物者误也。乃以默记五经之言证之，莫不吻合，因著《五经臆说》。①

极度恶劣的外在环境将个体逼到生存的困境面前。在那种情况下，远离外在的世界，甚至远离人类的文明，长久的求为圣人之志使得阳明能够抛开常人的生活世界所产生的得失荣辱等问题，直接逼迫到生死的问题面前。在这个时候，可以说，宋儒所阐发的圣人之道遇到了真正需要面对的问题。人能否坦然地面对人生最根本的生死问题，人能否在这样的处境之中仍然坚持圣人之道。董平教授对于阳明此时的状态有一段精彩的剖析：

> 正为对"吾道"的执著与孜孜不倦的寻求，他亦在始终思考这样一个问题，即若是圣人处于与他同样的境地，圣人该当如何？这一思考，实质上是心灵的自我反思，而在这种反思状态中，心灵是毫无隐蔽地将它自己完全敞开的，"胸中洒洒"的境界，亦即是心灵因这种完全无隐的开放而呈现其自体澄明的境界，"圣人处此更有何道"的自我反思，则实质上是在他自己的心灵之中自觉地切入了一种圣人心态，他要求自己按照这种圣人的心态去观照自己的生活与自己所处的世界，并亦由此而实现了其心灵境界的跨越式转换。正是这一心灵境界的转换，遂终于导致其思想具有实质意义的突破性发展。②

如果说，白沙以"静坐"作为个体的生存中的主体呈现的方式，阳明则是"被抛"到这样的一种境遇之中。在这种境遇中，生存中的个体得以单纯地面对自身，自我呈现。阳明正是在这种自我呈现之中，体验到个体生存的基础与方向。这种具体的生存中的体验以及在具体的生存体验中经验到的内在于个体的"超越性"的"主体"的呈现，才使他能够"胸中洒洒"，能够为自己找到一个安身立命之所，能够从容地安顿个体的生存。如董平所说，在这种体验中，阳明体会到圣人在自身的呈现，体会到成圣的感觉，能够居夷处困，仍然"胸中洒洒"，这正是儒家的成圣之道所要追求的目标。

---

① 王阳明：《年谱》，《王阳明全集》卷三十三，上海古籍出版社，2006，第1228页。
② 董平：《王阳明的生活世界》，中国人民大学出版社，2009，第31页。

对于阳明来说，这种成圣的体验本质上就是在生存境遇中个体的自我主体的呈现。因此，对于此时的阳明来说，成圣的根源与本质其实就是在具体的生存境遇中，在个体的生存之中，令这一内在于个体的超越性的主体呈现。这当然不同于朱子学向外格物致知的理论向度。

正因为阳明有了这样的在真实的生存之中的成圣体验，才会有突然的顿悟，顿悟朱子所主张的格物致知之非，顿悟真实的"圣人之道，吾性自足"。在具体的生存困境之中，超越性的天道、天理如果不能在人的内在性中找到真实的生存中的根据，则都与人的存在无关。

这里我们可以稍作总结：第一，阳明之所以能够得出"圣人之道，吾性自足"的结论，是在具体的生存困境之中逼显内在于个体的生存中的超越性主体，是在生存中的呈现，而不是理论性的认知；第二，圣人之道，吾性自足所指向的同样不是理论性的认知的领域，而是生存的视域，指向生存中的每一个个体；第三，龙场悟道立刻成为阳明探究成圣之道的基础，当他将这一体验验诸"五经"的时候，"五经"无不吻合，这说明，自孔子以来的儒家的成圣之道，其本质所指向的也正是要呈现这一内在于个体的超越性主体，只是这一超越性主体长久以来被后儒学说给遮蔽了。

由此可见，无论是明代早期的儒者，还是明代儒学转折期的陈白沙与王阳明，都呈现一种生存论的转变。传统的儒学在他们这里都被放在个体生存的境遇之中，被作为个体生存的体验加以验证、修正，进而革命。心学的崛起，也正是因为白沙与阳明都在个体的生存之中，经验到内在性的超越性主体的真实呈现。明代儒学至此展示出不同于宋代儒学的新的面貌。这一面貌的本质即在于对传统儒家原本具有的生存论面相的重新揭示，而这一面相已经被宋儒，特别是朱子学一统之后的局面所遮蔽。他们的经验向我们展示出，儒家的超越性本体，唯有在生存论的层面才能真实地呈现出来，我们也唯有放在生存论的视域之中，才能真正理解阳明学的指向。

第二节　复其性之本体——王阳明致良知的时间性维度

一　良知本体

良知是阳明思想的核心与基础，阳明晚年更将他的整个学问归结为"致良知"。良知的概念出自《孟子》："人之所不学而能者，其良能也。所不虑而知者，其良知也。孩提之童无不爱其亲者，及其长也，无不知敬其兄也。"（《孟子·尽心上》）孟子这里对于良知的定义，其实已经为我们揭示了阳明的良知概念所包含的诸多含义。第一，良知为人"所不虑而知"。良知在孟子的意义上是完全"先天"具有的人的内在的本性，并且这一本性的指向是"道德性"的，是人先天具有的道德意识与道德情感。而在孟子那里，这一良知就是人之所以能够成为道德性的存在，能够做出道德实践的行为之绝对性的根源。第二，这一道德性的根源在人的存在中是具有普遍性的。每个人在人生之初都会有良知的自然的发露与呈现，儒家的成圣之学的普遍性正是建立在良知的普遍性的基础之上。第三，良知唯有在人的具体的道德行为中才能够呈现出来，良知自身是隐而不显的，唯有在人的对于亲人的爱，以及对于兄长的敬的具体的、实践的道德行为之中，才能够彰显自身。在这个意义上，良知自身不能作为认知性的对象而存在，当然更不是纯粹外在于人的存在的"理"（虽然，在宋儒的语境中，良知与理具有一定意义上的同一性）。

孟子的良知说所包含的内涵，基本上都为阳明所继承。阳明说良知是："心自然会知：见父自然知孝，见兄自然知弟，见孺子入井自然知恻隐，此便是良知不假外求。"① 因此，良知对于人来说是彻底的内在的，并且是"先天的"，是先于一切经验而存在的。良知即心之本体。

> 性无不善，故知无不良，良知即是未发之中，即是廓然大公，寂然不动之本体，人人之所同具者也。但不能不昏蔽于物欲，故须学以去其昏蔽，然于良知之本体，初不能有加损于毫末也。知无不良，而中寂大公未能全者，是昏蔽之未尽去，而存之未纯耳。体即良知之体，用即良知之用，宁复有超然于体用之外者乎？②

可见，良知即心之本体，并且，良知作为心之本体贯穿人的所有意识活动，并且是这一意识活动之基础。正是因为有这一作为本体存在的良知，人的意识活动才得以可能。阳明注意彰显良知的先天性，"良知不由见闻而有，而见闻莫非良知之用"③，就是说，良知不是来自人的感性经

---

① 王阳明：《传习录》上，《王阳明全集》卷一，上海古籍出版社，2011，第6页。
② 王阳明：《答陆原静书》，《传习录》中，《王阳明全集》卷二，上海古籍出版社，2011，第62~63页。
③ 王阳明：《答欧阳崇一》，《传习录》中，《王阳明全集》卷二，上海古籍出版社，2011，第71页。

验，而人的感性经验都是奠基在良知之存在的基础之上的。良知之存在是经验之所以可能的根据。此即阳明所谓："心之所发便是意，意之本体便是知。"

对于王阳明来说，良知当然要在发动中呈现，也唯有在发动中呈现，只不过，在这一作为已发的意识中，有时是良知自身的呈现，有时是私欲作用对良知的遮蔽。但是，在私欲作用下对良知的遮蔽时，良知仍然存在，并且，无论是良知呈现还是普通的有善有恶的意识，都是以良知本身作为本体而存在的。因此，阳明才会说：

> 良知者，心之本体，即前所谓恒照者也。心之本体，无起无不起，虽妄念之发，而良知未尝不在，但人不知存，则有时而或放耳；虽昏塞之极，而良知未尝不明，但人不知察，则有时而或蔽耳，虽有时而或放，其体实未尝不在也，存之而已耳；虽有时而或蔽，其体实未尝不明也，察之而已耳。若谓良知亦有起处，则是有时而不在也，非其本体之谓矣。①

> 照心非动者，以其发于本体明觉之自然，而未尝有所动也。有所动即妄矣。妄心亦照者，以其本体明觉之自然者，未尝不在于其中，但有所动耳。无所动即照矣。无妄无照，非以妄为照，以照为妄也。照心为照，妄心为妄，是犹有妄有照也。有妄有照则犹贰也，贰则息矣。无妄无照则不贰，不贰则不息矣。②

良知即本体明觉，即心之本体，对于心之本体来说，无所谓起与不起，无所谓在与不在，良知本体始终存在于意识的发动之中，只不过有遮蔽与未遮蔽之分。而良知本体对于是非之明察，对于是非之呈现，也唯有在已然发动的意识之中对这一意识自身才能呈现。因此，良知本体之知是知非也是在意识之呈现中的，是意识自身对于自身之是非的觉察。在这个意义上，良知本体即意识之本体，即意识之所以可能之根据。

牟宗三先生对于良知心体的这一特性有很好的表述：

---

① 王阳明：《答陆原静书》，《传习录》中，《王阳明全集》卷二，上海古籍出版社，2011，第61~62页。
② 王阳明：《答陆原静书》，《传习录》中，《王阳明全集》卷二，上海古籍出版社，2011，第65页。

本心具有种种实性，每一实性皆是其当体自己。但是你不要抽象地想那个心体自己，因此，阳明便说"心无体"。本心并没有一个隔离的自体摆在那里。……心除以"感应之是非"为其本质的内容以外，并无任何其他内容。它的全部感应之是非之决定就是它的体，就是它的当体自己，它以是非之决定为本质的内容即以是非之决定为其自己。除此以外，并没有一个隔离的寡头的本体，亦即再找不到一个它自己。①

这个意义上理解的良知只是一个"知是知非"，良知是一个是非之心。良知不单单是意识所以可能之根据，良知还具有道德意义。或者，换句话说，良知在阳明那里，更为根本的意义在于良知的道德意涵。良知是人的内在的道德意识的根源与道德判断标准的来源。因此，阳明说："良知只是个是非之心，是非只是个好恶，只好恶就尽了是非，只是非就尽了万事万变。"② 因此牟宗三说：

良知不只是一个光板的镜照之心，而且因其真诚恻坦而是有道德内容者，此即阳明之所以终属于儒家而不同于佛老者。因此之故，故阳明总说"良知之天理"。此"天理"二字不能割掉。但天理不是良知底对象，乃即在良知本身之真诚坦恻处。天理就是良知之自然明觉之所呈现，明觉之即呈现之，故云："良知只是一个天理自然明觉发见处"。③

进而，良知对于阳明来说，更为重要的是其作为人之存在的"本质"。这里的本质，并不是传统形而上学意义上的规定性的本质，而是人之所以为人的最根本的可能性。对于儒学来说，人之所以为人的最根本的可能性，就是人可以成为圣人。普通的匹夫匹妇与圣人在都具有成为圣人的可能性这一点上是一致的，因为他们在具有良知这一点上是相同的，并且，这种对于良知的具有是"完备"的。匹夫匹妇与圣人在良知上，并不存在差异，只不过圣人能够完满地呈现良知，而匹夫匹妇因为私欲的障碍，良知被遮蔽了。

---

① 牟宗三：《从陆象山到刘蕺山》，学生书局，2000，第222页。
② 王阳明：《传习录》下，《王阳明全集》卷三，上海古籍出版社，2011，第111页。
③ 牟宗三：《从陆象山到刘蕺山》，学生书局，2000，第222页。

良知内在于每一个人，因此，每一个人在源初的本性上即具备了成为圣人的可能性。圣人与常人之间的差异，只在于这一良知是否被遮蔽。

> 性无不善，故知无不良，良知即是未发之中，即是廓然大公，寂然不动之本体，人人之所同具者也。但不能不昏蔽于物欲，故须学以去其昏蔽，然于良知之本体，初不能有加损于毫末也。知无不良，而中寂大公未能全者，是昏蔽之未尽去，而存之未纯耳。体即良知之体，用即良知之用，宁复有超然于体用之外者乎？①

正因为对于现实存在的普通人来说，存在良知被遮蔽的问题，所以匹夫匹妇与圣人之间才有距离，也才有儒家的成圣之学以及儒家的道德实践工夫。因此，儒家道德实践工夫的前提在于人人可以为圣人，在于人的内在的良知的普遍性，而良知在现实存在中的被遮蔽状态是儒家的道德实践工夫之入手处。在这个意义上，王阳明提出了他的"致良知"学说。

二　致良知——成己成物与"复其性之本体"

关于致良知含义的讨论，所在多有，仅以牟宗三先生与陈来教授的分析作为例证。

牟先生在论及阳明的致良知时说：

> 阳明言"致"字，直接地是"向前推致"底意思，等于孟子所谓"扩充"。"致良知"是把良知之天理或良知所觉之是非善恶不让它为私欲所间隔而充分地把它呈现出来以使之见于行事，即成道德行为。直接的意思是如此，再进而不间断地如此，在此机缘上是如此，在彼机缘上亦如此，随事所觉皆如此……到此，便是把良知"复得完完全全，无少亏欠"。故"致"字亦含有"复"字义。但"复"必须在"致"中复。复是复其本有，有后返的意思，但后返之复必须在向前推致中见，是积极地动态地复，不只是消极地静态地复。②

陈来教授的分析则更为清晰：

① 牟宗三：《从陆象山到刘蕺山》，学生书局，2000，第222页。
② 牟宗三：《从陆象山到刘蕺山》，学生书局，2000，第229页。

　　使良知致其极，就是"充拓"至其极。阳明说："孩提之童无不知爱其亲，无不知敬其兄，只是这个灵能不为私欲遮隔，充拓得尽，便完完是他本体。"（《传习录》上，《全书》一，第49页）从这个说法来看，良知有本体，有发用。孩提之爱与路人之知都是良知本体的自然表现，但并不是良知本体的全体。只有从这些发见的良知进一步充扩至极，良知本体才能全体呈露。从反面来说，良知本体不能全体呈露，是由于私欲障蔽了良知。因而，致良知工夫，从积极的方面来说是充拓良知到极至，从消极方面来说是去除私欲障蔽。①

可见，良知一方面是心之本体，每个人都完全的具备，"无少亏欠"，这是从"超越"的角度讲，良知是作为人的"超越"的本性而存在的。但是，从人的现实存在的角度讲，每个现实存在的良知都被私欲遮蔽，使得良知无法完全呈现自身，在这个意义上，人的修养工夫只是希望通过修养能够使得良知完全呈现。因此，阳明致良知工夫论之所以可能，在于人之良知之先天存在。致良知并非如朱子所强调的"进学在致知"，以"格物致知"作为修养工夫之入手处，正是因为，良知不假外求，已然"众理皆备"地存在于人的内在性之中，所做的工夫只是将之扩充与完备。我们可以由以下四个角度来看阳明的致良知。

（一）"事上磨练"

正如阳明所说：

　　区区论致知格物，正所以穷理，未尝戒人穷理，使之深居端坐而一无所事也。若谓即物穷理，如前所云务外而遗内者，则有所不可耳。昏暗之士，果能随事随物精察此心之天理，以致其本然之良知，则虽愚必明，虽柔必强，大本立而达道行，九经之属可一以贯之而无遗矣。尚何患其无致用之实乎？彼顽空虚静之徒，正惟不能随事随物精察此心之天理，以致其本然之良知，而遗弃伦理，寂灭虚无以为常，是以要之不可以治家国天下。②

---

① 陈来：《有无之境》，人民出版社，1997，第179～180页。
② 王阳明：《答顾东桥书》，《传习录》中，《王阳明全集》卷二，上海古籍出版社，2011，第47页。

凡执事所以致疑于格物之说者，必谓其是内而非外也；必谓其专事于反观内省之为，而遗弃其讲习讨论之功也；必谓其一意于纲领本原之约，而脱略于支条节目之详也；必谓其沉溺于枯槁虚寂之偏，而不尽于物理人事之变也。审如是，岂但获罪于圣门，获罪于朱子，是邪说诬民，叛道乱正，人得而诛之也，而况于执事之正直哉？审如是，世之稍明训诂，闻先哲之绪论者，皆知其非也，而况执事之高明哉？凡某之所谓格物，其于朱子"九条"之说，皆包罗统括于其中；但为之有要，作用不同，正所谓毫厘之差耳。然毫厘之差而千里之谬实起于此，不可不辨。①

可见，阳明教人致良知的工夫恰恰是要人在具体的道德实践行为中，实现格物致知的工夫。在这个意义上，所有的致良知的工夫都是在人的生存中才能够实现的，与此同时，良知本体也唯有在具体的生存中才能够呈现其自身。

阳明理解的人的意识活动，"心之所发便是意"，良知本体纯粹的自身无可把捉，唯有在具体的实践行为中，发动为意的时候，才能够在意之中呈现出来。因此，工夫只有在这个时候才可以做。而此时所做的工夫，就是阳明意义上的"格物"，这不是静坐枯索内心的本质，而是要在人的生活之中，在人的生存性的"展开"之中，去发现良知，并且致其良知。

（二）成己

良知的完全呈现，就是圣人的状态。在阳明的论述中，这一状态包括"己"与"物"两方面的内涵。对"己"来说，就是自己完全成就自己，是人在良知中的本身的彻底实现。

萧惠问："己私难克，奈何？"先生曰："将汝己私来，替汝克。"先生曰："人须有为己之心，方能克己；能克己，方能成己。"萧惠曰："惠亦颇有为己之心，不知缘何不能克己？"先生曰："且说汝有为己之心是如何？"惠良久曰："惠亦一心要做好人，便自谓颇有为己之心。今思之，看来亦只是为得个躯壳的己，不曾为个真己。"先生

① 王阳明：《答罗整庵少宰书》，《传习录》中，《王阳明全集》卷二，上海古籍出版社，2011，第77页。

曰:"真己何曾离着躯壳!恐汝连那躯壳的己也不曾为。且道汝所谓躯壳的己,岂不是耳目口鼻四肢?"惠曰:"正是。为此,目便要色,耳便要声,口便要味,四肢便要逸乐,所以不能克。"先生曰:"'美色令人目盲,美声令人耳聋,美味令人口爽,驰骋田猎令人发狂',这都是害汝耳目口鼻四肢的,岂得是为汝耳目口鼻四肢?若为着耳目口鼻四肢时,便须思量耳如何听,目如何视,口如何言,四肢如何动;必须非礼勿视听言动,方才成得个耳目口鼻四肢,这个才是为着耳目口鼻四肢。汝今终日向外驰求,为名为利,这都是为着躯壳外面的物事。……所谓汝心,却是那能视听言动的,这个便是性,便是天理。有这个性才能生。这性之生理便谓之仁。这性之生理,发在目便会视,发在耳便会听,发在口便会言,发在四肢便会动,都只是那天理发生,以其主宰一身,故谓之心。这心之本体,原只是个天理,原无非礼,这个便是汝之真己。这个真己是躯壳的主宰。若无真己,便无躯壳,真是有之即生,无之即死。汝若真为那个躯壳的己,必须用着这个真己,便须常常保守着这个真己的本体,戒慎不睹,恐惧不闻,惟恐亏损了他一些;才有一毫非礼萌动,便如刀割,如针刺,忍耐不过,必须去了刀,拔了针,这才是有为己之心,方能克己。汝今正是认贼作子,缘何却说有为己之心,不能克己?"①

此段之解释,关键在于为己之心。如何才是真正的为己?并非满足单纯之欲望,而是要能成就自己,成就自己之本源,其实也就是成就心之天理,如此,心之天理得到完整呈现,才是真的成就其自己,因此,自己是有待去成就的,而非现成的存在。并且,唯有良知呈现之最终状态,才是本己的最终成就自己。而这一最终的成就自己,就是成就自己之"本质",即"致良知"。对于阳明来说,良知就是人之存在意义上的"本质"。即人之最"本质"的"可能性",是人的成圣成贤的可能性。而所谓圣贤,即良知不受阻碍的彻底的完满地呈现出来。因此,这一可能性就蕴含在人的源初的内在本质之中,并且,这一人的彻底的内在本质,是需要在人的"致良知"的工夫之中,在人的道德实践行为之中,才能够得到实现的。

---

① 王阳明:《传习录》上,《王阳明全集》卷一,上海古籍出版社,2011,第35～36页。

（三）成物

与此同时，良知呈现之时，不仅仅是作为存在的"己"的彻底成就自己，在意向性中关联的"物"同样也可以在良知的彻底呈现之中，成就它自身。

> 若鄙人所谓致知格物者，致吾心之良知于事事物物也。吾心之良知，即所谓天理也。致吾心良知之天理于事事物物，则事事物物皆得其理矣。①

事事物物皆得其理的根源，在于致吾心之良知于事事物物。在阳明那里，唯有能够切实地推致吾心之良知于事事物物，事物才能实现其自身的本源性，成为如其自身的存在。因此，在良知呈现之时，事物才能如其自身那样存在：

> 圣人致知之功至诚无息，其良知之体皎如明镜，略无纤翳。妍媸之来，随物见形，而明镜曾无留染。所谓情顺万事而无情也。无所住而生其心，佛氏曾有是言，未为非也。明镜之应物，妍者妍，媸者媸，一照而皆真，即是生其心处。妍者妍，媸者媸，一过而不留，即是无所住处。②

可见，物之为物本身，在阳明那里，并不是由物之所谓固定的存在者的角度来理解的。物背负着自身的"天命"，即"天命之为性"。物的存在有其自身之"性"。这一性即物之本质，如同我们所谓良知为人之本质一样，这一物之本质，也不能由概念化的本质的角度来理解，而是物之所以存在的最根本的可能性，即物自身所背负的"天命"。而这一天命，是需要在人的良知呈现的基础之上，与此同时呈现的。因此，在良知之呈现之下，人成其人，物成其物。

（四）复其性之本体

经由前文对良知与致良知的分析，我们可以看出，一方面，良知本体

---

① 王阳明：《答顾东桥书》，《传习录》中，《王阳明全集》卷二，上海古籍出版社，2011，第45页。
② 王阳明：《答陆原静书》，《传习录》中，《王阳明全集》卷二，上海古籍出版社，2011，第70页。

是人人内在具有，作为人的源初的本源而存在；另一方面，正因为良知本体在人的具体的生存境遇中的遮蔽状态，需要在人的生存中，通过致良知的工夫，回复这一良知本体，使得良知本体能够完全地呈现出来。在阳明的语境中，作为致良知工夫的最终成就的这一良知本体，与作为本源存在的超越性的良知本体是完全一样的。这意味着，人是在具体的生存中，朝向他自己，并且成为他自己的。这就是阳明常说的"复其性之本体"。

> 至善者性也，性元无一毫之恶，故曰至善。止之，是复其本然而已。①
>
> 诚字有以工夫说者：诚是心之本体，求复其本体，便是思诚的工夫。②
>
> 下面"戒慎恐惧"便是修道的工夫，"中和"便是复其性之本体，如《易》所谓穷理尽性以至于命，中和位育便是尽性至命。③

之所以为"复"，是因为良知是致良知之所以可能之源初根源，而致良知最终之实现，仍然是良知本体。因此，致良知的过程，就是在人的道德实践行为之中，在人的生存性的"展开"之中，朝向最源初的未来的"可能性"，而这一最源初的未来的可能性，即人之良知。因此，我们可以说，致良知正是在人的朝向"未来"的生存性的"展开"之中，"回归"自身。这一对于自身的"回归"正是对最源初的未来的"前行"。这里不仅指的是人的生存，还包括物的存在。我们可以看到，这里面其实包含了海德格尔对于"时间性"的讨论。"复其性之本体"的内在结构中，有着海德格尔意义上的"时间性"维度，并且由"时间性"的维度，能够使我们更好地理解阳明的"致良知"。

三 致良知的时间性维度

在《存在与时间》中，*Dasein* 的"在－世界－之中－存在"，意味着先于 *Dasein* 自身，*Dasein* 是已经"寓于"世界之中的存在。这种存在方式使得 *Dasein* 总是在"操心"（*care/soger*）的筹划中生存。这种筹划既包括

---

① 王阳明：《王阳明全集》，上海古籍出版社，2011，第 25 页。
② 王阳明：《王阳明全集》，上海古籍出版社，2011，第 35 页。
③ 王阳明：《王阳明全集》，上海古籍出版社，2011，第 38 页。

了对于自身的可能性的筹划，又包括了对于作为用具的存在者的用具性的筹划。在操心的筹划之中，*Dasein* 具有"本己"（*authentic*）的存在与非本己的存在的可能性。如果 *Dasein* 能够面对它自身的可能性的存在，积极地筹划自身，只有为了它自身的"能在"，即它自身的生存中的可能性的时候，*Dasein* 才是本己的存在。

在这个意义上，所谓良知本体在海德格尔的基础存在论的语境之中即可以看作人的最"本己"的存在，而人的"在－世界－之中－存在"的存在状态，使人不能总是由本己的存在，即由彻底的"为己"的状态来筹划自身，而总是被私欲所遮蔽。但是，正是因为有了良知本体的存在，良知本体才是有可能被遮蔽的。而致良知的工夫论，就是要在人的存在中使人能够回归本己的存在。而这一对本己的存在的回归与呈现，可以由海德格尔在"时间性"概念中理解的"筹划"来了解。

我们前面曾经比较详细地讨论过海德格尔的"时间性"概念，在海德格尔看来，本源的时间性是 *Dasein* 在其中展开自己的方式。我们对于时间的本源领会总是表现为"为了做……"的时间，时间是在 *Dasein* 的行为中才能够得到理解的。我们唯有与 *Dasein* 的行为联系在一起，才有可能真实地理解时间现象。我们所言说的每一个"现在"都意味着"当时……"，每一个"将来"都意味着"然后，什么时候……"，而每一个过去都意味着"当时，在……之际"。正如海德格尔所说："每一个现在都把自己定期为'当是时也发生、演历或者持存着这事那事的现在'。"（*BPP*，262/359）

Dasein 的生存，在源初的时间性中展开，在这种生存中，*Dasein* 向着它的能在筹划自己的存在。

我们可以在这种对时间性的理解的基础上理解阳明的致良知的成圣之学所包含的意义。在阳明那里，人之存在的本质，被理解为良知。如同我们前面所说的，这里的本质，不是指已经存在的现实性，而是指人的未来存在的可能性，是人的"能在"。这一对于人的"本质"的规定，来自儒家对人的根本的认知。人生所有的意义在于人能够成圣成贤，成圣成贤是人生最终的意义实现的目标。因此，所有的人生的最"真实"的状态，是不断地"走在"成圣成贤的道路之上。因此，圣贤成为高悬在人之未来，并且决定着人之当下存在的最终的意义构成本源。如果说当下的人的存在是人的现实性，那么圣贤则是最"本己"的可能性。圣贤的本质在阳明那里是良知的不被遮蔽的彻底呈现。因此，良知之彻底呈现即人之最本己的可能性。与此同时，良知又是人之源初存在已然具有的，已然存在的本体。人既由良知所规定，又在道德实践行为中、在不断地做功夫行为之中去充分地实现良知。因此，这种不断地做功夫的前提，就是人向着良知的充分展现"筹划"其自身的存在。而在这个意义上，良知充分实现之后的人，即成圣成贤，就是中国哲学中所理解的人之最为本质的可能性，即人之最为本质的能在。人唯有向着成圣成贤筹划自身，向着成圣成贤去存在，在中国哲学的语境中，才能够成为自身。这就是中国哲学所谓"继之者善也，成之者性也"。

由此可见，如果我们在海德格尔的领会概念的意义上，理解阳明的致良知，则阳明的致良知的过程，是人在人的生存中，朝向自己的最本己的能在去筹划自身的过程，正是在这一筹划之中，人才能够成为他自己。这既指出了儒家的成圣之学的形上根据，又指明了儒家的实践工夫的存在论意义。

海德格尔的时间性的描绘中，还包含了对"世内存在者"的"存在"的领会。

海德格尔所谓对世内存在者的存在领会，即对世内存在者的因缘整体的领会，即对世界的领会。世内存在者在世界之内与我们相遇，就奠基在我们已经在先地对世界有所领会之上。而世内存在者在世界之中与我们相遇，被我们领会的东西，是存在者作为用具的用具性，即世内存在者首先是作为用具与我们发生关联的。于是问题就变成了，世内存在者作为用具的用具性如何就是世内存在者的物自身。

海德格尔对于用具的用具性的理解，即对于用具的使用的理解，奠基在对被制作者的"制作性施为"（productive activity）的理解之中。

制作行为在海德格尔看来，具有特殊的意义。"在对某物的制作性施为所特有的指向意义和统握意义中包含有：将制作性施为的相关者掌握为应当（作为在其自身之中的完成者）在行制作之中并且通过行制作现成存在的东西。我们把一向属于意向施为的指向意义标识为属于意向性的存在领悟。"（BPP，113/149）这句话意味着，在制作行为之中，我们总是已经有制作所指向的目标，即希望将手头的材质制作成某种东西。这种制作行为的目标在制作行为之先已经存在，并且指引着制作行为的方向。而一个作为被制作者的存在者之实现，就是实现我们在制作行为之前的这一目标。在制作行为中，制作的意义在于使作为被制作者的存在者能够脱离人的制作行为，成为自身。而这个存在者之最终成为的他自身，就是在制作行为中，已经被在先领会的被制作者的存在。由此可见，在制作行为中，对存在者的存在的在先领会，就是存在者在其自身的存在。

由此可见，制作性行为的特征在于：在制作行为中，行制作者与被制作者之间有着本质上的关联，然而，正是制作行为，使被制作者成为他自身，使被制作者从与行制作者的关系之中解脱出来，成为立足于自身的自由的存在者。这就是海德格尔所说的："在制作之意向结构中包含着一种对某物的关涉，通过这一关涉这一某物就被领会为并非束缚在主体上并且依赖于主体的东西，相反倒是被解脱的和独立的东西。"（BPP，114/150）

因此，世内存在者随着 Dasein 的自身的生存而被揭示，在这种揭示中，被领会的是世内存在者的存在，而世内存在者在这种存在领会中成为自身。

回到阳明的语境，如同海德格尔所说"它作为这个存在者何所是及如何是"，他所谓"功能性"即我们所说的物的存在的"天命"。物在作为物本身存在的时候，已经在存在论意义上具有了它在人的生存世界中所占有的位置，所拥有的应该去成为的"某物"。物只有在成为人的生存世界之中的"某物"的时候，才真正能够实现它自己的"天命"，也才能够真正成为它自己。举一个例子，粉笔被制作出来，成为课堂上的用具，其"天命"即书写，因此，在粉笔被作为课堂书写的用具的时候，才真正完成了它自己，成为它自己。如果粉笔被用来作为指示的用具，或者其他一切不用来书写的功能的时候，它其实在违背它自身，在它的被使用之中，背离了自身，否定了自身。

而物能否成为其自身，能否完成它的天命，恰恰需要"使用"它的人能够"诚"，因此《中庸》所谓"不诚无物"。人在自己的良知呈现的时候，因其行为遵循天理，遵循人之天命，而被"牵连"或"裹挟"到他的生存世界之中的"物"，也能够在遵循天理的情境中被对待、被"使用"，被遵循其自身的"天命"而用。因此，能够成为它自身。这一切的基础，正需要人能够"致良知"。另外，唯有人能在他的生存世界之中，令所有的物都能够成为其自身，将这些物裹挟其中的人的行为才能够被看作"至诚"，被看作人的行为向着其最为本己的可能性呈现，才能够实现所谓致良知。因此，唯有人成其人，才能够物成其物。这就是儒家"成己成物"的圣人状态。而这一状态中所蕴含的，即海德格尔意义上的时间性维度。因此，海德格尔所指出的时间性维度，能够帮助我们更好地理解阳明在致良知中所呈现的不断在道德实践行为中成为自己的方式，在实践行为中，人成其人、物成其物的方式。

四　良知的道德意义

这里所提出的解释方式，还需要面对一个比较复杂的问题，即如同我们前面所说，无论是孟子还是阳明，在提出良知本体时，还指向良知本身即道德意识和道德价值的来源。良知本身具有先天的道德意义。其实，我们的讨论在某种程度上已经在理论上触及了这个问题。如果良知是人的最根本的"本质"是最根本的存在的"可能性"，那么回归这一本质、这一根本的可能性，对人的存在来说，就是最为道德的。同样，对于物本身所禀赋的天道，也是如此。在良知的知体明觉之下，物能够更好地成为其自身，当然对于物来说，这也是最为道德的。因此，道德意义来自认定良知是人的以及物的"本质"。本质的存在保证了实现本质是道德的。而在某种程度上，我们可以看到，这是海德格尔的基础存在论可以容纳的一个解释框架。

但是，如果我们认真反省这一问题，可以看出，这种从对本质的认定来解释致良知的道德意识的方式，是一种"形式"上的方式。我可以在形式上认定朝向本质的生存实践活动一定是符合人的存在的道德性的，却没有具体深入良知积极意义上的内涵之中。而对于儒家来说，良知积极意义上的内涵中的道德性无疑是一个重要的关键点所在。在某种程度上，这是我们在借鉴海德格尔前期的基础存在论阐释阳明学无法解决的一个问题。在我看来，这也是牟宗三用"智的直觉"这一概念来阐释中国哲学时，尚未解决的问题。当牟宗三用"智的直觉"来解释中国哲学对于天道本质的把握的时候，其实减弱了良知积极意义上的道德内涵，他更多的是从让事物回归自身，让人成为自身的角度来理解。如果说牟宗三的哲学有问题，那么这可能才是真正需要面对的最困难的问题。出现这个问题的原因在于，牟先生未能将中国哲学的生存论视域贯彻始终，未能充分理解儒家思想中的生存论特质。这大概源自他接纳和理解的康德哲学的限制，未能把人的基本生存经验的分析纳入哲学分析的视野之中。正是在这个意义上，我们需要跨过牟宗三对于儒家思想的辨析，重新回到中国哲学的原本语境，回到中国哲学讨论这个问题的起点。在王阳明和王龙溪的思想中，我们可以清晰地看到对于良知的道德意义的具体分析。

第三节　"虚体不变而妙应随缘"——由王龙溪
论良知看良知的道德意义

自王阳明揭示致良知之教，良知就成为明代以降的儒学之核心问题。阳明后学之间更是围绕良知展开了详尽的讨论。对于阳明学来说，可能最根本的问题在于，良知如何"先天的"具有道德意义，或者说，良知究竟如何能够"先天的""知是知非"。在这里，良知道德意义的"先天性"无疑是整个阳明学得以建立的基石。然而，良知的先天的道德意义如何能够被"证成"，至少是被"描述"，而非"独断"，则成为阳明学需要解决的问题。这一问题，即便是对于接续了阳明学的血脉，力图以现代的语言阐发儒学之精神内涵的当代新儒家来说，仍然具有根本意义。例如熊十力先生批评冯友兰先生将良知当作康德意义上的"假定"，认为良知真实的"呈现"① 已经指出了良知的某些特征。牟宗三先生更为创造性的借助康德哲学，以"智的直觉"阐发良知的知体明觉之内涵，将这一问题向前推进了一步，然而，如果我们继续追问这一呈现的良知究竟为何，则仍然觉得有些语焉不详。王龙溪继承王阳明对于良知的学说，以"虚体"言说"良知"，并且对其多有论述，庶几对于这一问题的解决能够提供一个独特的思路。

一　良知的本体论意义

良知一词，在不同的儒者那里，强调的侧重点有所不同。孟子以"不学而知"规定良知，是为了指出"仁义内在"，侧重于彰显良知的先天内在性。正因为人的内在本性是纯然至善之良知，因此，道德原则是由内在确定，而非为外烁。孟子以降，良知作为问题意识一直存在，如朱陆对是"性即理"还是"心即理"的论辩。其范围仍然不出孟子所设定的规模。

至阳明，良知的讨论才变得丰富且细致。对于阳明来说，他虽然上承

---

① 参见牟宗三《五十自述》，《牟宗三先生全集》卷32，联经出版事业有限公司，2003，第78页。熊十力："你说良知是个假定。这怎么可以说是假定。良知是真真实实的，而且是个呈现，这须要直下自觉，直下肯定。"

象山，其问题意识的来源却仍然是朱子。因此，核心的问题在于，朱子所确立的"性即理"的"即物而穷理"的论述"是以吾心而求理于事事物物之中，析'心'与'理'而为二矣"①。朱子将作为道德原则的天理建立在人心之外的世界之中，因而割裂了道德原则与道德意志之间的统一性。② 由此可能带来的问题是，即便我们可以遵循天理，建立起道德原则，也无法保证人必须实行这一道德原则，即道德意志在"性即理"的论述中无法确立起来。因此，为了彰显人的道德选择的内在性与必然性，彰显道德意志的"纯亦不已"，阳明特提出内在性的良知范畴，回溯孟子，将道德行为的根源建立在纯粹内在性的基础之上。阳明的做法无疑解决了道德原则与道德意志的统一性问题，因道德实践行为的根源内在于人的本性，则人唯有扩充良知，才能够真正地实现人之本质。道德实践行为的必然性由此建立。然而，良知的提出，必然将面对更多的疑难，其中很多是在朱子的系统中能够较为融洽解决的问题。阳明对于良知的诸多疑难都有涉及，然而，相对于朱子学来说，其核心问题大致有二。一是致知与格物。道德原则如何能够纯粹在人的内在性中确立。为解决这一问题，阳明采取了与象山同样的思路，即"心即理"。人的本心或者纯粹内在性即天理之呈现。因此，本心即理，即纯然至善之理。然而，由此就带来了新的问题。二是"心外无理"和"心外无物"。正如牟宗三先生所分析，天理在朱子那里，或者在宋明理学家那里，并非"形构之理"，而是"存在之理"。天理不仅是事物存在之逻辑或规则，而且是天地万物存在之基础或根源。因此，当阳明要论证"心即理"的时候，需要面对内在性的良知如何成为存在之基础或根源。从这个意义上说，心外无物在理论的逻辑层面，是阳明为"心即理"论说建立起的形上学基础。正因为心外无物，所以天下万物都不外乎人的本心，因此，物的存在基础建立在人的内在性的良知之上。以上两个问题，其实是一体之两面，因此，阳明在论述的过程

---

① 王阳明：《王阳明全集》，上海古籍出版社，2011，第44～45页。
② 此处为了行文清晰，姑且使用"道德原则"与"道德意志"两个概念。至于儒家的道德主体是否确实可以如此分判，则是一个需要进一步讨论的问题。关于这一问题，参见弗朗索瓦·于连《道德奠基：孟子与启蒙哲人的对话》，北京大学出版社，2002。第十章"意志之虚"。"意志乃是基督教所传下来的人类学的中心内容……在中国传统上，我们却见不到任何可使意志这个概念成形的迹象。……《孟子》不只是没有意志这样一个概念，更彻底地讲来，是连意愿这样一个范畴都不存在。"第90～96页。这一讨论其实与本文的论题并非无关，然而为了继续展开我们的讨论，暂时使用这两个范畴。

中，更多地需要解释良知如何先天地是天地万物之理。在这个意义上，良知的阐发有走向本体论的趋向。

牟宗三先生提出"智的直觉"来解释良知。智的直觉这一概念，相对于康德来说，希望指出物的存在能够在良知的"观照"之下呈现其作为"物自身"的存在。因此，智的直觉是在本体论的层面阐发良知。在这个意义上来说，我们也唯有在本体论的层面建立起良知概念，才能够真正地完成阳明对于良知的论述。可以说，牟先生借助康德哲学的架构，创造性地部分地完成了这一重要工作。如果我们从 20 世纪现象学的发展，特别是海德格尔的存在论进路理解良知的本体论建构，这庶几可以得到某种解释。

但是，在这样的解释过程中，无论是对于王阳明还是对于牟宗三来说，良知所具有的道德意涵尚未得到充分的阐发。这在王阳明那里表现为："孩提之童无不知爱其亲，无不知敬其兄，只是这个灵能不为私欲遮隔，充拓得尽，便完；完是他本体，便与天地合德。"① 良知是天然的、自然的本性呈现，彰显的是良知的先天性一面。然而，如何判定这一呈现即良知，这一天然的呈现在本体论上的意义为何，则付之阙如。在牟宗三那里，这一问题表现为"宣称"中国哲学内部可以容纳"智的直觉"之存在。然而，智的直觉如何就意味着儒学意义上的善，智的直觉如何在本体论的层面建立起道德意涵，在笔者看来则缺乏足够的论述。因此，问题在于，我们如何在本体论意义上理解良知的道德性意涵。良知所提出的纯粹至善，在本体论层面上究竟意味着什么？

二　孝亲作为良知的起点

让我们再回到阳明，看良知的原初意义可能意味着什么。

对于王阳明来说，他的一生是真诚探索的一生，我们可以在他的年谱中发现，在人生的不同阶段，他总是全身心地投入对不同思想的探究之中，而引导这一探究的，则是他在人生之初就确立的要为圣人之志。因此，阳明的一生可以看作通过不同的思想方式、实践不同的理论来真诚地寻找成圣之道的历程。

回到王阳明的人生经历，我们可以看到，有几个特殊的转折点在他的

---

① 王阳明：《王阳明全集》，上海古籍出版社，2011，第 34 页。

生命历程中起到了关键的作用。

弘治十一年戊午，王阳明重又研读朱子，然而终感到"物理吾心终若判而为二"，遂又暂别儒家学说，且在这一年，"偶闻道士谈养生，遂有遗世入山之意。"至此，阳明开始研究仙、释二氏之学达三年（至弘治十五年壬戌）。并且，这一研究颇有成效，有"先知"之能。虽然，他于弘治十五年壬戌已然觉察二氏之非，自己投身于此是"簸弄精神"，然而，仍未即刻舍去，甚至"思离世远去"。[①]

就在此时：

> 已而静久，思离世远去，惟祖母岑与龙山公在念，因循未决。久之，又忽悟曰："此念生于孩提。此念可去，是断灭种性矣。"明年遂移疾钱塘西湖，复思用世。[②]

至此，阳明已然意识到孝亲对于人之存在的根本性意义，并且是人最终无法舍弃的。假使对于亲人的挂念能够舍弃，则人也不成其为人了。因此，在阳明几乎要彻底投身二氏之学，离世而去的时候，是内心中念念无法割舍的亲情的呈现，将阳明拉回到儒家的道路上来。我们可以看出，儒家彰显的对于父母亲情的这一体认，并非来自任何的理论性的认知或者思考，而是切实地来自阳明自身深刻的生存体验，是在他的生存之中，无法阻挡地呈现出来的体验。

杜维明先生对此分析说：

> 从理论上说，如果他真想达到道家修行的最高层次，的确要有某种质的飞跃。这就要求他心明如镜，摆脱凡俗的思想，如功名、社会承认，甚至摆脱家庭的牵挂。他认真地思考了这个问题，并已经做好准备去放弃一切。但有一个障碍始终阻挡着他，这就是他时刻挂念着他的祖母和父亲。
>
> ……在实践上，断绝他最亲近的人这种想法是他不能接受的……这种非此即彼的选择，绝不是从外部强加给他的，他的内心需求迫使他面对一个绝对选择的局面。

---

① 王阳明：《年谱》卷一，《王阳明全集》卷三十三，上海古籍出版社，2006，第 1125 ~ 1126 页。

② 王阳明：《年谱》，《王阳明全集》卷三十三，上海古籍出版社，2006，第 1226 页。

　　他的年谱记录报告说，通过长久的思想斗争，他终于认识到，对父母的感情深深地扎根于人的本性之中，割除这种感情等于丢掉做人的根本。这是儒家学说最基本的见解之一。的确，这就是孝亲实践背后的道理所在。①

当阳明面临人生的时候，正是在这个生存的边缘，儒家学说所指出的对于父母的感情在这一生存的境遇中凸显出来，成为他无论如何割舍不掉的生存体验。

　　类似的例子在阳明那里还有很多，例如阳明多次上疏请求辞官回乡侍奉祖母与父亲。对于阳明来说，孝亲的念头是他终身念念不忘的原则。日后的阳明，对于这一原则，在理论上也有所思考。

　　　　问："程子云'仁者以天地万物为一体'，何墨氏'兼爱'反不得谓之仁？"先生曰："此亦甚难言，须是诸君自体认出来始得。仁是造化生生不息之理，虽弥漫周遍，无处不是，然其流行发生，亦只有个渐，所以生生不息。……惟其渐，所以便有个发端处；惟其有个发端处，所以生；惟其生，所以不息。……父子兄弟之爱，便是人心生意发端处，如木之抽芽。自此而仁民，而爱物，便是发干生枝生叶。……孝弟为仁之本，却是仁理从里面发生出来。"②

天地间生生不息之理，即天理本体，即良知本体。而这一良知本体正因为是人真实生存中的呈现，所以必须有其在现实人生生存境遇中"真实"的"发端"处。这里所谓真实，是生存性的，是在生存中呈现出来的，是建立在人的生存体验之上，而不是来自任何理论的、逻辑的推论。在王阳明看来，这一生存性体验来自"父子兄弟之爱"，换句话说，来自最切近人生存环境的亲人之间的"爱"。正是这种无法舍弃的、围绕在我们生存世界周围的最为贴近的人与人之间的爱，构成了良知本体道德意义的来源。用王阳明的话来说，这里才是"人心生意发端处"，而在王阳明那里，天地万物一体之仁，是建立在这一发端处之上的一个序列，是一个有秩序的存在。唯有有了这一建立在生存之上的真实体验，即所谓亲亲，

---

①　杜维明：《青年王阳明（1472—1509）》，三联书店，2013，第 61~63 页。
②　王阳明：《传习录》上，《王阳明全集》卷一，上海古籍出版社，2011，第 25~26 页。

才能推至这一体验中呈现出来的道德意识，而至于"仁民"，进而至于"爱物"。

讨论至此，我们的问题可以向前推进一步，对于王阳明来说，良知道德意涵的根源在于生存境遇中凸显的孝亲之爱。因此现在问题变成了，在孝亲原则中呈现的良知，在本体论上意味着什么？孝亲在儒家的语境中，是人伦关系的基础，或者说是首要的人伦关系。良知在这种特殊的人伦关系中呈现出来，因此，良知的本体论意义首先在于，在人与人之间的关系中理解良知，并且父子之间的关系能够使良知呈现。换一句话说，父子之间的人伦关系之所以如此首出，就是因为，在这种关系中，人心较容易成为良知的直接呈现，而不是人欲之显现。那么这种在人伦关系中的良知又意味着什么，人伦关系中的本体论意义上的道德性如何彰显仍然是需要说明的问题。

三　王龙溪的"虚体"——良知"让渡"出存在

当我读到王龙溪对于良知作为"虚体"的说明时，这一问题似乎有了答案。

王龙溪极为重视良知之"无"的一面，以"无是无非"为良知之体。龙溪云：

> 空空者，道之体也。口惟空，故能辨甘苦；目惟空，故能辨黑白；耳惟空，故能辨清浊；心惟空，故能辨是非。[1]

因此，良知知是知非之能力，来自良知之"空"。空与有相对。那么，良知的空意味着什么。具体分析王龙溪对于良知的描述，可以看出他强调口、目、耳之空，是因为口、目、耳在与物相接的时候，本身并不含有任何价值判断或者价值趋向。其所做出的甘或苦、黑或白、清或浊的判断，来自呈献给口、目、耳的对象本身。因此，物能够如其自身一样呈现出来，并且在与人的感官相接时，能够成为其自身。相应地，心之所以能够呈现良知，能够知是知非，恰恰是因为，心在与物相接时，没有任何的价值判断和价值取向，使得与它相接的物能够如其自身一样地呈现出来。

---

[1]　王畿：《致知议略》，《王畿集》卷六，凤凰出版社，2007，第132页。

龙溪又以"虚"来言良知：

> 夫目之能备五色，耳之能备五声，良知之能备万物之变，以其虚也。致虚则自无物欲之间。吾之良知自与万物相为流通，而无所凝滞。故曰"反身而诚，乐莫大焉"。强恕而行者，不能无物欲之间，强以推之，知周乎万物以达一体之良，故曰"求仁莫近焉"。是其学虽有仁恕之分、安勉之异，其求复吾之虚体，以应万物之变，则一而已。此千圣学脉也。①

相对于"空"，"虚"的描述更能凸显良知之意义。良知之所以能够"备"万物，如果依照我们前面对于良知意义的本体论分析，是因为在良知知体明觉之下，万物能够如其自身一样呈现出来。良知能够使得万物如其自身一样地呈现即在于良知之"虚"。王龙溪在下文立刻给出了虚的反面，即"虚则自无物欲之间"。良知不能够成为"虚"的原因在于"物欲"。正是物欲的出现，使得万物在与良知相接的时候，不能够成为其自身，有所"间"。因此，良知的反面是物欲的存在。这里所谓物欲，即对物之欲望。人对物之欲望本质上来自自身，来自以物来满足自身之欲望。在这种对于物的欲望之中，物的存在以人自身的需求为依据，产生了种种价值的判断、具有了种种价值取向。正是这种价值判断和取向的存在，遮蔽了人的良知呈现。物不再被当作其自身来看待而是被看作人为了实现某种目的的手段。

相较于王阳明，我们可以看出，王龙溪多纠结于"欲"来言良知之阻碍。如：

> 人生而静，天命之性也。性无不善，故知无不良。感物而动，动即为欲，非生理之本然矣。见食知食，见色知好，可谓之知，不得谓之良知。良知自有天则，随时酌损，不可得而过也。孟子云："口之于味，目之于色，性也，然有命焉。"立命正所以尽性，故曰："天命之谓性。"若徒知食色为生之性，而不知性之出于天，将流于欲而无节，君子不谓之性也……知一也，不动于欲，则为天性之知，动于欲，则非良矣。②

---

① 王畿：《宛陵会语》，《王畿集》卷二，凤凰出版社，2007，第44页。
② 王畿：《答中淮吴子问》，《王畿集》卷三，凤凰出版社，2007，第69页。

寂照虚明，本有天然之机窍，动于意欲，始昏始蔽。消意遗欲，存乎一念之微，得于罔象，非可以智索而形求也。①

至此，我们可以分析良知之含义了。如果如我们前面所分析的，由本体论的意义上来理解良知，则可以看出，王龙溪对于良知与物欲之间的关系的解释，有着更为根本的本体论意义。

问题的关键在于，物欲不能简单地理解为代表恶的欲望，而应该从本体论意义上来理解。正是物欲使得良知被遮蔽，而这一遮蔽的根源在于，物不能如其自身那样在良知的知体明觉之映照下呈现，也就是说物本身的存在被扭曲了。而扭曲的根源在于人基于自我而产生的欲望。人之所以会基于自我而产生欲望，是因为人对于自我存在的执着。人纠结于自身的存在，以其自身的存在独立于天地万物，以满足自身的存在作为生存的第一原则。在这一原则之下，天地万物都不再是其本身的存在，而是成为能否满足人的欲望的对象。在这里，王龙溪不惮借助佛学，指出欲望源自人对于自身存在的执着：

师门良知之旨，千古绝学。本心之灵性是神解，不同妄识托境仗缘而知。譬之明镜之照物，妍媸黑白，一照而皆真，所谓知也。妍媸黑白，照中分别影事，所谓识也。②

"妄识托境仗缘"是唯识宗对于世界存在的描述。核心在于，世界的存在都是缘识而起，因此并没有真实性。同时，人自身之存在也没有自性。唯识宗希望以此来破除人对于世界存在以及自身存在的执着。王龙溪同样是这个目的。在他看来，良知之所以能够呈现，就是因为人对于世界的存在以及自身的存在没有执着，特别是人对于自身的存在没有执着。正因为没有执着，才不会产生物欲。没有物欲，物才能够如其自身而存在。牟宗三先生以智的直觉解良知，也是此意。智的直觉之特质在于，物对于智的直觉之呈现为"物自身"。所谓物自身，在牟宗三先生的论述中，是价值意义上的概念，即物之在其自己者，物成为其本身。由此可以看出，在本体论意义上，良知之所以是纯粹至善的，就在于它不以

① 王畿：《南游会纪》，《王畿集》卷七，凤凰出版社，2007，第153~154页。
② 王畿：《答刘凝斋》，《王畿集》卷十一，凤凰出版社，2007，第275页。

人之存在去剥夺与它相遇的物的存在，而是"虚"掉、"空"掉人自身的"主体性"①，"让渡"出"存在"给物，充分"尊重"物的存在的"主体性"。良知不是现代意义上理解的主体，良知流行恰恰是放弃现代意义上的主体，让"物"成为真正的"主体"。

物如其自身而存在，良知才能够"虚体不变而妙应随缘"。

> 良知虚体，不变而妙应随缘。玄玄无辄，不可执寻；净净无瑕，不可污染。一念圆明，照彻千古。遇缘而生，若以为有，而实未尝生；缘尽而死，若以为无，而实未尝死。②

正因为良知本身是虚、是无，才能够在面对不同的物时，都顺遂物本身。在与物相接的时候，良知本身因其是无，所以本身不显现自己的存在，因此是不可执寻。同时，良知不对物的存在产生任何干扰，因此是无瑕，由此才可以应机而发，随顺不同的物。

王龙溪对于良知与知识的差别也是由此而发。

> 良知与知识，所争只一字，皆不能外于知也。良知无知而无不知，是学问大头脑。良知如明镜之照物，妍媸黑白，自然能分别，未尝有纤毫影子留于镜体之中。识则未免在影子上起分别之心，有所凝滞拣择，失却明镜自然之照。③

> 人心莫不有知，古今圣愚所同具。直心以动，自见天则，德性之知也。泥于意识，始乖始离。夫心本寂然，意则其感应之迹；知本浑然，识则其分别之影。万欲起于意，万缘生于识。④

由此可见，正如彭国翔教授指出的：

> 龙溪认为良知与知识根本性质的差异在于分别之有无，所谓"无分别者，知也；有分别者，识也。知是本心之灵，是谓根本，知无知无不知。性是神解，不同妄识托境作意而知，亦不同太虚廓落断灭而

---

① 这里所谓的主体性，并不是指儒家希望借成圣成贤所彰显的主体性，而是建立在人的自我欲望和自我执着意义上的，区别主体与作为对象的客体的那种主体性。
② 王畿：《答王敬所》，《王畿集》卷十一，凤凰出版社，2007，第277页。
③ 王畿：《答吴悟斋》，《王畿集》卷十，凤凰出版社，2007，第255页。
④ 王畿：《意识解》，《王畿集》卷八，凤凰出版社，2007，第192页。

无知也"。①

知因其无分别象，则是良知之呈现；而有所分别则成为"识"而非"知"。因此，知与识都是由知而来，这符合阳明所说的良知是意之主体。其间的差别即在于有无分别。而此处的分别，依王龙溪，可以看出有两重含义。其一，是前面所说的"识则未免在影子上起分别心，有所凝滞拣择"。原本无分别的良知在面对"对象"的时候，有所"凝滞拣择"。所谓"凝滞"，则是有所好恶，有所好则有所牵挂，希望有所得。所谓"拣择"，则是在面对对象的时候，给予不同的对象以价值的判断与区隔。正如我们前面所说，有了价值的判断，物就失去了自身的存在，成为人建立在个体欲望之上的欲求对象。其二，这一价值判断的产生根源在于人与物之间的区隔。正因为人执着于其自身的存在，将物"看待"为与作为"主体"的自我存在相对待而存在的对象，物才因为人欲求的差异有所拣择。这就是龙溪所谓"妄识托境作意"。依唯识学，妄识托境，就是执着于对象存在的真实性和个体存在的真实性，根源则在于个体。因此，在龙溪那里，良知与知识之间的差异，仍然源于良知是否被物欲所间隔。这将带来两个结论。其一，良知不由见闻而得。良知本身是让物成为物，这种良知的呈现仅仅来自对欲望的排除。欲望的排除又源自人不再执着于一己之私。这中间，不唯不需要人的感官经验的参与，甚至不需要人思辨理性的参与。人一旦破除对自我的执着，良知即可当下呈现。在这个意义上凸显良知的先天性一面。其二，知识因为源自欲望，所以知识成为良知之障，知识不仅不能成为良知之助力，甚至成为良知之阻碍。因此王龙溪云："吾人学不足以入圣，只是不能蒙，知识反为良知之害，才能反为良能之害，计算反为经纶之害。"②

四　孝亲原则如何是"人心生意发端处"

我们前面对于王龙溪的讨论，得出的结论是良知没有人欲之私，没有人欲之私意味着在良知之观照之下，物能更好地成为其自身。然而，对于儒家来说，这种"让渡"出"主体"的存在，充分的尊重"对象性"的存在本身，并非直接来自人面对物的时候。因为，良知呈现与否，在于人

---

① 彭国翔：《良知学的展开——王龙溪与中晚明的阳明学》，三联书店，2005，第54页。
② 王畿：《万松会纪》，《王畿集》卷五，凤凰出版社，2007，第129页。

欲之有无，然而，正如明道所说："人生而静，以上不容说。才说性时，便已不是性。"人在日常经验中，常常处于人欲之发动，良知是隐而不显的。良知的先天性决定了它不能源自任何的理论上的推论或者逻辑的推演，只能源自生存境遇中直接的"呈现"。如果我们并未感受到良知之直接的呈现，就无从区别源自天理的良知与源自人欲的意识。倘若良知从未呈现，我们其实无法判定良知真实的呈现究竟是何种状态。因此，问题在这里变成了，人在日常经验中，应于何处寻找良知之呈现。或者换句话说，如果人生存之中必然有良知呈现的话，那么我们应该确定在何种状态下是良知的自然呈现。在人的真实生存状态中，在何种情境之下，良知能够自然地不被人欲所沾染，能够完整地呈现。

依王阳明的说法，父母子女之间的爱、人生中的"孝亲实践"才是良知的直接呈现。

第一，相对于作为对象的物，人与人之间的关系更为根本、更为复杂，也更为首出。正如赵汀阳指出的："他人与我是互相冲突又互相依存的悖论关系，他人不仅是每个人所必须的生活条件，是构成每个人的生活内容和价值的来源，但也可能破坏每个人的生活和意义。"①

对于儒家来说，人在与人之间的关系中的生存状态，是儒家理解人的最根本状态。因此儒家对于人的"本质"的理解是在人伦关系中的理解。儒家所理解的诸种美德都是在人伦的关系中才能够出现并且实现的。因此，相对于西方由主体性的自我出发来理解人的本质，儒家更多的是在"主体性""自我"的本体论意义上的"之前"的状态中理解人的。自我的存在已经预设了一个"他者"，一个包括对象性的世界和世界中的他人的他者。然而，相比于对象性的世界，作为他人的他者对于"自我"来说是更为根本的。如果把这种关系看作儒家论述自我的起点，那么在儒家那里，完美的成就一个个体人格，并非要完美的构成自我，而是要完美的成就人伦关系。

第二，与对作为对象的世界的"尊重"相比，对他人的"尊重"是更为根本和复杂的。我们前面的分析结果表明，良知的呈现是对世界中与我们相遇的对象性的物尊重，在这种尊重中，自我主体的欲望被消除，自我不再以自我为核心来看待与我们相遇的物，而是顺从物本身。然而，

---

① 赵汀阳：《第一哲学的支点》，三联书店，2013，第118页。

相对于物来说，他人是真正"超越"我们自身的。如果我们从主体的角度来理解自我，那么他者同样具有主体性的自我。因此，人与人面对时，作为主体的自我有源自欲望的对于他人的"支配"、"控制"和"利用"，作为另外一个主体的他者对于"自我"也有同样的可能。这样，每个主体都有沦为欲望对象的可能。一旦一个个体被彻底当作另外一个主体的对象，那么，他就不再能如他自身那样保持其作为主体的可能性，而是仅仅被看作某种手段和工具。其最核心的改变在于，他被欲望限定了他的某些本质，而消解了他的诸多可能性。因此，一个合乎"道德"的状态就是尽可能每个主体都消除自己的欲望，消除以自己为核心的主体性，令"良知"呈现，充分地尊重他人，尊重并且保持他人生存的可能性，与此同时，其实也保持了自我生存的可能性。

　　第三，如果说，前两个原因指出的是人与人之间的人伦关系为何是最根本的存在状态，是人与人之间普遍性的关系，那么，对于儒家来说，更为重要的是儒家总是在人的具体关系中看待伦理的可能性。因为儒家希望由人的具体的生存处境来呈现内在道德性的真实性，就必须回到人的真实处境中描绘真实的生存经验。在生存经验中，具体的他人总是先于普遍性的他人出现，或者，根本没有普遍性的他人，他人总是作为每一个与"自我"有具体人伦关系的人出现。而在这种关系中，最直接的、人在这个世界上最先面对的他人之间的关系，就是父母子女之间的关系。父母子女之间的关系，是最为基本的人伦关系。父母子女之间的爱是良知呈现最为根本的关系。

　　相对于我们与世界中的任何他人的关系来说，父母子女之间的关系又是最为特殊的人伦关系。我们可以用各种方式来描绘这一关系，例如生命延续的感受，父母无私的爱，等等。无论如何，其中一个很关键的问题在于，相比于其他的与他人的相遇，这种人伦关系是最能充分尊重与自身相遇的他者的关系。父母与子女之间的这种关系，（理想的状态下）无论是父母一方，还是子女一方，尊重对方的存在超过了对于自我的存在的期待和渴望，期待更好地"成就"对方的存在。在这一关系中，个体自我在存在论上的优先性往往并不出现，出现的恰恰是充分尊重对方存在论上的优先性。而这种对对方在存在论上的优先性的充分尊重，一方面，依照我们前文对于良知的本体论意义的分析，就是良知的呈现，也就是说，在这种父母子女的最为特殊的人伦关系之中，人的意识最有可能减少欲望的出现，而呈现为良知；另一方面，良知在这种状态下，常常不需要工夫，不需要任何矫饰和纠正，就能够在实际的生存经验中呈现，这里就可以成为儒家寻找实际生存经验中的良知呈现的起点。如此呈现的良知，即儒家所追求的善，是在不断克己复礼的过程之中，放弃欲望，成己成物。

因此，在这个意义上，孝亲原则所呈现的父母子女之间的人伦关系，恰恰是人的最基础与切近的与他者的生存关系，因此成为人的良知最能够自然彰显、呈现的具体的生存处境，成为儒家呈现良知的真实性的基础，良知的本体论意义上的先天的道德意义即由此"呈现"。

第四节　生命的意义与自由——时间性视域下的王阳明论圣人

赵汀阳在近来的一篇文章《时间的分叉——作为存在论问题的当代性》中同时提到了儒家的圣人和西方的先知，并且由先知的角度来理解儒家的圣人，把圣人看作对于未来无所不知的角色。"然而，总有某些无法抗拒的新问题或临界事态迫使人进入未来，强迫人成为作者，这种无助的时刻经常使人期望先知，或者圣人，或者预言家。……要是有先知引路就放心了。知道过去、现在和未来所发生的一切事情的必然性的人是先知。"[①] 这篇文章其实讨论了一个很有趣的问题，涉及人生存在的意义和自由之间的两难。儒家思想中其实隐含了对于这个问题的关怀，并且儒家提出的圣人观念，其实恰好在某种程度上可以应对赵汀阳文中所讨论的核心问题，彰显儒家特有的对于生命意义的理解。阳明心学对于圣人的理解，相较于此前儒家传统中的圣人形象[②]更能帮助我们进入这一问题的讨论之中。这一节就是尝试在此意义上重新讨论王阳明的圣人论述，也许有助于回应现代性笼罩之下对于生命的意义和自由的迷惘，也可以在新的视域中了解儒家思想中独特的生命形态。

一　生命是否可以同时既自由又有意义

赵汀阳的文章题目为"时间的分叉"，用一个巧妙的表述提出了在时间性的视域中，如何在作为生命"本质"的可能性中进行选择的问题。按

---

① 赵汀阳：《时间的分叉——作为存在论问题的当代性》，《哲学研究》2014 年第 6 期。

② 参见方旭东《为圣人祛魅——王阳明圣人阐释的"非神话化"特征》，《中国哲学史》2000 年第 2 期。

照海德格尔的观点，"此在"作为存在者的本质就是其"在世的""能在"，"此在"朝向"能在"筹划自身的存在。赵汀阳用意识的有限性来进一步说明这个问题："意识使人成为主体，却又因为并非全知全能而不可能成为绝对主体，只能是受限于世界的卑微作者，只能创造历史，而不能创造世界，因此，主体性暗含着自我否定的悖论性：人无法自证他所创造的生活的价值，人的创造活动同时把他所创造的事情置于可质疑的境地：我想了，也做了，但这只证明了这是我的选择，并不能因此证明所想所做的意义。"

在赵汀阳看来，意识的有限性决定了人无法证明他所创造的生活的价值。而意识的有限性所带来的局限，根本上还是在于生命的时间性存在。"存在论问题都落在意识的知识范围之外。既然凡是已经知道的都属于过去，那么，意识无法认识的一个主要事情就是未来。未来既不是必然的也不是现实的，所以不可知。当所面对的问题既不是必然性也不是现实性而是可能性，主体就离开了知识状态而进入创作状态。此时主体赶上了时间，与时间同在，处于过去已经过去而未来尚未到达的临界状态，所谓当代状态。这既是告别的时刻，也是必须出发的时刻：告别容易，却如何出发，往何处出发？"所以，所谓"当代状态"，其实是有特指的。因为即使胡塞尔意向性构成意义上的意识，虽然好像可以构造一切对象，但是都属于已经知道的范围，属于知识的范围，都是面对过去的、我们已知的东西。在知识范围中，我们可以通过寻找确定的知识来保证意义。然而，未来，只有未来是绝对不可知的，是无法被包含在意识之中的，未来相对于当下存在的我们来说，是绝对"超越的"。

在这个意义上，如果面对过去的时候，我们因为有知识所以可以判断，这个时候的主体需要的是对知识的探究，过去是属于知识领域的问题，那么当我们进入未来的时候，就需要做出抉择，此时的主体就面临两种不同的抉择。其一，人可以依据过去的知识以及由此构成的准则、价值做出判断，或者进入海德格尔所说的"常人"状态，"常人就这样卸除每一此在在其日常生活中的责任"。"每人都是他人，而没有一个人是他人本身。这个常人，就是日常此在是谁这一问题的答案。这个常人却是无此人，而一切此在在共处中又总已经听任这个无此人摆布了。"① 此处，依

---

① 海德格尔：《存在与时间》，陈嘉映、王庆节译，三联书店，2000，第149页。

据已有的知识、准则与依据所谓"公众意见"做出抉择的常人有一个共同点，就是并非依据自己。主体自己的存在因为没有主体自己做出的抉择而在此抽身而退。因此，这种方式虽然在某种有限的程度上，可能令人觉得做出的选择有所依靠、有所凭借，因此是"有意义"的，但一定不是"自由"的。因为做出抉择的并不是身为主体的我们自己。其二，人彻底地将自己抛入未来之中，彻底地无所依傍，自由自在地做出抉择。无疑，这是赵汀阳唯一指向的可能的选择，人可以积极且主动地作为自我存在，在未来的诸多可能性中进行选择。在如此选择的时候，人其实就是在创造，在创造历史，所以，赵汀阳称："它是属于人的创世论问题。"每一个时刻都可以成为创世状态，每一个时刻都可以成为历史的开端。唯有当我们无所依傍，一无所持地独自投身未来之时，人才真正地回到了自己，才是海德格尔意义上的回到自己的"本真的能在"之中，才真的自由。然而，这种自由需要付出无意义的代价。"作为历史的作者，主体性的本质在于超越了因果性的自由，在于能够创造开端，可是也正是自由造成了当代性的困境：在无数可能性中，创造是否有一种必然理由，如果没有必然理由，创作的可信性又在哪里，可是假如创作有了必然理由，创作又将因为反自由而失去意义。"

因此，问题变得清晰了，在现代性情形之下，生命的意义和自由之间看上去已经不能相容了：要么是生命的重复和停滞，要么是自由之下的无意义，生命堕入虚无之中。

二　心之良知是谓圣

圣人作为一种生命形态，是儒家的终极理想，儒家将圣人作为理论形态的完美实现，一直作为引领人生意义的某种前导性的理想悬在生命的前方。如果对于海德格尔来说，此在的终极是死亡的话，那么在儒家这里，生命的终极意义则是成圣。死亡的问题，对于儒家来说，反而不是最切近的问题。在海德格尔那里，死亡可以成为此在的终极可能性，此在可以在每个时刻都"向死而生"，此在唯有在向死而生中，才能回到它最本己的能在之中。而对于儒家来说，如何成圣，始终立成圣之志，则成为人生最为切近的问题。一切对生命意义的理解，是在成圣的前提下才得以展开的。因此，人如何成圣，成为儒家解决终极生命意义问题的路径。生命并不因其是有死的而变得荒谬或是有意义。在儒家那里，生命的意义并不由人生的有限性决定，而是由在有限的生命中成圣来决定，即能够在有限的生命中呈现无限的意义。因此，成圣在某种程度上是儒家面对人生的终极有限性的解决方式，如何理解儒家的圣人，如何成圣，其实决定了儒家如何理解生命的意义问题。儒家在这个意义上，不是停留在现世的简单的伦理规范，而是具有所谓"终极关怀"的、彻底回应生命的根本意义的形而上学。

虽然自孟子、荀子已经开始有所谓"人皆可为尧舜"的说法，但直到宋明理学，自周濂溪开始，"圣人可学而至"才真正被提出来。研习儒家传统的目标，自此被明确地确定为如何成圣。这背后当然是由周濂溪开端的宋明理学"天道与性命通而为一"的形上学体系。

所谓"天道性命相贯通"，简单说来，就是在作为绝对的存在本体的外在于人的形而上的"天道"，与作为人之生命本体的、内在于人的"性"之间建立起本体论或者存在论上的联系。一方面，天道是人的内在心性的超越的形而上的依据；另一方面，人的内在的心性是天道的具体化。这样一来，儒家的道德实践，就不仅具有内在的道德意义，而且可以上通作为存在本体的天，具有本体论与存在论的意义。人的内在道德主体也在这个意义上"主宰宇宙之生命"成为存在的本体。

正因为作为存在本体的天道内在于人的心性之中，我们才可能通过儒家的修养工夫，彻底地回归天道，在个体的生命中，实现天道与性命的合一，也就是儒家所谓"天人合一"。这个意义上的天人合一，是天道在具体的个体生命中的完美呈现，而真的达致这一状态的呈现，就是儒家的圣人。无论这样的修养工夫是否能够在每一个个体的有限生命中得以实现，这至少指出了实现的可能性，并且，尽可能地实现这一可能性，就是儒家所理解的人的生命的意义所在。因为，彻底地回归心性中内在的天道，就是回归人之所以为人的本质。在这个意义上，唯有朝向圣人之途，才是人生唯一可以选择的真正的道路。儒家就是通过这种方式，解决了人生可能存在的无意义的问题。

经过宋明理学几百年发展，至阳明，才真正提出了"致良知"，把圣人的意义彻底内化为内心的良知。①

---

① 参见吴震《中国思想史上的"圣人"概念》，《杭州师范大学学报》（社会科学版）2013年第4期。

阳明首先用"成色"与"分两"做比喻，将圣人之所以为圣归结于内在之天理，与"才力"区分开来。

> 希渊问："圣人可学而至。然伯夷、伊尹于孔子才力终不同，其同谓之圣者安在？"先生曰："圣人之所以为圣，只是其心纯乎天理，而无人欲之杂。犹精金之所以为精，但以其成色足而无铜铅之杂也。人到纯乎天理方是圣，金到足色方是精。然圣人之才力，亦是大小不同，犹金之分两有轻重。尧、舜犹万镒，文王、孔子有九千镒，禹、汤、武王犹七八千镒，伯夷、伊尹犹四五千镒：才力不同而纯乎天理则同，皆可谓之圣人；犹分两虽不同，而足色则同，皆可谓之精金。以五千镒者而入于万镒之中，其足色同也；以夷、尹而厕之尧、孔之间，其纯乎天理同也。盖所以为精金者，在足色而不在分两；所以为圣者，在纯乎天理而不在才力也。故虽凡人而肯为学，使此心纯乎天理，则亦可为圣人；犹一两之金比之万镒，分两虽悬绝，而其到足色处可以无愧。故曰：'人皆可以为尧、舜'者以此。学者学圣人，不过是去人欲而存天理耳，犹炼金而求其足色。金之成色所争不多，则锻炼之工省而功易成，成色愈下则锻炼愈难；人之气质清浊粹驳，有中人以上，中人以下，其于道有生知安行，学知利行，其下者必须人一己百，人十己千，及其成功则一。后世不知作圣之本是纯乎天理，却专去知识才能上求圣人。以为圣人无所不知，无所不能，我须是将圣人许多知识才能逐一理会始得。故不务去天理上着工夫，徒弊精竭力，从册子上钻研，名物上考索，形迹上比拟，知识愈广而人欲愈滋，才力愈多，而天理愈蔽。正如见人有万镒精金，不务锻炼成色，求无愧于彼之精纯，而乃妄希分两，务同彼之万镒，锡铅铜铁杂然而投，分两愈增而成色愈下，既其梢末，无复有金矣。"时日仁在傍，曰："先生此喻足以破世儒支离之惑，大有功于后学。"先生又曰："吾辈用功只求日减，不求日增。减得一分人欲，便是复得一分天理；何等轻快脱洒！何等简易！"①

在此阳明通过成色与分两的区分，区分了作为圣人本质的天理和与此不相干的才力问题，其实也就区分了作为成圣基础的天理与其他的不相干

---

① 王阳明：《王阳明全集》，上海古籍出版社，2011，第27~28页。

的因素之间的关系。因此，是否能够成圣，就在于是否能够使本性中的天理得到完全的呈现，而不在于是否能够拥有充足的知识。由此更进一步，王阳明所谓天理即良知，因此，王阳明说："心之良知是谓圣。圣人之学，惟是致此良知而已。"①

由此圣人的本质被归结为先天具有的良知的彻底实现。由王阳明对良知的论述，我们已经可以在前述时间性的角度来看待阳明的圣人观念。良知对于王阳明来说即天理，即心之本体。而对于宋明理学家来说，所谓天理不仅是内在的道德主体之道德原则，而且是宇宙存在之本体，因此，良知本体不仅包含了道德原则，还包含了万事万物之理。

因此，王阳明谓：

夫万事万物之理不外于吾心，而必曰穷天下之理，是殆以吾心之良知为未足，而比外求于天下之广，以裨补增益之，是犹析心与理而为二也。②

夫物理不外于吾心，外吾心而求物理，无物理矣；遗物理而求吾心，吾心又何物邪？心之体，性也；性即理也。故有孝亲之心，即有孝之理，无孝亲之心，即无孝之理矣。有忠君之心，即有忠之理，无忠君之心，即无忠之理矣。理岂外于吾心邪？晦庵谓："人之所以为学者，心与理而已。"心虽主乎一身，而实管乎天下之理，理虽散在万事，而实不外乎一人之心。③

良知既是道德主体之道德原则与道德动力，又是所有存在物的存在原则。因此，良知是寂然不动之体，其中已经蕴含了万事万物存在之理。这种蕴含是由宋明理学"天道性命通而为一"的形上学基础决定的，即作为万物存在之存在根源的天道或天理，同时也是作为人之心体的良知。良知的这个意义决定了世间万物之变化都包含在良知的理解之中。因此，面对良知时，其实并没有所谓绝对超越的无法预料的未来存在。所有的未来都是良知或天理中已然包含的内容了。良知的绝对实现、致良知的过程，一方面，是人不断地做道德实践行为，成圣的过程；另一方面，正是在良知

---

① 王阳明：《王阳明全集》，上海古籍出版社，2011，第280页。
② 王阳明：《王阳明全集》，上海古籍出版社，2011，第46页。
③ 王阳明：《王阳明全集》，上海古籍出版社，2011，第42页。

的"照察"之下，物才能够真正地成为物，成为其自身。在这个意义上，所有的天下万物之理，都不外乎良知。因此，人在面临生命抉择的时候，就不是彻底的无所依傍，而是由先天能够"知是知非"的良知来做出抉择。这是寂然不动之体的感而遂通之用。这是良知本体之一面，是良知本体"先天而天弗违，后天而奉天时"之一面。所以，儒家其实一直并不惧怕面对未来，因为所有的未来都已经在良知的照察之下，圣人更是因其良知呈现，可以从心所欲不逾矩。

良知本体还有另外一面，即良知本体所含有之天理，不是确定之准则，不是事先为每一个具体的行动提供一条规定的准则，使所谓主体依靠这一准则行事或抉择，而是依据不同的境遇，良知有不同的抉择。这并非事先经由知识的方式获取的。因此，阳明说：

> 后世不知作圣之本是纯乎天理，却专去知识才能上求圣人。以为圣人无所不知，无所不能，我须是将圣人许多知识才能逐一理会始得。故不务去天理上着工夫，徒弊精竭力，从册子上钻研，名物上考索，形迹上比拟。知识愈广而人欲愈滋，才力愈多，而天理愈蔽。①

这就是阳明区分天理与才力、良知与知识之意义所在。在这里，圣人并不是对一切都有具体的知识，也就意味着，虽然未来在圣人那里不是绝对超越的，但也不是绝对封闭的。未来仍然是敞开的，在未来的抉择中，仍然充满了未定的因素，而这一因素是需要因应着未来向身为圣人的主体展开的。

我们可以发现，王阳明对于良知的呈现，在某种程度上用了否定的方式，即不断地克去己私，时时提撕警醒，良知自然能呈现。然而，他对于作为结果呈现的或完成的良知，则没有具体的、限定性的描述。这种否定性的描述，其实保证了良知本身的开放性，保证了未来的开放性，与此同时，也就保证了在面对未来时，身为主体的抉择的自由。

所以，对于儒家的圣人来说，良知的完满呈现，在面对永远处于已知之外的未来时，并不像现代性视域之下的主体那么迷惘。良知本体已经因其本体意义，为我们储备了面对未来之天理。未来的每一个抉择，都不是凭空而来，而是因为天理良知的贯注而充满了意义。与此同时，这一天理

---

① 王阳明：《王阳明全集》，上海古籍出版社，2011，第28页。

又保持了其自身的开放性，保持了主体在做抉择时的自由。因为，虽然良知本于天理，但是心学一脉的传承已经将其彻底内化，良知本体将如何面对未来的每一个具体处境，将如何做出具体的抉择，其实都是悬而未决的。人所能做的就是不断地在迈向成圣的道路之上，不断地去除私欲，"致其良知"。王阳明认为，致良知不仅要致其良知于事事物物，而且要将良知推至极致。正是将良知推至极致、良知得到完美实现之后，才能够依照良知的抉择，面对未来的事事物物。

三　必为圣人之志

如果说，心之良知是为圣，是儒家圣人面对生命本身的意义和自由问题本体意义上的解决，那么，王阳明提出的"立志"说，则是具体生命实践中的工夫论意义上的解决方式。

"立志"作为其心学工夫论的首要环节，极为王阳明喜言。王阳明早年在贵州龙场讲学订立学规的时候，以四事相规，首言"立志"。他说："志不立，天下无可成之事，虽百工技艺，未有不本于志者。……故立志而圣，则圣矣；立志而贤，则贤矣。"① 立志成为成圣成贤之学的首要一环，并且成为为学之规模格局的决定性因素。按照王阳明所说，立志包含两层意义，其一是立"必为圣人之志"，即"志于道"，如前引《示弟立志说》中所说："夫学，莫先于立志。……故程子曰：'有求为圣人之志，然后可与共学。'人诚有求为圣人之志，则必思圣人之所以为圣人者安在？"在此，他指出了儒家成圣之学的终极目标，立志即明确地确立这一目标。"必为圣人之志"是一切为学之起点，唯有学者求为圣人，为学之路才得以开启。其二是"无时无处而不以立志为学"。这是在工夫论的层面理解立志，立志不仅是一种抉择，而且是时时刻刻需要切实践履的实践工夫。正如秦家懿教授所说："'立志'固是立定志愿学圣人……（然而）立志并不容易。必须使内心'纯乎天理而无人欲'；时时刻刻还得聚精会神，警惕慎独。"②

那么究竟如何在工夫论意义上理解王阳明所说的立志？

我们可以从王阳明下面的两段话中，窥见些许端倪。

---

① 王阳明：《王阳明全集》，上海古籍出版社，2011，第974页。
② 秦家懿：《王阳明》，台北东大图书公司，2002，第59页。

　　或问为学以亲故，不免业举之累。先生曰："以亲之故而业举，为累于学，则治田以养其亲者亦有累于学乎？先正云'唯患夺志'，但恐为学之志不真切耳。"①

　　问："读书所以调摄此心，不可缺的。但读之之时，一种科目意思牵引而来，不知何以免此？"先生曰："只要良知真切，虽做举业，不为心累；总有累亦易觉，克之而已。且如读书时，良知得强记之心不是，即克去之；有欲速之心不是，即克去之；有夸多斗靡之心不是，即克去之：如此，亦只是终日与圣贤印对，是个纯乎天理之心。任他读书，亦只是调摄此心而已，何累之有？"曰："虽蒙开示，奈资质庸下，实难免累。窃闻穷通有命，上智之人恐不屑此。不肖为声利牵缠，甘心为此，徒自苦耳。欲屏弃之，又制于亲，不能舍去，奈何？"先生曰："此事归辞于亲者多矣，其实只是无志。志立得时，良知千事万为只是一事。读书作文安能累人？人自累于得失耳。"因叹曰："此学不明，不知此处耽搁了几多英雄汉！"②

　　这两段文字，讨论的都是举业与为学的关系问题，落脚点都在立志。

　　在宋明理学的语境中，为学之道要抛弃功名利禄等私欲，专心致志于"存天理，灭人欲"，除此之外，一切对俗世欲求的追求都应该排斥。因此，众多的宋明理学家都隐居不仕，甚至以业举为耻。然而，参加科举考试，求取功名又是传统社会中，出身寒微的士人个人谋生并进而奉养父母的重要途径，所以，常常不免举业之累。阳明弟子的问题即由此而发。王阳明在第一段话中，直接指出，举业同治田一样，都不构成为学的障碍，真正能够成为为学之累的，是"唯患夺志"。在王阳明的这一语境中，能够使举业与为学相互融洽不构成矛盾的根源，在于真切的"为学之志"。因此，立志在这里起到一种转化的作用。

　　立志的这一转化作用，在第二段中得到更为详细的揭示。在王阳明看来，读书作举业的过程其实也是呈现、体察进而"致"良知的过程。读书的过程中不免思虑纷起，意念川流，此时对于每一种意念，都细细考察其是否有强记之心，是否有欲速求进之心，是否有夸多斗靡之心。意念中兴

① 王阳明：《王阳明全集》，上海古籍出版社，2011，第30页。
② 王阳明：《王阳明全集》，上海古籍出版社，2011，第100页。

起的这些念头，在王阳明看来都是私欲所引起，正是对于良知的遮蔽，因此，在读书作举业之过程中，更重要的在于时时处处细细地考察并且"克去"这些私欲，使得良知能够不受阻碍地呈现。读书就是为了这一目的，并且，如果能够在读书过程中切实贯彻这一目的，则任何读书的行为，都将成为"格物致知"的具体的践履工夫，举业恰恰成为为学修养工夫中的一环，又如何有为学之累？

我们可以看到，王阳明在此提出了一种针对具体行为的意义所理解的"视角"的转换：读书的具体内容，以及相对于读书这一具体行为的直接目的，如记诵、博闻以及求取仕禄等都被王阳明有意地舍去不谈，而有意地彰显读书与举业这一具体行为所指向的、在阳明的"致良知"教的语境中所理解的终极目标，即为善去恶，"念念存此天理"。正是这一"视角"的转换使得人生中的各种行为的意义获得不同的理解与呈现。每一具体行为直接指向的意义被弃之不问，唯有在"致良知"的整体视域观照下，行为所呈现的意义，才是王阳明所关注的。或者，换句话说，行为唯有在"致良知"的整体视域之中被理解，行为只有被理解为为善去恶、"存天理，灭人欲"的道德实践工夫，才是有意义的。而能够实现这一"视角"的转换的工夫，正是王阳明所说的"立志"。因此，阳明才可以说："志立得时，良知千事万为只是一事。"正是因为学者能立志，即能够在致良知的整体视域之中理解"千事万为"，理解人生的每一个行为，每一个行为才可以被理解为念念存此天理的"致知"行为，因此"良知千事万为只是一事"其实就是"志立得时，千事万为只是良知"。

如果立志工夫意味着人生中的每一个行为都必须在致良知的视角之下来理解其意义，那么人就可以积极地面对未来，充满信心地面对未来。未来将要到来的事件，无论如何发生，都可以看作成圣道路上考验、呈现、推扩良知的实践工夫。未来的抉择因此具有了成圣之意义。与此同时，每一次面对未来的抉择，既不是既往历史的不断重复，又不是迷失自我于过去知识的抉择，更不是迷失自我于"常人"之中的碌碌无为的选择，而恰恰是需要自我挺立出来，需要自我之良知呈现。而这一良知呈现，往往需要极大的勇气，充满了个体抉择的自由之意味，也充满了个体自由抉择之责任。因此，儒家的成圣之道，在指引人生的方向中，在有限与无限、禁锢与敞开、封闭与开放之间拉扯，试图找到自由与意义的中间点。这相较于西方现代性以来的个体主义原则，是一种极为独特的生命形态。

第五节　"亲亲相隐""窃负而逃"与伦理关系中的相互成就——兼论哲学的研究中国哲学的必要性

一　不同的立场，类似的逻辑

十几年前，关于儒家思想中的"亲亲相隐"问题，曾经在学者之间引起过一场论战。论战的焦点在于儒家的"亲亲相隐"原则是否构成了腐败的根源。① 其实，单纯就这个问题而言，情形并不复杂，如果我们能够抛开由立场的不同带来的对儒家的偏见，体会儒家思想在这一问题上的初衷，那么我们可以看到儒家学者的回应基本上已经说明了这个问题。也许我们可以陈壁生的表述为代表："父子之间的'隐'恰恰体现出'直'，就是因为，当子面对'其父攘羊'的时候，'证'与'隐'不是一种理性的选择，理性的选择需要利弊的权衡。事实上，当子知道父攘羊，对此做出理性分析之前，父子之间的血缘亲情早已判决：隐。这是一种心理的直觉，这种直觉基于父子关系是生命的源和流这样一种事实。"② 孔子试图为人伦之间的道德找到一个坚实的基础，在孔子看来，这一基础只能建立在人的真实情感的基础之上，唯有如此，道德才是真实的、必然的。因此，儒家以父子相隐为直作为基本的道德原则，就不难理解。

但有趣的是，在接下来的论述中，我们可以看到，在某种程度上陈壁生同样接受或承认了某些儒家批评者的思路，他说："当直躬去证父攘羊的时候，他扮演的是国之'民'的角色而泯灭的是家之'子'的角色。如果这样的行为居然成立，那么每个人将赤裸裸的面对'国'，在这样的政治秩序中，统治者便成为立法者，道统便被政统所吞并。并且，一种通过对父子亲情的扼杀来维持的政治秩序，必然是反道德、反社会正义的政治秩序。"③ 比较一下批评者们的论述逻辑，好像差别并不太大。二者都

---

① 参见郭齐勇主编《儒家伦理争鸣集——以"亲亲互隐"为中心》，湖北教育出版社，2004。
② 陈壁生：《经学、制度与生活》，华东师范大学出版社，2010，第56页。
③ 陈壁生：《经学、制度与生活》，华东师范大学出版社，2010，第57~58页。

将父子相隐的问题看作不同身份或不同社会角色之间的伦理冲突。① 即使罗蒂的论述，也几乎接纳了同样的逻辑："从这个观点来看，道德两难不是理性和情感冲突的结果，而是两个不同自我、两个不同的自我描述、给予某人生活以意义的两种不同方式冲突的结果。非康德主义者认为，我们并不因为自己在人类中具有成员资格而具有一个核心的、真正的自我——一个相应理性召唤的自我。相反，他们可以赞成丹尼尔·丹尼特的见解："自我是一个叙事重心。在一些非传统社会里，大多数人都有数种这样的叙事，任由自己处理，因此具有数个不同的道德同一性。在这样的社会里，正是同一性的多样性才构成了大量道德两难，产生了许多道德哲学家和心理小说。"② "两个不同自我""两个不同的自我描述"其实指的就是如何理解自我，自己是作为"国"之"民"存在，还是作为"父"之"子"存在。因此，虽然罗蒂觉得自己摆脱了所谓理性与情感的冲突，但是，他对于这一道德困境的描述，仍然强调了人的不同社会身份之间的冲突。

可见，三者之间的差别在于他们对何为政治、何为良好政治、在面对人类的道德困境时何种原则应该优先的看法有所不同，但他们都认为"亲亲相隐"作为一个具有思想史意义的事件③，向我们展示了人类的某种道德困境，而这一困境的根源是人的不同社会身份之间的冲突，或者是人的不同"自我描述""自我认同"之间的冲突。舜"窃负而逃"的故事表现了同样的或者更加直接地表现了这一困境。舜作为天子的身份与作为儿子的身份在这一极端情境中产生了冲突。无论上述对于冲突的描述是什么，问题都是作为"子"的个体在面对道德冲突时应该遵循何种道德秩序，做

---

① "更严重的是，一旦在'仁'与'孝'之间发生冲突、以致出现二者不能两全的局面，依据儒家伦理的基本精神，人们还应该不惜放弃派生从属的社会公德，以求维系本根至上的家庭私德。……在私德与公德'不可得兼'的情况下，按照'事亲为大'的儒家精神，人们也只应该'舍仁以取孝'，而不应该'舍孝以取仁'。结果，尽管孔孟本人的自觉意愿的确是试图在家庭私德的本根基础之上实现社会公德，亦即以儒家的方式将私德与公德统一起来，但事与愿违的结局却恰恰是：在出现冲突的情况下，他们最终会凭借家庭私德否定社会公德，从而导致儒家伦理陷入一个难以摆脱的深度悖论。"参见刘清平《儒家伦理与社会公德——论儒家伦理的深度悖论》，载郭齐勇主编《儒家伦理争鸣集》，湖北教育出版社，2004，第899页。
② 〔美〕理查德·罗蒂：《作为较大忠诚的正义》，载郭齐勇主编《儒家伦理争鸣集》，湖北教育出版社，2004，第782页。
③ 参见陈少明《什么是思想史事件》，《经典世界中的人、事、物》，上海三联书店，2008。

出何种个体选择。儒家伦理是否一定遵循这样的思路，"亲亲相隐"和"窃负而逃"的故事为我们展示的是否就是这样一种逻辑，且让我们重新回到故事，看看是否可以有新的解读。

二　重读故事：缺席的父亲

如果我们将两个故事放在一起审视，可能会有些新的启发。

> 叶公语孔子曰："吾党有直躬者，其父攘羊，而子证之。"孔子曰："吾党之直异于是。父为子隐，子为父隐，直在其中矣。"《论语·子路》

> 桃应问曰："舜为天子，皋陶为士，瞽瞍杀人，则如之何？"孟子曰："执之而已矣。""然则舜不禁欤？"曰："夫舜恶得而禁之？夫有所受之也。""然则舜如之何？"曰："舜视弃天下，犹弃敝屣也。窃负而逃，遵海滨而处，终身忻然，乐而忘天下。"《孟子·尽心上》

在"亲亲相隐"和"窃负而逃"的故事里面，有一个最重要的问题被视而不见，即我们都看不到作为伦理关系的另一方的父亲的出场。父亲这个在伦理关系中身处相互牵连的双方之间的一方，在此消失了，或者说，是彻底被动的一方，完全听命于主动方的儿子的个人选择。问题也许就出在这里，此时，儒家伦理的情境变成了身为儿子的个体的个人选择问题，无论这个选择是两种身份叙事之间的选择（罗蒂），还是遵从公德和私德之间的抉择（刘清平）。然而，这种谈论问题的方式，是否符合儒家对于伦理问题的思考的脉络，或者说，是否儒家应有的谈论问题的方式？

这里我们发现一个问题，当我们叙述儒家伦理的构成时，其实是从伦理关系的双方来谈论的，如孔子所谓"君君、臣臣、父父、子子"。在儒家那里，人本质上不是作为一个孤独存在的个体处于世上，或者首先不是作为独立的个体存在于世，而是处于伦理关系之中。并且，各种所谓德性以及德行，其开始和完成都有赖于人伦关系，在人与人的相互牵连和给予以及成就中才能够得以实现。夫子之所谓"仁"，不是要成就西方近代意义上的个体自我，而是在感通之中，"参赞化育"，物各付物，在成就世界的过程中，真的成就自我。而人在父母与子女的孝亲关系中，相较于在其他伦理关系中，最能充分地尊重与自身相遇的他者。在父母与子女的这种关系中，（理想的状态下）无论是父母一方，还是子女一方，尊重对方的存在超过了对于自我的存在的期待和渴望，期待更好地"成就"对方的存在。在这一关系中，个体自我在存在论上的优先性往往并不出现，出现的恰恰是充分尊重对方在存在论上的优先性。

这一点其实对于儒家学者来说并不太陌生，我们在积极的或是正面的谈论儒家伦理时，常常会意识到这一点，如父慈子孝。这一论述到了近代的梁漱溟那里更加彰显，梁漱溟认为，儒家伦理是义务先于权利。对于儒家的君子来说，成就自我，首先需要尽其义务，而非首先指向现代性意义上的"自我"的自我成就。只有在成就伦理关系中的"他者"时成就自我，更好地使他者成为符合儒家伦理的道德标准的行为和抉择，才是真正的完成自我道德的行为和抉择，也才是真的值得做出的行为和抉择。然而，在面对"亲亲相隐"或"窃负而逃"这样消极的或者是相对负面的儒家伦理困境时，我们常常忽略了儒家伦理赖以存在的这种关系或牵连，将其仅仅看作个体的选择。如果我们能够把儒家对于道德的理解彻底延续下来，做一个更加儒家化的解读，那么故事本身其实还有很多值得讨论的地方。例如，"亲亲相隐"对于伦理关系中的被动一方是否最好的选择，即"隐"这种选择能否使违背伦理的一方获得更好的道德意义上的自我；或者，在这一伦理关系中，作为被动的一方能否应承自己的伦理责任，做出良好的呼应。也许，故事并没有这么简单，或者故事不该被解读的这么简单。

三　另外的故事：另一种叙事

其实，在历史的叙事中，我们还可以看到另外的一些故事，在我看来，它们更能展现儒家的伦理境遇。今举三个较为典型的故事。

> 曾子耘瓜，误斩其根。曾晳怒，建大杖以击其背。曾子仆地而不知人久之。有顷，乃苏，欣然而起，进于曾晳曰："向也，参得罪于大人，大人用力教参，得无疾乎？"退而就房，援琴而歌，欲令曾晳而闻之，知其体康也。孔子闻之而怒，告门弟子曰："参来，勿内。"
>
> 曾参自以为无罪，使人请于孔子。子曰："汝不闻乎，昔瞽瞍有子曰舜。舜之事瞽瞍，欲使之，未尝不在于侧；索而杀之，未尝可得。小棰则待过，大杖则逃走，故瞽瞍不犯不父之罪，而舜不失蒸蒸之孝。今参事父，委身以待暴怒，殪而不避。既身死而陷父于不义，

其不孝孰大焉？汝非天子之民也？杀天子之民，其罪奚若？"

曾参闻之，曰："参罪大矣。"遂造孔子而谢过。①

苏轼，字子瞻，眉州眉山人。生十年，父洵游学四方，母程氏亲授以书，闻古今成败，辄能语其要。程氏读东汉《范滂传》，慨然太息，轼请曰："轼若为滂，母许之否乎？"程氏曰："汝能为滂，吾顾不能为滂母邪？"②

先生疾革，知县左某以医来，门人进曰："疾不可为也。"先生曰："须尽朋友之情。"饮一匙而遣之。③

三个故事分别出自《孔子家语》《宋史》《明儒学案》，都是贯彻了儒家基本原则的文本，我认为这三个文本在某种程度上消解或者至少延宕了由个体身份的冲突带来的伦理困境。

在第一个故事里，出场的是孔子和曾子。然而，故事其实发生在曾子和他父亲之间，父亲虽然没有作为直接人物出场，但是在孔子考虑和判断曾子的行为中，父亲恰恰是作为考虑的重要一环出现的。在这个故事中，曾子以为自己完全服从父亲，完全实现父亲的意志，就是尽了孝道。然而，在孔子看来，这恰恰是不孝的表现。因为，如果完全遵从父亲的意志，就有可能使父亲陷入不义的境地，不能使父亲成为一个君子，不能实现父亲自身的道德价值。所以，在孔子的考量中，曾子真正的孝的行为，是在成就父亲中实现的，而这种对于父亲的成就，不是实现或完成父亲的意志，而是期待父亲成为一个君子。所以，对于身处伦理关系中的儿子来说，真正的完成自我的道德行为，正是那些能够帮助同样身处伦理关系的另一端的父亲能够实现其自身成为君子的行为。

第二个故事给我们展现了伦理关系中的双方都应当承担何种责任，或者在真正的儒家理想状态下，伦理关系中的双方如何处理伦理困境的问题。苏轼有感于范滂的事迹，希望自己能够成为一个真正的君子，但是，按照亲亲相隐问题的逻辑，此处伦理困境出现了，因为，范滂的故事是一

① 杨朝明、宋立林主编《孔子家语通解》，齐鲁书社，2013，第181~182页。
② 《宋史》卷三百三十八，列传第九十七，《苏轼传》。
③ 黄宗羲：《白沙学案》上，《明儒学案》卷五，中华书局，2008，第80页。

个忠孝不能两全的故事。

> 建宁二年，遂大诛党人，诏下急捕滂等。督邮吴导至县，抱诏
> 书，闭传舍，伏床而泣。滂闻之，曰："必为我也。"即自诣狱。县令
> 郭揖大惊，出解印绶，引与俱亡。曰："天大大矣，子何为在此？"滂
> 曰："滂死则祸塞，何敢以罪累君，又令老母流离乎！"其母就与之
> 诀。滂白母曰："仲博孝敬，足以供养，滂从龙舒君归黄泉，存亡各
> 得其所。惟大人割不可忍之恩，勿增感戚。"母曰："汝今得与李、杜
> 齐名，死亦何恨。既有令名，复求寿考，可兼得乎？"滂跪受教，再
> 拜而辞。顾谓其子曰："吾欲使汝为恶，则恶不可为；使汝为善，则
> 我不为恶。"行路闻之，莫不流涕。时年三十三。
>
> 论曰：李膺振拔汙险之中，蕴义生风，以鼓动流俗，激素行以耻
> 威权，立廉尚以振贵势，使天下之士奋迅感概，波荡而从之，幽深牢
> 破室族而不顾，至于子伏其死而母欢其义。壮矣哉。子曰："道之将
> 废也与，命也。"①

范滂为了道义，自愿受死，但是，此一死令他不能尽孝，因此，他乞
求母亲原谅，范母则颇为豪迈地说："汝今得与李、杜齐名，死亦何恨。"
论者因此不禁大呼壮哉，因"子伏其死而母欢其义"。苏轼有感于此，请
问其母曰，如果我有心做范滂，母亲可否允许。苏轼母亲的回答在我看来
实现了儒家伦理的最理想的状态。程氏曰："汝能为滂，吾顾不能为滂母
邪？"苏轼设定了一个情境，他为了成为君子，成就自我，需要放弃自己
的生命。这里牵涉两个问题，其一，对于苏轼来说，真正的自我的成就正
是在极端的情景下放弃生命才能够实现；其二，放弃生命意味着放弃了对
母亲应承担的责任。在这里，身为君子的苏轼和身为儿子的苏轼发生了道
德原则的冲突。苏轼起初把这一冲突看作自我的选择，并且几乎给出了自
己的选择，只是询问母亲是否能够允许自己放弃其所应承担的责任。而身
处母子这一伦理关系中的另一端的母亲，深深地被牵连在将要产生的这一
道德抉择之中的母亲，则立刻承担起相应的责任。身处伦理关系中的另一
端，母亲所能做出的最美好的抉择就是使苏轼能够成为君子的抉择，就是
能够真正成就苏轼的抉择。因此，程氏不但没有加深这一困境，反而以其

---

① 范晔：《党锢列传》，《后汉书》卷六十七，中华书局，2007。

抉择，消解了苏轼的困境。"如果你能够成为范滂，我最应该做的，就是帮助你成为范滂。"这样，在这种伦理关系中，其实身处两端的双方都成就了自我，成为更好的自我。

第三个故事则是明初大儒陈白沙在生命尽头的故事。读到这里的时候，我确实被儒家深切的对于人情的体味所感动。陈白沙面临的是朋友之谊。在其危殆之际，朋友依其自我期许，找来医生，希望能尽到朋友的情谊。在白沙门人看来，陈白沙已经病入膏肓，医生已然无用，此时自然不必再劳动病人做一些无谓的行为。然而，在陈白沙那里，此时的医生不仅仅意味着医生的身份而已，其中饱含的是朋友之谊。他身为一个儒者应该做的，就是成全朋友的美意，以自己的行为成就朋友之所以为朋友，完成这一相互牵连的伦理关系。所以，白沙仍然接纳了医生的探望，并且饮一匙，以这一充满人情味的行为，完成了朋友这一伦理关系。

至此，我希望指出，如果我们希望将儒家在伦理关系中看待道德行为或道德意义的视角延续下去，那么应该至少从两个方面来考虑。其一，伦理关系中的一方，在面临道德抉择的时候，真正应该考虑的是如何更好地成就对方。这种成就不仅是保全对方的生命之类的"现实性"的考量，而且更多的应该是"理想性"的考量，应该是成就一个儒家道德意义上的对方，这才是真正的成就对方，并且自我在这一行为的抉择中的道德意义，也在这种对于对方的成就中真正实现出来，自我也得以成就，这就是儒家所谓"成己成物"。其二，伦理关系中的被动的一方，并非没有任何责任，应该承担其身处关系之中所应承担的责任，即成就对方的责任。他应该积极主动地替面临道德困境的主动方解困，消解困境，并且是朝向更加道德方向的，帮助陷于困境中的抉择者做出更加道德的抉择，或者直接就把道德困境向着对抉择者来说更加道德的方向推进。以西方伦理学中很喜欢用来描绘道德困境的例子来看。一列失控的火车，可以奔向一个人或五个人，此时身处伦理困境的是那个可以扳动道岔、决定火车走向的人。在西方的语境中，他必定陷入几种道德原则的冲突，并且是没有答案的冲突。但按照理想化的儒家伦理原则，身处其中的、火车有可能朝向的那个人，其实也被牵连在这一伦理关系之中，他其实可以站出来，承担其所应该承担的责任，做出某种表示，使得抉择者可以做出朝向他的抉择。这里，其实并没有所谓伦理原则的冲突，有的是身处伦理关系中的每一方，都勇敢地承担相应的或者更多的责任。当然，这是理想状态下的某种设想。我希望用这个例子，使我们在某种程度上跳出早已习以为常的思考模式。

四　故事的开放与封闭

通过上面的讨论，从我们指出的两个方面的考量，重新再看"亲亲相隐"和"窃负而逃"的故事时，情形就不太一样了。

首先，在"亲亲相隐"和"窃负而逃"的故事中，如果基于前面讨论的第一条原则，对于子来说，应该考虑的就不是如何使父亲逃脱法律的裁定，而是如何更好地使父亲成为一个君子。究竟是"隐"还是"证"能够更好地实现这一点呢？"隐"意味着什么？意味着"子"的情感的直接性吗？或者意味着"子"的一方，因为感情的驱使，在"子"与"民"的身份中首先选择作一个"子"？舜的"窃负而逃"究竟意味着什么？意味着舜为了保全父亲的性命做出了放弃天下的选择吗？放弃天下是否就能够使父亲更好地成为一个君子？其次，在这两个故事中，身处伦理关系的另一端的父亲，应该同样被考虑进来。父亲在此时应该做出什么样的抉择，应该如何应对，才能更好地成就儿子，才能更好地使儿子成为一个君子。原本的故事难道都没有考虑我们所说的这两点吗？或者，原本的故事是否能够容纳我们所指出的这两点？如果答案是否定的，那么只能说明，我前面所谈到的两点是不成立的。既然《论语》和《孟子》都不支持这一说法，那么它们是否真的不能容纳呢？

在我看来，问题的关键恰恰在于"隐"和"逃"。在攘羊的行为中，"子"所面临的选择是"证"或者"隐"。如果选择"证"，故事至此就结束了，父亲被确定为一个攘羊的小人，无论他触犯的是刑律还是道德，他都是道德上的彻底的失败者，无法成就自我。与此同时，儿子也因其证，不得不背上不孝之名，无法成为一个君子。所以，在这个故事中，恰当的选择恰恰是"隐"。因为，正是"隐"，使得故事没有讲完，还保持着各种可能性，朝向各个方向发展的可能性。在这种可能性里面，父亲还保有成为君子的可能。我们可以设想，在接下来的发展中，子可以劝诫父亲，可以进谏。① 从第一点来说，这是真正的孝，是子的真正充满道德意义的抉择。

---

① 见《论语·里仁》："事父母几谏。见志不从，又敬不违，劳而不怨。"

从第二点来说，父亲其实在"隐"中被期待着，被期待着能够勇敢地承担起其作为父亲的责任。身处关系之中的各方都在伦理关系中承担着相应的责任，具体到这里就是，作为伦理关系中的一方的儿子，有其自身所面临的抉择，应当在恰当的时机做出恰当的抉择，但这并不是这个伦理事件的结束，在这个故事中，还有更为重要的一方，即仍然作为君子被期待的父亲。父亲是一个被期待的君子，而非彻底的伦理行为中的不变的对象。如果父亲切身考虑自己所处的情境，这意味着，父亲同样对儿子有深刻的爱。父亲对儿子的这种爱涉及很多问题，比如，我们常常谈论儒家的父子亲情、孝亲原则。这是儒家的情感道德问题的来源。但是，具体谈论的时候，我们更多的是在讨论孝，即在儒家的语境中，因为父子之间的关系并非绝对平等，因此处于弱势一方的"子"承担着更多的责任，为了彰显道德抉择的困难，儒家当然很自然地从"子"的一方来思考问题。但是，当我们从生存体验，从自己的生活状态出发考察这一问题时，也许会发现，在具体的情境下，更容易彰显的、更加无条件的可能不是孝，而恰恰是慈，是上一代人对下一代人彻底的无私的爱。所以，回到我们的问题，在"攘羊"的过程中，父亲其实承担着更多的爱，我们可以期待父亲的角色有更多的爱，在伦理关系中承担更多的责任。此处，父亲的爱的最佳表现，就是令"子"能够成为一个君子，能够成为一个坦荡的君子。在这个意义上，父亲应该承担自我抉择的责任。

《论语》中的这则故事，也许并没有讲完，回到具体的《论语》语境，孔子在某种程度上是在一个话语逼迫的情境下说出这番话的。"子"是用自己的隐的方式来尽到自己的义务，以后的事情，或许结束这一伦理关系的应该是"父"，"父"应该以其行为完成"子"的君子人格。在这一伦理关系之中，实现双方的相互成就。"子"如果此时不"隐"，去告发父亲，其实同时将两个人都陷入了不义的境地，使得二人都无法成为君子。"子"因其不孝、因其不直而无法成为君子，与此同时，因其使父亲无法重新抉择、无法自守而使得原本开放的故事就此画上句点。而一旦"子为父隐"了，故事就一直是开放的。父亲有充分的选择的权利，双方都可能成为君子。父亲可以"过则勿惮改"，而"子"可以不必背负不孝之名。

"窃负而逃"的故事同样如此。故事展现的是舜通过逃的行为，做出了最恰当的抉择，延宕了故事的终结，使得故事永远保持一个开放状态，永远都还有互相成就的可能。

五　摆脱现代性的自我

讨论至此大概可以结束了，但是，换一个角度来看，也许问题才刚刚露出端倪。本文对儒家处理伦理问题原则的推演，某种程度上可以看作一次思想试验，希望通过这种有些极端的方式，彰显儒家原则相对于西方伦理的独特性。虽然本文总结的两条基本原则，未必能在真实的日常经验世界中解决道德困境，但确实可以看作儒家基本原则的推扩，是延续儒家精神提出的原则设想。其中的关键在于，尽可能地回归伦理关系之中，在伦理关系的相互牵连和成就中，观察和思考每一个道德行为。这至少在理论上，解开了某种纠结，那种对于个体道德意志决断的纠结。

此时，新的问题出现了，为什么此前的讨论，虽然都在彰显不同的立场，但是，却好像采取了同一套逻辑，这种一致性背后，隐含着什么原因。

也许这涉及我们今天如何研究中国哲学的问题。近些年来，中国哲学研究比较注重回归中国哲学本身，不断地批驳那种在与西方的简单比附中进行的研究。然而，我们的反省是否已经足够深刻了？由"亲亲相隐"的问题来看，讨论的双方之所以会采取了类似的逻辑，都把"亲亲相隐"问题看作某种个体道德选择的问题，是因为大家不自觉地采取了个体主义的立场。这里面包括把道德问题看作个体道德意志选择的问题，把道德的意义看作个体行为的赋予，把人理解为先于伦理关系存在的个人。而这里所谓个体意义上的自我，作为道德选择主体的自我，恰恰是西方现代性带给我们的。查尔斯·泰勒（Charles Taylor）在谈到现代性隐忧时，提出的第一个问题就是个体主义。

> 忧虑的第一个来源是个人主义。当然个人主义也被许多人冠以现代文明的最高成就之名。我们生活在这样一个世界中，人们有权利为自己选择各自的生活方式，有权利以良知决定各自采纳哪些信仰，有权利以一种他们的先辈不可能控制的一整套方式确定自己生活的形态。这些权利普遍地由我们的法律体系保卫着。原则上，人们不再受害于超越他们之上的所谓神圣秩序的要求。①

以这种个体主义的原则来看待"亲亲相隐"问题，最基本的立场就

---

① 〔加拿大〕查尔斯·泰勒：《本真性伦理》，程炼译，上海三联书店，2012，第2页。

是，将个体从其身处的伦理关系之中抽离出来。个体在任何情境之下都是首出的，伦理关系则无论如何不能称为决定个体本质的因素。因此，个体是谁，个体是否道德的，与你身处何种伦理关系之中并没有太大关联，关键在于个体的道德意志在面临道德困境时，依据某个普遍性的道德原则做出抉择。这样一种思考伦理问题的方式，恰好可以把我们前面讨论的，按照儒家原则可能提出的两点考量给遮蔽掉。因为每个人都有选择自己生活方式的权利，因此，即便是身处于伦理关系中的父子，也没有权利相互干涉。因此，"子"没有权利去期待父亲成为君子，我们仅能抉择我们自己成为何人，而无法进一步决别人成为何人。即便亲密如父子，在现代性的洗礼之下，也逐渐以权利的方式理解这种期待，而不是理解成人在伦理关系中的本质性的存在。期待别人如何成为自己，不再被看作美好的道德意义上的相互成就，而是变成了对于他人的威权压迫。同样，"子"也没有权利要求父亲在伦理关系中承担起其应该承担的责任。个体唯一有权利的就是决定自己该如何做，他人尽可以是一个不道德的存在，他人是否承担伦理责任，取决于他人的道德意志强弱。也许，回到社会性层面，我们还可以维护人类共同体良好存在的理由，要求他们承担道德责任。然而，这是在社会的层面，以社会为主体提出的要求。在纯粹的个体层面，我们作为一个现代社会中的个人，基本上被取消了要求他人承担道德责任的权利。因此，原本儒家语境中，相互牵连的伦理关系，就变成了个体在不同身份之间的抉择和冲突，就变得不那么儒家了。正如前面指出的，当我们面对积极的或者是相较而言更加正面对儒家伦理的讨论时，我们比较容易贯彻儒家的原则。但是，一旦我们开始讨论某些消极的或者是负面的儒家伦理困境时，早已经深入人心的种种现代性观念，就会不自觉地影响我们的思路。

因此，真正地回到中国传统的意义上研究中国哲学，或者，如果真正希望能够彰显中国哲学之特质，就需要对西方现代性以来的种种已经深入人心的观念加以足够的反省，其中最重要的也许就是彻底反省现代性的自我观念。由此才可能进一步反省建立在这一自我观念之上的种种理论，例如社会契约理论、正义理论等。有些时候，这些问题可能不是中国语境中的问题，或者当我们谈论儒家思想与这些理论的契合时，其实恰恰陷入了西方的逻辑之中，遮蔽了儒家的本色。更进一步说，这在某种程度上也使得我们对儒家的研究还离不开形而上学式的研究，因为不如此就不能跳出现代性的思维方式。

结　语

人与世界存在——人与人共在

本书即将结束，然而，对于我希望做的工作来说，这仅仅是一个开始。本书之所以在看似偏离本书主题的"亲亲相隐"问题的讨论中结束，是因为本书对于亲亲相隐问题的讨论，在我看来，凸显了三个方面的意义。第一，这是直面当下的问题，儒学如果想要继续成为有生命的传统，继续在当下的人的生活中发挥作用，就必须能够依据儒学的原则，对当下的问题发出声音。第二，这是在本书整体对于儒家核心的理解上做出的回应。如果希望儒家能够对当下的问题发声，就涉及我们如何理解儒家思想的核心的问题。其实我们如此不惮烦琐地对儒家思想进行阐释，就是为了能够让儒家思想继续在人的生活中成为有效的一种力量。第三，这个问题的讨论，凸显了现代性的诸多观念对当下儒学研究的影响。我们生活在一个现代的社会中，现代性的诸多观念，早已经进入我们每个人的思想中，很多时候成为我们思考的前提，哲学是为了解放、为了人的思想的自由的学问，只有进行最为哲学的反省，我们才有可能突破现代性的观念的影响，回到儒家思想的本质。对这种必要性的深切感受，也是激励着我一直坚信当代新儒家的哲学地解释中国哲学的方法一直都有意义的原动力。

本书的核心是讨论牟宗三的哲学体系，并且由此伸展到心学传统。我心中的理念、想象以及理由基本上都在导言中说完了。现在想做一点自我的反省。

牟宗三先生本诸陆王心学，阐明儒家的天道性命通而为一之内圣之学，取得了无可取代的丰硕成果。

儒家的内圣之学之根本在于作为道德实践行为之根据的心性论与实现道德本体的践履的工夫论。牟宗三先生之所为，正如他自己所说，多侧重"辩以示之"的心性论阐发，而其归结，仍然要回到内圣之学的工夫论之上，在具体的道德实践行为中，变化气质，一步步地实现成圣成贤之道。因此，儒学之根本不在理论之辩驳中显现，而在道德实践之行为中呈现。作为道德形上学之形上本体也唯有在道德实践行为中才成为可通达的。因此，在辩以示之与见诸实行之间，确实存在一无法逾越的鸿沟。不过，这也许已经不能仅仅归之于牟先生自身之困境，而是儒学在当下所不得不面对的困境。无践履，则不成其为儒学之真精神；无心性之辩难与阐发，则儒学无法在当下焕发其旧邦新命。儒家的内圣之学虽然无法脱离道德维度的考虑，然而，内圣之学之鸿的绝不以道德为限，而是直指人生之意义。天道性命通而为一是人生之意义得以可能之基础，先儒所提出的这一构想堪称伟大与壮丽，唯在此基础之上，有限之人生始能取得无限之意义。

　　然而，本书以海德格尔的基础存在论来阐发心学传统，最大的问题也就在这里。海德格尔所描绘的那个作为 Dasein 的基本存在方式的"在－世界－之中－存在"的状态，基本上缺乏儒家的伦理维度。而儒家良知呈现的存在状态，无疑是一切价值和意义的来源。因此，困扰我很久的问题是，如何在用了海德格尔的基础存在论之后，仍然能够建立起儒家的道德原则。这个问题在我不断地回到儒家的"孝亲"原则时，多少有了一点头绪。在我看来，二者之间的差异，也许不能仅仅归结为对于"超越"的理解的差异，更为重要的差异，也许是二者在存在论的起点上的差异。

　　海德格尔讨论的起点，是"人－在－世界－之中"的存在。所以，对于海德格尔来说，最原初的人的存在关系，是人与物的关系。因此，他是在人与物的存在中展开了对于存在意义的讨论，并且，由此延续到所谓"共在"。在人与物的世界中，作为物的世界围绕的核心的人，仍然在某种程度上扮演着"主体"的角色，仍然没有绕开西方现代性以来的纯粹的个人主义的传统。只不过，他把这种个人主义的想象向前推进，推到"人－在－世界－之中"的存在，而不是一个西方近代以来的封闭的个体。所以，正像有的海德格尔的研究者所说的，海德格尔的存在论，是一种没有主体的主体主义。在这个层面上，所有与人的生命的意义有关的问题，其实仍然需要在一个以个体为基础的层面上建立，或者，根本无法建立，这里面也包括伦理的关系、道德的观念。

　　与此相对照，儒家从一开始就是在人与他人共同存在的存在方式中来理解人的存在本质。人一开始并不是和一个物的世界打交道，而是和一个"人的世界"打交道。人自从进入这个世界，首先就是进入人的关系之中，并且，人最基本的关系，是奠基在血缘基础之上的人伦关系。这种人伦关系，不意味着血缘的必要性，只不过，血缘是最能直接且日常地确定我们亲密关系的来源。实际上，人就是生活在各种亲密的人的关系之中。这不是指儒家如何重视人情的往来，而是这种人与人的关系，是人的存在论状态。儒家首先是在人与人的关系中理解人的生存。

一方面，在人与人的关系中，人在儒家的视野中是一个有待成为的存在，因此，处于人与人的关系中的双方，其实都是有待成为的存在。在这个意义上，儒家原本就具备了时间性的视域，并且是在最根本的时间性视域中理解世界的。另一方面，这种人伦关系中的存在，其实首先是没有所谓主体，而是"让渡"出主体，让人伦关系中的另外一方成为优先的主体。这就是儒家把人的无私无欲的状态看作人的本源状态的原因。在这个意义上，发现了人之为人的应该成为的本质，由此，保持这种状态，向外推扩，才出现了儒家"亲亲、仁民、爱物"的序列。所以，在这个意义上，儒家是由人与人的关系为模型来理解人与世界的关系的，在此，才有可能建立人的存在意义上的道德意义。

如果这是一项工作，那么这项工作才刚刚开始，无论是对于中国的传统还是西方的传统，本人都还需要不断努力，更加深入地了解。本书论述中，还有大量的细节需要进一步地讨论。目前只是大致建构了一个框架而已，后续的工作更为艰难，需要更大的勇气和更大的创造性才能完成。

参考书目

（宋）朱熹：《四书章句集注》，中华书局，1980。

（宋）周敦颐：《周敦颐集》，中华书局，1990。

（宋）程颢、程颐：《二程集》，中华书局，2004。

（宋）张载：《张载集》，中华书局，2006。

（宋）陆九渊：《陆九渊集》，中华书局，1980。

（明）王阳明：《传习录》，岳麓书社，2004。

（明）王畿：《王畿集》，凤凰出版社，2007。

（清）黄宗羲，全祖望：《宋元学案》，中华书局，2007。

（清）黄宗羲：《明儒学案》，中华书局，1986。

（清）刘宝楠：《论语正义》，中华书局，1990。

（清）焦循：《孟子正义》，中华书局，1987。

蔡仁厚：《宋明理学：北宋篇》，学生书局，1988。

蔡仁厚：《宋明理学：南宋篇》，学生书局，1983。

蔡仁厚：《牟宗三先生学思年谱》，学生书局，1996。

陈来：《古代思想文化的世界：春秋时代的宗教、伦理与社会思想》，生活·读书·新知三联书店，2002。

陈来：《古代宗教与伦理：儒家思想的根源》，生活·读书·新知三联书店，1996。

陈来：《宋明理学》，华东师范大学出版社，2004。

陈来：《现代中国哲学的追寻：新理学与新心学》，人民出版社，2001。

陈来：《有无之境：王阳明的哲学精神》，人民出版社，1991。

陈来：《中国近世思想史研究》，商务印书馆，2003。

陈来：《朱子哲学研究》，华东师范大学出版社，2000。

陈荣捷：《王阳明传习录详著集评》，学生书局，1992。

陈荣捷：《新儒学论集》，台北中央研究院中国文哲研究所筹备处，1995。

陈荣捷：《朱熹》，东大图书公司，1990。

陈荣捷：《朱子新探索》，学生书局，1988。

陈迎年：《感应与心物：牟宗三哲学批判》，上海三联书店，2005。

杜维明：《论儒学的宗教性：对"中庸"的现代诠释》，段德智译，武汉大学出版社，1995。

杜维明：《儒家思想新论：创造性转换的自我》，江苏人民出版社，1991。

杜维明：《儒家自我意识到反思》，联经出版事业有限公司，1990。

杜维明：《现代精神与儒家传统》，生活·读书·新知三联书店，1997。

冯耀明：《"超越内在"的迷思》，香港中文大学出版社，2003。

冯友兰：《中国现代哲学史》，广东人民出版社，1999。

冯友兰：《中国哲学史新编》，人民出版社，2001。

〔法〕弗朗索瓦·于连：《圣人无意——或哲学的他者》，闫素伟译，商务印书馆，2004。

傅斯年：《性命古训辨证》，广西师范大学出版社，2006。

〔英〕葛瑞汉（A. C. Graham）：《二程兄弟的新儒学》，程德祥译，大象出版社，2000。

郭齐勇：《熊十力思想研究》，天津人民出版社，1993。

〔德〕海德格尔：《存在与时间》，陈嘉映、王庆节合译，生活·读书·新知三联书店，2000。

〔德〕海德格尔：《康德与形而上学疑难》，王庆节译，上海译文出版社，2011。

〔德〕海德格尔：《现象学之基本问题》，丁耘译，上海译文出版社，2008。

何信全：《儒学与现代民主：当代新儒家政治哲学研究》，台北中央研究院中国文哲研究所筹备处，1996。

侯外庐主编《中国思想通史》，人民出版社，1957。

黄俊杰：《儒学与现代台湾》，中国社会科学出版社，2001。

黄裕生：《真理与自由——康德哲学的存在论阐释》，江苏人民出版社，2002。

景海峰：《熊十力》，东大图书公司，1991。

〔德〕康德：《纯粹理性批判》，邓晓芒译，人民出版社，2004。

〔德〕康德：《实践理性批判》，韩水法译，商务印书馆，2007。

劳思光：《新编中国哲学史》，广西师范大学出版社，2005。

李明辉、陈玮芬主编《当代儒学与西方文化：哲学篇》，台北中央研究院中国文哲研究所筹备处，2004。

李明辉：《当代儒学的自我转化》，中国社会科学出版社，2001。

李明辉：《康德伦理学与孟子道德思考重建》，台北中央研究院中国文哲研究所筹备处，1994。

李明辉：《儒家与康德》，联经出版事业有限公司，1990。

李明辉：《儒学与现代意识》，文津出版社，1991。

李明辉主编《牟宗三先生与中国哲学之重建》，文津出版社，1995。

李明辉主编《儒家思想的现代诠释》，台北中央研究院中国文哲研究所筹备处，1997。

〔德〕里夏德·克郎纳：《论康德与黑格尔》，关子尹译，同济大学出版社，2004。

梁漱溟：《东西文化及其哲学》，《梁漱溟全集》第1卷，山东人民出版社，1989。

梁漱溟：《梁漱溟全集》，山东人民出版社，1989～1993。

梁漱溟：《人心与人生》，《梁漱溟全集》第3卷，山东人民出版社，1990。

梁漱溟：《中国文化要义》，《梁漱溟全集》第3卷，山东人民出版社，1990。

林安梧：《当代新儒家哲学史论》，文海学术思想研究发展文教基金会，1996。

林安梧：《道的错置：中国政治思想的根本困结》，学生书局，2003。

林继平：《陆象山研究》，台湾商务印书馆，1983。

林同奇：《人文寻求录：当代中美著名学者思想辨析》，新星出版社，2006。

刘述先：《儒家思想意涵之现代阐释论集》，台北中央研究院中国文哲研究所筹备处，2000。

刘述先：《现代新儒学之省察论集》，台北中央研究院中国文哲研究所，2004。

刘述先：《朱子哲学思想的发展与完成》，学生书局，1984。

刘述先主编《当代儒学论集：传统与创新》，台北中央研究院中国文哲研究所筹备处，1995。

刘述先主编《当代儒学论集：挑战与响应》，台北中央研究院中国文哲研究所筹备处，1995。

刘述先主编《儒家思想与现代世界》，台北中央研究院中国文哲研究所筹备处，1997。

刘述先主编《儒家思想在现代东亚：中国大陆与台湾篇》，台北中央研究院中国文哲研究所筹备处，2000。

闵仕君：《牟宗三"道德的形而上学"研究》，巴蜀书社，2005。

〔美〕墨子刻：《摆脱困境：新儒学与中国政治文化的演进》，江苏人民出版社，1996。

牟宗三：《才性与玄理》，学生书局，2002。

牟宗三：《从陆象山到刘蕺山》，学生书局，2000。

牟宗三：《道德的理想主义》，学生书局，1982。

牟宗三：《佛性与般若》，学生书局，1982。

牟宗三：《历史哲学》，学生书局，1976。

牟宗三：《牟宗三先生全集》，联经出版事业有限公司，2003。

牟宗三：《牟宗三先生早期文集》（上、下），《全集》第二十五、二十六卷。

牟宗三：《王阳明致良知教》，台北中央文物供应社，1980。

牟宗三：《五十自述》，鹅湖出版社，1993。

牟宗三：《现象与物自身》，学生书局，1996。

牟宗三：《心体与性体》，正中书局，2002。

牟宗三：《圆善论》，学生书局，1985。

牟宗三：《政道与治道》，学生书局，1980。

牟宗三：《智的直觉与中国哲学》，台北商务印书馆，2000。

牟宗三：《中国哲学十九讲》，学生书局，1989。

牟宗三：《中西哲学之会通十四讲》，学生书局，1990。

那薇：《道家与海德格尔互相诠释：在心物一体中人成其人物成其物》，商务印书馆，2004。

倪梁康：《意识的向度——以胡塞尔为轴心的现象学问题研究》，北京大学出版社，2007。

倪梁康：《自识与反思》，商务印书馆，2002。

钱穆：《宋明理学概述》，台北中华文化出版事业委员会，1953。

钱穆：《中国学术思想史论丛》，安徽教育出版社，2004。

钱穆：《朱子新学案》，九州出版社，2011。

钱穆：《朱子新学案》，三民书局，1989。

秦家懿：《王阳明》，东大图书公司，1987。

唐君毅：《说中华民族之花果飘零》，三民书局，2005。

唐君毅：《中国文化之精神价值》，正中书局，2000。

唐君毅：《中国哲学原论：导论篇》，学生书局，2004。

唐君毅：《中国哲学原论：原道篇》，学生书局，2004。

唐君毅：《中国哲学原论：原教篇》，学生书局，2004。

唐君毅：《中国哲学院论：原性篇》，学生书局，1989。

〔美〕田浩：《朱熹的思维世界》，允晨文化，1996。

王兴国：《牟宗三哲学思想研究：从逻辑思辩到哲学架构》，人民出版社，2007。

王兴国：《契接中西哲学之主流：牟宗三哲学思想渊源探要》，光明日报出版社，2006。

谢大宁：《儒家圆教底再诠释：从“道德的形上学”到“沟通伦理学底存有论转化”》，学生书局，1996。

熊十力：《读经示要》，中国人民大学出版社，2006。

熊十力：《十力语要》，中华书局，1996。

熊十力：《新唯识论》，中华书局，1999。

熊十力：《原儒》，中国人民大学出版社，2006。

徐复观：《两汉思想史》，学生书局，1990。

徐复观：《中国人性论史》（先秦篇），上海三联书店，2001。

徐复观：《中国思想史论集续编》，学生书局，1982。

徐复观：《中国思想史论集》，学生书局，1988。

杨国荣：《王学通论：从王阳明到熊十力》，上海三联书店，1990。

杨国荣：《心学之思：王阳明哲学的阐释》，生活·读书·新知三联书店，1997。

杨泽波：《牟宗三三系论论衡》，复旦大学出版社，2006。

殷小勇：《道德思想之根：牟宗三对康德智性直观的中国化阐释研究》，复旦大学出版社，2007。

余英时:《宋明理学与政治文化》,允晨文化,2004。

余英时:《论戴震与章学诚》,东大图书公司,1996。

余英时:《士与中国文化》,上海人民出版社,1987。

余英时:《现代危机与思想人物》,生活·读书·新知三联书店,2005。

余英时:《朱熹的历史世界》,生活·读书·新知三联书店,2003。

袁保新:《老子哲学之诠释与重建》,文津出版社,1997。

袁保新:《孟子三辩之学的历史省察与现代诠释》,文津出版社,1992。

张亨:《思文之际论集:儒道思想的现代诠释》,新星出版社,2006。

张庆熊:《熊十力的新唯识论与胡塞尔现象学》,上海人民出版社,1995。

张祥龙:《从现象学到孔夫子》,商务印书馆,2001。

张祥龙:《海德格尔思想与中国天道:终极视域的开启与交融》,生活·读书·新知三联书店,1996。

张学智:《明代哲学史》,北京大学出版社,2000。

张学智:《心学论集》,中国社会科学出版社,2006。

郑家栋:《本体与方法:从熊十力到牟宗三》,辽宁大学出版社,2002。

郑家栋:《当代新儒学史论》,广西教育出版社,1997。

郑家栋:《断裂中的传统》,中国社会科学出版社,2001。

郑家栋:《牟宗三》,东大图书公司,2000。

Hans – Georg Gadamer, *Heidegger's Ways*, trans. John W. Stanley, State university of New York Press, 1994.

Heidegger Reexamined, (V. 1, V2), New York: Routledge, 2002.

Hubert L. Dreyfus, *Being – in – the – world*: *A Commentary of Heidegger's Being and Time*. Cambridge, Mass. : MIT Press, c1991.

Immanuel Kant, *Critique of Practical Reason*, trans. Werner S. Pluhar, Hackett Pub Co. 2002.

Immanuel Kant, *Critique of Pure Reason*, trans. Allen W. Wood, Cambridge University Press, 1999.

Jacques Taniniaux, *Heidegger and the Project of Fundamental Ontology*, trans. Michael Gendre, State University of New York Press, 1991.

Joseph J Kockelmans, *A Companion to Martin Heidegger's ' Being and Time'*, Center for Advanced Research in Phenomenology & University Press of America, Washington, D. C. 1986.

Martin Heidegger, *Being and Time*, trans. John Macquarrie & Edward Robinson, Blackwell Publishing Ltd. 2004.

Martin Heidegger, *Kant and the Problem of Metaphysics*, trans. Richard Taft, Indiana University Press, Bloomington and Indianapolis, 1997.

Martin Heidegger, *The Basic Problems of Phenomenology. Trans. Albert Hofstadter. Indiana University Press*, 1988.

Otto Poggeler, *Martin Heidegger's Path of Thinking*, trans. Daniel Magurshak & Sigmund Barber, Humanity Books, An Imprint of Prometheus Books, New York, 1991.

Theodore Kisiel, *The Genesis of Heidegger's Bing and Time*, University of California Press, 1995.

索　引

后　记

2008 年，我带着一篇研究当代新儒家牟宗三先生哲学思想的博士学位论文回到香港，参加答辩。距当代新儒家发布宣言的 1958 年，刚好过去了 50 年。香港，在新儒家的历史中，扮演着重要的角色，它为当代新儒家的几位先生——唐君毅、牟宗三、徐复观——提供了几十年安稳的岁月，让他们能够从容坚持自己的理想，完成了各自的皇皇巨著。当我重新站在香港的海边，心里想起唐君毅先生最喜欢的那两句诗："世界无穷愿无尽，海天辽阔立多时。"回望 50 年来的种种变迁，我心中产生了一点困惑，在当下的时代，再来研究他们的哲学的意义是什么？

我知道这困惑是来自学术，而不是来自我自己。我念哲学十几年，总要给自己一个交代。感谢北京大学哲学系，让我真正踏上哲学的道路，接触当代新儒家的学问；也感谢香港，给了我一个亲近当代新儒家诸位先生的思想和曾经的生活的机会。有时候，这种时间和空间上的接近带给我们的意义，也许比我们想象的要重要得多。来香港念博士之前，我以为我对于新儒家，特别是牟先生的思想已经有了一定了解。经过在香港科技大学几年看海读书的日子，才发觉以前的了解只是浮在表面，顶多是"理智的觉解"，距离深切地体会"生命的学问"，还差得很远。是在香港的日子，让我把牟先生的书真的读进了生命的血脉之中，由了解进而变成了个人安身立命的所在；也给了我继承他们的志业，沿着他们开创的道路，继续走下去的信心。

现在，距离博士学位论文完成又过去了十一年。在读书教书的日子里，心中的困惑即便不是完全消除，也慢慢变得淡薄。这段时间是所谓大陆新儒学兴起的时间，也是当代新儒家，特别是牟宗三先生的哲学思想不断受到批评和质疑的时间。批评主要针对牟先生用哲学方式阐释儒家思想。这样的批评当然有道理，特别是随着时代的变化，学者们希望儒家思想能够解决的问题也发生了变化，这种阐释模式的转换有着更为深刻的原因。与其说是学术内部的转向，不如说是时代的变迁催生的课题。然而，哲学的阐释方式，仍然是一项未竟的事业。特别是随着我们对于西方思想的不断深入了解，随着近代以来我们赋予儒家思想的那些紧迫的责任逐渐缓和，儒家作为一种独特地看待世界的方式，也需要在哲学上得到进一步的阐发。本书就是希望能够延续牟先生以及当代新儒家开创的这条道路，向前推进一点。

当代新儒家的道路现在还受到用分析哲学的方式来研究中国哲学的方法的排斥。哲学当然离不开分析，但是，至少现有的分析地研究中国哲学的方法，让人觉得，是将中国哲学的整体加以肢解来回应西方的问题。中国传统哲学在这种视角之下，真正变成了西方的"他者"，是牟先生所说的"材料的身份"而不是"形式的身份"。年纪越大，我越能体谅海德格尔，越能体会儒家思想的珍贵。我不懂现在的分析哲学，据说好像能解决人类的问题。但是，很多问题似乎是人的问题，和我们身为人的每一个具体且深切的感受牵连在一起，并不因理智的分析或忽略就能安之若素，轻松面对。老派如我，还怀抱着人文主义回归的期待。也许人工智能等新兴学科的发展，会拓展我们对于人的理解，会更进一步把人之为人的独特性呈现给我们，让我们更能体会很多唯有某些人文主义的哲学才能够触及和谈论的问题。哲学也许不能"解决"这些问题，但可以教会我们如何谈论和面对。

本书是在笔者博士学位论文的基础上完成的。感谢师长们这么多年来的教导，感谢北京大学哲学系和香港科技大学人文学部的老师们，特别要感谢我的两位导师王守常教授和黄敏浩教授，两位老师不仅给了我学问的指点，而且给了我充满温情的关怀。感谢张灏教授和已经故去的刘述先教授，两位先生的课给了我很多直接的启发。也由衷地感谢在我成长道路上，所有前辈和朋友的指点和帮助，他们让我感到这个世界的善意。人到中年，越发感到学者的生涯是多么脆弱，又是多么幸福。没有身边的亲人们的忍耐和支持，完全不可能有现在的这本书。这本小书当然不足以回报他们常年的付出。唯一可以安慰自己的是，至少在这本书的写作过程中，我一直保持了诚恳的态度。

图书在版编目（CIP）数据

道德与存在：心学传统的存在论阐释／盛珂著 . --
北京：社会科学文献出版社，2019.11
　国家社科基金后期资助项目
　ISBN 978 - 7 - 5201 - 5322 - 5

　Ⅰ.①道…　Ⅱ.①盛…　Ⅲ.①心学 - 研究　Ⅳ.
①B244.8

中国版本图书馆 CIP 数据核字（2019）第 171824 号

·国家社科基金后期资助项目·

道德与存在：心学传统的存在论阐释

著　　者／盛　珂

出 版 人／谢寿光
组稿编辑／宋月华　袁卫华
责任编辑／罗卫平　袁卫华

出　　版／社会科学文献出版社·人文分社（010）59367215
　　　　　地址：北京市北三环中路甲29号院华龙大厦　邮编：100029
　　　　　网址：www. ssap. com. cn
发　　行／市场营销中心（010）59367081　59367083
印　　装／三河市龙林印务有限公司

规　　格／开　本：787mm × 1092mm　1/16
　　　　　印　张：20　字　数：334千字
版　　次／2019 年 11 月第 1 版　2019 年 11 月第 1 次印刷
书　　号／ISBN 978 - 7 - 5201 - 5322 - 5
定　　价／128.00 元

本书如有印装质量问题，请与读者服务中心（010 - 59367028）联系